인간에 대한 폭넓은 이해를 기반 삼아 인류학적 방식으로 문제에 접근하고 탄탄한 필력으로 풀어낸 이 책은 인류학 분야의 가장 세련된 걸작이요 고전이다. 지금도 일본 문화를 연구하는 이들에게 길잡이 역할을 하고 있다. 어떤 문화가 지닌 온전함을 믿는 학자라면, 여기저기 흩어져 있는 자료들을 절묘하게 조합해서 일관되고 심오한 문화적 초상을 만들어낼 수 있음을, 저자는 이 아름다운 책으로 여실히 증명했다.

마거릿 미드 | 인류학자, 미국인류학회 회장, 『사모아의 청소년』 저자

상징성을 띤 제목만 보면 일본인의 비논리적인 면을 폭로하는 책으로 오해하기 쉽다. 하지만 저자는 마치 여우가 사람을 홀리듯 자연스럽게 독자를 일본의 숲으로 이끈 다음, 독자가 일본 문화의 뿌리부터 가지까지 모두 이해했다고 확신하게 만든다. 심지어 딱딱한 전문용어와 지루한 논증 없이도 이 모든 과정을 능숙하게 치러낸다. 물불을 가리지 않고 덤비던 일본군이 왜 포로가 되면 고분고분해지는지, 일본군은 왜 러시아군 장성과 미군 장성을 다르게 대하는지, 오늘날 일본이 맥아더 사령부에 왜 그리도 협조적인 자세로 구는지 등, 저자는 이런 난제를 문화적 맥락으로 해석해볼 수 있는 논의의 장을 마련했다.

존 엠브리 | 인류학자, 예일 대학교 동남아시아 연구 책임자, 『스에무라』 저자

『국화와 칼』이 1946년에 등장한 이래로 [일본을 연구하는] 우리 모두는 이 책의 각주를 써왔다는 느낌이 든다.

로버트 J. 스미스 | 인류학자, 코넬 대학교 인류학 교수

신선하고 파격적이며 편견 없는 시각으로 일본 문화를 바라본 『국화와 칼』은 서양인뿐만 아니라 일본인들이 자국에 대해 이해하는 방식을 완전히 바꿔놓았다. 저자의 통찰은 여전히 일본 사회의 내면에 대한 논의의 출발점이 되고 있다.

폴린 켄트 | 사회학자, 류코쿠 대학교 사회학 교수

놀라울 만큼 간결하고 우아한 문장, 명확하게 정리된 논지, 훌륭한 전달 방식은 사람들이 바라는 사회과학 서적의 전범(典範)을 보여준다.

C. 더글러스 러미스 | 쓰다주쿠 대학교 정치학 교수, 『국화와 칼에 대한 새로운 시각』 저자

베네딕트는 일본 문화의 역동성을 객관적·체계적으로 관찰하고 개념화해 분석하는 방법을 안내한다. 이런 방식으로 특정 문화의 패턴이 정의되면, 풍부한 사례 연구를 넘어 폭넓은 시각과 공정한 자세로 문화를 비교할 수 있다. 그녀는 일본 및 일본 문화를 연구하는 학자들이 공신력 있고 검증 가능한 데이터를 수집해 새로운 견해를 도출할 수 있는 분석적 관점과 연구 도구를 남겼다.

우노 토루 | 정치학 박사, 캐나다 연방정부 수석 컨설턴트

국화와 칼

루스 베네딕트(Ruth Benedict, 1887-1948)
(1937년 촬영, 『월드 텔레그램』 소속 사진가)

현대지성 클래식 60

국화와 칼
일본 문화의 양상

THE CHRYSANTHEMUM AND THE SWORD:
PATTERNS OF JAPANESE CULTURE

루스 베네딕트 | 왕은철 옮김

현대
지성

일러두기

1. '온' '기리' '기무' '주' '고' 같은 개념은 '은혜' '의리' '의무' '충' '효' 등의 우리말로 옮길 수 있
   으나, 각각의 개념이 일본 문화에서 지니는 특별한 의미를 강조하고자 현지 발음 그대로 외래
   어표기법에 따라 적었다.
2. 일본 문화를 객관적으로 서술한 이 책의 성격에 따라 The Emperor는 일본인이 자기들의 왕을
   이르는 명칭인 '천황'(天皇)으로 번역했다.
3. 독자가 쉽게 이해할 수 있도록 본문 내용을 나누고 소제목을 붙였다.
4. 본문 하단의 각주 중에서 옮긴이가 단 주석은 끝에 '—옮긴이'를 붙였다. 별도 표시가 없는
   주석은 모두 저자가 썼다.
5. 각 장 서두에는 주요 개념과 인물, 작품명 등 내용을 이해하는 데 도움을 줄 배경지식을 수록
   했다.
6. 출처를 표기하지 않은 이미지는 public domain이다.

차례

감사의 말

일본에서 태어나 교육받고, 전쟁 중 미국에서 살았던 일본인들은 무척 곤란한 처지에 놓였다. 수많은 미국인이 그들을 불신의 눈초리로 대했다. 그런 상황인데도 내가 이 책의 자료를 수집할 수 있도록 친절하게 도와준 그들에게 각별한 고마움을 전한다. 또, 그들의 공로를 여기에서 밝힐 수 있어서 무척 기쁘게 생각한다. 특히 전시에 동료로 지냈던 로버트 하시마(Robert Hashima)에게 감사한다. 미국에서 태어나 일본에서 자란 그는 1941년 출생지로 돌아와서 전시 강제수용소에 억류당했다가 풀려난 뒤, 전쟁 관련 기관에서 일하고자 워싱턴에 왔을 때 나와 인연을 맺었다.

이 책에서 다루는 내용을 과제로 내준 전쟁정보국에도 감사의 마음을 전한다. 특히 극동 지역 담당 부국장이었던 조지 E. 테일러(George E. Taylor) 교수와 외국 사기 분석부의 책임자였던 해군 예비군 소속 알렉산더 H. 레이턴(Alexander H. Leighton) 중령에게 감사드린다.

이 책 전부 혹은 일부분을 읽어준 이들에게도 감사드린다. 전쟁정보국에서 근무했던 레이턴 중령, 클라이드 클럭혼(Clyde Kluckhohn) 교수, 네이선 레이테스(Nathan Leites) 박사는 일본에 관한 작업을 할 때 나를 물심양면으로 도와주었다. 콘래드 애런스버그(Conrad Arensberg) 교수, 마거릿 미드(Margaret Mead) 박사, 그레고리 베이트슨(Gregory Bateson), E. H. 노먼(E. H. Norman)에게도 감사드린다. 내게 조언과 도움을 준 모두에게 감사한 마음을 전한다.

1장

연구 과제 — 일본

Assignment: Japan

이해를 돕는 배경지식

문화인류학(Cultural Anthropology)

인류의 각종 소산을 대상으로 문화를 관찰·분석하고 그것을 종합해 문화의 법칙성 또는 규칙성과 변이를 탐구하는 학문이다. '문화인류학'이라는 용어는 미국에서 주로 쓰이며, 영국에서는 '사회인류학', 그 외 유럽 국가들에서는 '민족학'이라고 한다. 장기간에 걸친 현지 조사를 수행하는 것이 주된 연구 방법이며, 이질적인 문화를 다뤄야 하므로 비교연구는 필수다.

비교문화연구(Comparative Cultural Studies)

문화와 문화를 체계적으로 비교해 두 문화가 지닌 문화적 차이의 발생과 기원, 문화의 분포 등을 탐구하는 연구 분야다. 각 문화의 고유한 특질과 함께 인류의 보편적인 문화 현상과 공유 가치에 주목한다. 19세기 후반 문화인류학의 창시자인 에드워드 타일러(Edward Tylor)가 통계적 방법론을 문화연구에 도입하면서 처음 시도되었다.

존 엠브리(John Embree, 1908-1950년)

미국의 문화인류학자. 일본과 일본계 미국인에 관한 연구를 주로 했다. 그는 1935년 일본 규슈의 구마모토현의 한 시골 마을인 스에무라에 들어가 1년여간 거주하며 현지 조사를 수행했다. 이 연구는 1939년 시카고 대학교 출판부에서 『스에무라』(Suye Mura: A Japan Village)로 출판되었다. 『스에무라』는 서양 학자가 일본에 관해 쓴 최초의 민족지 연구서로, 이후 일본을 연구한 학자들에게 많은 영향을 주었다.

일본은 미국이 지금껏 전면전으로 맞붙었던 적군 중 가장 종잡을 수 없는 상대였다. 과거에 치렀던 전쟁에서는 그처럼 이질적인 행태와 사고방식을 고려할 필요가 없었다. 1905년에 우리보다 먼저 일본과 싸웠던 제정러시아가 그랬듯이, 미국은 서구의 문화적 전통에 속하지 않은 데다 완전무장을 갖췄고 잘 훈련되기까지 한 나라를 적으로 마주했다. 서구 국가들이 인간의 본성이라 여기고 받아들였던 전쟁의 관례가 일본인의 의식 속에는 존재하지 않는 게 분명했다. 그렇다 보니 태평양전쟁에서는 섬 해안으로 상륙작전을 감행하거나 군수품을 조달하는 일보다 적의 특성을 파악하는 일이 더 중요한 과제로 떠올랐다. 적과 맞서 싸우려면 먼저 그들의 행동 양식을 이해해야 했다.

결코 쉬운 일이 아니었다. 일본이 문호를 개방한 이래로 지난 75년 동안 일본인에 대해 기술할 때는 십중팔구 '그러나 또한'(but also)이라는 기상천외한 수식어가 붙었다. 세계 어느 나라 국민에게도 쓰인 적 없는 표현이었다. 진지한 관찰자라면 일본이 아닌 나라의 국민에 관해 글을 쓸 때, 그들이 유례없을 만큼 예의 바르다고 기술하는 동시에 "그러나 또한 무례하고 거만하다"라고 덧붙이지는 않을 것이다. 어떤 나라 사람들에 대해 더할 나위 없이 경직되었다고 말한다면 "그러나 또한 그들은 파격적인 개혁에도 쉽게 순응한다"라고 첨언하지는 않을

것이다. 사람들이 순종적이라고 말하면서 윗선의 통제를 쉽게 따르지 않는다고 설명하거나, 충성스럽고 너그럽다고 평가하면서 "그러나 또한 쉽게 배반하며 악의에 차 있다"라고 표현하지도 않을 것이다. 그들이 진정으로 용감하다고 말하면서 소심하다고 부연하지 않을 것이며, 다른 사람의 눈을 의식해서 행동한다고 말하면서 무서울 정도로 올바른 양심을 지녔다고 평가하지도 않을 것이다. 군대의 로봇 같은 훈련을 묘사하면서 군인들이 항명 수

〈아시아 제국〉(조르주 비고, 1904-1905년경)
러일전쟁 승리 후 파시즘의 길로 가는 일본을 풍자한 그림이다.

준으로 반항한다고 서술하는 경우는 없다. 그들이 서구 학문을 열의 있게 익힌다고 묘사할 때는 그들의 열렬한 보수주의를 언급하지 않는다. 배우와 예술가를 존경하고 국화 재배에 심혈을 기울일 만큼 예술 지상주의에 빠진 나라에 관한 책을 쓰면서, 그들이 칼을 숭배하고 무사를 최고로 떠받든다는 사실을 기술한 다른 책으로 내용을 보완하지도 않는다.

그러나 일본에 관한 책에서는 이런 모순들이 날줄과 씨줄로 엮여 있다. 즉, 이 모순들은 다 사실이다. 칼과 국화는 그림의 일부를 구성하는 요소다. 일본인은 극도로 호전적이면서도 유화적이며, 군국주의

를 따르면서도 심미주의에 빠져 있고, 무례하면서도 예의 바르며, 경직된 한편 융통성이 있으며, 유순하지만 억압에 반발하며, 충성스러우나 신뢰할 수 없으며, 용감하면서도 소심하며, 보수적이지만 새로운 방식을 기꺼이 받아들인다. 그들은 다른 사람들이 자기 행동을 어떻게 생각할지 지나치게 신경 쓰지만, 동시에 실수를 들킬 염려가 없으면 죄의식에 사로잡힐 만한 행동을 한다. 군인들은 철저하게 훈련받았으면서도 한편으로는 복종하지 않는다.

전쟁 수행 방식을 결정하는 요인

일본을 이해하는 것이 미국에게 무척 중요한 과제가 된 이상, 앞서 언급한 것들을 비롯해 노골적으로 드러난 수많은 모순을 무시할 수는 없었다. 위기가 빠르게 닥쳐오고 있었기 때문이다. 일본인은 어떻게 행동할까? 침공하지 않고 항복을 받아낼 수 있을까? 우리가 천황의 궁전을 폭격해야 할까? 일본군 포로들에게 무엇을 기대할 수 있을까? 일본군과 일본 본토에 어떤 식으로 선전 활동을 펼쳐야 미국인의 생명을 구하고, 마지막 남은 한 사람까지 죽기로 덤벼드는 일본군의 결의를 꺾을 수 있을까? 일본인을 잘 안다는 사람들조차 각기 다른 의견을 냈다. 평화가 왔을 때, 일본인은 계엄령을 영구적으로 발동해야 질서가 유지되는 사람들일까? 우리 군대는 일본의 산속 구석구석 구축된 요새에서 끝까지 버티는 자들과 혈투를 벌일 준비를 해야 할까? 일본에서 프랑스혁명이나 러시아혁명 같은 혁명이 일어나야 국제 평화를 이룰 수 있을까? 그렇다면 누가 그 혁명을 이끌 수 있을까? 일본인을 아예 지구상에서 없애버리는 것이 대안일까? 우리가 어떻게 판단하느냐에 따라 결과는 엄청나게 달라질 것이다.

1944년 6월, 나는 일본에 관한 연구 과제를 위촉받았다. 문화인류학자로서 활용 가능한 모든 방법을 동원해 일본인이 어떤 사람들인지 파악해달라는 요청이었다. 그해 초여름, 우리는 일본에 대공세를 펼치면서 우리의 막강한 힘을 보여주기 시작했다. 미국 영토 안에서는 대일 전쟁이 앞으로 3년, 어쩌면 10년 혹은 그 이상 지속될 것이라는 말이 나돌았다. 한편 일본 사람들은 전쟁이 100년 동안 지속될 것이라고 했다. 그들은 미국이 일부 지역에서는 승리했을지 몰라도, 뉴기니와 솔로몬제도처럼 일본 본토에서 수천 킬로미터 떨어진 곳까지는 손을 뻗을 수 없을 거라고 말했다. 그들은 해군의 패배를 공식적으로 인정하지 않았을뿐더러 아직도 자기들이 승자라고 믿었다.

그러나 6월이 되자 전황이 변하기 시작했다. 유럽에 제2의 전선이 생겼고, 최고군사사령부가 2년 6개월 동안 유럽을 우선으로 삼았던 전략이 통했다. 미국과 독일의 전쟁이 끝날 조짐을 보였다. 태평양에서는 미군이 사이판에 상륙했다. 이는 일본의 패배를 예고하는 대규모 작전이었다. 그때부터 미군은 점점 더 가까운 거리에서 일본군과 마주했다. 뉴기니, 과달카날, 미얀마, 애투, 타라와, 비아크에서 전투를 치르며 우리는 얼마나 무서운 적과 대치하고 있는지 깨달았다.

따라서 1944년 6월, 우리의 적 일본에 관한 수많은 질문에 답을 찾는 일이 무척 중요해졌다. 군사적인 것이든 외교적인 것이든, 고위정책에 관한 것이든 일본군 후방에 뿌리는 유인물에 관한 것이든, 모든 문제에 통찰력 있는 해답을 찾아야 했다. 일본과 전면전을 치르기 위해서는 도쿄에 있는 권력자들의 목적과 동기, 일본의 긴 역사, 경제·군사적 통계 외에도 꼭 알아야 할 것들이 있었다. 우리는 일본 정부가 자국민에게 기대하는 것이 무엇인지 알아야 했다. 일본인의 사고와 감정의 경향, 그러한 경향이 보여주는 패턴을 이해하려고 노력해야 했다. 또 그 같은 행동과 의견의 이면에 도사린 강제력을 파악해야 했다. 우리는 우리가 미국인으로서 행동할 때 당연히 여기는 전제를 잠시 제쳐둔 채, 그런 상황에서는 그들도 우리처럼 행동할 것이라면서 안이하게 결론짓지 않도록 경계해야 했다.

나는 무척 어려운 과제를 맡았다. 미국과 일본은 전쟁 중이었다. 전시에 상대를 무차별적으로 비난하기는 쉽다. 그러나 적이 어떤 눈으로 삶을 바라보는지 알려고 하는 것은 훨씬 어렵다. 그럼에도 마땅히 해야 하는 임무였다. 다만 우리가 그들이라면 어떻게 할 것인지가 아니라 일본인이 실제로 어떻게 행동할 것인지가 문제였다. 나는 전쟁 중에 일본인이 보여주는 행동을 부정적으로 받아들이지 않고 그들을 이해하는 자산으로 활용하고자 노력했다. 나는 그들의 전쟁 수행 방식을 군사적 차원이 아니라 문화적 차원으로 접근했다. 평화로운 시기만이 아니라 전시에도 일본인은 그들의 기질에 맞게 행동했다. 전쟁을 수행하는 방식에서 그들이 살아가는 방식과 그들의 사고방식을 말해줄 특별한 징후를 찾을 수 있을까? 지도자들이 전쟁을 선동하고, 당황한 국민을 안심시키며, 전장에서 병사들을 지휘하는 방식 등은 그들이 자기의 어떤 점을 활용 가능한 장점으로 생각하는지 보여준다. 나는 일본인이 어떻게 점차 스스로를 드러내는지 알아내기 위해서 전쟁의 세세한 면들을 살펴야 했다.

하지만 두 국가가 교전 중이라는 사실은 이 연구에서 심각한 약점으로 작용했다. 이는 내가 문화인류학자로서 가장 중요하게 생각하는 방법, 즉 현지 조사를 포기해야 한다는 의미였다. 일본에 가서 그들의 집에 머물며 그들이 일상생활에서 느끼는 긴장과 압박을 관찰해야 마땅하지만, 그럴 수 없었다. 그들이 어떤 결론에 다다르는 복잡한 과정을 지켜볼 수도 없었다. 아이들을 어떻게 교육하는지도 살펴볼 수 없었다. 어느 일본 마을에 관한 현지 연구서인 인류학자 존 엠브리의 『스에무라』를 참고할 수는 있었지만, 이 귀중한 책이 집필되었을 당시에는 우리가 1944년에 직면했던 일본에 관한 많은 문제가 아직 제기되지 않은 상태였다.

문화인류학자의 연구법

이렇듯 굵직한 난제가 많았지만, 나는 문화인류학자로서 그동안 익혀온 특정 연구 기법과 가설을 활용할 수 있다고 확신했다. 적어도 인류학자가 크게 의존하는 방법인, 연구 대상자와 직접 대면하는 것까지 포기할 필요는 없었다. 미국에는 일본에서 자란 일본인이 많았다. 나는 그들이 경험한 구체적 사례를 수집했고, 그에 대한 평가도 알아냈다. 그들의 진술 덕분에 인류학자가 다른 문화를 이해하는 데 꼭 필요한 지식을 보완할 수 있었다. 일본을 연구하는 다른 사회과학자들은 도서관에 비치된 자료를 이용해 과거 사건과 통계를 분석하고, 글로 쓰거나 구술한 일본의 선전 문구가 어떻게 변했는지에 주목했다. 나는 그들이 찾는 답 중에서 상당수가 일본 문화의 규칙과 가치에 뿌리를 두고 있으며, 그 속에서 실제로 살았던 사람들과 더불어 연구 대상을 살핀다면 훨씬 만족스러운 답을 찾을 수 있다고 확신했다.

그렇다고 해서 내가 자료를 읽지 않았다거나 일본에서 살았던 서양인들에게 빚을 지지 않았다고 말하는 것은 아니다. 일본인에 관한 방대한 문헌과 현지를 직접 경험했던 서양인이 남긴 다수의 훌륭한 관찰 기록은 내 연구에서 큰 역할을 했다. 아마존강 상류나 뉴기니 고지대에서 문자 없는 부족을 연구하는 인류학자라면 결코 누릴 수 없는 강점이었다. 그런 부족들은 문자가 없기 때문에 자신들에 관한 기록을 글로 남기지 못했다. 서양인들이 남긴 문헌도 거의 없으며, 그나마 있는 것도 피상적인 수준이다. 그들의 역사를 제대로 아는 사람은 아무도 없다. 따라서 현장에서 일하는 사람은 이전의 연구자들로부터 변변한 도움을 받을 수 없다. 그들이 어떻게 경제생활을 하고, 사회 계층이 어떻게 형성되며, 그들의 종교는 무엇을 가장 가치 있게 여기는지 스스로 찾아내야 한다. 일본을 연구하면서 나는 다른 연구자들에게 많은 유산을 물려받았다. 오래된 기록을 보면 그들의 생활상에 관한 세부적인 묘사가 남아 있었다. 유럽과 미국에서 온 사람들은 현지에서 겪은 생생한 경험을 기록해놓았고, 일본인들도 정말 놀라운 글들을 남겨놓았다. 일본인은 동양의 다른 나라 사람들에 비해 자신들에 관한 기록을 남기려는 충동이 강하다. 그들은 세계로 뻗어나가려는 계획뿐 아니라 일상의 소소한 일까지도 기록해놓았으며, 심지어 놀랄 만큼 솔직했다. 물론 그들이 전체적인 그림을 제시한 것은 아니었다. 그렇게 할 수 있는 사람은 아무도 없다. 자국에 관해 글을 쓰는 일본인은, 공기처럼 눈에 보이지는 않지만 참으로 중요한 내용을 간과하곤 한다. 본인에게 너무나도 친숙한 탓이다. 아마 미국인이 미국에 관해 글을 써도 마찬가지일 것이다. 그럼에도 일본인이 스스로 드러내기를 좋아하는 것만은 분명한 사실이다.

나는 다윈이 종의 기원에 관한 이론을 구축할 때처럼 내게는 그것을 이해할 만한 수단이 없다는 사실에 주의하며 이런 문헌들을 읽었다. 일본 의회의 연설에서 제기된 서로 다른 관념을 이해하려면 무엇을 알아야 할까? 사소한 행위는 격렬하게 비난하면서 도를 넘은 행위는 아무렇지도 않게 인정하는 태도의 이면에는 무엇이 있을까? 나는 끊임없이 질문하며 자료를 읽었다. 이 그림에서는 뭐가 잘못되었을까? 그걸 이해하려면 무엇을 알아야 할까?

일본인이 각본을 쓰고 연출한 선전영화, 역사영화, 도쿄와 농촌 마을의 현대적 생활을 담은 영화도 봤다. 그런 영화를 몇 편 본 적 있는 일본인들과 이야기를 나누기도 했다. 그들은 남녀 주인공과 악당을 일본인의 시각으로 바라보았고, 이는 나의 관점과 크게 달랐다. 내가 무척 혼란스러워하는 장면을 그들은 태연하게 받아들였다. 줄거리나 동기도 내가 이해한 방식과 달랐지만, 영화가 구성된 방식을 보면 나름 의미가 있었다. 소설과 마찬가지로, 영화도 내가 파악한 의미와 일본에서 자란 사람들이 파악한 의미 사이에는 눈에 보이는 것보다 훨씬 더 큰 차이가 있었다. 어떤 사람은 일본의 관습을 즉각 변호했고, 또 어떤 사람은 일본의 모든 것을 증오했다. 내가 어느 쪽에서 더 많이 배웠는지는 단언하기 어렵다. 다만 좋게 받아들이든 격렬하게 거부하든, 일본에서 사람들의 삶을 규제하는 방식에 대해서는 양쪽 의견이 일치했다.

인류학자가 자신이 연구하는 문화에 속한 사람들에게 직접 자료와 통찰을 얻는 작업은 일본에 거주했던 서양 관찰자들의 방식을 그대로 답습하는 것처럼 보인다. 만약 인류학자가 내놓을 수 있는 결과물이 이 정도라면, 외국인 거주자들이 남긴 귀중한 연구 결과에 무언가를 덧붙일 수 없을 것이다. 그러나 문화인류학자는 수련을 거쳐 얻은 특별한 능력을 토대로 그동안 연구자들과 관찰자들이 쌓아 올린 풍성한 업적에 독창적 성과를 더할 수 있으며, 이는 충분히 가치 있는 작업이라고 생각한다.

문화의 유사성과 차이에 주목하기

인류학자는 아시아와 태평양 권역의 많은 문화를 알고 있다. 태평양 곳곳의 섬들에 사는 원시 부족에게서 일본과 비슷한 사회제도 및 생활 습관이 발견된다. 어떤 것은 말레이시아에서, 어떤 것은 뉴기니에서, 어떤 것은 폴리네시아에서 찾아볼 수 있다. 이런 유사성이 고대의 이주나 접촉에 따른 것인지 고찰해보는 것은 무척 흥미롭지만, 나는 이들의 역사적 관련성에만 주목하지 않았다. 오히려 단순한 문화에서 그런 제도가 어떻게 작동하는지 알아내고, 내가 발견한 유사성 혹은 차이에서 일본 문화를 이해할 실마리를 찾아내려 했다. 나는 아시아 대륙의 태국, 미얀마, 중국에 대해서도 조금은 알고 있었으므로 거대 문화유산의 일부인 다른 나라들과 일본을 비교할 수 있었다. 인류학 자들은 원시 부족에 관해 연구하면서 이런 문화적 비교가 얼마나 중요한지 거듭 보여주었다. 어떤 부족은 관습의 90퍼센트를 이웃 부족들과 공유하면서도 다른 집단과 절대 공유할 수 없는 생활 방식 및 가치 체계에 맞춰 자기의 관습을 바꾸기도 한다. 그 과정에서 그들은 전체적으로 보면 관습의 아주 작은 부분이지만 미래의 발전 방향을 독특하게 바꿔놓을 수 있는 어떤 근본적 제도를 거부할 수도 있다. 전반적으로 공통점이 많은 집단 사이에서 발견되는 차이를 연구하는 것이야말로 인류학자에게 무척 유익한 작업이다.

인류학자는 자신이 속한 문화와 다른 문화 사이의 거대한 차이에 익숙해져야 한다. 이 특별한 문제를 탐구할 수 있도록 자신의 무기를 예리하게 벼려야 한다. 인류학자는 서로 다른 문화권에 속한 사람들이 만나는 상황뿐만 아니라 그런 상황의 의미를 규정하는 방식이 부족이나 국가마다 크게 다르다는 것을 경험으로 알고 있다. 그들은 북극의 어느 마을 혹은 열대지방의 어느 사막에서 자기들이 상상조차 할 수 없는 방식으로 친족 간 책임을 규정하거나 경제적 교환이 이루어지는 것을 목격하기도 한다. 그럴 때는 친족관계 혹은 교환에 관한 세부 항목뿐 아니라 그런 제도의 결과가 부족의 행동에 어떤 영향을 미치는지, 각 세대가 어떻게 조상들이 했던 것과 동일하게 행동하도록 어렸을 때부터 조건화*되었는지 조사한다.

차이와 그에 따른 조건화, 결과에 대한 직접적 관심은 일본을 연구할 때도 충분히 활용할 수 있다. 미국과 일본의 뿌리 깊은 문화적 차이를 모르는 사람은 아무도 없다. 미국인이 무엇을 하든 일본인은 그와 정반대로 한다는 속설까지 있다. 하지만 차이에 대한 이런 인식은 위험한 결과를 낳을 수 있다. 그 차이가 너무 크다고 여긴 나머지 대상을 이해하는 것이 불가능하다고 연구자가 단정지을 수 있기 때문이다. 인류학자는 아무리 별난 행동이라도 결국에는 이해할 수 있다는 것을 경험을 통해 알고 있다. 그들은 차이를 장애물이 아니라 자산으로 여기며, 사회과학의 다른 분야 학자들보다 훨씬 전문적으로 그것

---

* 특정 자극을 기존의 친밀한 반응과 연결하여 되풀이함으로써 주어진 일정한 자극에 반응이 일어나게 학습하는 것 ─옮긴이

을 활용해왔다. 따라서 무척 특이한 제도나 사람들에게 관심을 쏟는다. 부족의 생활 방식 중에서 당연하게 여길 수 있는 것은 하나도 없다. 인류학자는 몇 가지 선별된 사실뿐만 아니라 모든 것을 살펴야 한다. 서구의 연구를 보면, 비교문화 연구 훈련을 받지 않은 사람은 전체적인 행동 영역을 소홀히 한다. 그는 너무나 많은 것을 당연하게 생각한 나머지 일상의 사소한 습관, 평범한 일에 관한 기존 의견을 살피지 않는다. 그런데 국가의 시각으로 보면 그런 것들이 외교관이 서명한 조약보다 자국의 미래에 더 많은 영향을 미친다.

평범한 개별 행위의 연결성

인류학자는 평범한 사실을 연구하는 기법을 발전시켜야 했다. 자기가 연구하는 대상 안에서는 흔하게 여겨지는 일이 그의 본국에서 흔하게 여겨지는 일과 아주 다르기 때문이다. 어떤 부족의 지독한 적의 혹은 극심한 우유부단함을 이해하거나, 그들이 주어진 상황에서 어떻게 행동하고 느끼는지 파악하려면 문명국가에서는 종종 간과되는 세부 사항과 관찰 내용에 주목해야 한다. 인류학자들은 이런 것들을 본질적 요소라 믿으며, 그것들을 밝혀낼 연구법도 알고 있다.

　일본은 그런 방법을 시도해볼 가치가 있는 지역이다. 인류학자는 원시 부족에서든 문명의 최전선에 있는 나라에서든, 인간의 행위는 일상생활에서 학습된다는 전제로 연구를 시작한다. 그리고 그 전제를 충분히 이해하려면 사람들의 삶에 나타나는 지극히 인간적인 평범함에 주목해야 한다. 아무리 기이한 행동을 하거나 특이한 의견을 가졌다 해도 인간이 느끼고 생각하는 방식은 경험과 관련이 있다. 그러므로 일본인의 어떤 행동에 당황하면 할수록, 그들의 일상생활 어딘가에 그런 이질성을 만드는 조건이 존재한다는 생각을 굳히게 된다. 만약 일상적 교류의 사소한 일들 속으로 깊이 파고들어 연구할 수 있다면 훨씬 나은 성과를 얻을 수 있다. 일상이야말로 사람들이 학습하는 장소이기 때문이다.

문화인류학자인 나는 각각의 고립된 행동들이 대부분 조직적으로 연결되어 있다는 전제에서 출발했으며, 수백 개의 세부 내용이 종합적인 유형으로 수렴되는 방식을 진지하게 받아들였다. 인간 사회가 유지되려면 일종의 생활 설계도가 있어야 한다. 그 설계도는 상황에 대처하는 방식과 그것을 평가하는 방식을 정하는 기준이 된다. 한 사회에 속한 사람들은 그런 해결 방식을 본질로 여기며, 어떤 어려움이 있더라도 그것들을 하나로 묶으려 한다. 만약 어떠한 가치 체계를 받아들인 사람들이 그것과 상반된 가치에 따라 생각하고 행동한다면, 비효율적이고 혼란스러워질 것이다. 그들은 가치 체계에 순응하려고 애쓰면서, 공적인 근거와 동기를 들어 자기를 정당화한다. 그리고 모든 면에서 어느 정도 일관성을 갖춰야 한다. 그렇지 않으면 전체적인 체계가 무너지기 때문이다.

따라서 경제적인 행위, 가족제도, 종교의식, 정치적 목표 등은 톱니바퀴처럼 맞물린다. 한 영역에서 빠르게 일어난 변화는 다른 영역을 크게 압박한다. 그러나 이런 압박 자체는 일관성을 실현하기 위해 발생하는 것이다. 문자 없는 사회에서는 사람들 위에 군림하고픈 권력 의지가 상거래나 다른 부족과의 관계에서뿐 아니라 종교의식에서도 표출된다. 문자로 기록된 옛 경전을 가진 문명국가의 교회는 문자 없는 부족과 달리 지난 세기에 사용되었던 표현들을 그대로 사용한다. 그러나 정치·경제 권력에 대한 대중의 영향력이 점점 강해지는 분야에서는 교회가 권위를 잃어가고 있다. 문구(文句)는 남아 있지만 의미가 달라졌다. 종교적 교리, 경제행위, 정치는 따로 떨어진 작은 연못에 갇혀 있지 않고 경계를 넘어 한데 섞인다. 이는 불변의 법칙이기 때문에 연구자는 경제·성생활·종교·양육 등 대상을 세분화해서 연구할수록 그 사회에서 무슨 일이 일어나고 있는지 효과적으로 추적할 수 있다. 또한 삶의 어떤 영역에서든 가설을 세우고 의미 있는 자료를 얻을 수 있다. 정치적, 경제적 혹은 도덕적 용어로 표현된 국가의 요구를 사회적 경험을 통해 습득한 행동습관과 사고방식의 표현으로 읽어내는 법도 터득할 수 있다. 따라서 이 책은 일본의 종교나 경제생활, 가족 등 특정 일면을 다루지 않았다. 그보다는 일본인이 일상에서 하는 행동의 전제 조건을 탐구하고, 이런 전제 조건이 어떤 행동으로 표출되는지에 주목했다. 즉, 일본을 일본인의 나라로 만드는 것은 무엇이냐에 관한 책이다.

문화적 차이에 관한 연구가 필요한 이유

20세기라는 시대의 결함 중 하나는 우리가 일본을 일본인의 나라로 만드는 것뿐만 아니라 미국을 미국인의 나라로 만드는 것, 프랑스를 프랑스인의 나라로 만드는 것, 러시아를 러시아인의 나라로 만드는 것이 무엇이냐와 관련해 여전히 모호하고 편향적으로 생각한다는 점이다. 관련 지식 없이 편견에 빠져 있다 보니 한 나라는 다른 나라를 오해할 수밖에 없다. 쌍둥이처럼 차이가 미미한데도 둘 사이에 타협할 수 없을 만큼 엄청난 간극이 있지 않을까 우려한다. 반면 한 나라가 경험과 가치 체계에 따라 우리와 전혀 다른 행동을 염두에 두고 있을 때도 우리는 공동의 목적을 이야기한다. 그들의 습관과 가치가 무엇인지 알아내려고 시도조차 하지 않는다. 만약 우리가 태도를 바꾼다면, 우리 상식과 다르다고 해서 그들의 행동 방식이 꼭 사악한 것은 아님을 알 수 있을 것이다.

각 나라의 국민이 자기들의 생각과 행동의 습관에 대해 스스로 언급한 내용을 무조건 받아들일 수는 없다. 각 나라의 저자들은 자신들을 설명하고자 노력해왔으나, 그런 일은 결코 쉽지 않았다. 삶을 바라보는 렌즈는 나라마다 다르다. 우리는 무언가를 볼 때 눈의 존재를 의식하지 않는다. 그와 마찬가지로 어떤 나라든 자기만의 렌즈를 당연히 여긴다. 한 국가의 국민에게는 공통의 인생관, 즉 초점을 맞추고 원근을 조정하는 요령이 신에게 받은 풍경으로 보인다. 안경을 쓴다고 해서 렌즈의 처방까지 알 거라고 기대하지 않는 것처럼, 우리는 각 나라가 세상을 바라보는 자기의 시각을 스스로 분석하길 기대할 수 없다. 렌즈에 대해 알고 싶으면 훈련된 검안사를 찾아가 처방전을 요구하면 된다. 사회과학자들의 작업은 현대 국가들의 검안사 역할에 비유할 수 있으며, 언젠가는 이런 사실을 인정받으리라 믿는다.

이런 작업을 하려면 강한 의지와 어느 정도의 관용을 갖춰야 한다. 강한 의지는 때때로 선의를 가진 사람들에게 손가락질을 당한다. '하나의 세계'를 주장하는 사람들은 동과 서, 흑인과 백인, 기독교인과 무슬림 사이에는 피상적인 차이가 있을 뿐 모든 인간이 실제로는 같은 마음을 지녔다고 확신하면서, 자기 신념을 사람들에게 불어넣겠다는 희망을 품고 있다. 이런 생각은 때때로 '인류애'라고 불린다. 이와 관련해서 이해할 수 없는 점이 하나 있다. 일본인에게는 그들 나름의 행동 방식이 있고 미국인도 마찬가지일 텐데, 이런 말이 인류애를 믿는 것과 배치되는 이유를 모르겠다. 이상주의에 빠진 사람들은 온 인류가 같은 필름에서 인화한 사진처럼 똑같지 않으면 선의의 원칙이 성립될 수 없다고 믿는 듯하다. 그러나 다른 국가를 존중하는 조건으로 그런 획일성을 요구하는 행위는 자기 아내나 아이들에게 같은 요구를 하는 것만큼이나 민감한 사안이다. 의지가 강한 사람들은 차이가 존재한다는 사실에 만족하며 차이를 존중한다. 그들의 목표는 차이가 있더라도 안전한 세계를 만드는 것이다. 즉, 똑같은 조건에서 평화를 위협하지 않고도 미국은 철저하게 미국일 수 있고, 프랑스는 프랑스일 수 있으며, 일본은 일본일 수 있는 세계를 추구하는 것이다. 그런데 외부의 간섭으로 삶에 대한 태도가 성숙해지지 못하는 상황은 연구자가 볼 때 터무니없는 일이다. 연구자는 이런 차이가 세계 위에 매달린 다모클레스의 칼°일 필요가 없다고 믿는다. 또 차이를 존중하는 태도가 세계를 현 상태로 고착화하는 데 기여하는 것은 아닌지 두려워할 필요도 없다. 문화적 차이를 장려하는 것이 고정된 세계를 의미하지는 않는다. 엘리자베스 시대가 앤 여왕 시대와 빅토리아 시대로 이어졌어도 영국은 영국다움을 잃지 않았다. 시대의 변화에 따라 기

• 기원전 디오니시우스 왕이 신하인 다모클레스에게 권력자가 끊임없는 불안과 죽음의 위협에 시달린다는 것을 알려주고자 한 일화에서 비롯된 말이다. 그는 신하에게 권력을 한번 누려보겠느냐고 말하고 모든 것을 그가 원하는 대로 향유하게 하되 그의 머리 위에 말총으로 칼을 매달았다. 임박한 위협이나 위험을 은유적으로 표현할 때 쓰였던 이 고사는 미국 대통령 존 F. 케네디가 냉전기였던 1961년 유엔 연설에서 핵전쟁의 위험을 경고하기 위해 인용하면서 더욱 유명해졌다. ─옮긴이

준과 국가적 분위기가 달라졌지만, 영국인은 여전히 영국다움을 지키고 있었다.

국가 간 차이에 관해 체계적으로 연구하려면 강한 의지 못지않게 관용이 어느 정도 필요하다. 비교종교학은 사람들이 확고한 믿음을 가지고 다른 종교를 너그럽게 대했을 때 가장 번성했다. 연구자가 예수회 수사나 아랍 학자, 심지어 무신론자일 수는 있어도 결코 광신자일 수는 없다. 비교문화 연구도 마찬가지다. 자기의 생활 방식을 고집한 나머지 그것만이 유일한 해결책이라고 믿는다면 변변한 성과를 낼 수 없다. 그런 사람들은 다른 생활 방식을 알아감으로써 자신들의 문화를 더욱 사랑할 수 있다는 사실을 절대 깨닫지 못한다. 즐겁고 풍부한 경험을 할 기회를 스스로 차단하는 셈이다. 자기 것만 고집한다면 다른 국가들에게 각자의 고유한 해결책을 채택하라고 요구하는 것 말고는 뾰족한 대안이 없다. 예를 들어, 미국인으로서 우리가 좋아하는 신조를 모든 국가에 강요하는 것이다. 그러나 다른 나라들이 우리가 요구하는 방식을 받아들일 수 없음은 자명하다. 이는 우리가 10진법 대신 12진법으로 계산하거나, 일부 동아프리카 원주민처럼 한 다리로 서서 휴식하는 방법을 배울 수 없는 것과 마찬가지다.

일본적인 생각과 행동 방식

이 책에서는 일본에서 예상되고 당연히 여겨지는 습관들에 관해 기술했다. 일본인은 어떤 경우에 예의를 갖추고 또 어떤 경우에 무례한지, 언제 수치심을 느끼고, 언제 당혹감을 느끼며, 스스로 무엇을 요구하는지 등에 관한 내용이다. 이 책이 다루는 대상의 기준은 길거리에서 흔히 만날 수 있는 평범한 사람들이다. 물론 모든 개인이 특수한 상황에 놓였다는 의미가 아니라, 누구든 그런 상황에서는 그렇게 행동할 거라고 인정할 만한 사항을 기술했다. 이 연구의 목표는 일본에 깊숙이 뿌리내린 생각과 행동의 방식을 묘사하는 것이다. 비록 결과는 그에 미치지 못했을지라도, 이상으로 삼은 목표는 그러했다.

이런 연구에서는 아무리 많은 사람의 증언을 수집한다고 해도 그것 자체가 객관성을 보증해주지 않는다. 예를 들어, 누가 누구에게 언제 고개를 숙여 인사하는지 알기 위해서 일본인 전체의 통계를 낼 필요는 없다. 기존의 관습적인 상황은 누구든 보고할 수 있으며, 몇몇 사례만 확인하면 된다. 일본인 백만 명에게 똑같은 내용을 조사해서 정보를 얻을 필요는 없다.

일본인의 생활 방식을 구축한 여러 가정(假定)을 밝혀내려면 통계를 검증하는 것보다 훨씬 어려운 과제를 해결해야 한다. 기존의 관습이나 판단이 어떻게 일본인이 삶을 바라보는 렌즈가 되는지를 밝히는 것이다. 연구자는 그 가정이 일본인의 초점과 시각에 어떤 식으로 영향을 미치는지 설명해야 한다. 그리고 전혀 다른 관점으로 삶을 바라보는 미국인에게 그것을 이해시켜야 한다. 이런 분석 작업에서는 반드시 평범한 일본인, 예를 들어 다나카 씨를 판단의 기준으로 삼을 필요는 없다. 다나카 씨는 이런 가정을 명확하게 밝히지 못할뿐더러, 미국인을 위해 쓴 해석에 대해서는 억지스럽다고 느낄 것이 틀림없기 때문이다.

미국의 사회 연구는 문명화된 지역에서 문화의 기초를 이루는 전제들을 연구 대상으로 삼는 경우가 드물었다. 대부분은 이러한 전제들이 너무나 명백하다고 생각하며 연구를 진행한다. 사회학자와 심리학자는 의견과 행동의 '분포'에만 몰두하는 터라, 상투적으로 통계에 의존한다. 그들은 조사 대상, 설문지 혹은 면담자의 응답, 심리학적 측정 등에 대한 통계를 내고 이를 분석해서 일정한 요인들의 독립성 혹은 상호의존성을 추론하려고 한다. 여론조사만 해도 그렇다. 미국에서는 과학적으로 선택한 표본을 활용해 여론조사를 하는 기술이 고도로 발달했다. 얼마나 많은 사람이 특정 공직 후보나 특정 정책에 찬성 혹은 반대하는지 알아낼 수 있다. 지지자와 반대자는 시골 거주자 혹은 도시 거주자, 저소득층 혹은 고소득층, 공화당원 혹은 민주당원으로 분류될 수 있다. 국민의 대표자가 실제로 법안을 만들고 제정하는, 보통선거가 있는 나라에서 그런 여론조사는 중요한 의미를 갖는다.

　미국인은 미국인의 여론을 조사하고 그 결과를 이해할 수 있다. 이는 너무나 명백해서 아무도 언급하지 않는 선행 단계가 있기에 가능한 일이다. 즉, 그들은 미국의 생활 방식을 알고 그것을 당연하게 받아들인다. 투표 결과는 우리가 이미 알고 있는 것에 설명을 덧붙여줄 따름이다. 따라서 다른 나라를 이해하는 데 여론조사를 유익한 도구로 쓰려면, 그 나라 국민의 습관과 생각에 대한 체계적이고 질적인 연구가 선행되어야 한다. 표본을 신중하게 추출한다면, 여론조사를 통해서 얼마나 많은 사람이 정부를 지지하는지 혹은 반대하는지 알 수 있다. 그러나 그들이 국가를 어떻게 생각하는지 모른다면, 여론조사 결과만으로 얻을 수 있는 것이 있을까? 그들의 생각을 알아야만 우리는 길거리나 의회에서 어떤 당파들이 어떤 문제를 두고 다투는지 이해할 수 있다. 정부에 관한 국민의 생각은 정당의 지지도를 나타내는 숫자보다 훨씬 일반적이고 영속적인 중요성을 지닌다. 미국에서는 공화당원이나 민주당원 할 것 없이 정부라는 존재는 필요악이며, 개인의 자유를 제약한다고 생각한다. 정부에서 일하는 것 또한 전시를 제외하면, 민간 기업에서 그에 상응하는 일을 하는 것과 위상이 다르다. 미국인의 이러한 국가관은 일본인과 확연히 다르고, 유럽 여러 나라의 국민과도 다르다. 따라서 우리는 무엇보다도 일본인이 어떻게 생각하는지 알아야 한다. 그들의 생각은 그들의 습속, 성공한 사람들에 대한 언급, 역사에 관한 신화, 국경일 연설에 나타난다. 이렇게 간접적으로 표현되는 것들을 체계적으로 연구해야 한다.

우리는 사람들이 선거에서 어떤 비율로 찬성표와 반대표를 던지는지 확인하는 것만큼, 한 나라 국민이 삶의 기초로 삼은 전제와 그들이 승인한 해결책을 주의 깊고 세밀하게 연구해야 한다. 일본은 그러한 기본적 전제를 탐색해볼 가치가 있는 국가였다. 나의 서구적 전제는 일본인이 삶을 바라보는 견해에 부합하지 않았으므로, 나는 일본인이 사용하는 범주와 상징에 대한 개념을 이해하기 시작했다. 이를 통해 서양인이 일본인의 행동에서 발견하는 많은 모순이 더는 모순이 아님을 분명히 확인했다. 나는 어떻게 일본인이 자신들의 극단적 행동 성향을 일관성 있는 체계의 필수적인 부분으로 받아들이는지 이해했다. 그 이유를 이 책에서 보여주려고 한다. 일본인들과 같이 일할 때 나는 그들이 이상한 표현을 쓰며 특이한 개념을 가졌다고 생각했다. 그런데 알고 보니 거기에는 중요한 의미가 함축되어 있으며, 오랜 기간에 걸쳐 형성된 감정들이 가득 담겨 있었다. 서양이 이해하는 덕목이나 악의 개념과는 완전히 달랐다. 일본인이 생각하는 덕의 체계는 무척 독특했다. 불교도 아니고 유교도 아니었다. 바로 일본적인 것이었는데, 그것이 일본의 장점이요 약점이었다.

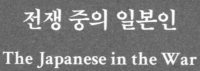

2장

전쟁 중의 일본인

The Japanese in the War

이해를 돕는 배경지식

사이고 다카모리(西鄕隆盛, 1828-1877년)

일본 사쓰마 번의 하급 무사 가문 출신의 군인이자 정치가. 에도 막부를 타도하고 메이지유신을 주도한 '유신삼걸'(維新三傑)의 한 사람이다. 메이지유신 이후 에도 막부에서 높은 직위를 받았으나 새 정부가 추진한 정책들로 인해 무사들의 입지가 좁아지자 그들의 불만을 해소하기 위해 조선을 정벌하자는 이른바 '정한론'(征韓論)을 주장했다. 정한론이 받아들여지지 않자 사임한 후 귀향했다. 이후 정부와의 갈등이 격화되어 1877년 세이난 전쟁(西南戰爭)을 일으켰고 패배한 후 자결했다.

도조 히데키(東條英機, 1884-1948년)

일본 육군 군인이자 정치가. 일본을 태평양전쟁으로 이끈 전범으로 전쟁이 끝난 뒤 사형당했다. 전쟁 중에는 군부독재 체제를 구축하고 권력을 장악해 천황을 위협하는 '도조 막부'라는 비판을 받기도 했다.

군인칙유(軍人勅諭)

칙유란 임금이 몸소 내린 말씀이나 그것을 적은 포고문을 말한다. 1882년 1월 4일 제정·공포된 군인칙유는 대원수로서 천황이 군의 통수권자임을 강조하고, 천황에 절대 복종할 것을 역설하는 내용을 담고 있다. 1890년 제정·공포된 교육칙어와 함께 메이지 정권이 천황제 중심의 이데올로기를 교육하는 수단으로 쓴 대표적인 문서다.

모든 문화적 전통에는 전쟁과 관련된 관행이 있다. 비록 세부 내용에는 차이가 있지만, 서구 국가들은 그런 관행 중 일부를 공유하고 있다. 총력전을 촉구하는 일정한 방식, 국지전에서 패했을 때 사람들을 안심시키는 일정한 형식, 전사자와 투항자의 일정한 비율, 전쟁포로가 지켜야 할 일정한 행동 규칙 등이다. 서구 국가들은 전쟁까지 포함한 문화적 전통을 상당 부분 공유하고 있으므로, 그들 사이에서 전쟁이 벌어지면 이런 일들을 예측할 수 있다.

서구의 전쟁 관행과 다른 일본인의 모든 행위는 그들의 인생관과 인간의 본분에 관한 신념을 알 수 있는 자료다. 우리의 관행에서 벗어나는 일본인의 방식이 군사적으로 중요한지 그렇지 않은지는 그들의 문화와 행동을 체계적으로 연구하는 데 큰 문제가 되지 않는다. 그들의 방식 모두가 중요한데, 그 이유는 우리가 답을 얻고 싶어 하는 일본인의 성격에 관한 질문들을 제기하기 때문이다.

위계질서를 바로잡기 위한 전쟁

일본이 전쟁을 정당화하기 위해 내세운 전제는 미국과 정반대였다.

미국은 전쟁의 책임을 추축국*의 침략 행위 탓으로 돌렸다. 일본, 이탈리아, 독일이 다른 지역을 부당하게 점령해서 국제 평화를 깨뜨렸다는 것이다. 또 추축국이 만주나 에티오피아, 폴란드에서 권력을 잡은 것은 그들이 약소민족을 억압하는 사악한 길로 접어들었다는 증거인데, 그들은 '공존' 혹은 적어도 자유무역을 위한 '문호 개방'이라는 국제 규약을 위반했다고 주장했다.

　일본은 국제 정세를 미국과 다른 방식으로 규정했고, 전쟁의 원인도 나름의 시각으로 분석했다. 모든 국가가 절대주권을 가지면 세계는 무정부 상태가 된다. 그러므로 위계질서를 바로잡기 위해서는 전쟁을 벌일 수밖에 없었다는 것이다. 물론 그들이 생각하는 위계의 정점에는 일본이 있다. 일본은 자기들만이 위에서부터 아래까지 진정한 위계를 갖춘 나라요, 모두가 '제자리'에 있어야 한다는 사실을 유일하게 이해하는 나라라고 여겼다. 그들은 자국에서 통일과 평화를 이루고, 강도들을 소탕했다. 또한 도로를 닦고 전력을 공급하고 철강산업을 육성했으며, 신세대의 95.5퍼센트가 공립학교에서 교육을 받았다. 그러므로 일본 입장에서는, 위계질서를 바로잡으려면 뒤떨어진 아우 중국의 수준을 끌어올리는 것이 마땅하다고 여길 수밖에 없었다. 자기들은 대동아**권 국가들과 같은 인종이기 때문에, 아시아에서 미국을 몰아내고 그다음에는 영국과 러시아를 쫓아냄으로써 '제자리'를 차지해야 한다는 논리를 폈다. 모든 국가는 하나의 세계가 되어, 위계에 따라 각자의 자리를 지켜야 한다는 것이다. 다음 장에서는 이처럼

●　제2차 세계대전 당시 일본, 독일, 이탈리아가 맺은 삼국 동맹을 지지하여 미국, 영국, 프랑스 등의 연합국과 대립한 여러 나라 — 옮긴이
●●　일본을 중심으로 번영할 동아시아 여러 민족과 그 거주 범위 — 옮긴이

위계질서에 높은 가치를 둔 것이 일본 문화에서 어떤 의미로 작용했는지 검토할 것이다. 이는 일본이 만들어내기에 적합한 일종의 환상이었다. 그러나 일본에게 점령당한 나라들은 같은 시각으로 그 문제를 바라보지 않았다. 일본에게는 불행한 일이 아닐 수 없었다. 그럼에도 그들은 패전했을 때조차 대동아의 이상을 포기하지 않았다. 일본인 포로 중에서 호전성이 가장 옅은 사람들조차도 대륙과 서남태평양 지역에 손을 뻗은 일본의 목적을 비난하는 경우가 드물었다. 일본은 아주 오랫동안 이런 태도를 고수할 것이다. 그런 태도 중 가장 중요한 것은 위계에 대한 믿음과 신뢰다. 평등을 사랑하는 미국인에게는 낯선 개념이다. 그럼에도 우리는 일본인에게 위계가 무슨 의미인지, 위계를 통해 일본이 어떤 이득을 얻었는지 이해할 필요가 있다.

물질을 초월하는 정신의 우월성

일본이 승리에 대한 희망의 근거로 삼는 요소는 미국의 일반적인 생각과 전혀 달랐다. 그들은 정신이 물질을 이긴다고 큰소리쳤다. 미국은 영토가 넓고 군비도 넉넉하지만 그게 뭐가 중요하겠는가? 일본은 이 모든 것을 예견했다고 하면서 미국의 힘을 평가절하했다. 일본의 유력한 일간지 『마이니치신문』(每日新聞)에는 이런 글이 실려 있었다. "우리가 숫자를 두려워했다면 전쟁을 시작하지도 않았을 것이다. 적군의 거대한 자원은 이 전쟁으로 생긴 게 아니다."

　일본이 이기고 있을 때조차 정치인과 최고 지휘부, 군인들은 전쟁이 군사력 싸움이 아니라는 말을 되풀이했다. 그들은 이 전쟁이 물질에 대한 적들의 믿음과 정신에 대한 자기들의 믿음이 싸우는 것이라고 믿었다. 전황이 불리할 때도, 이런 싸움에서는 물질적인 힘이 반드시 패할 것이라는 말을 거듭 강조했다. 그런 신조는 사이판과 이오지마에서 패했을 때 적절한 변명거리가 되기도 했지만, 패배에 대비해서 꾸며낸 것은 아니었다. 일본은 승리하고 있을 때도 그 구호를 외치며 돌진했다. 진주만을 공격하기 훨씬 전부터 공인된 구호였다. 광신적인 군국주의자이자 한때는 육군 대신이었던 아라키 사다오(荒木貞夫) 대장은 1930년대에 〈전 일본인에게〉라는 소책자에서 이렇게 말했다. "일본의 '진정한 임무'는 사해(四海) 끝까지 황도(皇道)를 펼치고 영광을 떨치는 것이다. 힘이 부족한 것은 우리가 염려할 일이 아니다. 우리가 왜 물질 같은 것 때문에 걱정해야 하는가?"

물론 그들도 전쟁을 준비하는 여느 나라처럼 군비에 신경을 쓸 수밖에 없었다. 1930년대 일본은 군비 지출 비율이 천문학적으로 높아졌다. 진주만을 공격할 때쯤에는 국가 수입의 거의 절반을 육군과 해군의 경비로 썼고, 민간 행정을 위한 비용은 정부의 전체 지출액 중 17퍼센트에 불과했다. 즉, 일본이 물질에 무심하다는 것이 일본과 서구 국가들의 차이가 될 수는 없었다. 그러나 군함과 총기는 불굴의 정신을 외면적으로 과시하는 수단에 불과했다. 칼이 사무라이에게 덕의 상징이듯 군함과 총기 또한 상징이었다.

미국이 군비 증강에 힘을 쏟았던 것처럼, 일본은 시종일관 비물질적인 자원을 강조했다. 그들은 미국과 마찬가지로 생산에 총력을 기울이도록 독려했지만, 이는 나름의 전제에 기초해서 벌인 운동이었다. 일본은 기백(氣魄)이 전부이자 영원한 것이라고 강조하면서, 물론 물질도 필요하지만 그것은 부차적인 요소일 뿐, 결국에는 버티지 못

진주만 공습 당시 폭격당한 미국 해군 기지

태평양전쟁이 발발한 1941년 당시 미국과 일본의 국내총생산(GDP)은 7.03 대 1이었고, 원유 생산량은 720 대 1이었다. 일본은 제1차 세계대전으로 호황을 누렸으나 전쟁이 끝나면서 거품이 꺼졌고, 1923년 간토 대지진과 1927년 쇼와 금융공황 등 경제적으로 악재가 이어지고 있었다.

한다고 말했다. 일본 라디오에서는 이런 메시지가 흘러나왔다. "물질적인 자원에는 한계가 있습니다. 물질이 천년만년 갈 수 없다는 사실은 자명합니다." 일본은 이와 같은 정신에 대한 신뢰를 문자 그대로 받아들이고 전쟁을 수행했다. 군사교리에는 이 전쟁을 위해 급조한 것이 아니라 전통적인 구호를 그대로 사용했다. "적의 숫자에는 훈련으로 맞서고, 강철에는 우리의 육체로 맞선다." 전쟁 교범의 서두에는 굵은 글씨로 이렇게 쓰여 있다. "이것을 읽으면 전쟁에서 반드시 이긴다." 소형 비행기를 몰고 미국 전함에 돌진해서 자폭하는 일본군 비행사들은 물질에 대한 정신의 우월성을 보여주는 영원한 본보기가 되었다. 그들은 가미카제 특공대라고 불렸는데, 가미카제는 13세기 일본

1945년 링가옌만에서 작전 중인 미 군함에 돌진하는 일본 전투기

가미카제에 지원한 일본인 병사 중 2,500여 명이 전쟁 중에 사망했고, 5명 중 1명 꼴로 목표물을 타격하는 데 성공했다.

을 침략한 몽골군의 배들을 흩어버리고 전복시킴으로써 일본을 구한 신풍(神風)을 뜻한다.

일본 당국은 물질적 환경보다 정신이 우월하다는 관념을 민간 영역에서도 곧이곧대로 받아들였다. 공장에서 열두 시간을 일하고 밤새도록 폭격에 시달려 지쳐 있던 사람들에게는 "몸이 무거울수록 의지와 정신은 드높아져 육체의 능력을 능가하게 된다"라거나 "고단할수록 훈련 효과는 더 탁월해진다"라고 말했다. 겨울날 방공호에서 추위에 떠는 사람들에게 대일본체육문화협회는, 체조를 해서 체온을 높이라는 내용의 라디오 방송을 내보냈다. 그런 체조가 난방기구와 침구를 대신해줄 뿐만 아니라 식량이 부족한 상황에서도 기력을 유지할 수 있게 해줘서 더 좋다는 것이었다. "물론 먹을 것도 변변찮은데 체조할 힘이 있겠느냐고 말하는 사람들도 있을 것입니다. 하지만 그것은 잘못된 생각입니다. 음식이 부족할수록 다른 수단을 동원해서 체력을 키워야 합니다." 즉, 체력을 소진함으로써 체력을 키워야 한다는 논리였다. 이처럼 에너지 비축을 고려하지 않은 계산법은 미국적 사고방식과 확연하게 다르다. 미국인은 지난밤에 여덟 시간을 잤는지 다섯 시간을 잤는지, 식사는 규칙적으로 했는지, 한기를 느꼈는지 등에 따라 쓸 수 있는 체력을 가늠하지만, 일본인은 그런 생각을 물질주의적이라고 여겨 배척한다.

전쟁 중 일본 방송들은 더 극단적인 수준으로 나아갔다. 전투에서는 정신이 육체적 죽음조차 뛰어넘을 수 있다고 했으며, 한 방송에서는 영웅적인 조종사가 기적적으로 죽음을 극복한 사례를 보도했다.

공중전이 끝났을 때 일본군 비행기들은 서너 대씩 작은 대형을 이루어 기지로 돌아왔다. 한 대위는 처음 돌아온 편대 중 하나에 타고 있었다. 그는 조종석에서 내린 후 땅 위에 서서 쌍안경으로 하늘을 응시하다가 부하들이 돌아오면 인원 점검을 했다. 낯빛은 조금 창백했지만 늠름한 자세로 서 있던 그는 마지막 비행기까지 귀환한 뒤 보고서를 쓰고 본부로 가서 부대장에게 귀환 신고를 했다. 그런데 신고를 마친 그가 갑자기 땅에 쓰러졌다. 곁에 있던 장교들이 그를 도우려고 급히 달려갔지만, 애석하게도 그는 숨을 거두고 말았다. 시신을 살펴보니 몸은 이미 차갑게 식어 있었고, 가슴에는 총상이 있었다. 사망 직후라면 온기가 남아 있어야 정상이지만, 대위의 몸은 얼음장 같았다. 몸은 오래전에 죽은 것이

틀림없었으니, 부대장에게 신고한 것은 그의 정신이었다. 전사한 대위의 투철한 책임감이 이런 기적을 만들어낸 것이다.

물론 미국인에게는 허무맹랑한 이야기였지만, 교양 있는 일본인들은 방송을 듣고 웃지 않았다. 그들은 청취자들이 이 이야기를 낭설로 받아들이지 않을 것이라고 확신했다. 그들은 방송이 대위의 위업을 "기적적인 사실"이라고 말하며 진실하게 보도했음을 지적했다. 그런 일이 일어나지 않는다는 법은 없지 않은가? 영혼은 훈련할 수 있다. 대위는 부단히 자기 수양을 해왔을 것이다. 모든 일본인이 그렇게 알고 있듯이 "강인한 정신이 천년을 간다"면, '책임'을 삶의 핵심 원칙으로 삼았던 공군 대위의 정신이 죽은 몸에서 몇 시간 더 버티는 것도 충분히 가능하지 않을까? 일본인은 전문적인 훈련을 통해 정신을 높은 경지로 끌어올릴 수 있다고 믿는다. 이를 전제로 생각해보면, 대위는 그 방법을 익혀서 성과를 낸 것이다.

미국인인 우리는 일본인의 이런 극단적 행태를 가난한 나라의 변명이나 기만당한 국민의 유치한 소행이라 여기고 무시할 수 있다. 하지만 단지 그렇게만 평가한다면, 전시나 평시에 그들을 적절히 다루는 능력을 그만큼 잃게 된다. 일본인의 신조는 일정한 금기와 거부, 일정한 훈련과 훈육 방식을 통해서 뇌리에 각인되었다. 이를 고립된 지역의 괴팍한 사고방식으로 치부할 수는 없다. 이 사실을 인정해야만 우리 미국인은 일본인이 패배했을 때 하는 말, 즉 정신력만으로는 한계가 있었으며 '죽창'을 들고 방어한다는 것은 망상일 뿐이었다는 고백이 무슨 뜻인지 분명하게 이해할 수 있다. 더 중요한 것은 부족한 정신력으로 전쟁터와 공장에서 미국인과 겨뤘다는 그들의 말을 적절히 판단하는 일이다. 패전 후에 자인한 것처럼, 일본인은 전쟁에서 '주관적으로 싸웠다'.

전쟁에 대응하는 일본 특유의 방식

계층제의 필요성과 정신의 우월성에 대한 언급 외에도 일본인이 전쟁 중 온갖 것들에 대해 이야기하는 방식은 비교문화 연구자에게 많은 것을 시사한다. 그들은 안정과 사기(士氣)는 사전경고를 했는지 아닌지에 달려 있다고 거듭 말했다. 민가에 폭탄이 떨어지고, 사이판에서 패하고, 필리핀 방어에 실패하는 등 재앙이 닥칠 때마다 일본 정부는 국민에게 이미 각오했던 일이니 걱정하지 않아도 된다고 호언장담했다. 라디오 방송에서는 우리가 모든 걸 완벽히 예측할 수 있는 세상에 산다고 말함으로써 국민을 안심시키려 했다. "미국이 키스카를 점령하면서 일본은 미군 폭격기들의 행동반경 안에 들어갔다. 그러나 우리는 이런 돌발 상황을 예측했고, 필요한 준비를 마쳤다." "적은 틀림없이 육해공 합동작전으로 우리를 공격해 올 것이다. 그러나 우리는 그것까지 감안하고 있었다." 가망 없는 전쟁에서 자국이 빨리 패하기를 바랐던 일본인 전쟁포로들조차 "이미 예상했기 때문에" 폭격을 당해도 일본은 위축되지 않을 것이라고 확신했다. 미국이 일본의 도시들을 폭격하기 시작했을 때, 항공기제조협회 부사장은 방송에서 이렇게 말했다. "적기가 마침내 우리 머리 위로 날아왔습니다. 그러나 비행기 제조 산업에 종사하는 우리는 이런 일이 벌어질 것을 늘 예측했으며, 그에 대처할 준비도 완벽하게 해놓았습니다. 그러니 걱정하지 않아도 됩니다."

　모든 일을 이미 예상했고, 전부 계획된 일이라는 가정을 받아들이기만 하면 일본인은 자기들에게 필요한 주장, 즉 모든 사태는 자기들이 적극적으로 원한 것이며 결코 누군가에게 당한 것이 아니라는 주장을 계속할 수 있었다. "우리는 수동적으로 공격당한 게 아닙니다. 능동적으로 적을 끌어들인 겁니다." "적이여, 올 테면 오라. 우리는 '결국 올 게 왔구나'라는 말 대신 '기다리던 순간이 왔다. 그래서 기쁘다'라고 말하게 될 것입니다." 해군 장관은 의회 연설에서 1870년대의 위대한 무사 사이고 다카모리(西鄉隆盛)가 한 말을 인용했다. "두 종류의 기회가 있다. 하나는 우리에게 찾아오는 것이고, 다른 하나는 우리가 만드는 것이다. 큰 어려움이 닥쳤을 때 우리는 반드시 기회를 만들어내야 한다." 라디오에서는 미군이 마닐라로 진군했을 때 야마시타 도모유키(山下奉文) 장군이 "만면에 웃음을 지으며 이제 적은 우리 수중에 들어왔다고 말했다"라고 전하면서 이렇게 논평했다. "적이 링가엔(Lingayen)만에 상륙한 직후 마닐라가 순식간에 함락된 것은 야마시타 장군의 전략에 따른 결과였습니다. 야마시타 장군의 작전은 계획대로 착착 진행 중입니다." 달리 말해, 지는 것이 곧 가장 크게 이기는 것이라는 의미였다.

　미국인도 일본인처럼 극단으로 치달았지만, 그 방향은 완전히 달랐다. 그들에게 이 전쟁은 강요된 싸움이었다. 공격을 받았으니 적에게 본때를 보여줘야 했다. 국민을 안심시키고자 진주만이나 바탄(Bataan)반도의 패배를 "이미 우리 계획에 있었던 일이다"라고 말한 정부 대변인은 한 사람도 없었다. 그 대신 공직자들은 이렇게 말했다. "적이 자초한 일이다. 그들에게 우리의 힘을 보여주겠다." 미국인은 끊임없이 도전하는 세계에 맞춰 삶의 방식을 조정하고, 도전을 받아들일 준비를 한다. 이에 반해 일본인은 사전에 계획되고 승인된 삶의 방식 안에서만 안도감을 느낀다. 그들은 예상치 못한 일을 마주했을 때 가장 큰 위협을 느낀다.

일본이 전쟁을 수행하는 동안 끊임없이 드러났던 또 다른 주제는 일본인의 삶에 대해 많은 것을 시사한다. 그들은 "세계의 눈이 우리를 주시하고 있

사이고 다카모리의 초상화(이시카와 시즈마사, c. 1935-1945년)

다"라는 말을 거듭 입에 올렸다. 그러므로 그들은 일본 정신을 제대로 보여줘야 했다. 미군이 과달카날(Guadalcanal)섬에 상륙하자 일본은 군인들에게, 지금 '세계'의 주목을 받고 있으니 우리의 진가를 보여주라는 명령을 내렸다. 일본 해군은 어뢰에 맞아 구명정을 타게 될 때도 최대한 품위를 유지하라는 지침을 받았다. 그러지 않으면 다음과 같은 일이 벌어질 것이라고 경고했다. "세계가 제군을 비웃을 것이다. 미국은 그대들의 모습을 영화로 만들어 뉴욕에서 상영할 것이다." 이처럼 자신들을 세상에 어떤 식으로 보여주느냐가 일본인에게는 중요한 문제였으며, 이는 일본 문화에 깊이 뿌리내린 관심사이기도 했다.

천황에 대한 무조건적 충성

일본인의 태도와 관련해 가장 잘 알려진 문제는 천황과 관련된 것이다. 천황이 자기 신민(臣民)에게 미치는 영향력은 얼마나 클까? 미국의 권위 있는 일부 학자들은 일본의 봉건사회가 유지된 7세기 동안 천황은 단지 희미한 그림자 같은 존재였다고 지적했다. 백성이 직접 충성을 바치는 대상은 영주 다이묘(大名)와 그 위의 대원수인 쇼군(將軍)이었다. 천황에 대한 충성심은 전혀 중요하지 않았다. 천황은 고립된 궁정에 격리된 채로 쇼군이 정한 규정에 따라 의식과 행동을 엄격하게 통제받고 있었다. 아무리 위대한 영주라 할지라도 천황에게 경의를 표하는 행동은 쇼군에 대한 반역으로 간주했다. 일본인에게 천황은 없는 존재나 진배없었다. 미국인 연구자들은 이런 역사를 고려해야만 일본을 제대로 이해할 수 있다고 주장했다. 일본인 중에서 천황이 특별한 존재가 아님을 기억하는 사람은 아직 많다. 그런 존재가 어떻게 일본처럼 보수적인 나라의 진정한 구심점이 될 수 있었을까? 일본의 정치평론가들은 천황이 일본인에 대해 영구적 지배력을 가졌다고 거듭 강조했지만, 미국 연구자들은 이를 과장된 의견으로 치부하면서 그렇게 주장하는 것 자체가 논리의 허점을 드러낸다고 지적했다. 따라서 전쟁 중 미국이 천황을 조심스럽게 다룰 이유는 전혀 없었다. 오히려 일본이 사악한 의도로 근래에 날조한 지도자 개념을 강력하게 공격할 이유가 훨씬 많았다. 천황은 근대의 국가주의적 신토(神道)의 핵심이므로, 우리가 천황의 신성성에 이의를 제기하고 실체를 낱낱이 파헤친다면, 적국인 일본을 지탱하는 모든 구조가 무너져 내리게 된다는 게 미국인 학자 중 일부가 내세우는 논리였다.

일본을 잘 알고 있으며 전선과 일본 현지의 보도를 접해온 유능한 일본인들의 의견은 이와 정반대였다. 일본에 살았던 사람들은 천황을 무시하는 발언이나 노골적으로 공격하는 것만큼 일본인들을 격노하게 만들고 적개심을 불러일으키는 일이 없다는 걸 알았다. 우리에게는 천황을 비판하는 것이 군국주의를 공격하는 것과 같은 의미지만, 일본인은 그렇게 생각하지 않는다는 것도 알고 있었다. 제1차 세계대전이 끝난 뒤 '데모크라시'(de-mok-ra-sie)*를 부르짖고 군인들이 도쿄 시내로 외출할 때 평상복으로 갈아입었을 만큼 군국주의의 위상이 떨어졌던 시절에도 천황 숭배가 여전했음을 그들은 직접 확인했다. 다만 일본에 오래 거주했던 이들은 일본인의 천황 숭배를 나치당의 운명을 결정하는 척도이자 파시즘적 계획에서 나온 모든 악과 얽혀 있는 히틀러 숭배와 같은 차원에서 비교할 수는 없다고 주장했다.

일본군 전쟁포로들의 증언은 그런 주장을 뒷받침해주었다. 서구의 군인들과 달리 이들은 잡혔을 때 해야 할 말과 하지 말아야 할 말이 무엇인지 교육받은 적이 없었다. 그래서 어떤 질문이든 거침없이 답했다. 이런 현상은 두말할 것도 없이 일본의 무항복주의 정책에서 비롯되었다. 전쟁이 끝나기 몇 달 전까지 일본은 무항복주의를 고수했으며, 몇몇 군단이나 현지의 부대와 현지의 하급 부대에서만 달라졌을 뿐이다. 포로들의 증언은 귀를 기울일 가치가 있었다. 일본군의 견해를 광범위하게 반영하고 있었기 때문이다. 그들은 사기가 떨어져 항복한 게 아니었다. 몇몇을 제외한 거의 모든 병사가 저항할 수 없을 정도로 다쳤거나 의식이 없는 상태로 생포되었다. 따라서 전형적인

• 민주주의, 즉 democracy의 일본식 발음을 저자가 흉내 내어 표기한 것이다. ─옮긴이

전쟁포로와는 거리가 멀었다.

최후까지 저항했던 일본군 전쟁포로들은 천황을 중심에 둔 극단적 군인정신으로 무장하고 있었다. 그들은 '천황의 뜻을 받들어 수행하고' '천황의 마음을 편안하게 만들고' '천황의 명령에 따라 죽으려고' 했다. "천황께서 사람들을 전쟁터로 이끄셨으니 그 명령에 복종하는 것은 의무"라고 여겼다. 하지만 현재의 전쟁과 미래의 정복 계획을 거부하는 사람들 역시 평화주의 신념의 근거를 천황에게 두었다. 이처럼 천황은 모든 사람에게 그들의 '전부'나 다름없었다. 전쟁에 지친 사람들은 천황을 '평화를 사랑하는 폐하'라고 했다. 그들은 천황이 "늘 자유주의자였으며 전쟁에 반대했다"라고 주장했다. "천황께서는 도조 히데키에게 속았다." "만주사변 중 천황께서는 전쟁에 반대한다는 의사를 드러내셨다." "전쟁은 천황께서 모르시는 사이에, 허락 없이 시작되었다. 전쟁을 싫어하는 천황은 자기 국민이 전쟁에 휘말리도록 허락하지 않으셨을 것이다. 천황은 군인들이 얼마나 나쁜 대우를 받는지 모르신다." 이런 말들은 독일군 포로들의 진술과 달랐다. 그들은 히틀러가 장성들이나 최고사령부에게 배신당했다고 불평하면서도 전쟁과 전쟁 준비의 주된 책임을 히틀러에게 돌렸다. 반면 일본군 포로는 천황 숭배가 군국주의나 침략 정책과 별개임을 분명히 밝혔다.

일본군에게 천황은 일본과 분리해서 생각할 수 있는 존재가 아니었다. "천황 없는 일본은 일본이 아니다." "천황 없는 일본은 상상할 수조차 없다." "천황은 일본인의 상징이요 종교생활의 중심이다. 그는 종교를 초월한 존재다." 만약 전쟁에 지더라도 천황에게 책임을 돌리지 않을 것은 너무나 명백했다. "국민은 천황에게 전쟁의 책임이 있다고 생각하지 않는다." "패배한다면 천황이 아니라 내각과 군사 지도자들이 책임져야 한다." "만약 전쟁에 지더라도 일본인 열 명 중 열 명이 계속 천황을 숭배할 것이다."

총리 시절의 도조 히데키(1941년 10월)

일본인은 하나같이 천황은 비판의 대상이 될 수 없다고 여겼다. 인간이라면 누구나 의심의 눈초리로 검증하고 비판할 수 있다고 여기는 미국인으로서는 납득할 수 없는 태도였다. 그리고 결국 패전했을 때 일본인은 실제로 그렇게 했다.

포로 심문 경험이 많은 사람들조차 "천황에 대한 비방을 거부함"이라는 말을 굳이 기록할 필요가 없다고 결론지었다. 심지어 연합국에 협력하고 우리 편에 서서 일본군을 향해 선전 방송을 했던 사람들도 예외가 없었다. 포로들의 진술서 중 가벼운 비판을 포함해서 천황에 반대하는 내용이 담긴 것은 단 세 건에 불과했다. 그마저도 한 사람만이 "천황을 권좌에 그대로 남겨두는 것은 옳지 않다"라고 말했을 뿐이다. 다른 사람은 천황에 대해 "마음이 허약한 사람이며 꼭두각시에 지나지 않는다"라고 말했다. 나머지 한 사람은 천황이 아들에게 자리를 물려줄 수도 있으며, 만약 군주제가 폐지된다면 일본의 젊은 여성들은 그들이 부러워하는 미국 여성들처럼 자유를 얻길 희망할 것이라고만 말했다.

이런 상황이다 보니 일본군 지휘관들은 국민 대다수가 천황을 숭배한다는 점을 이용해 병사들을 통솔했다. 그들은 '천황의 하사품'이라면서 담배를 나눠 주었고, 천황의 생일에는 동쪽을 향해 세 번씩 절하며 '반자이'(萬歲, '만세'의 일본말)를 외치게 했다. 또 부대가 밤낮없이 폭격에 시달릴 때도 아침저녁으로 천황이 직접 내린 군인칙유(軍人勅諭)를 모든 '숲이 울리도록' 모든 병사에게 복창시켰다. 군국주의자들은 할 수 있는 모든 방식으로 천황에 대한 충성심을 호소했다. 그들은 부하들에게 "폐하의 소망을 성취하고, 폐하의 너그러움에 대한 존경심을 보이며, 폐하를 위해 죽으라"라고 했다. 그러나 천황의 뜻에 절대복종하는 것은 양날의 검일 수밖에 없었다. "많은 포로가 말했듯이, 일본인은 천황이 명령하면 손에 든 게 죽창뿐이더라도 주저 없이 싸우고 천황이 명령하면 즉시 멈출 것이다." "일본은 천황이 명령을 내린다면 내일 당장 무기를 내려놓을 것이다." 가장 호전적이고 강경한 "만주의 관동군조차도 무기를 내려놓을 것이다". "패배를 받아들이고 나라를 재건하자고 일본인을 설득할 수 있는 것은 오직 천황의 말뿐이다."

이처럼 조건과 한계가 없는 충성은 천황 외의 모든 사람 및 집단에 대한 비판과 뚜렷한 대조를 이룬다. 일본 신문과 잡지, 전쟁포로들의 증언에서는 정부와 군사 지도자들에 대한 비판을 찾아볼 수 있다. 포로들은 자기들의 일선 지휘관들, 특히 위험과 고난을 병사들과 함께하지 않은 자들을 거침없이 비판했다. 부대는 끝까지 항전하는데 본인만 비행기를 타고 도망친 자들에게는 혹독한 비난을 쏟아부었다. 그들은 장교들을 칭찬하기도 하고 비판하기도 하면서, 일본과 관련된 일에서 좋은 것과 나쁜 것을 분명하게 구분하려는 의지를 보여주었다. 일본 내에서조차 신문과 잡지는 '정부'를 비난했다. 그들은 좀더 강력한 지도력과 조정 능력을 발휘하라고 촉구했으며, 정부가 제 역

1939년 일본 육군 공병학교 생도들이 군인칙유를 낭독하는 모습

할을 하지 못한다고 지적했다. 그들은 언론의 자유를 제한하는 정책
에 대해서도 비판했다. 1944년 7월 도쿄의 어느 신문에 실린 토론회
관련 기사는 좋은 예다. 편집자, 전직 의원, 전체주의 정당인 대정익
찬회(大政翼贊会) 간부들로 구성된 토론회에서 한 연사가 이렇게 말했
다. "일본인을 각성시킬 다양한 방법이 있지만, 그중에서도 가장 중요
한 것은 언론의 자유입니다. 최근 몇 년 동안, 사람들은 자기 생각을
솔직하게 말할 수 없었습니다. 어떤 문제를 거론하면 비난을 받을까
봐 두려워합니다. 그렇다 보니 머뭇거리면서 피상적인 문제만 적당히
건드리고 맙니다. 지금 우리 국민은 의기소침해 있습니다. 이런 식으
로는 결코 국민의 힘을 하나로 모을 수 없습니다." 다른 연사는 똑같
은 주제로 말하면서 이렇게 부연했다. "저는 거의 매일 밤 선거구 주
민들과 좌담회를 하면서 그들에게 많은 것을 물어보았습니다. 그러나
그들은 하나같이 말하기를 두려워했습니다. 언론의 자유가 없기 때문

입니다. 이런 식으로는 그들의 전투 의지를 북돋을 수 없습니다. 소위 전시특별형법과 치안유지법 규제가 너무 심하다 보니 국민은 봉건시대 사람들만큼이나 소심해졌습니다. 그런 이유로 마땅히 개발되었어야 할 전투력이 여태껏 지지부진한 상태에 머물러 있는 것입니다."

이처럼 일본인은 전쟁 중에도 정부와 지휘부와 자신의 직속상관을 비판했다. 그들은 위계 제도의 모든 덕목을 무조건 인정하지 않았다. 하지만 천황은 예외였다. 천황의 위상이 높아진 것은 최근의 일인데, 어떻게 그럴 수 있었을까? 일본인의 어떤 기이한 면이 천황을 신성불가침의 자리에 올려놓은 것일까? 천황이 명령하면 일본인은 '죽창을 들고' 죽기로 싸우겠지만, 천황의 명령이라면 패전과 점령마저도 조용히 받아들일 것이라는 일본군 포로들의 말은 사실일까? 터무니없게 들리는 이 말은 우리를 그릇된 길로 빠지게 하려는 속임수가 아닐까? 아니면 그게 진실이란 말인가?

무항복주의와 극단적인 전향

반물질주의적 성향에서부터 천황에 대한 태도에 이르기까지, 전쟁 중 일본인의 행동에 관한 중요한 질문들은 전선뿐만 아니라 본토의 일본인과도 깊은 관련이 있었다. 특히 일본군과 관련된 몇 가지 태도가 있다. 그중 하나는 전투부대를 소모품으로 취급하는 것이다. 일본의 라디오 방송은 미국 해군이 대만에서 기동대 사령관이었던 조지 S. 매케인(George S. McCain) 제독에게 훈장을 수여한 일을 두고 믿을 수 없다며 이렇게 논평했다.

조지 S. 매케인 사령관에게 훈장을 수여한 공적 이유는 그가 일본을 패퇴시켰기 때문이 아니었다. 니미츠 공보관의 발표에 따르면 그렇다는 것인데, 우리로서는 이해하기 힘든 일이다. … 매케인 제독에게 훈장을 수여한 이유는 파손된 미국 군함 두 척을 성공적으로 구출해서 기지로 안전하게 호송했기 때문이다. 이 정보는 허구가 아니라 사실이라는 점에서 무척 중요하다. … 매케인 제독이 실제로 군함 두 척을 구출했는지를 의심하는 게 아니다. 우리가 모든 청취자에게 전하려는 요점은, 군함을 구출한 일이 미국에서는 훈장감이라는 흥미로운 사실이다.

미국인은 궁지에 몰린 사람들을 구출하고 도와주는 행동에 열광한다. 특히 '상처 입은 자들'을 구했을 때는 용감한 행동이 영웅적 행동으로 격상된다. 그러나 일본인은 그러한 구조 행위를 용기로 보지 않는다. 일본인은 우리가 B-29 폭격기나 전투기에 안전장치를 부착한 것에 대해서도 '비겁한' 짓이라고 비난했다. 그들은 신문과 라디오에서 이 문제를 거듭 언급했는데, 생사의 위험을 감수하는 게 미덕이며 사전에 대비하는 것은 아무런 가치가 없다는 주장이었다. 이런 태도는 부상자와 말라리아 환자를 대할 때 또렷이 드러나는데, 일본군은 그런 병사를 손상된 물자로 간주한다. 의료 활동은 전투력을 효율적으로 유지하기 위한 수준에도 미치지 못했다. 갈수록 보급품 조달이 어려워졌고, 그에 따라 의료 체계는 점점 열악해졌다. 하지만 이유는 그것만이 아니었다. 물질주의를 경멸하는 일본인의 성향도 사태가 악화하는 데 한몫했다. 일본 군인들은 죽음이 곧 정신의 승리이며, 미국인처럼 병자를 돌보는 것은 폭격기에 설치된 안전장치만큼이나 영웅적 행위를 가로막는 방해물이라고 배웠다. 미국인과 다르게 일본인

1942년 뉴기니 해안에서
수류탄을 머리에 대고 자살을
시도하는 일본군 병사

은 일상생활에서 내과 의사, 외과 의사의 도움을 받는 일에 익숙하지
않다. 미국에서는 어떤 복지 정책보다 환자를 돌보는 일에 관심이 높
다. 평시에 미국을 찾은 유럽 방문객들도 그 점을 종종 언급한다. 그
러나 이 같은 연민은 일본인에게 낯선 감정이다. 여하튼 전쟁 중 일본
군대에는 포화 속에서 부상자를 구출해 응급조치하도록 훈련받은 구
조대가 없었다. 전방은 물론 후방에도 의료 체계라고 부를 만한 게 없
었으니 부상자의 회복을 돕는 시설이 있을 리 만무했다. 의료품 보급
에 대한 인식은 한심한 수준이었다. 비상 상황에서는 입원한 환자들
이 손도 못 써보고 죽어 나갔다. 특히 뉴기니와 필리핀의 일본군은 병
원이 있는 지역에서 퇴각해야 할 순간들을 종종 마주했는데, 그들은
기회가 충분히 있어도 부상자를 먼저 후송하지는 않았다. 대대의 '철
수 계획'이 실행되거나 적군에게 점령당할 위기에 부닥치고 나서야
무언가를 조처했다. 그 조처란 것도 담당 군의관이 환자를 총으로 쏘
거나 환자 스스로 수류탄을 터뜨려 자살하는 것이었다.

손상된 물자, 즉 부상병을 대하는 모습이 자국민을 대하는 근본적 태도에서 비롯된 것이라면, 이는 그들이 미국인 전쟁포로를 대하는 방식에도 큰 영향을 끼칠 수밖에 없었다. 우리의 기준에 따르면, 일본인은 적군 포로뿐만이 아니라 자국인에게도 잔혹하게 굴었다. 필리핀 수석 군의관이었던 해럴드 W. 글래틀리(Harold W. Glattly) 대령은 대만의 포로수용소에서 3년간 억류되었다가 풀려난 뒤 이렇게 말했다. "미국인 포로들의 의료 여건이 일본 군인들보다 훨씬 나았습니다. 우리는 수용소에 있던 연합군 군의관들에게 치료받을 수 있었지만, 일본군에는 의사가 없었습니다. 한동안 일본군의 치료를 담당했던 요원은 병장이었다가 부사관이 된 사람 한 명뿐이었습니다." 그는 일본인 군의관을 1년에 한두 번밖에 보지 못했다고 진술했다.

병사를 소모품으로 여기는 관념의 가장 극단적 형태가 바로 무항복주의다. 서양 군대는 최선을 다해 싸우고도 가망이 없으면 적에게 항복한다. 비록 포로가 되었어도 그들은 여전히 스스로를 명예로운 군인으로 생각한다. 국제 협약에 따라 가족에게 생사를 알려주기 위해서 포로 명단을 본국에 통보하는데, 그들은 군인으로서도 시민으로서도 자기 가족 안에서도 수모를 당하지 않는다. 그러나 일본인은 이런 상황을 전혀 다르게 받아들인다. 그들은 죽을 때까지 싸우는 것을 명예로 여긴다. 일본군 병사가 절망적인 상황에 놓였을 때 할 수 있는 선택은 마지막 남은 수류탄으로 자살하거나 맨몸으로 적에게 돌진해 집단 자살을 하는 것뿐이다. 절대로 항복해서는 안 된다. 다치거나 정신을 잃어서 적에게 잡혔더라도 그들은 두 번 다시 '일본에서 고개를 들 수 없다'라고 여긴다. 포로가 된 것은 평생 씻지 못할 불명예일뿐더러 '죽은 것'이나 다름없기 때문이다.

항복을 금하는 군율이 있기는 했지만, 이것을 전선에서 특별히 주입할 필요는 없었다. 일본군은 거기에 들어맞게 행동했기 때문이다. 미얀마 북부 전투에서는 포로와 전사자의 비율이 142:17,166, 즉 1:120이었다. 포로수용소에 억류된 142명 대부분은 생포되었을 때 다쳤거나 의식을 잃은 상태였다. 혼자서 혹은 두세 명이 함께 항복한 경우는 극히 드물었다. 서양 군대는 병력의 4분의 1에서 3분의 1 정도가 전사하면 대개는 항복한다. 따라서 항복한 병사와 전사한 병사의 비율이 대략 4:1이다. 그러나 항복한 병사가 크게 늘었다는 홀란디아(Hollandia) 전투에서도 일본군 포로와 전사자의 비율은 고작 1:5였다. 그나마 미얀마 북부 전투에서 1:120이었던 것과 비교하면 엄청나게 진전된 수치였다.

일본인의 관점에서 전쟁포로가 된 미국인은 항복했다는 사실만으로 수치스러운 존재였다. 다치거나 말라리아 혹은 이질에 걸려 '사람 구실'을 못 하는 경우는 물론이고, 멀쩡한 이들조차 '폐품' 취급을 받았다. 포로수용소에서 웃는 것은 간수들을 자극할 수 있어서 무척 위험하다고 많은 미국인이 증언했다. 일본인에게 항복이란 무척 수치스러운 일이므로, 포로들이 그걸 깨닫지 못하고 히죽거리는 모습을 볼 때마다 부아가 치밀었던 것이다. 미군 포로가 복종해야 했던 명령 대부분은 일본군 장교가 일본인 간수에게 요구하는 것과 같았다. 강행군을 하거나 비좁은 수송선을 타고 이동하는 것은 그들에게 흔한 일이었다. 그곳에서 규칙 위반은 중범죄였는데, 규칙을 어길 것 같으면 절대 들키지 말라는 말을 간수에게 누누이 들었다고 미군 포로들은 증언했다. 포로들은 낮에 수용소 밖으로 나가 도로 공사 혹은 장비 설치 작업을 했는데, 복귀할 때 어떤 음식도 가져올 수 없다는 규칙이 있었지만, 그들은 종종 과일과 채소를 몰래 들여왔고 들키지만 않으면 아무런 문제가 없었다. 그러나 발각되었을 때는 사태가 심각해졌다. 포로들이 간수의 권위를 깔본 것으로 간주되었기 때문이다. 그곳에서 공공연히 권위에 도전하는 행위는 단순한 '말대꾸'라 할지라도 끔찍한 처벌을 받았다. 일본인은 일상에서도 말대꾸를 엄격하게 금지하고 있으며, 군대에서는 이 문제를 엄중히 다루었다. 물론 수용소에서 흉악하고 무자비한 잔혹 행위가 있었던 것은 사실이다. 이런 범죄를 문화적 관습의 결과로 치부하면서 면죄부를 줄 수는 없다.

전쟁 초기 일본군은 적에게 잡히면 고문당한 뒤 죽는다고 믿었으며, 이런 현실적인 문제는 포로가 되는 것이 치욕이라는 생각을 부채질했다. 과달카날에서 사로잡힌 포로들을 탱크로 깔아뭉겠다는 소문이 거의 모든 지역에 퍼져 있었다. 미군은 투항한 일본군 중 몇몇을 진의가 의심된다는 이유로 처형했는데, 이런 그들의 행동은 종종 정당했음이 밝혀졌다. 죽음을 앞둔 일본군 병사들은 적군을 저승길의 동반자로 삼을 수 있다는 점을 자랑스러워했다. 물론 그들은 생포된 뒤에도 그런 일을 저지르곤 했다. 그들 중 하나가 말한 것처럼 "승리의 제단에 몸을 불사르기로" 결정했기 때문에 "아무런 영웅적 행위도 해보지 못하고 죽는 것은 치욕"이었다. 그래서 미군은 일본군 포로를 경계했고, 그에 따라 투항자의 수도 줄어드는 게 당연했다.

항복이 치욕이라는 생각은 일본인의 의식 속에 깊이 각인되어 있었다. 우리의 전쟁 관습으로는 도저히 용납하기 어려운 행동을 그들은 당연하게 받아들였다. 사로잡힌 미군들이 자신들의 생존 여부를 가족이 알 수 있도록 포로 명단을 본국에 통보해달라고 요청하자, 일본인들은 충격을 받았고 그들을 업신여겼다. 일본군 사병들은 바탄에

일본군을 대상으로 미군이 배포한 선전 전단지

일본군 포로들의 제안을 받아들여 전단지의 문구를 '나는 항복한다'(I surrender)에서 '저항을 중단한다'(I cease resistance)로 바꾸었다.

서 미군 병사들이 항복할 것이라고 전혀 예상하지 못했다. 미군도 자신들처럼 최후의 순간까지 싸우리라 생각했기 때문이다. 전쟁포로가 된 것을 수치스럽게 여기지 않는 미군의 태도를 일본군은 결코 납득할 수 없었다.

서양 병사들과 일본 병사들의 행동에서 드러나는 가장 극적인 차이는 일본 병사들이 전쟁포로로 연합군에 협력한 것이다. 그들에게는 새로운 상황에 적용할 삶의 규칙이 없었다. 그들은 치욕스러워하면서 이제 일본인으로서의 삶은 끝났다고 생각했다. 종전이 몇 달 남지 않았을 때 비로소 승패와 상관없이 본국으로 돌아갈 수 있겠다고 생각하는 사람들이 몇몇 나타났다. 일부는 죽여달라고 하다가 "당신네 관습이 그런 일을 허락하지 않는다면, 나는 모범적인 포로가 되겠다"라고 말했다. 실제로도 그들은 모범적인 포로 이상의 모습을 보였다. 오랫동안 군 생활을 해온 극단적 국가주의자였던 그들은 미군에게 아군의 탄약고 위치를 알려주고, 병력 배치 현황을 세세하게 설명해주었으며, 선전물을 써주는 것은 물론 미군 전투기에 동승해 목표물로 안내했다. 그들의 행동은 마치 새 책을 펼친 것만 같았다. 새 책에 쓰인 내

연합군에 협조하는 일본군 포로

1945년 3월 루손섬에서 붙잡힌 일본군 포병이 제43보병사단 레너드 F. 윙 소장(가운데)과 제103보병사단 조셉 P. 클리랜드 대령에게 일본군의 위치를 알려주고 있다.

용은 옛 책에 있는 것과 정반대였지만, 그들은 똑같은 충성심으로 그 내용을 읽었다.

물론 모든 전쟁포로가 그랬다는 말은 아니다. 타협하지 않은 자들도 일부 있었다. 어떤 경우든 포로들에게 협조를 얻으려면 좋은 조건을 제시해야 했다. 이때 미국 지휘관들은 일본인들의 도움을 액면 그대로 받아들이길 주저했으며, 심지어 일본인들에게 아무런 협조도 요청하지 않는 부대들도 있었다. 그러나 일본인들의 도움을 받은 부대들에서는 처음에 품었던 의심을 거둬들이고 그들의 선의를 점점 더 신뢰하게 되었다.

미국인은 포로들이 전향하길 기대하지 않았다. 우리의 규칙에 부합하지 않기 때문이다. 그러나 일본인은 하나의 행동 규칙에 전부를 쏟아부었다가 실패했을 경우 다른 노선을 취하는 것이 자연스러운 듯 행동했다. 이것이 우리가 전후 그들에게 기대할 수 있는 행동 방식일까? 아니면 포로가 된 개개인의 특유한 행동일까? 전쟁 중 우리가 목격했던 일본인의 특유한 행동처럼, 포로들의 행동은 그들을 길들인 삶의 방식, 제도의 작동 방식 그리고 그들이 익힌 사고와 행동 습관 등에 관해서 많은 의문이 들게 했다.

3장

적합한 자리 찾기

Taking One's Proper Statio

이해를 돕는 배경지식

번(藩)

역사 용어로 봉건영주 다이묘가 다스리는 영지를 가리킨다.

삼국동맹조약(三國同盟條約)

1940년 9월 27일 일본은 독일, 이탈리아와 군사동맹 조약을 맺었다. 베를린에서 체결된 이 조약은 제2차 세계대전의 추축국을 형성한 조약이다. 일본과 독일, 이탈리아가 주도하는 아시아와 유럽의 새로운 질서 확립을 상호 확인하고, 조약 당사국 가운데 한 나라가 다른 국가로부터 공격받는 경우 모든 수단을 동원해 서로를 지원한다는 내용이 담겨 있다.

대동아공영권(大東亞共榮圈)

일본은 1940년 8월 1일 담화를 발표해 처음으로 대동아공영권을 주창했다. 주된 내용은 아시아 민족이 서구 국가들의 식민지배에서 해방되려면 일본을 중심으로 대동아공영권을 결성해 서구 세력을 몰아내고 새로운 국제질서를 만들어야 한다는 것이었다. '대동아'에 포함된 지역은 동아시아를 비롯해 동남아시아, 오세아니아 여러 지역으로, 일본의 주도 아래 이러한 지역들의 군사·경제적 동맹 블록을 만들고자 했다.

일본인을 이해하려면 '적합한 자리 찾기'라는 말을 그들 스스로가 어떻게 생각하는지부터 파악해야 한다. 질서와 위계에 대한 그들의 신뢰는 자유와 평등에 대한 우리의 신념과 완전히 다르다. 우리가 위계를 하나의 주요한 사회적 장치로 받아들이기란 어려운 일이다. 위계에 대한 일본의 신뢰는 인간의 상호 관계 및 개인과 국가의 관계에 대한 총체적 개념의 기초를 이룬다. 그들의 인생관을 이해하려면 가족·국가·종교·경제적 삶과 같은 제도를 살펴야 한다.

일본인은 국내 문제를 대하는 방식과 마찬가지로 국제 관계 역시 위계의 관점에서 바라보았다. 그들은 지난 10년 동안 자신들이 피라미드의 정점에 도달할 것이라고 상상해왔다. 그런데 그 자리를 서구 국가들이 차지한 지금도, 현재 상태를 감수하는 그들의 태도 밑바탕에는 위계에 대한 개념이 있다. 외교문서를 보면 그들이 위계를 얼마나 중요하게 생각하는지 알 수 있다. 일본이 1940년에 독일, 이탈리아와 체결한 삼국동맹 조약의 서문은 이렇게 시작된다. "일본, 독일, 이탈리아 정부는 세계의 모든 국가에 각기 적합한 자리가 주어지는 것을 항구적 평화의 선행조건으로 고려한다." 조약에 서명한 뒤 내려진 천황 칙서에서도 같은 내용을 재차 언급했다.

우리의 대의를 온 세계에 선양하고 세계를 하나의 가족으로 만드는 것은 황실의 선조가 물려준 위대한 훈령이기 때문에 과인은 이것을 밤낮으로 가슴에 새긴다. 세계가 지금 당면하고 있는 이 엄청난 위기 속에서 전쟁과 혼란은 끝없이 가중되고, 인간은 헤아릴 수 없는 재앙을 겪게 될 것만 같다. 과인은 하루속히 혼란이 멈추고 평화가 회복되기를 진심으로 바란다. … 이에 과인은 본 조약이 세 강대국 사이에 조인되었다는 것에 대단히 만족한다. 각 나라가 자기에게 맞는 적합한 자리를 찾고 모든 개인이 평화와 안정 속에 살 수 있도록 하는 일은 엄청나게 중요한 과업이다. 이는 역사에 유례가 없는 과업으로, 그 목적을 달성하는 것은 아직 요원하다.

진주만을 공격한 당일에도 일본 외교사절들은 코델 헐(Cordell Hull) 국무장관에게 이와 관련한 일본의 입장을 분명하게 전달했다.

각 나라가 세계에서 나름의 적합한 자리를 찾을 수 있도록 하는 것이 일본 정부의 변치 않는 정책이다. … 일본 정부는 현재 상황이 영속화하는 것을 두고 볼 수 없다. 각 나라가 세상에서 자신의 적합한 자리를 누릴 수 있게 하려는 일본의 기본 정책에 정면으로 배치되기 때문이다.

이 외교 각서는 헐 국무장관이 며칠 전에 발표한 각서에 대한 응답이었다. 그는 일본에 위계가 있는 것처럼 미국에서 중시되는 명예로운 기본 원칙 네 가지를 기술했다. 주권과 영토의 불가침, 타국의 내정 불간섭, 국제 협력과 화해의 신뢰, 평등의 원칙이다. 이는 평등하고 침해할 수 없는 권리에 대한 미국인의 신념을 이루는 중요한 원칙들이다. 미국인은 이 원칙들을 국제 관계뿐만이 아니라 일상생활의 기초로 삼아야 한다고 생각한다. 평등은 더 나은 세계를 향한 희망의 가장 높고 가장 도덕적인 기초. 우리에게 평등이란 독재와 간섭과 원치 않는 강요로부터 자유로울 수 있음을 의미한다. 그것은 법 앞에서의 평등이며, 더 나은 삶을 위한 권리다. 평등은 우리가 알고 있는 세상에서 체계적으로 실현된 인권의 밑바탕을 이룬다. 우리는 심지어 평등을 침해할 때조차 평등의 덕목을 지지한다. 따라서 정당한 분노를 품고 위계 제도와 싸운다.

위계와 평등에 관한 미국과 일본의 인식 차이

평등에 대한 태도는 미국이 건국된 후로 계속 유지되었다. 제퍼슨은 이 원칙을 독립선언문에 넣었다. 헌법에 포함된 권리장전도 평등에 기초를 두고 있다. 신생국가의 공문서에 들어간 이런 문구들은 무척 중요한 의미를 지닌다. 유럽인에게는 낯설겠지만, 이 대륙에 사는 사람들의 생활 방식을 반영하기 때문이다. 젊은 프랑스인 알렉시스 드 토크빌(Alexis de Tocqueville)이 1830년대 초 미국을 방문하고 쓴 평등에 관한 책은 미국적 생활 방식을 세계에 알린 뛰어난 기록으로 꼽힌다. 지적이면서 호의적인 관찰자였던 그는 미국이라는 낯선 세계의 장점을 많이 발견했다. 프랑스 귀족 사회에서 자란 그에게 미국은 그야말로 별세계였다. 프랑스혁명에 충격을 받았던 귀족들은 이후 나폴레옹의 새롭고 과격한 법들에 한 번 더 충격을 받았으며, 당시 활동 중이었던 유력 귀족들에게는 그 기억이 생생하게 남아 있었다. 이 젊은 프랑스인은 낯설고 새로운 미국적 삶의 질서를 관대하게 평가했지만, 프랑스 귀족의 시각을 벗어나지는 못했다. 그는 앞으로 일어날 일들을 구세계에 설명해주는 형식으로 글을 썼다. 비록 완전히 똑같은 형태는 아니겠지만, 유럽에서도 미국에서 일어난 일이 전개될 것이라고 믿었다.

그런 이유로 토크빌은 신세계를 상세하게 설명했다. "이곳 사람들은 진심으로 자신과 다른 사람이 동등하다고 생각한다. 그들은 새롭고 편안한 기반 위에서 사회적으로 교류하며, 인간 대 인간으로 대화한다. 미국인은 위계적인 예의범절에 개의치 않는다. 다른 사람에게 그것을 요구하지도 않을뿐더러, 남을 그런 식으로 대하지도 않는다. 그들은 누구에게든 아무것도 빚진 게 없다고 말하기를 좋아한다. 이곳에는 구시대의 귀족적이거나 고대 로마식 가족 개념이 없었다. 구세계를 지배했던 계층은 자취를 감추었다. 미국인은 다른 것은 믿지 않아도 평등은 굳게 믿었다. 그들은 자유가 창밖으로 내던져질 때 외면한 적은 있었지만, 평등만큼은 일상에서 꼭 실천했다."

이방인의 눈으로 100년도 더 전에 살았던 우리 미국인 조상을 돌아보는 것은 고무적인 일이다. 미국에는 그사이 많은 변화가 있었지만 주된 윤곽은 변하지 않았다. 우리는 이 책을 읽으면서 1830년대의 미국은 우리가 아는 오늘날의 미국이었다는 사실을 깨닫는다. 이 나라에는 제퍼슨 시대의 알렉산더 해밀턴(Alexander Hamilton)처럼 귀족주의적인 사회질서를 선호하는 사람들이 있었고, 지금도 마찬가지다. 그러나 해밀턴 같은 사람들조차 우리가 이 나라에서 살아가는 방식이 귀족주의와 거리가 멀다는 사실을 인정한다.

따라서 미국이 진주만 사건 직전에 태평양 정책의 기조인 높은 도덕적 기반을 일본에게 설명한 이유는 미국이 가장 신뢰하는 원칙들을 표명하기 위해서였다. 우리가 지향하는 방향으로 한 걸음 한 걸음 나아감으로써 우리의 확신에 근거해 여전히 불완전한 세계를 개선하겠다는 의지의 표현이었다. 일본이 '적합한 자리'를 신뢰한다고 말한 것 또한 사회적 경험을 토대로 그들의 삶에 뿌리내린 규칙을 따르는 것이었다. 불평등은 수 세기 동안 그들의 조직화된 삶에서 규칙 역할을 했으며, 지금은 당연하고 자연스럽게 받아들여지고 있다. 위계를 인정하는 행동은 그들에게 숨을 쉬는 것만큼이나 자연스러운 일이다. 그러나 이것을 단순히 서구적 권위주의로 보면 안 된다. 지배하는 사람들이나 지배를 받는 사람들 모두 우리와는 다른 문화에 따라 행동한다. 일본인은 자국 안에서 미국이 자기들보다 위계적으로 높다는 사실을 받아들였다. 따라서 우리는 그들의 관습을 명확히 이해해야 한다. 그래야만 그들이 현재 상황에서 어떻게 행동할지 우리의 머릿속으로 그려볼 수 있기 때문이다.

　일본은 비록 최근에 서구화되었지만 여전히 귀족주의적인 사회다. 사람들끼리 인사하거나 접촉할 때 서로 간 사회적 격차의 정도와 성격이 드러난다. 누군가에게 먹으라고 하거나 앉으라고 말하는 경우 그와 얼마나 친한지, 그가 아랫사람인지 윗사람인지에 따라 다른 단어를 쓴다. 같은 '너'라도 상대방에 따라 다르게 써야 하며, 동사의 어간도 달라진다. 즉, 일본인은 태평양 지역에 사는 여러 부족처럼 '존댓말'이라고 불리는 존칭을 쓴다. 존댓말에는 경우에 맞게 절하며 무릎을 꿇고 앉는 행위가 수반된다. 이런 행동은 세심한 규칙과 전통에 따라 해야 한다. 단순히 누구에게 절을 해야 하는지 파악하는 것만으로는 부족하다. 고개를 얼마나 많이 숙여야 하는지도 알고 있어야 한다. 똑같은 절이라도 누군가에게는 예의를 갖춘 인사가 될 수 있지만,

다른 사람에게는 모욕적인 행위가 될 수 있다. 무릎을 꿇고 바닥에 댄 손 위로 이마를 내리는 것에서부터 머리와 어깨를 약간 숙이는 것에 이르기까지, 절의 형식은 다양하다. 그러므로 어렸을 때부터 각각의 경우에 적합한 방식을 익혀야 한다.

계급의 차이는 무척 중요하지만, 무엇이 적절한 행동인지 끊임없이 의식해야 하는 것은 이게 전부가 아니다. 성별과 나이, 가족 관계, 이전에 어떤 사이였는지를 모두 감안해야 한다. 같은 두 사람 사이에서도 한 사람의 처지가 바뀌면 존중하는 정도가 달라진다. 민간인끼리는 절을 할 의무가 없지만, 둘 중 한 명이 군복을 입으면 사복을 입은 친구는 그에게 절해야 한다. 위계를 지키는 일은 수많은 요인 사이에서 균형을 맞추는 일종의 기술이다. 특별한 경우 그중 몇몇 요인이 상쇄되기도 하고 덧붙여지기도 한다.

물론 격식을 차릴 필요가 없는 사람들도 있다. 미국에서는 가족이 여기에 해당한다. 우리는 가족 안에서 형식적 예절 같은 것을 지키지 않는다. 반면 일본에서는 가족 안에서 예의범절을 배우고 실천한다. 어머니는 아이를 등에 업고 다닐 때부터 손으로 아이의 머리를 눌러서 인사하는 법을 가르친다. 걸음마를 뗀 아이는 아버지나 형을 공경하는 법부터 배운다. 아내는 남편에게 절하고, 아이는 아버지에게 절하고, 남동생은 형들에게 절하고, 여자는 나이와 상관없이 모든 남자 형제에게 절한다. 그것은 공허한 몸짓이 아니다. 절하는 행위는 자기 뜻대로 하고 싶은 어떤 일을 상대방이 마음대로 처리할 권리를 인정한다는 의사 표현이다. 그리고 절을 받는 것은 자신의 위상에 맞는 일정한 책임을 진다는 의미다. 성별, 세대, 장자상속에 기초한 위계는 가정생활의 근간이다.

일본의 효 개념

효도는 일본이 중국과 공유하는 고귀한 윤리다. 일본은 중국인의
'효'(孝) 개념을 6세기에서 7세기경에 중국 불교, 유교, 세속적인 중국
문화와 함께 받아들였다. 그러나 효도의 성격은 일본의 가족 구조에
맞게 변조되었다. 중국에서는 현재까지도 개인이 넓은 의미의 씨족에
게 충성을 다한다. 씨족은 수만 명에 달할 수 있고, 전체 구성원에 대
한 지배력을 지녔으며, 그들에게 지지를 받는다. 영토가 광활하기 때
문에 지방마다 사정이 다르긴 하지만, 중국의 많은 지역에서는 마을
사람 전체가 같은 씨족에 속한다. 중국 인구가 4억 5,000만여 명인데
성씨는 470개뿐이며, 중국인들은 성이 같으면 하나의 씨족이라고 생
각한다. 어느 지역에 사는 사람들 전체가 하나의 씨족일 수 있고, 도
시에 떨어져 사는 가족들도 그들의 씨족일 수 있다. 광둥(廣東)처럼 인
구가 많은 지역에서는 모든 씨족 구성원이 연합해서 거대한 씨족 회
관을 운영하기도 하는데, 정해진 날이 되면 조상이 같은 씨족 구성원
들의 위패를 1,000개 가까이 모셔놓고 제사 지낸다. 씨족은 재산과 땅
과 사원을 소유하며, 구성원 중 장래가 촉망되는 자녀에게 교육비를
지원하고자 장학 기금을 운영한다. 이들은 흩어진 구성원들을 수소
문하고, 씨족의 명단을 기록한 '족보'를 10년마다 보완해서 발간한다.
씨족의 특권을 누릴 권리를 지닌 사람들의 이름을 밝히기 위해서다.
씨족은 예부터 내려오는 자체적 법도나 규율을 가지고 있는데, 당국
과 의견이 다를 때는 범죄를 저지른 구성원을 국가에 넘기지 않기도
했다. 제정 시대에 이 거대한 반(半)자율적 씨족 공동체는 국가의 느
슨한 통치를 받았다. 국가가 파견한 태평스러운 고급 관리들은 지역

사정에 어두운 외지인인 데다 임기가 끝나면 교체되었다.

일본에서는 모든 것이 달랐다. 19세기 중반까지 성을 쓸 수 있는 계층은 귀족과 무사(사무라이) 가문뿐이었다. 성은 중국 씨족 체제의 근본이었고, 성이나 그에 상응하는 것이 없으면 씨족 체제가 발전할 수 없다. 어떤 씨족은 성의 역할을 족보로 대신했다. 그러나 일본에서 족보를 만든 집단은 상류층뿐이었다. 게다가 그 족보라는 것은, 미국의 '애국여성회'(Daughters of American Revolution)가 하는 것처럼 살아 있는 사람부터 거꾸로 거슬러 올라가는 방식의 기록이다. 즉, 시조부터 시간순으로 내려오면서 모든 동시대인을 포함해 기록한 것이 아니다. 이 둘은 작성법이 완전히 다르다. 더구나 일본은 봉건국가였다. 거대한 친족 집단이 아니라 영주를 향해 충성을 바쳐야 했다. 그 지역에 뿌리를 내리고 사는 영주는 한시적으로 머무르는 외지인 중국 관리와 달라도 너무 달랐다. 일본에서는 사쓰마 번(藩)에 속하는지, 히젠 번에 속하는지가 개인에게 무척 중요했다. 그는 자신의 영지에 매인 목숨이었다.

씨족을 제도화하는 또 다른 방법은 먼 조상들이나 씨족의 신을 사당 혹은 성소에서 숭배하는 것이다. 이는 성과 족보가 없는 '평범한 사람들'도 할 수 있다. 그러나 일본에는 먼 조상들을 숭배하는 의식이 없다. 서민층이 신을 모시는 신사에 마을 사람 전부가 모이지만, 그들의 조상이 같다는 걸 증명할 필요는 없다. 그들은 그 신사에서 모시는 신의 '자녀'라고 불린다. 신의 영토에서 살기 때문이다. 이런 사람들은 세계의 여느 시골 마을 사람들과 마찬가지로, 한곳에서 여러 세대에 걸쳐 살아왔기에 서로 인연을 맺어왔지만, 같은 조상을 둔 긴밀한 씨족 집단은 아니다.

조상 숭배는 집 안 거실의 제단에서 이뤄지는데, 신사와 별도 공간인 이곳에서는 예닐곱 명의 죽은 조상들의 위패만 모신다. 일본에서는 모든 계층이 생전에 보았던 자신의 부모, 조부모, 가까운 가족을 위해서 제단에 음식을 차려놓고 날마다 참배한다. 제단에는 작은 묘비 모형의 위패가 있다. 묘지에서도 증조부모 묘표(墓標)는 글자가 흐릿해져도 다시 새기지 않으며, 삼대 이전의 조상들은 빠르게 잊힌다. 일본의 가족 관계 범위는 거의 서양 수준으로 좁다. 아마도 프랑스의 가족 관계와 가장 흡사할 것이다.

따라서 일본의 '효도'는 직접 마주하는 가족에 한정된 문제다. 이는 가족 집단 안에서 세대, 성별, 연령에 따라 자신의 적합한 자리를 차지하는 것을 뜻한다. 자신의 아버지, 아버지의 아버지, 형제들과 후손들 외의 친척은 그 집단에 포함되지 않는다. 집단의 규모가 더 큰 유력 가문에서조차 가족은 여러 계열로 나뉘고, 장손이 아닌 아들들은 분가해서 독립된 가족을 이룬다. 이처럼 얼굴을 직접 마주하는 좁은 집단 안에서 '적합한 자리'를 규제하는 법이 무척 세밀하게 정해져 있다. 연장자가 공식적으로 은퇴하기 전까지는 그의 뜻을 엄격히 따라야 한다. 심지어 요즘에도 그렇다. 장성한 아들들을 둔 남자라 해도 자기 아버지가 아직 은퇴하지 않았다면, 나이 든 아버지의 승인을 받고 나서야 무슨 일이든 결정할 수 있다. 부모는 삼사십 대 자녀의 결혼을 좌지우지한다. 가장인 아버지는 식사를 가장 먼저 하고, 목욕도 가장 먼저 하며, 가족에게 인사를 받으면 고개만 가볍게 끄덕인다. 일본에는 널리 알려진 수수께끼가 있는데, 우리 식으로 이렇게 풀어 쓸 수 있다. "부모에게 자기 의견을 말하려는 아들은 머리를 기르려고 하는 승려와 같다. 왜 그럴까?" 답은 "아무리 원해도 그럴 수 없기 때문"이다.

연령과 성별에 따른 위계

적합한 자리는 세대 차이뿐만 아니라 나이 차이에도 적용된다. 무척 혼란스럽다는 표현을 하고자 할 때, 일본인은 "형도 아니고 동생도 아니다'라고 말한다. 우리식으로 하면 "물고기도 아니고 새도 아니다"라고 할 수 있다. 일본인에게 장남은 물고기가 물속에 있어야 하는 것처럼 체통을 철저히 지켜야 하는 존재다. 장남은 상속자다. 일본에 다녀온 사람들은 '일본인 장자들이 아주 어렸을 때부터 익히는 책임감'에 대해 이야기한다. 장자는 아버지의 특권을 상당 부분 함께 누린다. 옛날에는 차남이 장남한테 의존해야 했다. 그런데 오늘날에는 양상이 달라졌다. 특히 소도시나 시골 마을에서는 장자가 옛날식으로 집에 매여 있고, 오히려 동생들이 더 진취적이며 교육도 더 많이 받고 돈도 더 많이 버는 사례가 흔하다. 하지만 위계질서를 중시하는 습속은 여전히 강하게 남아 있다.

오늘날 대동아 정책에 관해 정치적으로 논할 때도 장자에게 주어지는 전통적 특권이 언급된다. 1942년 봄, 당시 육군성 대변인이었던 중령은 공영권(共榮圈)에 대해 이렇게 말했다. "일본은 그들의 형이고, 그들은 일본의 동생들입니다. 이 사실을 점령지 주민에게 주지시켜야 합니다. 주민을 지나치게 배려한다면, 그들은 일본인이 친절하다고 생각할 것인데, 그러면 일본이 통치하는 데 악영향을 끼칠 수 있습니다." 달리 말해 장자는 동생을 위해 무엇이 좋은지를 결정하고, 그것을 집행하는 데 '지나친 배려'를 해서는 안 된다는 것이다.

위계질서에서 위계는 연령과 상관없이 성별에 따라 결정된다. 여자는 남편 뒤에서 걸어야 하고, 남편보다 지위도 낮다. 이따금 서양식

옷을 입고 남편과 나란히 걸으며 남편보다 먼저 문으로 들어가는 여자들조차 기모노를 입으면 뒤에서 따라간다. 딸들은 선물과 관심, 교육비가 남자 형제들에게 집중되더라도 불만 없이 잘 지내야 한다. 젊은 여성을 위한 고등교육 학교들이 세워졌지만, 과목 대부분은 예의범절과 몸가짐에 관한 것이었다. 진지한 지적 교육은 남학생들이 받는 것과 같은 수준으로 이뤄지지 않았다. 어떤 교장은 상류 중산층 여학생들에게 유럽어를 가르쳐야 한다고 주장했는데, 그 이유를 아내가 남편의 책들에서 먼지를 털어낸 후 책장에 제대로 다시 꽂아둘 수 있도록 하기 위해서라고 했다.

그럼에도 일본 여성은 아시아의 다른 여성에 비해 자유를 많이 누리는 편이다. 이는 단지 사회가 서구화되었기 때문만은 아니다. 일본 여성은 중국의 상류층처럼 전족을 하지 않았다. 오늘날 인도 여성은 가게를 드나들고 거리를 오가며 자신의 모습을 가리지 않는 일본 여성을 보고 깜짝 놀란다. 일본 주부는 가정의 경제권을 쥐고 있다. 가족을 위해 시장을 보고, 돈이 떨어지면 집 안 물건을 골라 전당포에 가져간다. 일본 여성은 하인을 부리고, 자식의 결혼 문제에서 발언권이 크다. 시어머니가 되면 마치 자신이 반평생을 고개만 끄덕이며 살아온 사람이 아닌 것처럼 다부지게 집안 살림을 도맡아 한다.

위계적 특권을 지닌 사람의 무거운 책임

일본에서는 세대, 성별, 연령에 따라 이처럼 엄청난 특권을 누릴 수 있다. 그러나 그 특권을 행사하는 사람은 독단적인 독재자가 아니라 관리자처럼 행동한다. 아버지나 장남은 살아 있는 가족부터 죽은 가족, 아직 태어나지 않은 가족까지 식솔 전체를 책임진다. 그에게는 중대한 결정을 내리고 그것이 제대로 이행되는지 확인할 의무가 있다. 그렇다고 무조건적인 권위를 가진다는 말은 아니다. 가장은 집안의 명예를 위해 책임 있게 행동해야 한다. 또, 가족의 물질적·정신적 유산을 아들과 남동생에게 환기하고, 그에 맞게 행동하도록 훈육해야 한다. 농부라 하더라도 조상에 대한 '도덕적 책무'를 상기해야 하며, 더 높은 계급이라면 집안에 대한 책임감의 무게는 훨씬 무거워진다. 가족의 요구가 개인의 요구보다 먼저다.

중요한 일이 생기면 지위의 고하에 관계없이 모든 집안의 가장은 가족회의를 소집해서 그 문제를 논의한다. 예를 들어, 결혼을 논의하는 자리에는 멀리 사는 구성원들이 참석하기도 한다. 회의 자리에서는 가장 미숙한 의견도 무시하지 않고 모든 사람의 뜻을 수렴해 결론을 도출한다. 동생이나 부인의 의견이 결정을 좌우할 수도 있다. 만약 가장이 구성원들의 의견을 무시하고 행동하면 무척 곤란한 일을 겪을 수도 있다. 물론 이 일에 운명이 걸린 당사자의 입장에서는 받아들이기 어려운 결론이 날 수도 있다. 그러나 살아오면서 가족회의의 결정에 따랐던 윗사람들은 아랫사람들에게도 자기들과 똑같이 할 것을 완강하게 요구한다. 그들의 요구 뒤에 있는 강제력은 프로이센에서 아버지가 법적·관습적으로 처자식에게 독단적 권리를 갖는 것과는 성격이 아주 다르다. 그렇다고 해서 일본의 경우가 강제성이 더 약하다는 뜻은 아니다. 다만 효과가 다르다. 일본인은 가정생활에서 독단적 권위를 존중하라고 가르치지 않는다. 권위에 쉽게 굴복하는 습관을 장려하지도 않는다. 다만 당사자에게는 부담스러운 결정이라도 가족의 의지에 복종하도록 요구하는 이유는, 그것이 가족 모두의 이해관계에서 최고의 가치이기 때문이다. 즉, 공동체에 충성한다는 명분으로 복종을 요구한다.

모든 일본인은 가정에서 위계질서의 습관을 배우고, 그것을 경제생활과 정치 등 더 넓은 영역에 적용한다. 일본인은 각자에게 주어진 '적합한 자리'에서 자기보다 윗사람을 공경하도록 배운다. 아내에게 휘둘리는 남편이나 동생에게 눌려 지내는 형조차도 겉으로는 공경을 받는다. 다른 사람이 뒤에서 조종하고 있다는 이유만으로 특권 사이의 형식적 경계가 무너지지는 않는다. 실제적 지배 관계에 따라 외관이 변하지는 않는다는 뜻이다. 그 부분은 절대로 침해할 수 없다. 겉으로 드러나는 신분에 구속받지 않으면서 실질적 권력을 행사하는 것이 전략상 유리할 수도 있다. 그만큼 위험 부담이 적기 때문이다. 또 일본인은 가정에서 무엇을 결정할 때 가족의 명예를 지키려는 확신이 가장 중요하다는 것을 배운다. 그 결정은 어쩌다 가장이 된 폭군이 자기 마음대로 철권을 휘두르며 내리는 명령이 아니다. 가장은 물질적·정신적 자산의 관리자에 가까운 존재다. 가족 모두에게 중요한 이 자산은 개인의 의지를 집안의 요구에 종속시키도록 요구한다. 일본인은 완력 사용을 거부하지만, 그런[신체적 위해를 당할 염려가 없다는] 이유로 가족의 요구를 따르지 않거나 어떤 위치에 있는 사람을 무례히 대하는 법은 없다. 가족의 위계질서는 연장자가 독재자처럼 완력을 사용하지 않아도 유지된다.

지금까지 일본 가정의 위계질서에 관해 기술했는데, 이것만으로는 그들의 굳건하고 공인된 정서적 유대감을 미국인이 정당하게 판단하기는 어렵다. 미국인과 일본인은 대인 관계의 기준이 다르기 때문이다. 일본 가정의 유대감은 엄청나게 끈끈하다. 그 유대감이 어떻게 형성되느냐가 이 책의 주제 중 하나다. 더 넓은 영역인 정치와 경제생활에서 요구되는 그들의 위계질서를 이해하려면, 그런 습관을 가정 안에서 어떤 식으로 철저히 습득하는지 알아야 한다.

계층에 따른 위계

일본인은 가족 안에서처럼 계층 관계에서도 위계질서를 철저하게 지킨다. 역사적으로 일본은 계급이 엄격하게 나뉜 신분사회였다. 몇 세기에 걸쳐 신분제도가 유지되었던 나라는 특별한 강점과 약점을 지니고 있다. 역사 기록을 보면, 일본에서는 신분이 곧 삶의 규칙이었다. 그들은 이미 7세기에 신분제도가 없던 중국의 생활양식을 들여와 자신들의 위계적 문화에 맞게 적용했다. 7세기와 8세기에 중국을 방문한 일본 사절단은 차원 높은 문명의 관습들을 목격하고 감탄했으며, 일본 천황과 조정은 이를 받아들여 자국 문화를 풍요롭게 만드는 사업에 착수했다. 그들은 그 일에 엄청난 에너지를 쏟았다. 그때까지 문자조차 없었던 일본은 7세기에 중국의 표의문자를 들여와서 성격이 완전히 다른 언어를 표기하는 데 사용했다. 일본의 민간 종교에는 산과 마을을 지배하고 사람에게 복을 내리는 신이 4만여 주(柱)*나 된다. 이것이 이런저런 변화를 거쳐 근대의 신토가 되었다. 일본은 7세기에 '탁월한 호국 종교'로 불교를 받아들였다.** 당시 일본에는 공공

---

* 일본에서 신(神)을 세는 단위 — 옮긴이

일본 나라현에 위치한 도다이지 대불전

도다이지는 나라 시대(710-784년) 당시 나라에 세워진 대표적인 불교 사찰 건축물이다. 당시 황실의 강력한 불교 진흥 정책을 상징한다. 도다이지 대불전은 세계에서 가장 큰 목조 건물로 유명하다.

의 소유든 개인의 소유든 거대하고 항구적인 건축물이 없었는데, 천황은 중국의 수도를 본떠 새로운 수도인 나라(奈良)를 건설했다. 또 중국의 양식을 따라 거대하고 정교한 불교 사찰과 승원(僧院)*을 세웠다. 천황은 사절단이 중국에서 배워 온 관직과 서열과 법률을 도입했다. 하나의 주권국가가 이렇게 성공적으로 문명을 받아들인 예는 세계사에서 찾기 어렵다.

그러나 일본은 계층이 없는 중국식 사회제도를 처음부터 곧이곧대로 받아들일 수 없었다. 관직의 경우 중국에서는 국가시험에 통과

●● 다음 책에 나오는 나라 시대의 연대기에서 인용했다. Sir George Sansom, *Japan: A Short Cultural History*, p. 131.

● 승려가 불상을 모시고 불도(佛道)를 닦으며 교법을 펴는 집 — 옮긴이

한 행정관에게 주어졌지만 일본에서는 세습 귀족과 봉건영주가 차지했으며, 이런 방식은 신분제도의 일부로 자리 잡았다. 일본은 반쯤 독립적인 여러 개의 번으로 나뉘어 있었는데, 그곳의 영주들은 서로의 권력을 끊임없이 시샘했다. 중요한 사회제도는 영주와 봉신(封臣) 그리고 신하의 특권과 관련이 있었다. 아무리 적극적으로 중국에서 문명을 수입한들 기존에 형성된 위계질서의 자리를 중국의 관료제 혹은 서로 다른 삶을 사는 사람들을 하나의 거대한 집단으로 묶는 확장적 씨족제도로 대체할 수는 없었다. 일본은 중국인이 생각하는 세속적 황제 개념 또한 채택할 수 없었다. 일본어에서 황실은 '구름 위에 사는 사람들'을 뜻한다. 이 가족에 속한 사람만 천황이 될 수 있다. 중국에서는 왕조가 자주 바뀌었지만, 일본에서는 그런 적이 없었다. 천황은 신성불가침의 대상이요, 천황의 몸은 성스럽게 여겨졌다. 일본에 중국 문화를 도입했던 천황과 조정은 중국의 제도가 이런 문제들과 관련해 어떤 특징을 가졌는지 상상조차 못 했고, 자신들이 어떤 변화를 만들어가고 있는지 자각하지도 못했다.

봉건시대를 거치며 공고해진 계층화

중국에서 수입한 문화를 토대로 형성된 일본의 새로운 문명은 세습 영주들과 봉신들 간에 누가 나라를 통제할 것인가를 놓고 향후 수백 년 동안 이어질 분규의 길을 터놓았다. 8세기가 막을 내리기 전 후지와라(藤原) 귀족 가문이 권력을 잡고 천황을 뒷전으로 밀어냈다. 시간이 지나면서 봉건영주들이 후지와라의 권력에 도전했고, 나라 전체가

**미나모토노 요리토모의 초상화
(후지와라노 타카노부, 1179년)**

가마쿠라 막부를 창립해 제1대
쇼군에 오른 무장으로, 가신들을
엄격히 통제하는 독재 정치를
펼쳤다. '막부'라고 하는 독자적인
무사 정권의 지배기구를 만들었고,
이후 무로마치 막부, 에도 막부로
이어지는 일본의 무사 정권
시대를 열었다.

**도쿠가와 이에야스의 초상화
(카노 탄유, 17세기 중반)**

에도 막부의 초대 쇼군.
세키가하라 전투에서 이겨
패권을 쥐었고, 이후 오사카성
전투를 통해 히데요시 가문을
멸망시켰다. 이후 메이지
유신까지 260년에 이르는
평화로운 시대가 이어졌다.

내전에 빠져들었다. 그 결과, 유명한 미나모토노 요리모토(源賴朝)가 모든 경쟁자를 물리치고 옛 군사적 칭호인 쇼군에 올라 나라의 실질적 지도자가 되었다. 쇼군은 '야만인을 정벌하는 대장군'(征夷大将軍)이라는 뜻이다. 일본에서 늘 그러하듯, 요리모토는 자기 후손들이 다른 봉건영주들을 억제할 힘이 있는 한 계속 쇼군 칭호를 물려받을 수 있도록 만들어놓았다. 이에 따라 천황은 무력한 존재가 되었다. 형식적으로나마 쇼군을 임명하는 것이 천황의 주요 권한이었으며, 내정에는 일체 관여할 수 없었다. 실질적 권력은 막부(幕府)가 장악했으며 이들은 복종하지 않는 영주들을 무력으로 제압하려고 했다. 다이묘라 불리던 영주들은 자기 마음대로 부릴 수 있는 사무라이를 거느렸다. 그들은 경쟁 상대의 영지나 지배자인 쇼군의 '적합한 자리'를 두고 벌어질 싸움에 늘 대비하고 있었다.

16세기 일본에서는 내전이 풍토병처럼 번졌다. 몇십 년에 걸친 혼란 끝에 1603년 이에야스(家康)가 모든 경쟁자를 물리치고 도쿠가와(德川) 가문의 첫 쇼군이 되었다. 이에야스의 가계는 2세기 반 동안 쇼군의 지위를 물려받았고, 근대에 접어들어 천황과 쇼군의 '이중 통치'가 폐지된 1868년에야 자리에서 내려왔다. 장기간 이어진 도쿠가와 시대는 여러 면에서 가장 주목할 만한 역사적 사건이다. 도쿠가와 시대는 막을 내리기 전까지 무력에 기반한 평화 상태를 유지하면서 자기들의 목표였던 중앙집권제를 실현했다.

이에야스는 무척 어려운 문제에 직면했으나, 쉬운 길을 선택하지 않았다. 내전 중 강력한 영주 몇몇이 그에게 맞섰지만 결국 처참하게 패한 뒤 고개를 숙였다. 이들이 이른바 도자마 다이묘(外様大名)다. 이에야스는 도자마 다이묘들이 각자의 영지와 사무라이들을 통치하도

세키가하라 전투를 묘사한 병풍도(작가 미상, 1854년)

1600년에 벌어진 세키가하라 전투에서 승리한 도쿠가와 가문은 1868년까지 일본을 지배한다. 세키가하라 전투를 기준으로 전투 이전부터 도쿠가와 가문에 복속해온 다이묘를 후다이 다이묘, 전투 이후에 복속한 다이묘를 도자마 다이묘라 한다.

록 내버려두었다. 이들은 일본의 모든 봉건영주 중 자기 영지에서 가장 강한 자치권을 누렸다. 하지만 이에야스는 이들에게 자기의 가신(家臣)이 되는 영예를 주지 않았으며, 주요 직책도 맡기지 않았다. 그대신 내전에서 이에야스를 지지했던 후다이 다이묘(譜代大名)들이 요직에 등용되었다. 정권을 유지하기란 무척 어려웠기 때문에, 도쿠가와 가문은 봉건영주, 즉 다이묘가 힘을 비축하지 못하게 하고, 쇼군의 통치에 위협이 될 만한 동맹을 차단하는 전략을 폈다. 도쿠가와 가문은 봉건제를 폐지하지 않았을 뿐만 아니라 도리어 강화하고 더 견고하게 다졌다. 일본의 평화를 유지하고 자기들의 지배 체제를 굳건히 지키기 위해서였다.

일본의 봉건사회는 복잡한 계층으로 나뉘었으며, 개인의 신분은 세습으로 정해졌다. 도쿠가와 가문은 이 체제를 공고히 하면서 각각의 신분에 맞는 일상 행동을 세세하게 규제했다. 모든 가장은 자신의 계급적 지위와 물려받은 신분에 관한 사항을 기록해서 문간(門間)에 게시해야 했다. 세습된 계급에 따라 입을 수 있는 옷, 살 수 있는 음식, 법적으로 거주할 수 있는 집이 정해졌다. 황실과 조정 대신 밑으로 네 계급이 있었는데, 사무라이, 농부, 공인, 상인 순이었다. 그 아래는 천민이었는데, 그중 수가 가장 많고 잘 알려진 계급이 에타(穢多), 즉 금기시되는 일에 종사하는 사람들이었다. 청소부, 처형된 시체를 매장하는 사람, 죽은 동물의 가죽을 벗기는 사람, 가죽을 무두질하는 사람이 여기에 속했다. 그들은 일본의 불가촉천민이었으며, 더 정확히 말하면 인간 축에도 들지 못하는 존재였다. 그들의 마을을 지나는 도로의 길이는 계산에 넣지도 않았다. 그 지역의 땅과 주민을 없는 존재로 취급했기 때문이다. 그들은 비참할 정도로 가난했다. 생업은 보장받았지만, 공식적인 사회구조 바깥에 방치되었다.

상인의 지위는 천민 바로 위였다. 미국인은 의아하게 여기겠지만, 봉건사회에서는 지극히 현실적인 일이었다. 여태껏 상인 계급은 봉건제도를 붕괴시켜왔다. 상인이 존경받고 번성하면 봉건제도는 쇠퇴한다. 도쿠가와 가문은 17세기에 지금까지 어느 나라에서도 집행한 적 없는 극단적 고립정책을 시행해서 상인이 설 공간을 없애버렸다. 중국과 한국 연안에서 무역을 해온 터라 일본에서는 상인 계급이 성장할 수밖에 없었다. 도쿠가와 가문은 일정 규모 이상의 배를 만들거나 운항하는 행위를 중범죄로 규정하면서 금지했고, 이를 어겼을 경우 극형에 처하기도 했다. 허가된 작은 배로는 대륙으로 갈 수도, 상품을 운반할 수도 없었다. 국내 교역에서도 반입되거나 반출되는 물건들에 대해 철저한 기준을 세웠고, 더불어 각 영지의 경계에 관소(關所)를 설치해서 엄격히 통제했다. 그 밖에 상인의 낮은 사회적 지위를 유지하기 위한 법들이 제정되었다. 사치 금지법은 상인들이 입는 옷, 들고 다니는 우산, 결혼식이나 장례식에 쓰는 비용 등을 규제했다. 그들은 특권적 무사 계급인 사무라이가 사는 지역에 살 수 없었으며, 사무라이의 칼끝이 자신을 겨누어도 법적 보호를 받을 수도 없었다. 하지만 당시 일본은 화폐경제로 이행 중이었기 때문에 상인을 열등한 지위에 두려는 도쿠가와 가문의 정책은 실패했다.

도쿠가와 가문은 봉건제도를 안정적으로 유지하는 데 꼭 필요한 두 계급, 즉 무사와 농부를 엄격한 틀에 묶어놓았다. 이에야스가 끝낸 내전 기간 중 무장 도요토미 히데요시(豊臣秀吉)는 잘 알려진 '칼 사냥'(刀狩)으로 두 계급을 분리했다. 그는 농민의 무장을 해제했고, 사무라이에게만 칼을 찰 수 있는 권리를 주었다. 이후로 무사들은 더는 농민이나 공인, 상인이 될 수 없었다. 심지어 가장 신분이 낮은 무사라 하더라도 법적으로 생산활동을 할 수 없었다. 무사는 농민들이 낸 세금에서 연공미(年貢米)를 받는 기생적 계급이 되었다. 다이묘는 자기의 가신인 사무라이들에게 각자 할당된 몫만큼 쌀을 분배했다. 이로써 사무라이가 어디에 기대야 하는지 명확해졌다. 그들은 전적으로 영주에 의존할 수밖에 없었다. 일본 역사 초기에는 다른 지역과 끊임없이 전쟁을 치르면서 봉건영주와 무사들의 유대가 돈독해졌다. 그러다가 도쿠가와의 평화 시대에 이르자 경제적 측면에서 유대감이 형성된 것이다. 일본의 무사는 유럽의 기사들처럼 자기 땅과 농노들을 가진 소(小)영주가 아니었고 용병도 아니었다. 도쿠가와 시대 초창기에 사무라이는 가문에 따라 정해진 봉급을 받아 생활했다. 액수는 많지 않았다. 일본 학자들은 사무라이의 평균 봉급이 농민들의 수입과 비슷했다고 추정하는데, 이는 근근이 생계를 이어나갈 만한 수준이었다.* 상속자 여럿이 나누기에는 굉장히 적은 금액이어서 사무라이는 가족을 많이 두지 않았다. 또한 부와 허세에 기반한 권위를 못마땅하게 여겼던 터라 근검절약을 최상의 덕목으로 삼았다.

쇼군, 다이묘, 사무라이 그리고 보통 사람들

사무라이와 다른 세 계급, 즉 농부, 공인, 상인의 차이는 엄청나게 컸다. 다른 셋은 '보통 사람들'이었지만, 사무라이는 그렇지 않았다. 사무라이가 그들의 특권이자 신분의 표시로 차고 다니는 칼은 장식용이 아니었다. 그들에게는 보통 사람들에게 칼을 휘두를 권리가 있었다. 이는 도쿠가와 시대 이전부터 내려오는 전통이었다. 이에야스는 '사무라이에게 예의 없이 굴거나 상급자에게 존경을 표하지 않는 보통 사람들은 그 자리에서 벨 수 있다'라는 법령을 만들어 옛 관습을 승인했다. 그는 보통 사람들과 사무라이 가신들이 상호 의존하는 관계가 되는 걸 원치 않았다. 그는 엄격한 위계적 규제를 기반으로 정책을 펼쳤다. 두 계급은 모두 다이묘에게 복종했고 직접 그와 상대했다. 그러나 그들은 서로 다른 계단에 서 있었다. 각 계단 사이에는 법과 규제와 통제와 상호성이 있었으며, 다른 계단에 속한 사람들이 넘을 수 없

---

* Herbert Norman, Japan's Emergence as a Modern State, p. 17, n. 12.

을 만큼 거리가 멀었다. 물론 상황에 따라 두 계층 사이에 다리가 놓이기는 했지만, 예외적 경우일 뿐 체제의 일부는 아니었다.

도쿠가와 시대의 사무라이는 단순히 칼을 휘두르는 자들이 아니었다. 그들은 점차 영주의 자산 관리인이자 고전극 혹은 다도(茶道)처럼 평온한 예술의 전문가가 되어갔다. 그들은 모든 의전을 도맡았고 다이묘의 책략을 능숙하게 수행했다. 200년이라는 긴 세월 동안 태평한 시대가 이어졌는데, 이때는 개인적으로 칼을 휘두를 기회가 적었다. 상인들이 신분상 규제를 받으면서도 도시적이고 예술적이며 유쾌한 오락을 숭상하는 삶의 방식을 발전시킨 것처럼, 사무라이들은 칼을 뽑을 준비를 하고 있으면서도 평화의 예술을 발전시켰다.

농민들은 사무라이에 대해 법적으로 보호받지 못했고, 과중한 세금을 내면서 여러 사회적 제약까지 있었지만, 몇 가지는 보장받았다. 무엇보다 그들은 농토를 가질 수 있었다. 일본에서 땅을 가졌다는 것은 신망을 얻었다는 뜻과 같다. 도쿠가와 시대에는 땅을 영구적으로 양도할 수 없었다. 유럽 봉건제의 경우처럼 봉건영주를 위해서가 아니라 개인 경작자를 위해 제정된 법이었다. 농민은 가장 소중히 여기는 땅에 대한 영구적 권리를 가졌다. 오늘날 그 후손들이 농사를 짓듯, 그들은 정성을 다해서 부지런히 땅을 경작했을 것이다. 그럼에도 농민은 쇼군 관료, 다이묘 조직, 사무라이의 급료를 포함해 200만 명 가까이 되는 기생적 상류층을 떠받치는 일종의 아틀라스였다. 농민은 세금을 현물로 냈다. 즉, 수확량의 일정 비율을 떼어 다이묘에게 바쳤다. 쌀을 재배하는 태국에서는 세율이 10퍼센트였으나 도쿠가와 시대의 일본에서는 무려 40퍼센트를 세금으로 내야 했다. 심지어 어떤 곳은 80퍼센트에 달했다. 게다가 부역 또는 징발로 노동력을 착취당하기까지 했다. 그래서 농민도 사무라이처럼 가족 수를 제한했기 때문에, 도쿠가와 시대에는 일본의 전체 인구가 일정한 수에 머물렀다. 평화가 오래 이어진 아시아 국가에서 나타난 인구 정체 현상은 그 정권의 성격을 시사한다. 도쿠가와 막부는 가신 계급을 세금으로 지탱하고 생산자 계급에 제약을 가하는 등 스파르타식으로 통제했지만, 하급자와 상급자 사이의 관계는 비교적 신뢰할 만했다. 개인은 자신의 의무과 특권과 위치를 알았다. 만약 권리를 침해당하면 가장 가난한 사람조차도 항의할 수 있었다.

농부들은 궁핍에 시달릴 때 영주뿐만 아니라 쇼군 당국에도 항의했다. 250여 년 동안 이어진 도쿠가와 시대에 최소 1,000건에 달하는 폭동이 일어났다. '40퍼센트는 영주에게, 60퍼센트는 경작자에게'라는 관례에 따라 매겨진 세금이 부담스러워서가 아니라 추가로 걷는 세금 때문에 반발한 것이었다. 더는 참을 수 없는 상황이 되자 무수히 많은 농부가 들고일어나 영주에게 몰려들었다. 하지만 탄원과 판결 절차는 질서정연하게 진행되었다. 농민들은 잘못을 바로잡아달라는 탄원서를 작성해서 다이묘의 시중에게 제출했다. 만약 청원이 막히거나 다이묘가 그들의 불평을 무시하면, 수도에 대표단을 보내서 직접 전했다. 자기들의 뜻을 확실하게 전달하고 싶었던 농민들이 수도의 거리를 지나는 고위 관료의 가마 속으로 탄원서를 던져 넣은 사례도 있다. 농민들이 탄원서를 제출하는 동안 어떤 모험을 겪었는지에 관계없이 일단 탄원서가 접수되면 쇼군 당국은 이 문제를 조사했고, 그 중 절반 정도는 농민들에게 유리한 판결이 내려졌다.[*]

그러나 농민들의 주장에 대한 쇼군의 판결만으로는 일본의 법과 질서에 대한 요구를 충족할 수 없었다. 그들의 불평이 정당하다면 국가는 당연히 그것을 존중해야 한다. 그러나 농민 지도자들은 엄격한 위계질서의 법도를 위반했다. 비록 그들에게 유리한 방향으로 판결을 내리기는 했지만, 충성에 대한 기본법을 어긴 행위는 좌시할 수 없었다. 그래서 그들에게 사형을 언도했다. 동기가 아무리 정당한들 그것이 범죄 여부 판단에는 어떤 영향도 줄 수 없기 때문이다. 농민들도 처벌이 불가피한 현실을 받아들였다. 사형선고를 받은 사람들은 농민의 영웅이었기에, 그들이 끓는 기름 속에 던져지거나 목이 잘리거나 못에 박혀 죽는 형장으로 민중이 대거 몰려들었다. 그러나 그 자리에서 폭동이 일어나지는 않았다. 그것이 법이요 질서이기 때문이다. 훗날 그들은 사당을 짓고 처형당한 지도자를 순교자로 기렸지만, 처형 자체는 자기들이 속한 사회의 위계적 법률로 받아들였다.

간략하게 말하면, 도쿠가와 시대의 쇼군들은 각 영지 안의 신분제를 강화하고, 모든 계층을 봉건영주에게 종속시켰다. 다이묘는 자기 영지에서 위계의 정점에 있었고, 아랫사람들에게 특권을 행사할 수 있었다. 따라서 다이묘들을 통제하는 것이 쇼군의 주된 업무였다. 쇼군은 다이묘들이 연합하거나 침략 계획을 실행하지 못하도록 모든 수단을 동원해 막았다. 영지의 경계선에는 관리들을 배치해 '나가는 여자와 들어오는 총'을 엄중히 감시했다. 다이묘가 몰래 다른 지역으로 여자들을 보내고 무기를 반입하지 못하게 하려는 조처였다. 쇼군의 허락 없이는 다이묘가 결혼하지 못하게 해서, 혼인을 매개로 한 위협적인 정치적 연합이 생겨나는 것을 막았다. 각 지역을 잇는 다리를 통

• Hugh Borton, *Peasant Uprisings in Japan of the Tokugawa Period. Translations of the Asiatic Society of Japan*, 2nd Series, 16(1938).

제함으로써 영지들 사이의 무역을 방해하기도 했다. 쇼군의 첩자들은 다이묘의 경비 지출 내역을 샅샅이 파헤쳤다. 영지의 금고가 가득 차면, 쇼군은 영주에게 비용이 많이 드는 토목사업을 시켜서 재정 수준을 원래대로 돌려놓았다. 이런 규제 가운데 가장 유명한 것은 다이묘가 한 해의 절반을 수도에서 살게 한 규정이었다. 영지로 돌아갈 때는 아내를 에도(도쿄)에 인질로 남겨두어야 했다. 이런 방법들로 막부는 권력을 유지하고 지배적 지위를 강화했다.

쇼군과 천황의 이중 통치 체제

물론 쇼군이 위계 구조의 정점은 아니었다. 쇼군은 천황의 임명을 받은 자로서 권한을 행사했다. 천황은 세습 귀족인 구게(公卿)들과 함께 교토에 유폐되어 있었고, 실질적인 권한이 없었다. 천황의 재정 상태는 규모가 작은 다이묘보다도 열악했다. 궁정 의례도 막부의 규제에 따라 엄격하게 통제되었다. 그러나 가장 막강했던 도쿠가와 쇼군도 천황과 실권자 쇼군이라는 이중적 통치 형태를 없애지 않았다. 또한 일본에서는 이것이 새로운 통치 형태도 아니었다. 12세기부터 대원수(쇼군)가 실질적 권한이 없는 천황의 이름으로 나라를 통치해왔다. 어떤 시기에는 기능이 분화되어, 그림자에 불과한 천황이 세속적 수장 쇼군에게 위임한 권한을 그 쇼군의 세습 고문이 행사하기도 했다. 원래의 권위를 위임하고 다시 그것을 위임하는 일이 늘 벌어졌다. 도쿠가와 시대의 명맥이 끊길 위기에 처했던 순간에도 페리 제독은 배후에 있는 천황의 존재를 알지 못했다. 1858년 일본과 첫 통상조약을

교섭했던 미국의 일본주재 초대공사 타운센드 해리스(Townsend Harris)
는 천황이 있다는 사실을 스스로 알아내야 했다.

일본인이 천황에 대해 품은 관념은 태평양 연안의 섬들에서도 거
듭 발견된다. 그는 행정에 관여할 수도, 관여하지 않을 수도 있는 신
성한 수장이다. 일부 섬에서는 직접 권력을 행사했고, 다른 섬에서는
누군가에게 위임했다. 하지만 그는 늘 신성한 존재로 여겨졌다. 뉴질
랜드 원주민은 이런 존재를 신성불가침의 대상으로 떠받든다. 그래
서 스스로 음식을 먹으면 안 되고, 누군가가 떠먹여준다. 이때는 숟가
락조차도 그의 신성한 치아에 닿지 않도록 주의해야 한다. 그가 밖으
로 나갈 때는 누군가가 옮겨주어야 하는데, 그의 신성한 발이 닿는 땅
은 곧바로 신성해져서 수장의 소유가 되기 때문이다. 가장 신성한 그
의 머리에는 누구도 손을 댈 수 없다. 그가 하는 말은 부족의 신들에
게 닿는다고 여겨진다. 사모아(Samoa), 통가(Tonga) 같은 태평양 연안
의 섬들에서 성스러운 추장은 세속적 삶의 영역으로 내려오지 않는
다. 세속적 수장이 국가의 모든 직무를 수행한다. 18세기 말 동태평양
연안의 통가섬에 갔던 제임스 윌슨(James Wilson)은 그곳의 정부 형태
에 대해 "신성한 왕은 총사령관에게 일종의 국가적 포로가 된 일본 정
부와 무척 닮았다"*라고 썼다. 통가의 신성한 수장은 공적인 일에서
배제되지만, 의식적인 임무를 수행한다. 그는 정원에서 난 첫 열매를
받고, 사람들이 먹을 수 있도록 의식을 행한다. 신성한 수장이 죽으면,
'하늘이 비었다'라는 말과 함께 그의 죽음을 공표한다. 그리고 엄숙한

• James Wilson, *A Missionary voyage to the Southern Pacific Ocean performed in the years 1796,
   1797, 1798 in the ship Duff*. London, 1799. 384. Edward Winslow Gifford, 'Tongan Society.
   Bernice P. Bishop Museum, Blulletin 61. Hawaii, 1929.

의식을 행하며 시신을 거대한 왕실 묘에 안장한다. 그러나 그는 통치에 관여하지 않는다.

천황은 정치적으로 무력하고 소위 '총사령관의 정치적 포로'일 때조차 일본식 정의에 따르면 위계질서 안에서 '적합한 위치'를 차지했다. 세속의 일에 관여하는가는 천황의 위상에 아무런 영향을 미치지 않았다. 쇼군이 통치하는 수백 년 동안에도 일본인들은 교토의 천황 궁정을 중요하게 여기면서 그 가치를 지켜왔다. 천황을 불필요한 존재로 보는 것은 서양의 관점일 따름이다. 모든 면에서 위계적인 역할을 엄격하게 정의하는 데 익숙한 일본인은 그 문제를 다르게 보았다.

봉건시대 이후 근대 일본의 계층 체제

천민에서부터 천황에 이르기까지 극단적 계층 체제는 근대 일본에 커다란 흔적을 남겼다. 봉건제도는 75년 전(1870년) 공식적으로 막을 내렸으나, 깊이 뿌리내린 국민적 습성은 쉽게 사라지지 않는 법이다. 다음 장에서 살펴보겠지만, 근대 일본의 정치인들은 국가의 목적이 급진적으로 바뀌었음에도 계층 체제를 상당 부분 보존하고자 주도면밀한 계획을 세웠다. 일본인은 아주 작은 행동까지 지도처럼 정밀하게 규정되어 있고 주어진 지위에 따라 살아가는 삶을 당연하게 받아들였다. 그 어떤 주권국에서도 찾아보기 힘든 사례다. 그런 세계 속에서 철권통치로 법과 질서를 유지해온 지난 2세기 동안, 일본인은 면밀하게 계획된 위계질서를 안전 혹은 안정과 동일시하게 되었다. 알고 있는 테두리 안에 머물고 의무를 충실히 이행하는 한, 자신들의 세계를 신뢰할 수 있었다. 그 안에서는 도둑 떼가 날뛰지 못했고, 다이묘 사이의 전쟁도 억제되었다. 누군가에게 권리를 침해당했을 때 그 사실을 증명할 수만 있다면, 이전에 농민들이 했던 것과 똑같은 방식으로 탄원할 수 있었다. 물론 개인적으로는 위험이 따랐지만, 어쨌거나 공인된 수단이었다. 도쿠가와 쇼군 중 가장 뛰어난 지도자로 손꼽히는 누군가는 직소함(直訴函)을 설치해서 누구든 불만 사항을 적어 넣을 수 있게 했으며, 상자의 열쇠는 자기가 직접 보관했다. 당시 일본에서는 행동 규정에 반하는 행위는 반드시 바로잡힐 것이라는 확신이 널리 퍼져 있었다. 행동 규정을 믿고 따르면 안전을 보장받았다. 사람들은 규정을 수정하려 들거나 거기에 저항하지 않고 따름으로써 용기와 진심을 보였다. 그 안에서는 모든 것이 익숙하고 믿을 만한 세계로 보였다. 그 규정은 모세의 십계명 같은 추상적 윤리 원칙이 아니라 이러저러한 상황에서 해야 하는 바를 세밀하게 정한 것이었다. 사무라이라면 어떻게 해야 하고, 평민이라면 어떻게 해야 하고, 장자에게는 무엇이 적합한지, 차남이라면 무엇이 어울리는지 등을 일일이 정해두었다. 그렇다고 해서 강력한 위계적 통치 아래에 놓였던 다른 나라 국민처럼 일본인이 이 체제 안에서 온순하고 복종적인 사람들이 된 것은 아니다. 단지 각 계층에 일종의 보증이 주어졌다는 사실을 이해하는 것이 중요하다. 천민조차 그들의 특별한 직업에 대한 전권을 보장받았으며, 당국은 그들의 자치 기구를 인정했다. 각 계급마다 제한이 많았지만, 그 대신 질서와 안정을 보장받았다.

일본의 계급적 제한의 경우 인도에서는 찾아볼 수 없는, 어느 정도의 유연성이 있었다. 일본 문화에는 관례를 침해하지 않고도 체제를 넘나드는 확실한 기술이 여럿 있었다. 개인은 다양한 방식으로 자기의 신분을 바꿀 수 있었다. 대부업자와 상인은 부유해졌는데, 일본의 화폐경제 아래에서는 자연스러운 현상이었다. 부자들은 다양한 전통적 방식을 이용해 상류층으로 진입하려고 했으며, 저당권과 소작료 덕분에 '지주'가 되었다. 농민들의 땅은 양도가 금지되었지만, 소작료는 지나치게 높았다. 그래서 농민들을 그 땅에 그대로 두는 것이 지주에게는 유리했다. 대부업자들은 그 땅에 정착해서 소작료를 거두어들였다. 그러한 형태의 대지 '소유권'은 이익을 가져다주었을 뿐 아니라 위신도 높여주었다. 그들은 사무라이 가문과 혼인 관계를 맺음으로써 자식들을 상류사회의 일원으로 편입시켰다.

신분제도를 넘나드는 또 다른 전통적 방식은 양자(養子) 제도였는데, 이는 사무라이의 신분을 돈으로 '사는' 방식이었다. 도쿠가와 막부가 여러 가지 제약을 두었지만, 부유해진 상인은 아들을 사무라이 집안의 양자로 보낼 방도를 찾았다. 원래 일본에서는 아들을 양자로 들이지 않는다. 오히려 딸을 위해 사위를 양자로 들인다. 소위 말하는 서양자(婿養子), 즉 데릴사위다. 데릴사위는 장인의 상속자가 되는 대가로 큰 희생을 치른다. 본가 호적에서 이름이 빠지고 부인 집안의 호적에 올라가기 때문이다. 그는 부인의 성을 따르고 장모와 함께 산다. 물론 대가가 큰 만큼 이점도 많다. 부유한 상인의 자손들은 사무라이가 되고, 가난한 사무라이의 가족은 부자와 연을 맺는다. 신분제도는 아무런 타격도 입지 않은 채로 유지되지만, 부자들은 체제를 조종해서 상류계급이 될 수 있는 길을 열었다.

이처럼 일본에서는 신분이 같은 사람들끼리 결혼하도록 강요하지 않았다. 서로 다른 계층이 결혼할 수 있게 하는 공인된 절차가 있었으며 이를 통해 부유한 상인이 하급 사무라이 계급에 합류했다. 이는 서

유럽과 일본의 현격한 차이를 더욱 극대화했다. 유럽에서 봉건제가 무너진 이유는 수가 불어나고 점점 강력해진 중산층의 압력 때문이다. 서유럽의 중산층은 근대산업 시대를 지배했다. 반면 일본에서는 그처럼 강력한 중산층이 등장하지 않았다. 상인과 대부업자는 허용된 방법으로 상류층 지위를 '샀다'. 상인과 하층 사무라이는 협력관계였다. 일본과 유럽에서 봉건제도가 말기에 이르렀던 시기에 일본이 유럽 대륙보다 계층 이동을 더 크게 허용했다는 사실은 흥미롭고도 놀랍다. 일본에서는 귀족과 부르주아 사이에 계급 전쟁이 일어날 기미가 없었다는 것이 그런 사실을 뒷받침한다.

일본에서는 두 계층의 제휴가 양쪽에게 이익을 주었다. 물론 프랑스에서도 일본과 마찬가지로 그런 관계가 이로웠을 것이다. 서유럽에서도 그런 사례를 몇몇 찾아볼 수 있다. 그러나 유럽에서는 신분제도가 엄격하게 지켜졌으며, 프랑스에서는 계층 간의 갈등이 귀족층의 몰락으로 이어졌다. 반면 일본에서는 두 계층이 더 가까워졌는데, 쇠퇴한 쇼군 막부를 전복시킨 세력이 바로 상인-자본가와 사무라이의 동맹이었다. 일본은 근대에도 귀족 제도를 유지했다. 만약 계층 이동을 허용하지 않았더라면 이런 일은 도저히 일어날 수 없었을 것이다.

혁명 대신 왕정복고를 외치다

일본인은 어떻게 행동해야 하는지 세밀하고 분명하게 제시해주는 것을 좋아하고 신뢰하는데, 여기에는 나름의 이유가 있다. 제시된 행동 규정을 따르기만 하면 안정을 보장받기 때문이다. 그 규정은 권한을 벗어난 침해에 항의하는 것도 허용했으며, 그것을 자기에게 유리한 쪽으로 이용할 수도 있었다. 또한 그 규정은 서로의 의무에 충실하라고 요구했다. 도쿠가와 막부가 19세기 전반에 무너졌을 때, 어떤 집단도 행동 규정을 없애려 하지 않았다. 프랑스혁명 같은 것은 없었다. 1848년 프랑스에서 일어난 2월혁명 같은 것조차도 없었다. 그러나 당시의 분위기는 절박했다. 평민에서부터 쇼군 막부에 이르기까지 모든 계층이 대부업자와 상인에게 빚을 졌다. 생산에 관여하지 않는 계층의 수와 통상적인 경비의 규모가 감당 못 할 정도로 늘어난 상황에 이르렀다. 경제의 숨통이 막힌 다이묘들은 사무라이 가신들에게 봉록을 줄 수 없었고, 봉건적 유대는 조롱거리가 되었다. 그들은 가뜩이나 많던 세금을 농민들에게 더 부과함으로써 살아남으려고 노력했다. 몇 년 치 세금을 미리 걷어갔으니 농민들은 궁핍에 시달릴 수밖에 없었다. 쇼군 막부도 파산에 빠진 터라 현상 유지를 하지 못했다. 페리 제독이 군사를 이끌고 나타난 1853년경의 일본은 끔찍한 상황에 놓여 있었다. 페리 제독은 힘으로 개항을 강요했으며, 결국 일본은 1858년에 미국과 통상조약을 체결했다. 당시 일본에게는 이를 거부할 만한 힘이 없었다.

그런데 이때 일본에서 터져 나온 함성은 '일신'(一新)이었다. 즉, 과거로 돌아가 되찾자는 뜻이다. 혁명과는 성격이 반대였으며, 진보적이지도 않았다. '오랑캐를 추방하라'라는 함성이 '왕정복고'라는 구호와 뒤섞였다. 국민은 쇄국의 황금기로 돌아가자는 강령을 지지했다. 그렇게 하는 것이 불가능하다고 생각한 일부 지도자는 이런 흐름을 바꾸려 했지만, 그런 이유로 암살당했다. 혁명이 없던 나라가 서양의 사례를 따를 가능성은 기의 없어 보았나. 이 나라가 50년 뒤 서구 국

미국 선박의 도착(토슈 쇼게츠, 1889년)

1853년경 미국의 해군 제독 매슈 C. 페리는 함대를 이끌고 일본 도쿄만에 진입했다. 항구 인근에 정박한 채 공포탄을 발사하며 막부를 위협했고 개항을 강요했다. 이 사건을 미국 입장에서는 페리 원정(Perry Expedition), 일본 입장에서는 흑선 내항(黒船来航)이라고 부른다.

가들과 당당하게 경쟁하리라고는 생각할 수도 없었다. 그럼에도 그런 일이 일어났다. 일본은 강력한 고위층 집단이나 여론이 요구하지 않았던 목적을 달성하기 위해 자신들의 강점을 활용했다. 그것은 서양의 강점과 거리가 멀었다. 1860년대의 어떤 서양인도 예언자의 수정 구슬 속에서 미래를 보았더라면 믿지 않았을 것이다. 이후 몇십 년 동안 일본을 휩쓸 격동을 암시하는 손바닥만 한 구름도 지평선에 모습을 드러내지 않았다. 그럼에도 이렇듯 불가능한 일이 일본에서 일어났다. 퇴행적이고 위계에 얽매인 일본 대중은 이제 대중은 새로운 경로를 택해 그 방향으로 나아갔다.

4장

메이지유신
The Meiji Reform

이해를 돕는 배경지식

도나리구미(隣組)

도쿠가와 시대 일본의 최소 행정 단위. 상호 협력과 감시 목적 하에 5~10가구를 하나로 묶어 편성한 소단위 조직이다. 중국의 행정제도에서 비롯된 이 조직은 수장이 소단위 자체의 모든 일을 지휘한다. 수장은 소속 주민이 나쁜 짓을 하지 못하게 책임지며, 의심스러운 행동을 하거나 낯선 사람을 보면 관헌에 고발했다. 이런 방식은 일본의 식민통치에 적극 활용되기도 했다.

부라쿠(部落)

부라쿠는 '부락', 즉 마을, 취락 등 소규모 지역 공동체를 뜻하는 말이지만, 일본 봉건사회에서는 식육이나 가죽 가공, 사형 집행 등 천대받는 특정 직업 종사자를 비롯 최하층 신분이 모여 사는 공동체를 일컫는 말이었다. 메이지유신 이후로 신분제는 공식적으로 철폐되었지만, 부라쿠민에 대한 차별은 여전히 남아 있다.

신토(神道)

일본 고유의 토착 신앙. 자연에 대한 숭배가 종교로 발전한 형태이며, 만물에 신이 깃들어 있다고 믿는다. 이러한 신들에 대한 제사를 지내는 곳이 바로 신사. 1868년 메이지유신 이후 천황의 권위를 강화하기 위한 일환으로 신토를 국가 종교로 삼았고, 이를 '국가신토'라 한다.

일본의 근대를 선도했던 구호는 '손노조이'(尊王攘夷: 존왕양이)였다. '천황을 복위하고 오랑캐를 몰아내자'라는 뜻이다. 이는 외부 세계에 오염되지 않도록 일본을 지키고 천황과 쇼군이 '이중 통치'를 하기 전인 10세기의 황금시대로 돌아가자는 구호였다. 당시 교토에 있던 천황 궁정의 성향은 지극히 보수적이었다. 천황 복위를 주장하는 쪽에게 승리란 외국인들이 굴욕을 당하고 쫓겨나는 것을 의미했다. 또한 전통적 생활 방식을 회복하고, '개혁파'의 발언권을 빼앗는 것을 의미하기도 했다. 쇼군 막부를 전복하는 데 선봉에 섰던 영지의 다이묘, 즉 도자마 다이묘들은 그들이 도쿠가와 막부 대신 일본을 통치할 방편으로 왕정복고를 생각했다. 다만 그들은 사람을 바꾸길 원했을 뿐이다. 농민들은 자기들이 농사지은 쌀을 더 많이 받고 싶어 했지만 '개혁'은 싫어했다. 사무라이들은 이전과 마찬가지로 봉급을 받으면서 더 큰 영광을 얻는 일에 칼을 사용하고 싶어 했다. 왕정복고 세력에게 자금을 지원했던 상인들은 중상주의가 성장하기를 바랐지만, 그렇다고 해서 봉건제도를 비난하지는 않았다.

메이지 초기의 개혁 정책

도쿠가와를 반대하는 세력이 승리하고 1868년 왕정복고에 따라 '이중 통치'가 막을 내렸을 때, 서구에서는 이제부터 승자들이 무척 보수적인 쇄국정책을 펼 것으로 예상했다. 그러나 정권은 초기부터 그와 완전히 반대되는 방향을 택했다. 정부는 집권한 지 채 1년도 되기 전에 모든 영지에서 다이묘의 과세권을 폐지했다. 토지대장을 거두어들이고 농민들이 '다이묘에게 바치던 40퍼센트' 조세를 정부에 내도록 한 것이다. 아무런 대가 없이 과세권을 박탈한 것은 아니었다. 정부는 각 다이묘에게 정기적인 수입의 절반에 해당하는 액수를 분배했다. 아울러 사무라이 가신의 생계를 책임지고 공공사업 비용을 부담하던 책임을 면제해주었다. 이후 5년 사이에 계층 간의 법적 불평등이 모두 철폐되었다. 신분이나 계층을 나타내는 표지 및 특이한 복장을 착용할 수 없었고 상투도 잘라야 했다. 천민은 해방되었다. 토지 양도를 금하는 법안도 폐지되고, 영지와 영지를 분리하는 장벽들도 제거되었으며, 불교는 기존의 지위를 잃었다. 1876년에는 다이묘와 사무라이의 봉록을 상환 기간이 5년에서 15년까지인 채권으로 일시에 지급했다.[•] 지급액은 개인이 도쿠가와 시대에 정기적으로 받았던 봉록에 따라 결정되었는데, 그들은 이 돈으로 새로운 비봉건적 경제체제 안에서 사업을 시작할 수 있었다. "그것은 상인과 금융 귀족, 봉건 귀족과 토지

• 금록공채(金祿公債)라는 채권을 발행해서 정부가 그동안 무사들에게 지급해온 봉록을 일시에 청산했다. 재정 부담을 덜고자 무사의 특권을 폐지한 것인데, 이 조치를 질록처분(秩祿處分)이라고 한다. 질록처분을 시행하면서 무사 계급은 경제적 기반이 무너져 급격하게 몰락했다. —옮긴이

정한론으로 의견이 대립하는 모습을 그린 〈정한론지도〉 (도요하라 치카노부, 1877년)

귀족의 독특한 연합을 공인하는 마지막 단계였다."*

　갓 출범한 메이지 정권은 이렇듯 주목할 만한 개혁을 추진했지만 그런 정책들은 대중에게 별로 환영받지 못했다. 그보다는 1871년에서 1873년 사이에 대두된 정한론(征韓論)**이 인기를 끌었다. 그러나 정부는 정한론을 받아들이지 않고, 과감한 개혁을 계속 추진했다. 메이지 정부를 세우기 위해 싸웠던 수많은 사람들의 희망을 역행하는 방침이었다. 그래서 다카모리를 필두로 한 반란군이 조직되었고, 이

•　　Norman, p. 96.
••　1870년대를 전후하여 일본 정계에서 일어났던 조선 정복에 관한 주장─옮긴이

들은 1877년 정부에 대항해 대규모 반란을 일으켰다. 반란군은 천황을 지지하며 봉건제를 그리워하는 존왕파(尊王派)를 대변했다. 정부는 사무라이가 아닌 자원병으로 구성된 군대를 보내서 사이고의 사무라이들을 물리쳤다. 이 반란은 당시 정권에 대한 불만이 얼마나 컸는지를 말해주는 지표였다.

농민의 불만도 점점 커졌다. 1868년과 1878년 사이에 적어도 190건의 농민 반란이 일어났다. 새 정부는 늑장을 부리다가 1877년에야 농민의 세금 부담을 줄이는 첫 번째 조처를 내렸다. 그렇다 보니 농민들이 정부가 자기들의 기대에 못 미친다고 느낀 것도 무리는 아니었다. 그들은 학교 설립, 징병제, 토지조사, 단발령, 천민의 법적 평등 보장, 불교에 대한 강압적 규제, 역법 개혁 등 자기들의 안정된 생활 방식을 바꿔버린 여러 정책에 반대했다.

그렇다면 이처럼 철저하면서도 인기 없는 개혁을 추진한 '정부'는 대체 누구였을까? 바로 하층 사무라이 계급과 상인 계급의 '독특한 연합'이었다. 일본 특유의 제도가 낳은 이 세력은 봉건시대부터 성장해왔다. 그들의 한 축은 다이묘의 가신이자 집사로서 국정 기술을 배우고 광산업, 직물업, 판지 제조업 등을 운영해온 사무라이 가신들이었으며, 다른 축은 돈으로 사무라이 신분을 사서 사무라이 계층에 생산 기술 지식을 전파한 상인들이었다. 사무라이와 상인의 동맹은 유능하고 자신만만한 행정가들을 신속히 배출해서 정책을 입안하고 실행 계획을 수립했다. 여기서 우리는 그들의 출신 계층이 아니라 그들이 어떻게 그토록 유능하면서도 현실 감각을 갖출 수 있었는가를 주목해야 한다. 19세기 말엽 중세에서 막 벗어났을 때만 해도 일본은 지금의 태국처럼 약소국이었다. 그런 일본이 지금껏 어느 나라도 시도하지 못했던, 탁월한 정치적 수완이 필요한 과업을 성공적으로 구상하고 수행할 수 있는 지도자들을 배출했다. 이 지도자들의 강점은 물론 약점까지도 일본인의 전통적인 특성에 뿌리를 둔 것인데, 이 책의 목표가 바로 그 특성이 무엇인지를 논하는 것이다. 그렇게 함으로써 우리는 메이지 정권의 정치가들이 어떻게 자기들의 일을 해나갔는지 알 수 있을 것이다.

그들은 자기가 맡은 일을 이념적인 혁명이 아니라 하나의 과업으로 받아들였다. 그들의 목적은 일본을 무시할 수 없는 나라로 만드는 것이었다. 그들은 인습 타파자가 아니었다. 봉건 계급을 비난하지도 않았고 경제적 궁핍으로 몰아가지도 않았다. 도리어 충분한 연금을 주면서 정권을 지지하도록 끌어들였다. 비록 오래 걸리기는 했지만, 그들은 농민의 처우도 개선했다. 10년 동안 지지부진했던 이유는 농민의 요구를 거부했기 때문이 아니라 메이지 정권 초기의 재정이 열악했기 때문으로 보인다.

메이지 정권을 운영했던 열정적이고 수완 좋은 정치가들은 일본에서 위계질서를 없애야 한다는 사상을 전부 거부했다. 왕정복고는 천황을 정점에 놓고 쇼군을 제거함으로써 위계질서를 단순하게 만들었다. 왕정복고 이후의 정치가들은 영지를 폐지함으로써 주군에 대한 충성과 국가에 대한 충성 사이의 갈등 소지를 없애버렸다. 따라서 이런 변화는 위계적인 습관의 발판을 없앤 것이 아니라 거기에 새로운 위치를 부여한 것일 뿐이다. 일본의 새 지도자인 이른바 '각하'(閣下)들은 자기에게 능숙한 정강을 국민에게 강요하고자 중앙집권적 통치를 강화했다. 그들은 '위로부터의 요구'와 '위에서 내리는 선물'을 번갈아 이용하면서 자리를 유지했다. 하지만 역법을 개혁하거나 공립학

〈헌법반포약도〉(도요하라 치카노부, 1889년)

1889년 2월 11일, 군주가 국민에게 하사하는 흠정(欽定) 헌법의 형식으로 메이지 헌법이 공포되었다. 정식 명칭은 '대일본제국헌법'(大日本帝国憲法)이다. 이로써 일본은 동아시아 최초로 근대적 입헌정체를 수립했다. 재판소, 의회를 설치해 삼권분립 형태를 채택하는 등 근대 국가를 표방했지만, 천황을 신성불가침의 존재로 규정하고, 그에게 막강한 통치권을 부여했다.

교를 설립하거나 천민에 대한 차별을 철폐하는 것에 반대하는 여론을 수용해야 한다고 생각하지는 않았다.

　위로부터 내린 선물 중 하나가 바로 1889년 천황이 국민에게 내린 일본 헌법이었다. 헌법 덕분에 국민이 국정에 참여할 길이 열렸고, 의회가 설치되었다. '각하'들은 서양의 다양한 사례를 비판적으로 검토한 뒤 세심한 주의를 기울여 헌법을 만들었다. 그러나 헌법을 만든 사람들은 "대중의 간섭과 여론에 휘둘리는 것을 방지하기 위한 모든 예방책"을 마련해놓았다.* 헌법을 기초한 부서는 궁내성(宮內省)** 소속이었는데, 그곳은 신성불가침의 영역이었다.

　메이지의 정치인들은 자신들의 목적을 늘 염두에 두고 있었다. 헌법을 입안한 이토 히로부미(伊藤博文) 공작은 1880년대에 기도 다카요시(木戸孝允) 후작을 영국 철학자 허버트 스펜서(Herbert Spencer)에게 보내서 일본의 당면 과제에 관해 조언을 구했다. 스펜서는 오랜 대화를 나눈 끝에 자기 생각을 정리해서 이토에게 보냈다. 일본의 위계질서 전통은 국민 복지의 중요한 토대이므로 이를 유지하고 장려해야 한다는 의견이었다. 그는 상급자들, 특히 천황에 대한 전통적 의무가 일본에게는 큰 기회가 될 수 있으며, 일본은 이 '상급자들'의 지휘에 따라 일사불란하게 앞으로 나아갈 수 있고, 개인주의적 국가들이 겪는 불가피한 어려움을 방지할 수 있다고 했다. 메이지 정치인들은 이를 통해 자기의 의견이 옳았음을 확신하고 무척 만족스러워했다. 그들은 '적합한 자리'를 지키는 데 따르는 이점을 근대 세계에서도 유지하기로 마음먹었다. 위계질서의 관습을 훼손할 생각이 없었다.

적합한 자리에 의존하는 정부의 통치 형태

메이지 정치인들은 정치, 종교, 경제 등 모든 분야에서 국가와 국민 사이의 '적합한 자리'와 그에 따른 의무를 규정해두었다. 그들의 모든 조직은 미국이나 영국과 성격이 너무나도 달라서 우리는 그 조직의

---

* 　헌법 초안을 작성했던 사람 중 하나인 가네코 남작의 말에 근거한 일본 학자의 말에서 인용. Norman, p. 88.
** 　황실에 관계된 업무를 관장하는 행정기관 — 옮긴이

근본적인 면을 알아보기 어렵다. 물론 위로부터의 강력한 통치는 여론을 따를 필요가 없었다. 메이지 정부는 수뇌부가 운영하는 형태였고, 선거에서 뽑힌 사람들은 수뇌부에 포함되지 않았다. 이러한 상황에서 국민은 아무런 목소리도 낼 수 없었다.

1940년의 수뇌부는 천황에 '접근'할 수 있는 사람들, 그에게 직접 조언할 수 있는 사람들, 옥쇄가 찍혀 임명된 고위직으로 구성되어 있었다. 이들 중 마지막 부류에는 각료, 도지사, 판사, 장관, 그 밖의 다른 고위직 관료들이 포함되었다. 선거로 뽑힌 관리는 위계질서에서 수뇌부 같은 위치에 올라가지 못했다. 예를 들어, 의회 의원들은 각료, 대장성 혹은 운수성 장관을 뽑거나 인준하는 것이 불가능했다. 선출직으로 이루어진 하원(중의원)은 국민의 목소리를 대변해서 고위 관리에게 질문하고 비판할 수 있는 특권이 있었지만, 누군가를 임명하거나 무엇을 결정하거나 예산을 정하는 문제에서 실질적인 목소리를 낼 수 없었고, 법안을 발의할 수도 없었다. 게다가 비선출직인 상원(귀족원)의 견제를 받기까지 했다. 상원 절반은 귀족이었고 4분의 1은 천황이 임명한 사람들이었다. 법안 승인과 관련해 상원의 힘은 하원과 비슷했기 때문에, 그 이상의 위계적 규제가 있는 셈이었다.

따라서 일본은 고위 관료들이 '각하'로 머물 수 있도록 보장했다. 그러나 이것이 '적합한 자리'에 자치제도가 없었다는 말은 아니다. 어떤 체제든 아시아 국가에서 위로부터의 권위는 아래로 내려가다가 밑에서부터 올라가는 지방자치와 중간쯤에서 만나게 되어 있다. 국가들 간의 차이점은 민주적인 책임이 위로 어디까지 미치는지, 지방자치제의 책임은 어느 정도인지, 지방 지도자들이 공동체 전체의 요구에 성실하게 부응하고 있는지, 아니면 지역 유지들에게 휘둘려 얼마만

가죽을 가공하는 부라쿠민(스즈키 신이치 촬영, 1873년)

큼 주민에게 불이익을 주는지에 달려 있다. 도쿠가와 시대의 일본에
는 중국처럼 다섯 가족에서 열 가족 단위로 구성된 작은 조직이 있었
다. 최소한의 책임 단위였던 이 조직을 도나리구미(隣組)라고 부른다.
이웃한 가족들로 구성된 이들의 수장은 자기들과 관련된 일을 지휘했
다. 구성원들이 바르게 행동하도록 지도할 책임이 있었고, 수상한 행
동을 발견하면 상부에 보고했으며, 수배 중인 자는 당국에 넘겼다. 메
이지 시대의 정치인들은 처음에 이 단위를 폐지했으나 나중에 복원시
키고 도나리구미라는 이름을 붙였다. 도시에서는 정부가 적극적으로
도나리구미를 권장하기도 했다. 그러나 오늘날 시골에서는 제 기능
을 거의 못 하고 있다. '부라쿠' 단위가 더 중요하기 때문이다. 부라쿠
는 폐지되지 않았고, 정부 조직에 편입되지도 않았다. 부라쿠는 국가

가 기능이 미치지 않는 지역이기 때문이다. 열다섯 가구로 구성된 부라쿠는 오늘날까지도 매년 돌아가면서 수장을 맡는 방식으로 운영되고 있다. 부라쿠의 수장은 "부라쿠의 재산을 돌보고, 구성원이 죽거나 화재를 당한 가정을 돕는 일을 감독하고, 농사일이나 집짓기나 도로 보수 등 공동 작업에 적합한 날을 결정하고, 화재 경보를 알리는 종을 치거나 일정한 박자로 막대기를 부딪쳐서 축일과 휴일을 알린다".* 부라쿠의 수장은 다른 아시아 국가의 경우처럼 공동체에서 국세를 걷을 책임이 없다. 따라서 무거운 짐을 지지 않는다. 민주적 책임의 범주 안에서 직무를 수행하기 때문에 그들의 지위는 명확하다.

일본의 근대 정부는 시(市), 정(町), 촌(村)의 지방행정을 공식적으로 인정한다. 선출직 '원로'들이 수장을 선출하고, 현과 중앙정부로 대변되는 국가를 상대할 때 그 수장이 공동체의 대변인 역할을 한다. 농촌에서는 그곳에 오래 거주한 지주 가족의 출신이 수장을 맡는다. 그는 직무를 수행하면서 재정적으로는 손해를 보지만, 그 대신 상당한 명예를 얻는다. 수장과 장로들은 마을의 재정과 공공보건을 관리하고, 학교를 유지하며, 특히 재산과 개인의 신상에 대한 기록을 책임진다. 마을 사무소는 무척 분주하다. 그곳에서는 초등교육에 책정된 국가 예산을 집행하고, 그보다 훨씬 많은 액수로 마을 자체가 부담하는 교육비, 마을 소유의 재산 관리와 임대, 토지 정비와 조림(造林), 재산 거래의 등기를 관장한다. 재산 거래는 이곳에 등록해야만 법적 효력이 있다. 마을 사무소는 그 지역에 본적을 둔 개인의 주거, 혼인, 출생, 입양, 법적 문제 등에 관한 기록을 비롯한 가족 내력도 보관한다. 일

---

* John F. Embree, *The Japanese Nation*, p. 88.

련의 정보는 일본의 어느 지역에서든 본적지로 보고되어 기록으로 남는다. 일자리를 찾거나 재판을 받을 때, 혹은 어떤 식으로든 신원보증을 요구받을 때, 개인은 본적지 사무소에 편지를 쓰거나 직접 방문해서 사본을 구한 뒤 관련자에게 제출한다. 개인은 자신이나 가족의 기록에 부정적인 내용이 기재되지 않도록 신경 쓴다.

이처럼 도시와 시골의 조직은 공동체에 대해 상당한 책임을 지니고 있다. 일본에서는 1920년대에 정당이 생겼는데, 이는 여느 나라처럼 여당과 야당 사이에 정권이 교체될 수 있다는 의미다. 그런데 지방정부는 그런 흐름에도 영향을 받지 않았고, 여전히 원로들의 결정에 따라 운영되었다. 지방정부는 세 가지 면에서 자율권이 없다. 판사는 국가가 임명하고, 경찰과 교사는 국가가 고용한다. 일본에서는 민사 사건 대부분이 아직도 조정이나 중재로 해결되기 때문에 법원은 지방 행정에서 하는 역할이 거의 없다. 그보다는 경찰이 더 중요하다. 경찰은 대중 집회에 참석해야 하지만 그것은 간헐적 의무일 뿐 대부분의 업무 시간을 개인 기록과 재산 기록에 쏟는다. 국가는 경찰의 근무지를 자주 교체함으로써 그들이 연고 없는 지역에서 근무하게 한다. 교사도 때가 되면 전근한다. 국가는 학교의 모든 것을 규제하는데, 일본의 학교는 프랑스처럼 같은 과목을 같은 책으로 같은 날에 공부한다. 모든 학교에서는 매일 아침 정해진 시간에 똑같은 라디오방송에 맞춰 동일한 체조를 한다. 공동체는 학교나 경찰, 법원에 관해 자율성이 없다.

일본 정부는 모든 면에서 미국 정부와 다르다. 미국에서는 선출직 공무원이 행정과 입법의 책임을 가장 크게 지고 있으며, 지방자치 경찰과 법원이 지방의 치안을 담당한다. 하지만 일본 정부는 네덜란드나 벨기에 같은 서구 국가들의 정부 체제와 형식 면에서는 다르지 않다. 예를 들어 네덜란드에서는 여왕의 내각이 모든 법률의 초안을 만드는데 이는 일본의 경우와 비슷하다. 의회는 법안을 발의하지 않는다. 네덜란드 여왕은 법적으로 도시의 시장들까지 임명한다. 따라서 여왕이 지닌 권한은 1940년 이전의 일본보다 훨씬 더 깊이 지방행정에 영향을 미친다. 물론 해당 지역에서 추천한 사람을 여왕이 임명하는 방식에 불과하지만, 결국 결정은 왕실에서 하는 것이다. 경찰과 법원에 관한 직접적인 책임도 여왕에게 있다. 반면에 네덜란드에서는 어떠한 종파에서든 자유롭게 학교를 설립할 수 있다. 일본의 학교 제도는 프랑스와 비슷하다. 한편 네덜란드에서는 운하와 간척지를 비롯해 지역 개발에 대한 책임을 시장과 선출직 공무원뿐만이 아니라 지역 공동체 전체가 감당하고 있다.

일본의 정부 형태를 그와 유사한 서유럽 국가의 사례와 비교해보면, 둘 사이의 진짜 차이는 형식이 아니라 기능에 있다. 일본 정부는 과거 경험에서 형성되고 자기들의 윤리 체제와 예의범절 속에서 형식화된 복종의 관습에 의존한다. 국가는 '각하'들이 '적합한 자리'에서 자기 일을 제대로 하면, 그들의 특권을 존중해준다. 꼭 그들의 정책을 인정해서라기보다는 일본에서는 특권들 사이의 경계를 넘는 것이 잘못된 것이기 때문이다. 중요한 정책을 결정할 때 '여론'은 낄 자리가 없다. 정부는 '대중적 지지'만을 요구한다. 지역적 관심사의 영역까지 국가가 권한을 행사하려 해도 사람들은 그것을 존중한다. 국가의 모든 행정행위를 필요악이라고 여기는 미국과는 다르다. 일본인의 눈으로 보면 국가는 최고선에 더 가까운 존재다.

더욱이 국가는 국민의 뜻에 '적합한 자리'를 인식하고자 세심한 주의를 기울인다. 어떤 정책을 펼 때 국민의 뜻을 존중하려고 애쓴다. 합법적으로 권한을 행사할 수 있는 영역이면서 그것이 국민을 위한 일이라 하더라도 마찬가지다. 정부의 농업 담당자는 낡은 농업 방식을 개선하면서도 아이다호의 농업 담당자만큼이나 권위를 내세우지 않는다. 국가 보증 농민신용조합이나 구매 및 판매 협동조합을 장려하는 국가 관리는 지방 유지들과 오랜 시간 동안 원탁회의를 한 뒤 그 결과를 기다려야 한다. 지역의 일은 지역이 하도록 맡긴 것이다. 일본인의 생활 방식은 적합한 권위를 할당하고, 적합한 영역의 범위를 규정하는 것이다. 이는 서양 문화에서보다 상급자들에게 훨씬 더 존경을 표하고, 더 큰 자유를 준다. 그런 만큼 상급자들도 자기의 자리를 지켜야 한다. 일본의 좌우명은 "모든 것에는 자기 자리가 있다"이다.

종교적 국가기구로서의 국가신토

종교 문제에서 메이지 정치인들은 정부 제도보다 훨씬 기이한 공적 제도를 만들어냈다. 그러나 그들도 똑같은 좌우명을 따랐다. 국가는 국민의 통합과 우월성의 상징을 떠받드는 종교만 관할했고, 나머지는 개인이 자유롭게 신앙생활을 하도록 내버려두었다. 국가가 소관으로 둔 영역은 '국가신토'(国家神道)다. 미국에서 국기에 경례하는 것처럼, 국가신토의 취지는 국가의 상징에 적절한 경의를 표하는 것이다. 일본인들은 이런 이유를 들면서 국가신토는 종교가 아니므로, 이를 모든 국민에게 요구하는 것은 종교의 자유를 침해하는 행위가 아니라 단지 충성의 표시일 뿐이라고 주장한다. 미국에서 성조기에 경

국가신토의 중심 교리를 표현한 판화(도요하라 치카노부, 1878년)

메이지 천황과 황후를 아마테라스, 이자나가, 이자나미 등 일본 신토의 신들과 초대 천황을 비롯한 선대 천황들이 에워싼 모습을 그렸다.

례를 요구하는 행위가 종교의 자유를 침해하지 않는 것과 다를 바 없다는 논리다. '종교가 아니기' 때문에 이 문제로 서양의 비판을 받을 위험이 없다고 판단한 일본은 학생들에게 그것을 가르쳤다. 학교에서 교육하는 국가신토는 신화시대로부터 내려온 일본 역사와 '만세일계'(萬世一系)* 통치자'인 천황에 대한 숭배로 구성되었다. 이처럼 국가신토는 국가의 지지를 받는 한편 국가의 규제를 받았다. 불교와 기독교 종파는 말할 것도 없고 교파신토(咬破神道)와 제사신토(祭祀神道)까

• 친황의 혈통이 2,000년 넘게 한 번도 단절된 적 없이 이어져왔다는 주장이다. — 옮긴이

지 포함된 종교의 모든 영역은 미국에서 그러하듯 개인의 선택에 맡겼다. 두 영역은 행정적으로도, 재정적으로도 분리되었다. 국가신토는 내무성 산하 부서가 관리했고 신관(神官), 제식(祭式), 신사(神社)는 국가가 지원했다. 제사신토, 불교, 기독교 종파들은 문부성 종교과의 소관이었으며 신도들의 자발적인 헌금으로 유지되었다.

우리는 이 문제에 관한 일본의 공식 입장 때문에 국가신토를 거대한 국교라고 말할 수는 없지만 적어도 거대한 국가기구라고 부를 수는 있다. 태양 여신을 숭배하는 이세신궁(伊勢神宮)부터 특별한 의식이 있을 때마다 신관이 청소하는 지방의 작은 신사에 이르기까지, 일본 각지에는 11만 곳이 넘는 신사가 있다. 신관의 위계는 정치적 위계와 비슷하다. 가장 낮은 신관부터 군·시·부·현의 신관들을 거쳐 '각하'라 불리는 최상부의 신관까지 서열이 정해져 있다. 그들은 신도들의 예배를 주관하는 것이 아니라 신도들을 위해 의식을 거행한다. 국가신토에는 우리가 교회에 가는 것과 상응하는 행위가 없다. 국가신토는 종교가 아니므로 신관이 교리를 가르치는 행위는 법으로 금지되어 있다. 서양인이 이해하는 교회의 예배 의식 같은 것은 존재하지 않는다. 그 대신 종종 돌아오는 예식일에는 공동체의 공식 대표자들이 신사를 찾아 신관 앞에 선다. 그러면 신관은 그들 앞에서 대마와 종이를 매단 막대기를 흔들며 정화 의식을 거행한다. 그리고는 신관이 신당의 안쪽 문을 열고 높은 목소리로 신들을 불러 공양 음식을 드시라고 소리친다. 신관은 기도하고, 참여자는 신분 순서대로 예나 지금이나 일본 어느 곳에든 있는 흰 종이를 늘어뜨린 신성한 나뭇가지를 봉헌물로 정중히 바친다. 그런 다음 신관은 다시 큰 소리로 신들을 배웅하고 안쪽 신당 문을 닫는다. 국사신토의 제일(祭日)에는 천황이 국민

가마를 타고 이세신궁에 참배하러 가는 메이지 천황(우타가와 사다히데, 1869년)

이세신궁의 내궁에서는 일본 황실의 조상신이자 태양신인 아마테라스 오미카미(天照大神)를 모신다.
메이지 시대 이후로는 국가적인 대사가 있을 때마다 천황이 직접 이세신궁에 참배한다.

을 위해 의식을 집전하며, 관공서는 문을 닫는다. 이러한 제일은 지역
신사나 사찰에서 의식을 거행하는 날처럼 대중적 축제일이 아니다.
지역 신사의 의식이나 불교의 제일은 국가신토를 벗어난 '자유로운'
영역에 속한다.

이 영역에서 일본인은 저마다 가슴에 와닿는 종파가 있으며, 그 종
파의 축제를 거행한다. 국민 다수는 불교를 신봉하는데, 교리가 다르
고 창시자도 다른 다양한 종파가 곳곳에서 활발하게 활동한다. 신토
조차도 국가신토와 다른 강력한 종파들이 있다. 1930년대에 일본 정
부가 같은 입장을 취하기 전부터 이미 순수 국가주의의 거점이었던
종파도 있고, 크리스천 사이언스(Christian Science)*와 비교되는 신앙-

• 1879년 메리 베이커 에디가 미국 보스턴에서 설립한 기독교 계통의 신흥종교로 죄·병·악
  은 모두 허망하다고 깨달음으로써 만병을 고칠 수 있다는 정신 요법을 주장했다.—옮긴이

치료 종파도 있다. 유교적인 교의를 따르는 종파도 있고, 접신(接神)과 신성한 산중 신사 참배에 주력하는 종파도 있다.

인기 있는 축제의 대부분은 국가신토의 영역 밖에서 치러진다. 사람들은 축제 날이 되면 신사로 몰려간다. 입을 헹궈서 자기를 정화하고, 방울이 달린 줄을 당기거나 손뼉을 쳐서 신을 부른 뒤 경건하게 절한다. 그러고는 방울 달린 줄을 다시 잡아당기거나 손뼉을 쳐서 신을 물러가게 한 다음 그날의 주된 행사를 시작한다. 노점상에서 잡동사니와 주전부리를 사고, 스모나 액막이, 광대들이 흥겹게 추는 가쿠라(神樂) 춤을 구경하는 등 보통은 축제 분위기를 즐긴다. 일본에 거주한 적이 있는 영국인은 축제일이 되면 윌리엄 블레이크(William Blake)의 시를 떠올렸다고 진술했다.

교회에서 우리에게 맥주를 주고
우리의 영혼을 기쁘게 해줄 기분 좋은 불이 있다면,
우리는 온종일 노래하고 기도할 거예요.
교회를 벗어나 딴 길로 갈 생각은 하지 않을 거예요.

고행(苦行)을 업으로 하는 몇몇을 제외하면, 일본에서 종교는 금욕을 강조하지 않는다. 또한 일본인은 종교적 참배에 정성을 들이지만, 이것 역시 휴일을 즐기는 하나의 방식이다.

정부로부터 독립된 군부의 권력 강화

메이지 정치인들은 통치 분야에서 국가의 기능이 미치는 영역과 종교 분야에서 국가신토의 기능이 미치는 영역을 면밀하게 규정해두었다. 그들은 다른 영역은 국민에게 맡겼지만, 국가의 일과 직접 관련이 있다고 판단한 문제는 새로운 위계질서의 상층부인 자기들이 관리하려 했다. 군대를 창설할 때도 똑같은 문제가 있었다. 그들은 다른 분야에서처럼 군대에서도 낡은 신분제도를 없앴으며, 더 급진적인 정책을 폈다. 심지어 군대에서 경어를 쓰는 것마저 금지했다. 물론 실제로는 옛 관습이 남아 있기는 했다. 또, 군대에서는 출신 가문이 아니라 실력에 따라 누구든 장교로 진급할 수 있었다. 다른 분야에서는 실행하기 어려운 제도였다. 이런 면에서 군대는 사람들에게 좋은 평판을 얻었는데, 충분히 그럴 만했다. 그리고 이렇듯 호의적인 인식은 새로 조직된 군대를 사람들이 지지하게 만드는 최상의 수단이었다. 같은 지역 출신이 중대와 소대를 이루었으며, 평상시에 이들은 집과 가까운 주둔지에서 병영생활을 했는데, 이는 지역적 유대감이 유지되었다는 의미다. 또 이런 방식은 모두가 군사훈련을 통해 사무라이와 농민, 혹은 부자와 빈자의 관계가 아니라 장교와 사병, 혹은 선임병과 후임병의 관계로 2년간 복무한다는 의미이기도 했다. 군대는 많은 점에서 민주적 평등주의를 실행했고, 진정한 국민 군대의 모습을 보여주었다. 다른 나라에서는 군대가 현상 유지의 강력한 수단인 경우가 많지만, 일본에서는 달랐다. 일본군은 소농(小農)들에 동조해서 자본가와 산업가에 대한 그들의 거듭된 저항을 지지하는 편에 섰다.

일본 정치인들이 민중의 군대를 만드는 과정에서 생겨난 결과 전부를 호의적으로 받아들이지는 않았을 것이다. 그들이 위계에서 군대를 가장 높은 자리에 두려고 한 것은 그런 결과를 기대해서가 아니었다. 그들은 가장 높은 영역에서 특정 조처를 강구함으로써 군부 우위의 목적을 이루었다. 비록 이런 제도를 헌법에 명시하지는 않았지만, 군 수뇌부가 민간정부로부터 독립되어 있는 관례를 유지했다. 육해군 대신은 외무성이나 다른 부서의 대신과 달리 천황과 직접 만날 수 있었으며, 따라서 천황의 이름을 내세워 자기들의 방식을 밀어붙일 수 있었다. 내각을 마음대로 휘두를 수 있었으므로, 군부는 내각 각료들에게 보고하거나 그들과 협의할 필요가 없었다. 그들은 육군 장군이나 해군 제독을 내각에 보내지 않음으로써, 자기들이 신뢰할 수 없는 내각이 구성되는 것을 아주 간단하게 막을 수 있었다. 육군과 해군 장관 없이는 내각을 조직할 수 없기 때문이다. 그 자리는 현역 고위 장교들이 맡았는데, 민간인이나 퇴역 장성으로 대신할 수는 없었다. 더욱이 군부는 내각의 행동에 불만이 있을 때, 자기들이 대표 격으로 파견한 각료를 소환함으로써 내각을 해체할 수 있었다. 군 수뇌부는 이러한 최고위 정책 결정 단계에서 외부의 어떤 간섭도 받지 않도록 조처해두었다. 헌법에는 더 강력한 불간섭 보장 내용이 명시되어 있다. "의회가 상정된 예산안을 부결하면 전년도 예산이 금년도에 자동으로 적용된다"라는 조항이다. 그런 일은 절대 없을 것이라는 외무성의 장담과 달리 군부는 만주를 점령했다. 이는 내각의 결정 없이도 군 수뇌부가 전장의 사령관들을 성공적으로 지지한 사례 중 하나일 따름이다. 위계적 특권과 관련된 문제의 경우 일본인은 어떤 결과라도 받아들이는 경향이 있는데, 이는 군사 분야에서도 마찬가지다. 그것은 정책에 동의하기 때문이 아니라 특권 사이의 경계를 넘는 것을 용납하지 않기 때문이다.

메이지 시대의 산업 발전과 그 이중성

산업 발전 영역에서 일본은 어떤 서구 국가에서도 유례를 찾기 힘든 길을 걸어갔다. 여기에서도 '각하'들이 게임을 짜고 규칙을 정했다. 그들은 계획을 세웠을 뿐만 아니라 필요하다고 판단한 산업을 정부 돈으로 건설하고 육성했다. 정부의 관료가 모든 것을 조직하고 운영했으며, 외국 기술자들을 돈으로 사 왔고, 일본인을 해외로 보내 기술을 배우도록 했다. 이렇게 해서 "잘 조직되고 번창한" 산업은 점차적으로 민간기업에 넘겨줬는데, 정부는 선택된 자본가들, 예를 들어 미쓰이나 미쓰비시 같은 유명 재벌(자이바쓰, 財閥)에게 "터무니없이 낮은 가격"[*]으로 팔아넘겼다. 일본 정치인들은 산업 발전을 수요공급의 법칙이나 자유기업에 맡길 수 없다고 판단했다. 국가에 무척 중요한 사업이었기 때문이다. 그렇다고 해서 이런 정책이 사회주의적 신념에 기반한 것은 아니었다. 도리어 재벌들이 이득을 보았다. 일본은 이처럼 시행착오와 헛된 소모를 최소한으로 줄이면서 필요한 산업을 확립했다.

일본은 이런 방식으로 "자본주의 생산의 출발점과 이후 단계들에 관한 전형적인 질서"[**]를 수정할 수 있었다. 그들은 소비재 생산과 경공업이 아니라 핵심 중공업부터 시작했다. 군수공장, 조선소, 철공소, 철로 건설에 우선권을 주면서 기술력을 단기간에 최고 수준으로 끌어올렸다. 모든 산업이 개인에게 넘어간 것은 아니었다. 대규모 군수산업은 정부가 관할하면서 특별 회계로 자금을 조달했다.

- Norman, p. 131. 이 논의는 노먼의 명료한 분석에 기초했다.
- • Norman, p. 125.

나가사키 미쓰비시 조선소의 대형 크레인 그림이 담긴 엽서(1910년경)

정부가 우선권을 부여한 산업 분야에서는 관료가 아닌 관리자나 소상인을 위한 '적합한 자리'가 없었다. 신뢰받고 정치적 호의를 얻은 재벌들과 국가만이 이 분야에 관여할 수 있었다. 그러나 다른 분야와 마찬가지로 산업 안에서도 자유로운 영역은 있었다. 최소한의 자본과 최대한의 저임금으로 돌아가는 '잔여' 산업들이었다. 이런 경공업은 근대적 기술 없이 존속할 수 있었고 실제로도 그랬는데, 미국에서 홈 스웨트숍(home sweat-shop)이라 부르는 방식으로 운영되었다. 소상공업자는 원재료를 사서 가족이나 네다섯 명이 일하는 작은 가게에 주고 다시 거두어들인다. 그 과정을 반복하면서 다음 단계의 가공을 진행한 다음, 완성된 제품을 상인이나 수출업자에게 판매한다. 1930년대에는 일본의 산업 근로자 중 53퍼센트가 5인 미만 상점이나 집에서 이런 식으로 일했다.[*] 이들 근로자는 대부분 도제(徒弟)관계 안에서 전통적인 가부장적 관습의 보호를 받았다. 또, 대도시의 자기 집에서 아이를 등에 업고 삯일을 하는 주부가 많았다.

이와 같은 일본 산업의 이중성은 일본인의 생활 방식에서 정부나 종교의 이중성 못지않게 중요하다. 일본 정치인들은 다른 분야의 위계에 부합하도록 재정 분야에서도 상류계급이 필요하다고 판단했다. 그래서 자기들을 위해 전략산업을 육성하는 한편, 정치적으로 득이 될 만한 상인 가문을 골라 다른 위계들처럼 '적합한 자리'를 주었다. 그들에게는 정부와 재벌들이 맺은 관계를 끊을 계획이 전혀 없었다. 재벌들은 지속해서 이윤을 가져다줄 뿐만 아니라 높은 지위까지 부여해준 온정주의 정책으로 막대한 이익을 얻었다. 이윤과 금전을 향한 일본인의 전통적인 태도를 고려하면 재벌은 국민에게 공격받아 마땅했으나, 정부는 계층에 관한 통념에 따라 위계를 세우고자 최선을 다했다. 그렇지만 그런 시도가 완벽하게 성공한 것은 아니었다. 젊은 장교로 구성된 군인 집단과 시골 지역 주민들이 재벌을 향해 비난의 화살을 쏘아댔기 때문이다. 그러나 여론이 가장 혹독하게 공격한 대상은 재벌이 아니라 나리킨(成金)이었다. 나리킨은 '누보 리슈'(nouveau riche), 즉 벼락부자라고 번역되는데, 그것으로는 일본인이 느끼는 감정을 제대로 전달할 수 없다. 미국에서 누보 리슈는 엄밀히 말해 '풋내기'라는 뜻이다. 그들은 행동이 어설프고, 세련미를 갖출 만큼 성숙하지도 않았기 때문에 세간의 웃음거리가 된다. 그러나 이런 부정적 측면은 그들이 통나무 오두막에서 시작해 자산가가 되었고, 노새를 몰다가

• Professor Uyeda, quoted by Miriam S. Farley, 'Pigmy Factories.' *Far Eastern Survey*, VI (1937), p. 2.

수백만 달러어치의 석유가 나오는 유전 관리자의 위치까지 올라갔다
는 식의 긍정적 측면으로 상쇄된다. 나리킨은 그것과 다르다. 일본식
장기에서 온 이 단어는 여왕으로 승격된 졸(卒)을 의미하는데, 나리킨
은 그런 짓을 할 만한 위계적 권리가 없음에도 '거물'처럼 장기판 위
를 미쳐서 날뛴다. 이런 특성 때문에 일본인은 다른 사람을 속이고 착
취해서 부자가 된 자를 나리킨이라고 지칭한다. 따라서 나리킨을 향
한 일본인들의 비난은 '성공한 하인'을 대하는 미국인의 태도와 거리
가 멀다. 일본은 계층제도 안에서 부자에게 자리를 마련해주고 그들
과 연합해왔다. 하지만 정해진 자리 밖에서 부를 얻은 자들에 대해서
는 반발하는 여론이 들끓었다.

일본식 도덕 체계의 한계

이처럼 일본인들은 위계를 고려해 나름의 질서를 구축해왔다. 가족
안에서나 개인 간의 관계에서도 연령·세대·성별·계층에 적합한 행
동을 정한다. 정부·종교·군대·산업 분야에서도 계층에 따라 신중하
게 영역을 나누며, 위에 속했든 아래에 속했든 관계없이 자기에게 주
어진 특권을 벗어나면 처벌이 따른다. '적합한 자리'가 유지되면 일본
인은 안전하다고 느끼며 불만 없이 살아간다. 물론 가장 좋은 것을 보
호받아서 '안전한' 것이 아니라 위계를 정당한 것으로 받아들여서 '안
전한' 것이다. 이것이 일본인의 인생관에서 볼 수 있는 특징이다. 평
등과 자유기업 원칙에 대한 신뢰가 미국인의 삶의 방식에서 나타나는
특징인 것과 마찬가지다.

그런데 일본이 안전에 대한 자기만의 신조를 수출하려고 했을 때 문제가 생겼다. 일본 안에서는 위계가 국민의 상상력에 들어맞았다. 상상력 자체가 위계 제도에 따라 형성되었기 때문이다. 따라서 일본의 야심은 그런 종류의 세계에서만 자리를 잡을 수 있었다. 하지만 외부 세계에서 볼 때 위계 제도는 치명적 결함이 있는 상품이었다. 다른 국가들은 일본의 거창한 주장을 뻔뻔한 것으로, 아니 그보다 더 나쁜 것으로 여기며 분개했다. 일본 장교와 병사들은 점령지의 주민이 자신들을 환영하지 않는 것을 알아채고 거듭 충격을 받았다. 비록 지위가 낮기는 하지만, 그들에게도 위계 안의 적절한 자리를 마련해주지 않았던가? 위계란 아래쪽 사람들에게도 바람직한 것이 아니던가? 그래서 일본 군부는 이 문제와 관련된 영화들을 제작했다. 절망하고 혼란스러워하는 중국 여인들이 일본 군인이나 기술자와 사랑에 빠지면서 행복을 찾는다는 내용으로, 일본에 대한 중국의 '사랑'을 그린 작품들이었다. 그것은 나치의 정복 이야기와 성격이 달랐지만, 결국 성공하지 못한 점은 같다. 일본인은 스스로 요구했던 것을 다른 나라 국민에게 요구할 수 없었다. 그럴 수 있다고 생각했던 것 자체가 착오였다. 그들은 '적합한 자리'를 받아들이는 일본식 도덕 체계가 다른 곳에서는 통할 수 없음을 인지하지 못했다. 다른 국가들에는 그런 것이 없었다. 그것은 순전히 일본의 산물이다. 일본의 저술가들은 이러한 윤리 체계를 너무 당연하게 여긴 나머지 그것을 설명하지 않는다. 그러나 일본인을 이해하려면 그들의 윤리 체계부터 파악해야 한다.

5장

시대와 세계에 대한 채무자

Debtor to the Ages and the World

이해를 돕는 배경지식

나쓰메 소세키(夏目 漱石, 1867-1916년)

일본의 소설가로 본명은 나쓰메 긴노스케(夏目金之助). 일본 근대문학을 확립했다고 평가받는다. 1893년 도쿄제국대학 영문과를 졸업하고, 도쿄 고등사범학교 영어 교사가 되었으나 가족들의 잇따른 죽음과 건강 악화로 1895년 도쿄를 떠나 에히메현 심상 중학교에 부임해 교사 생활을 했다. 1900년 문부성 국비 유학생으로 선발되어 2년간 영국에서 공부했다. 귀국 후 여러 대학을 전전하며 강사로 일하던 그는 1905년 장편소설 『나는 고양이로소이다』를 발표하면서 작가의 길에 들어섰다. 이후 꾸준히 소설을 발표해 인기를 얻었고, 1907년 아사히신문에 입사해 작품을 연재했다. 1916년 49세의 나이에 위궤양으로 세상을 떠났다. 대표 작품으로는 『도련님』 『태풍』 『우미인초』 『산시로』 『그 후』 『마음』 등이 있다.

『도련님』(坊っちゃん)

1906년 발표한 소설로 나쓰메 소세키의 초기 작품이다. 중학교 영어 교사로 일했던 작가의 경험이 녹아 있다. 도쿄 출신인 주인공 '도련님'이 시골 중학교의 교사로 부임한 뒤 장난이 심한 학생들과 부도덕한 동료 교사들을 만나며 겪는 다양한 갈등을 그렸다.

우리는 '시대의 상속자'(heirs of the ages)라는 영어 표현을 종종 쓴다. 두 차례의 전쟁과 심각한 경제 위기로 그 말에 내포된 자신감이 다소 약해지기는 했지만, 이런 변화가 있다 해서 과거에 대한 부채 의식이 커진 것은 아니다. 그런데 동양 여러 나라 사람들의 의식은 완전히 다르다. 그들은 과거에 빚을 졌다고 여긴다. 그들이 볼 때 서양인의 조상 숭배는 진짜 숭배가 아니요, 전적으로 조상을 숭배하는 것도 아니다. 과거에 있었던 모든 것에 큰 빚을 지고 있음을 인정하는 하나의 의식일 뿐이다. 게다가 인간은 과거에만 빚진 것이 아니라, 다른 사람들과 일상적인 접촉을 하면서 현재에 대해서도 채무를 늘려나간다. 이런 부채 의식에서 일상의 의사결정과 행동이 나와야 한다고 생각한다. 그것이야말로 근본적인 출발점이기 때문이다. 일본인이 보기에 서양인은 그들이 세상에 진 빚과 세상이 그들에게 베푼 양육, 교육, 복지, 혹은 탄생 자체를 지나치게 경시한다. 그래서 우리 행동의 동기가 부적절하다고 여긴다. 누구에게 아무런 빚도 진 것이 없다고 미국인은 말하지만, 덕망 있는 일본인은 절대 그러지 않는다. 그들은 과거를 경시하지 않는다. 일본에서 의로움이란 조상과 동시대인을 망라한 상호적 채무의 거대한 망 속에서 자신의 자리를 인식하느냐 혹은 그렇지 않느냐에 달렸다.

동양과 서양의 이 같은 차이를 말로 표현하기는 쉽다. 하지만 그것이 삶에서 어떤 차이를 만들어내는지 이해하기는 무척 어렵다. 이런 면에서 일본을 이해하지 못한다면 우리는 전쟁 중에 자주 경험했던 일, 즉 그들의 극단적 자기희생을 비롯해서 우리 생각에는 그럴 만한 상황이 아닌데도 일본인들이 적개심을 드러낸 이유가 무엇인지 알 수 없을 것이다. 채무자가 되면 지나칠 정도로 화를 잘 내는 법인데, 일본인이야말로 그것의 좋은 사례다. 또, 이런 채무는 일본인에게 큰 책임을 지우기도 한다.

온을 입는다는 것

중국과 일본에는 영어의 '의무'와 유사한 뜻을 지닌 단어가 많다. 하지만 완전한 동의어는 아니다. 그런 단어들의 구체적 의미를 영어로 직역할 수는 없다. 그 단어들이 표현하는 관념은 우리에게 무척 낯선 것이기 때문이다. 가장 큰 것에서부터 가장 작은 것에 이르기까지 누군가 지고 있는 빚을 일컫는 '의무'에 해당하는 말은 '온'(恩)이다. 일본어에서 쓰이는 용례로 미루어 생각하면 의무(obligation)와 충성(loyalty)에서부터 친절(kindness)과 사랑(love)에 이르기까지 다양한 표현으로 옮길 수 있다. 그러나 어떤 단어를 선택하든 영어로 번역했을 때는 온이 지닌 의미가 왜곡된다. 만약 온이 사랑이나 의무를 뜻한다면 자녀에게도 그 단어를 쓸 수 있겠지만, 일본인은 절대로 그렇게 하지 않는다. 또, 온은 충성을 의미하는 것도 아니다. 일본어에는 충성을 뜻하는 어휘들이 있는데, 그것들은 어떤 상황에서 쓰이건 '온'과 동의

어가 아니다. '온'은 무거운 짐, 부채, 부담 등을 뜻한다. 개인은 윗사람에게 온을 받는다. 윗사람이 아니거나 적어도 자신과 동등한 지위의 누군가에게 온을 받으면 불쾌한 열등감을 느낀다. 어떤 사람이 "나는 그에게 온을 입고 있다"라고 말했다면, '나는 그에게 큰 의무감을 느낀다'라는 뜻으로 이해해야 한다. 그들은 이런 채권자, 즉 은혜를 베푼 사람을 '온진'(恩人)이라고 부른다.

'온을 기억한다는 것'은 헌신적인 보답으로 표출되기도 한다. 일본의 초등학교 2학년 도덕 교과서에 나오는 '온을 잊지 말라'라는 제목의 이야기는 온을 이런 의미로 사용하는 사례다.

하치는 귀여운 개입니다. 태어나자마자 낯선 사람의 손에 맡겨져 자식처럼 사랑받으며 자랐습니다. 덕분에 약했던 몸이 건강해졌습니다. 개는 매일 아침마다 일하러 가는 주인을 전차 정거장까지 따라갔고, 저녁에 주인이 돌아올 무렵이면 정거장에 마중을 나갔습니다.
시간이 흘러 주인이 세상을 떠났습니다. 그 사실을 아는지 모르는지, 하치는 늘 가던 정거장에서 날마다 주인을 기다렸습니다. 전차가 도착할 때마다 내리는 승객들 속에 주인이 있는지 살펴보았습니다. 이렇게 날이 가고 달이 갔습니다. 1년이 지나고 2년이 지나고 3년이 지났습니다. 10년이 지났을 때도 노쇠한 하치가 여전히 정거장 앞에서 주인을 찾는 모습을 날마다 볼 수 있었습니다.

이 이야기의 교훈은 사랑이라고밖에 표현할 수 없는 충성심이다. 어머니를 극진히 돌보는 아들은 자기가 어머니에게서 받은 '온'을 잊지 않은 사람이라고 말할 수 있는데, 이는 그가 주인에 대한 하치의

도쿄 시부야역에서 매일 주인을 기다리는 하치

도쿄제국대학 농학부 교수의 반려견이었던 하치의 일화는 일본 전국에 알려져 화제가 되었고, 소설과 영화로 제작되기도 했다. 시부야역에는 하치를 기념하는 동상이 세워졌다.

지극한 헌신과 비슷한 마음을 어머니에게 품었다는 뜻이다. 그러나 엄밀히 따지면 그 말은 아들의 사랑을 지칭하는 것이 아니라 그의 어머니가 갓난아이였던 아들에게 해준 모든 일, 소년 시절에 베푼 모든 희생, 성인으로 자란 아들을 돕기 위해 했던 모든 일, 그녀가 단지 존재한다는 사실만으로도 아들이 어머니에게 빚지고 있는 모든 것을 가리킨다. 온은 이러한 빚을 갚는다는 암시다. 따라서 사랑을 뜻하기도 하지만 본래의 의미는 빚이다. 반면 미국인은 사랑이란 의무감에 매이지 않고 자유롭게 주어지는 것으로 생각한다.

윗사람에게 빚을 지고 있다는 의식

일본인에게 최우선 순위이자 가장 큰 온은 '천황에게 입은 온'이다. 그것은 무한한 헌신의 의미로 쓰인다. 개인은 천황에 대한 빚이라 할 수 있는 이 온을 헤아릴 수 없을 만큼 감사하면서 받아들여야 한다. 일본인은 조국과 자신의 삶, 크고 작은 일에서 기뻐할 만한 일이 생길 때마다 반드시 황은(천황의 온)을 입었다고 여긴다. 일본 역사를 통틀어 일본인이 가장 큰 빚을 지고 있다고 생각한 사람은 하나같이 그들이 소속된 세계의 최고 윗사람이었다. 그 대상은 시대에 따라 지방 영주, 봉건영주, 쇼군 등으로 바뀌었으며, 지금은 천황이다. 여기서 윗사람이 누구인가보다는 '온을 기억하는 것'이 수 세기 동안 일본인의 습성 속에 우선순위로 자리 잡았다는 사실이 더 중요하다. 근대 일본은 이런 감정이 천황에게 집중되도록 모든 수단을 동원했다. 특정한 생활 방식을 선호하는 성향은 각 사람이 입은 천황의 온을 더 크게 만들어준다. 전선에서 천황의 이름으로 건네준 담배 한 개비는 병사들이 천황의 온을 더 크게 느끼도록 해주었고, 출전에 앞서 나눠 준 사케한 모금은 천황의 온을 가슴 깊숙이 새겨주었다. 일본인은 가미카제 조종사들의 임무가 천황의 온에 보답하는 일이라고 말했으며, 태평양의 어느 섬을 방어하다가 마지막 한 사람까지 옥쇄(玉碎)한 부대도 천황의 무한한 온에 보답한 것이라고 주장했다.

평범한 국민은 천황보다 지위가 낮은 사람들에게도 온을 입는다. 물론 부모에게 입은 온도 여기에 포함된다. 이는 자식에 대한 부모의 권위를 중요하게 생각하는 동양적 효 사상의 기초다. 자식은 부모에게 진 빚을 갚기 위해서 열심히 노력해야 하며, 그런 의미로 부모에게 복종한다. 이런 양상은 독일과 다르다. 독일에서도 부모가 자식에 대해 권위를 가지지만, 순종을 요구하고 강제하기 위해 노력하는 쪽은 자식이 아니라 부모다. 일본인은 동양적 효와 관련해서 무척 현실적인 인식을 지녔다. 부모에게 입은 온에 대한 그들의 속담을 번역하면 이런 식이다. "부모가 되어봐야 자신이 부모에게 얼마나 큰 빚을 졌는지 비로소 알게 된다." 즉, 부모의 온은 아버지와 어머니가 매일매일 자식에게 쏟은 보살핌과 고생을 의미한다. 일본인은 공경할 조상의 범위를 자신이 기억하는 가까운 인물들로 한정하는데, 그런 점에서 어렸을 때 실제로 받은 보살핌을 중요시한다는 사실이 뚜렷하게 드러난다. 물론 모든 사람이 한때는 부모의 보살핌을 받아야 하는 무력한 아이였으며, 어른이 될 때까지 부모에게 의식주를 의존한다는 것은 어느 나라에서나 마찬가지다. 그런데 상당수 일본인은 미국인이 이 사실을 경시한다고 생각한다. 심지어 어떤 작가는 "미국에서는 부모의 온을 기억하는 것이 아버지와 어머니에게 잘한다는 의미에 불과하다"라고 말하기도 했다. 물론 자식에게 온을 베풀지 않을 부모는 없지만, 일본인이 자식을 헌신적으로 돌보는 것은 자신이 무력했을 때 부모에게 졌던 빚을 갚는 보답의 의미가 강하다. 인간은 자식을 부모처럼, 혹은 그보다 잘 키움으로써 부모에 대한 온을 부분적으로 갚는다는 것이 일본인의 생각이다. 즉, 자식에 대한 의무는 '자기 부모에 대한 온'에 포함될 뿐이다.

일본인은 스승과 주인에게도 특별한 온을 느낀다. 그들은 살아가는 데 도움을 준 사람들이다. 즉, 그들에게 온을 입었다. 그래서 그들이 곤경에 처하면 부탁을 들어주고, 그들이 죽은 뒤에는 그들의 자식을 보살펴야 한다고 생각한다. 일본인이라면 그 의무를 다하기 위해 어떤 노고도 마다하지 않아야 한다. 시간이 흐른다고 해서 빚이 줄어들지는 않는다. 빚에는 일종의 이자가 쌓인다. 그래서 누군가에게 온을 지는 것은 무척 심각한 문제다. 그들이 흔히 하는 말처럼 '사람은 받은 온의 만분의 일도 갚지 못한다'. 온은 무거운 짐이다. '온의 힘'은 개인의 기호보다 늘 우선순위에 있다.

이런 부채 윤리가 원만하게 작동하려면 개인이 자기의 의무를 수행하는 데 지나치게 반감을 갖지 않으면서 자기가 큰 빚을 지고 있다는 것을 인식해야 한다. 일본에서 위계적인 체제가 얼마나 철저하게 조직되어 있는지 우리는 앞에서 살펴보았다. 거기에 더해서 부수적 관습도 열심히 지켜왔기 때문에, 일본인은 서양인이 생각하지 못할 만큼 높은 수준으로 도덕적 채무를 존중하게 되었다. 윗사람이 선의를 가졌다면 채무를 존중하기가 더 쉽다. 그들의 언어에는 윗사람이 아랫사람을 '사랑한다'는 표현이 있다. 일본어에서 '아이'(愛)는 '사랑'(love)을 뜻하는데, 지난 세기의 선교사들은 이 단어가 기독교적 사랑의 개념을 알려줄 수 있는 유일한 어휘로 보았다. 그들은 성서를 번역할 때 이 단어를 써서 인간에 대한 신의 사랑과 신에 대한 인간의 사랑을 표현했다. 하지만 엄밀히 말하면 '아이'는 아랫사람에 대한 윗사람의 사랑을 뜻하는 단어다. 서양인은 그것이 '온정주의'라고 느낄 수도 있겠지만, 일본에서는 그 이상의 개념, 즉 애정을 표현할 때 쓴다. 근대 일본어에서도 '아이'는 여전히 '위에서 아래로 내려오는 사랑'이라는 뜻으로 쓰인다. 그러나 작게는 기독교의 영향으로, 크게는 차별을 없애기 위한 정부의 노력 덕분에, '아이'는 이제 대등한 사람들 사이의 사랑을 나타낼 때도 쓸 수 있게 되었다.

온의 무게에 따르는 고마움과 불편함

이처럼 문화적 요인에 따라 그 뜻이 완화되기는 했지만, 감정 상하는 일 없이 온을 '입는' 것은 일본에서 운이 좋은 경우에 속한다. 사람들은 우연하게라도 온에 내포된 고마움의 빚을 짊어지는 걸 좋아하지 않는다. 그들은 늘 "누군가에게 온을 입힌다"라고 말하는데, 이 말은 "누군가에게 강요한다(imposing)"로 번역할 수 있다. 미국에서 '강요'는 무언가를 요구하는 것이지만, 일본에서는 무언가를 주거나 친절을 베푼다는 뜻이다. 따라서 일본인은 가까운 관계가 아닌 누군가에게 뜻밖의 호의를 입는 상황을 가장 불쾌하게 여긴다. 그들은 이웃이나 오래된 위계 관계 안에서는 온의 복잡성을 알면서도 기꺼이 받아들인다. 반면 일면식만 있을 뿐이거나 자신과 동등한 지위의 사람에게 온을 입으면 싫어한다. 그들은 온에 따르는 모든 결과에 얽히는 것을 되도록 피하고 싶어 한다. 일본 거리에서 사고가 났을 때 주위에 있던 사람들이 소극적으로 행동하는 이유는 단지 결단력이 없어서 그런 게 아니다. 비공식적인 간섭으로 사고를 당한 사람에게 온을 입히게 될 것을 우려하기 때문이다. 오죽하면 메이지 이전의 법령에서 가장 잘 알려진 조항 중 하나가 "싸움이나 논쟁이 발생했을 때 불필요하게 참견하지 말라"였을까. 일본에서 확실한 권한 없이 타인을 돕는 사람은 그것으로 부당한 이익을 취하려는 게 아닌가 하는 의심을 받는다. 상대가 자신에게 큰 빚을 지게 된다는 사실 때문에, 사람들은 자기가 맞닥뜨린 좋은 기회를 이용하려 하지 않고 오히려 도움 주는 걸 꺼린다. 특히 일본인은 비공식적 상황에서 온으로 얽히는 것을 극히 경계한다. 그들은 아무런 관계가 아닌 사람에게 담배 한 개비를 얻는 것마

저도 불편해한다. 그럴 때 그들은 '기노도쿠'(気の毒), 즉 '독이 있는 감정'이라는 말로 고마움을 정중히 표현한다. 한 일본인은 이 표현에 대해서 내게 다음과 같이 설명했다. "단도직입적으로 불편한 감정을 인정하는 게 오히려 견디기 쉬운 법이지요. 내가 아무것도 해줄 생각이 없었던 사람에게 온을 입으니 창피한 겁니다." 따라서 '기노도쿠'는 때로 담배를 받았으니 '고맙다'라는 의미로, 빚을 졌으니 '죄송하다'라는 의미로, 과분한 은혜를 입었으니 '너무 창피하다'라는 의미로 해석된다. 그러니까 기노도쿠는 이 모든 것을 의미하면서도 동시에 그 어느 것에도 정확하게 들어맞지 않는다.

일본어에는 감사를 표하면서도 온을 입어 불편한 마음을 드러내는 화법이 여럿 있다. 그중에서도 가장 모호하지 않은 말은 대도시 백화점에서 쓰는 '아리가토'(有り難う)로, '이 어려운 일'이라는 뜻이다. 일본인은 '이 어려운 일'이란 손님이 물건을 구매함으로써 그 상점에 주는 크고도 드문 은혜라고 설명한다. '아리가토'는 선물을 받았을 때를 비롯해 여러 경우에 쓰인다. '고맙다'라는 뜻으로 자주 사용하는 다른 말들도 '기노도쿠'처럼 받아서 곤란한 심정을 나타낸다. 상점을 운영하는 사람은 '스미마센'(済みません)이라는 말을 자주 한다. '이것은 끝이 없습니다'라는 의미다. 즉, "나는 당신에게 온을 입었습니다. 근대적인 경제체제 아래에서는 내가 당신에게 빚을 갚을 도리가 없으니 이런 상황에 놓이게 되어 유감스럽습니다"라고 해석할 수 있다. 스미마센은 영어로 'Thank you'(고맙습니다), 'I'm grateful'(감사합니다), 'I'm sorry'(미안합니다), 'I apologize'(죄송합니다)라고 번역할 수 있다. 예를 들어, 거리에서 바람이 불어 모자가 날아갔는데 그 모자를 누군가가 쫓아가 주워서 건네줬다면, 고맙다는 다른 표현들보다도 먼저

'스미마센'이라고 말한다. 그가 모자를 돌려줄 때 공손한 태도를 보이려면 그것을 받으면서 마음이 얼마나 불편한지 인정해야 하기 때문이다. "처음 보는 사람이 내게 온을 베풀었다. 그런데 나는 지금껏 그에게 온을 베풀 기회가 없었다. 그래서 죄의식을 느낀다. 하지만 그에게 미안하다고 말하면 기분이 나아질 것이다. 스미마센은 아마도 일본에서 감사의 표현으로 가장 흔하게 쓰이는 말일 것이다. 내가 온을 입었음을 인정하고, 그것이 모자를 돌려받는 행위로 끝나지 않는다는 사실을 그에게 말하자. 그것 말고 내가 뭘 할 수 있겠는가? 우리는 서로 모르는 사람들이니 말이다."

고마움을 표현하는 다른 말 '가타지케나이'(忝い·辱い)에는 채무에 대한 태도가 더 강력하게 드러난다. '모욕'(辱)과 '면목 없음'(忝)을 뜻하는 문자로 구성된 이 말은 '모욕받았다'와 '고맙다'라는 두 가지 의미를 지녔다. 일본어 사전에는 받을 자격이 없음에도 엄청난 혜택을 받게 되어 창피하고 모욕을 당했다는 의미라고 되어 있다. 즉, 온을 입음으로써 느끼는 수치심을 분명히 인정하는 표현이다. 앞으로 더 살펴보겠지만 '하지'(恥)는 비통한 감정을 의미한다. '모욕을 받았다'는 의미의 '가타지케나이'는 지금도 보수적인 가게 주인이 손님에게 고마움을 표현할 때 흔히 하는 말이다. 또, 손님이 외상으로 물건을 살 때 이렇게 말하기도 한다. 이 표현은 메이지 이전의 로맨스 소설에서 자주 발견되는데, 예를 들어 궁정에서 일하다가 영주의 첩으로 발탁된 낮은 계층의 아름다운 소녀는 영주에게 '가타지케나이'라고 말한다. 즉, '이러한 온을 입을 자격이 없는 저로서는 부끄럽기 그지없습니다. 은혜를 입어 황송할 따름입니다'라는 뜻이다. 혹은 결투를 했다가 당국의 무죄 판결로 풀려난 사무라이도 '가타지케나이'라고 말한

다. '이러한 온을 입게 되어 면목 없습니다. 이처럼 비천한 위치에 놓인 것은 적절치 못한 일입니다. 그저 죄송할 따름입니다. 엎드려 감사 드립니다'라는 의미다.

온의 채무자가 된다는 괴로움

이러한 말들은 다른 어떤 논의보다 온의 힘을 잘 설명해준다. 개인은 모호한 감정으로 온을 입는다. 이미 자리 잡힌 구조적 관계 속에서 온이 지닌 커다란 부채는 종종 개인을 자극해서 자기가 가진 모든 것을 동원해서라도 그것을 갚도록 몰아친다. 그러나 채무자가 되는 것은 무척 힘든 일이다 보니, 쉽게 원망을 품기도 한다. 은혜를 입은 사람이 이런 감정을 얼마나 쉽게 느끼는지는 일본의 저명한 소설가 나쓰메 소세키의 대표작 『도련님』에 생생히 묘사되어 있다. 주인공인 도련님은 시골 작은 읍내에 부임한 도쿄 출신의 풋내기 교사다. 그는 머지않아 동료 교사 대부분을 경멸하게 되고, 본인도 그런 사실을 깨닫는다. 그래서 동료들과 데면데면하게 지냈으나 젊은 교사 한 명에게는 호감을 느낀다. 어느 날 둘이 함께 외출했을 때 고슴도치*라고 불리는 그 교사가 도련님에게 빙수를 한 그릇 사준다. 고슴도치가 빙수값으로 지불한 돈은 1전 5리, 미화로 환산하면 1센트의 5분의 1에 해당하는 금액이다.

---

* 원문은 부드러운 털과 뻣뻣한 가시털이 빽빽이 나 있는 동물인 '호저'(豪猪)를 뜻하는 porcupine이다. 소설의 원문도 '호저'를 뜻하는 '야마아라시'(山嵐)인데, 지금껏 출간된 우리말 역본에서는 고슴도치, 거센 바람, 산미치광이 등으로 번역했다.

얼마 지나지 않아 다른 선생이 도련님에게, 고슴도치가 당신을 깔보더라고 고자질한다. 이 말을 곧이곧대로 믿은 도련님은 자기가 고슴도치에게 온을 입은 것 때문에 마음이 불편해진다.

아무리 빙수처럼 하찮은 것이라 해도 그런 놈에게 온을 입다니, 내 체면이 말이 아니다. 1전이든 반 전이든 그에게 온을 입은 한 나는 맘 편히 죽을 수 없을 것이다. … 내가 아무 이의 없이 누군가에게 온을 입는 것은 그를 괜찮은 친구로 동등하게 받아들이겠다는 호의다. 나는 내 빙수 값을 내겠다고 하지 않고 온을 입어 고맙다고 했다. 그것은 돈으로 살 수 없는 인정이다. 나는 작위도 없고 관직을 맡지도 않았지만 독립적인 인간이다. 독립적인 인간이 온을 받아들인 것은 100만 엔보다 훨씬 값진 보답이다. 나는 고슴도치가 1전 반을 쓰게 함으로써 100만 엔보다 더 비싼 감사를 표한 것이다.

다음 날 그는 1전 반을 고슴도치의 책상에 던진다. 이제 빙수 한 그릇에 대한 온이 없어졌으니 그들 사이의 문제, 즉 자신에 대해 모욕적인 말을 했다는 사실을 따질 수 있다. 주먹다짐이 벌어질 수 있지만, 더는 친구 사이가 아니기 때문에 먼저 온부터 없애야 한다.

이처럼 사소한 것들에 대해서 지나치리만큼 예민하게 반응하고 상처받기 쉬운 성향은 미국의 경우 젊은 폭력배의 기록 또는 신경증 환자의 병력에서나 찾아볼 수 있다. 하지만 일본에서는 이것이 미덕이다. 물론 문제를 이렇게까지 극단적으로 몰고 가는 사람은 많지 않으며, 대부분은 심각하게 여기지 않는다고 생각하는 일본인이 많다. 일본의 비평가들은 도련님을 '성미가 급하지만 수정처럼 순수하며,

정의를 수호하는 사람'이라고 묘사한다. 작가는 자신을 도련님과 동일시하며 비평가들도 주인공을 작가의 초상화라고 분석한다. 이 소설은 높은 미덕을 다룬다. 온을 입은 사람은 고마움을 '100만 엔'의 가치가 있다고 여기고 그에 걸맞게 행동해야만 채무자의 처지에서 벗어날 수 있다. 그는 '괜찮은 사람'에게서만 온을 입을 수 있다. 도련님은 분노하면서 고슴도치에 대한 온을 과거에 그가 유모에게 오랫동안 받아왔던 온과 비교한다. 그녀는 주인공을 맹목적으로 편애했으며, 가족 중 아무도 그의 진가를 알아주지 않는다고 생각했다. 그녀는 아무도 몰래 그에게 사탕과 색연필 등 작은 선물을 주곤 했다. 언젠가 한 번은 현금 3엔을 주었다. "나에 대한 그녀의 지속적인 관심은 나를 뼛속까지 오싹하게 만들었다." 그러나 그는 그녀가 자신에게 3엔을 주는 데 '모욕을 느꼈지만', 그 돈을 빌린 것이라고 여기고 받았다. 그는 그동안 그 빚을 갚지 않았는데, 그 이유는 '그녀를 자신의 일부로 생각하기' 때문이었다. 반면 고슴도치에게 입은 온은 전혀 다른 차원이었다. 이것이 온에 대한 일본인의 반응을 이해하는 실마리다. 온을 준 사람이 자신과 비슷하다면 복잡한 감정이 들더라도 받을 수 있다. 그가 '나의' 위계적 체제 속에서 일정한 자리에 있거나, 그가 바람 부는 날 내 모자를 주워 건네준 것처럼 나 자신도 같은 상황이라면 똑같이 했을 것이라고 상상할 수 있는 어떤 행동을 하거나, 그가 나를 흠모하는 사람일 경우에는 온에 따르는 복잡한 감정을 견딜 수 있다. 그런데 이러한 동일시가 무너지면 온은 잔뜩 곪은 상처가 된다. 빚이 아무리 사소하다고 해도 분개하는 것이 미덕으로 치부된다.

무거운 온을 지우려면 위험을 감수해야 한다

일본인은 어떠한 상황에서든 너무 무거운 온을 입으면 자신이 곤란해진다는 사실을 의식한다. 최근 한 잡지의 상담 코너에서 좋은 사례를 발견했다. 『도쿄 정신분석』의 특집 기사로, 실연당한 사람들에게 일종의 조언을 해주는 내용이다. 그런데 그 조언이라는 것이 프로이트의 학설과 거리가 먼, 완전히 일본식이다. 어떤 나이 먹은 남자가 이렇게 조언을 구해왔다.

저는 아들 셋에 딸 하나를 둔 아버지입니다. 아내는 16년 전에 세상을 떠났습니다. 저는 자식들에게 미안해서 재혼하지 않았습니다. 아이들은 이것을 제 미덕이라고 생각했습니다. 지금은 자식들이 전부 가정을 이루어 살고 있습니다. 8년 전 아들이 결혼했을 때, 저는 몇 블록 떨어진 집으로 이사했습니다. 말하기 민망하지만, 지난 3년 동안 저는 밤거리 아가씨[술집 창부]를 사귀었습니다. 그녀의 처지를 몹시 안타깝게 여겼던 저는 많지 않은 액수의 몸값을 갚아준 다음 그녀를 집으로 데려와 예절을 가르치고 하녀로 두었습니다. 그녀는 책임감이 강할뿐더러 어찌나 알뜰한지 감탄이 나올 정도입니다. 그러나 제 아들과 며느리, 딸과 사위는 이 일 때문에 저를 경멸하면서 남 대하듯 합니다. 저는 자식들을 탓하지 않습니다. 제 잘못이니까요.

그녀의 부모는 지금 상황을 이해하지 못하는 것 같았습니다. 결혼할 나이가 되었으니 딸을 돌려보내라고 제게 편지를 보냈으니까요. 저는 그들을 만나서 자초지종을 설명했습니다. 비록 몹시 가난했지만 돈을 뜯어내려고 하는 사람들은 아니었습니다. 그들은 딸이 죽은 셈 칠 테니 지금처럼 데리고 있어도 좋다고 승낙했습니다. 그녀도 내가 죽을 때까지 곁에 있고 싶어 합니다. 그러나 우리는 아버지와 딸만큼 나이 차이가 납니다. 그래서 때로는 그녀를 집으로 돌려보낼까 생각하기도 합니다. 제자식들은 그녀가 재산을 노린다고 생각합니다.

저는 지병이 있어서 앞으로 일이 년밖에 살지 못할 것 같습니다. 제가 어떻게 해야 할지 알려주시면 감사하겠습니다. 마지막으로, 그녀가 한 때는 거리의 여자였지만 어쩔 수 없는 환경 때문이었다는 말씀을 다시 한번 드립니다. 그녀는 무척 선량하며, 그녀의 부모도 돈을 탐내는 사람들이 결코 아닙니다.

답변자인 일본인 의사는 이 문제에 대해, 노인이 자식들에게 너무 무거운 온을 지웠다면서 이렇게 충고한다.

당신의 사연은 세상에서 흔히 일어나는 일입니다. … 먼저 이 말씀부터 드리겠습니다. 편지를 보고 추측건대 당신은 자신이 원하는 답을 제게서 듣고 싶어 하는 것 같습니다. 그런 면에서 저는 반감을 느낍니다. 물론 당신이 오랫동안 결혼하지 않고 살아온 공로는 충분히 인정할 만합니다. 그러나 당신은 자식들이 입은 온을 이용해서 자신의 행동을 스스로 정당화하려 합니다. 저는 그 점이 마음에 들지 않습니다. 당신이 교활하다고 말하는 게 아닙니다. 다만 의지가 아주 약한 사람임은 분명합니다. 여자를 두었다면, (당신이 결혼하지 않고 있다는 사실 때문에) 자식들이 온을 입게 할 것이 아니라, 어쩔 수 없이 이 여자와 함께 살아야겠다고 자식들에게 설명하는 편이 더 좋았을 것입니다. 당신이 온을 지나치게 강조했기 때문에 자식들이 반감을 품은 것입니다. 인간은 성욕을 주체할 수 없는 존재이므로, 당신이 성욕을 느끼는 것은 자연스러운 이치입니다. 그러나 인간은 욕망을 극복하려고 노력하는 존재이기도 합니다. 자식들은 당신도 그렇게 하기를 바랐을 것입니다. 자기들이 그렸던 이상적인 아버지상에 걸맞게 생활하길 기대했을 것입니다. 그런데 당신은 그들의 기대에 어긋난 결정을 했습니다. 저는 그들이 얼마나 큰 배신감을 맛봤을지 짐작할 수 있습니다. 물론 그들이 이기적이라는 사실에는 의심의 여지가 없습니다. 본인들은 결혼해서 성적 만족을 누리고 있음에도 아버지에게 그런 욕구가 있음을 부정하는 건 자기만 아는 처사입니다. 아마 당신도 그렇게 생각하겠지요. 하지만 자식들의 생각은 다릅니다. 이 두 가지는 접점을 찾을 수 없을 것 같습니다.

당신은 여자와 그녀의 부모가 좋은 사람들이라고 말합니다. 그렇게 생각하고 싶은 것이겠지요. 누군가가 선한지 악한지는 상황과 형편에 따라 달라집니다. 지금 이익을 바라지 않는다고 해서 그들이 '좋은 사람들'이라고 말할 수는 없습니다. 바보가 아니고서야 자기 딸이 오늘내일하는 노인의 첩으로 있도록 내버려둘 부모는 없습니다. 그들은 분명 그 사실을 빌미로 무언가 이득을 얻으려고 할 것입니다. 그렇지 않다고 생각하는 것은 당신의 망상일 뿐입니다.

여자의 부모가 재산을 노리지 않을까 하고 자식들이 걱정하는 것도 무리는 아닙니다. 저도 그렇게 생각하니까요. 여자는 아직 젊기에 그런 마음이 없을 수도 있겠지만, 그녀의 부모는 다를 겁니다.

당신 앞에는 두 갈래의 길이 있습니다.

첫째, '완전한 인간'(무엇이든 할 수 있는 완벽한 사람)으로서 그 여자와 관계를 끊고 깨끗하게 정리하십시오. 그러나 불가능한 일이라고 생각됩니다. 인정상 그렇게 할 수는 없을 테니까요.

둘째, '평범한 사람으로 돌아오십시오.'(허세를 버리십시오). 그리고 당신을 이상적 인간으로 여기는 자식들의 환상을 깨뜨리십시오.

재산에 관해서는 즉시 유언장을 작성하고, 여자와 자식들의 몫을 정해놓으십시오.

결론적으로 당신은, 자기가 이제 늙었고 점점 어린아이처럼 되어간다는 사실을 기억해야 합니다. 이는 편지의 필체만으로도 알 수 있습니다. 당신은 이성적이 아니라 감정적으로 사고합니다. 한 여자를 시궁창에서 구해주고 싶다고 말하지만, 실은 어머니를 대신해줄 여인을 원할 따름입니다. 어머니 없이는 어린아이가 살아갈 수 없습니다. 따라서 저는 당신에게 두 번째 길을 택하라고 권합니다.

이 편지는 온에 관한 여러 사실을 말해준다. 자식에게까지 무거운 온을 지웠다면, 위험을 감수해야만 행동의 방향을 바꿀 수 있다. 그는 자기가 그 일로 고통스러워하리라는 사실을 알아야 한다. 더욱이 자식에게 온을 베풀며 어떤 희생을 치렀다 하더라도, 그것을 공으로 내세워 자기에게 유리한 쪽으로 이용해서는 안 된다. '자기의 현재 행동을 정당화하기 위해' 온을 이용하는 것은 잘못이다. 자식들은 '당연히' 분개한다. 아버지가 지키지도 못할 일을 시작했기 때문에 '배반당했다'고 느낀다. 돌봄이 필요했던 시기에 자식을 위해서 헌신했다는 이유로 장성한 자식들이 자기를 극진히 모실 것이라고 기대했다면, 그건 어리석은 착각일 뿐이다. 그들은 자신들이 입은 온에 대해서만 생각한다. '그들이 반발하는 것은 당연한' 일이다.

미국인은 상황을 이런 식으로 받아들이지 않는다. 아내 없이 자식들을 헌신적으로 키운 아버지는 훗날 자식들로부터 따뜻한 대접을 받을 자격이 있다고 생각한다. 또, 자식이 아버지에게 '반발하는 것은 당연하다'라고 여기지 않는다. 이런 상황을 금전 거래에 비유해보면 일본인의 시각을 이해할 수 있다. 그런 경우라면 미국에서도 비슷한 태도를 찾아볼 수 있기 때문이다. 자식에게 정식으로 돈을 빌려주면서 이자까지 내라고 하는 아버지가 있다면, 우리는 "자식들이 반발하는 것은 당연하다"라고 말할 것이다. 즉, 돈이 오고 가는 측면에서 본다면, 왜 담배 한 개비를 얻은 사람이 그저 "고맙습니다"라고 말하는 대신 '수치'를 들먹거리는지 이해할 수 있다. 한 사람이 다른 사람에게 온을 입힐 때 그것에 대해 분개하는 이유 또한 이해할 수 있을 것이다. 적어도 도련님이 빙수 한 그릇 얻어먹은 일을 그토록 거창하게 부풀리는 이유에 대한 실마리를 찾을 수 있다. 미국인은 소다수 한 잔 얻어 마신 일, 엄마 없는 자식들을 위한 아버지의 오랜 헌신, '하치'처럼 충성스러운 개의 헌신적 행동에 금전적 척도를 적용하는 데 익숙하지 않다. 하지만 일본인은 그렇게 한다. 우리는 아무 조건 없이 주어지는 사랑과 친절과 너그러움을 높이 평가하지만, 일본에서는 반드시 조건이 붙는다. 무엇을 받든 채무자가 된다고 생각한다. 그들이 흔히 쓰는 표현처럼 "온을 받기 위해서는 (더할 나위 없이) 너그러운 마음을 가지고 있어야 한다".

6장

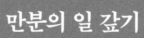

만분의 일 갚기

Repaying One-Ten-Thousandth

이해를 돕는 배경지식

메이지 천황(明治天皇, 1852-1912년)

일본의 제122대 천황(재위 1867-1912년)으로, 이름은 무츠히토(睦仁)다. 도쿠가와 막부를 타도한 후 1868년 도쿄로 수도를 옮겼고, 연호를 메이지(明治)로 정했다. 1871년 지방 통치를 담당하던 번을 폐지하고, 중앙정부가 통제하는 부와 현으로 일원화한, 이른바 폐번치현(廃藩置県)을 시행했다. 1870년 신토를 국교로 지정하고 제정일치를 선포했다. 1873년 사이고 다카모리를 중심으로 정한론이 대두되었으나, 칙서를 내려 조선 파견을 중단시켰다. 1882년 군인칙유, 1890년 교육칙어를 선포하고, 1889년 일본 최초의 근대적 헌법인 메이지 헌법을 공포했다. 메이지유신이라 불리는 일련의 개혁 정책으로 일본의 근대화를 이끌고 부국강병을 달성한 군주로 평가받는다.

다이쇼 천황(大正天皇, 1879-1926년)

일본의 제123대 천황(재위 1912~1926년)으로, 본명은 요시히토(嘉仁)다. 어릴 때부터 병약했던 그는 천황으로 즉위한 뒤에도 건강 문제로 어려움을 겪었다. 다이쇼 시대에는 일본의 근대화와 민주화가 가속화되었다. 헌법과 의회가 강화되면서 천황의 정치적 역할이 축소되었고, 내각과 의회의 권한이 막강해지면서 입헌군주국의 성격이 뚜렷해졌다.

온은 빚이므로 반드시 갚아야 한다. 그런데 일본에서는 온을 갚는 것과 온이 완전히 다른 영역에 속한다고 여긴다. 일본인은 윤리 문제에서나, 'obligation'(의무, 은의: 갚아야 할 만한 은혜와 의리)과 'duty'(의무, 임무)처럼 중립적인 단어들에 있어서나, 두 영역이 뒤섞인 미국식 도덕을 이상하게 여긴다. 만약 어느 부족에서 금전 거래를 할 때 '채권자'와 '채무자'를 구별하지 않는 단어를 쓴다면 무척 의아하다고 여길 텐데, 일본인이 우리를 보는 시각이 이와 같다. 그들이 말하는 온은 무척 중요하면서 절대로 없어지지 않는 빚이다. 적극적이면서도 긴장감이 느껴지는 '상환'(이와 비슷한 개념들을 다 포함해서)과는 전혀 다른 영역이다. 온을 입는 것은 미덕이 아니다. 갚는 게 미덕이다. 미덕은 몸을 바쳐서 은혜를 갚을 때부터 시작된다.

　금전 거래를 떠올려보면, 이 같은 일본인의 미덕 개념을 좀 더 쉽게 이해할 수 있을 것이다. 미국에서는 재산을 사고팔 때 채무를 이행하지 않으면 제재를 받는다. 누군가와 맺은 계약은 강력한 구속력이 있다. 어떤 사람이 자기 소유가 아닌 것을 가져가면 정상참작을 하지 않는다. 마음 내키는 대로 은행에 진 빚을 갚거나 갚지 않는 일은 절대 용납하지 않는다. 채무자는 빌린 원금을 상환할 뿐만 아니라 이자까지 내야 할 의무가 있다. 우리는 애국심이나 가족에 대한 사랑을 이것과 별개 문제라고 생각한다. 사랑이란 마음의 문제이며, 아낌없이 주는 사랑이 가장 숭고하다고 여긴다. 애국심도 마찬가지다. 다른 모든 것보다 국가의 이익을 최우선에 둔다는 의미라면, 애국심은 미국이 적에게 공격당하지 않는 한 허황된 관념일 뿐이며, 잘못을 저지르기 쉬운 인간 본성과 양립할 수 없는 것으로 여긴다. 모든 사람은 출생과 동시에 자동적으로 큰 빚을 진다는 것이 일본인의 기본적 사고다. 우리 문화에서는 그런 전제가 없지만, 우리는 궁핍한 부모를 안쓰럽게 여겨 도와야 하고, 아내를 때려서는 안 되며, 자녀를 양육해야 한다고 생각한다. 이런 일들은 돈을 빌린 것처럼 양적으로 계산할 수도 없고, 사업에서 성공한 것처럼 보상이 따르지도 않는다. 일본에서는 그런 문제들을 미국의 채무 변제처럼 생각한다. 제대로 이행하지 않으면 미국에서 공과금 혹은 대출금 이자를 연체했을 때만큼이나 강력한 제재가 이어진다. 이는 전쟁 발발이나 부모가 중병에 걸렸을 때처럼 위급한 상황에만 해당하는 일이 아니다. 뉴욕의 소농(小農)이 대출금을 걱정하고 월스트리트 금융인이 주식을 공매도한 뒤 주가 상승 곡선을 지켜보는 것처럼, 늘 그림자같이 따라다닌다.

기무: 온에 대한 끝없는 상환

일본인은 온의 상황을 규칙이 서로 다른 두 영역으로 구분한다. 하나는 자기가 받은 만큼을 기한 안에 갚는 것이다. 한없이 온에 보답하는 것을 '기무'(義務: 의무)라고 하는데, 이에 관해 일본인은 "받은 온의 만분의 일도 갚을 수 없다"라고 말한다. 기무는 부모에 대한 온을 갚는

'고'(孝: 효)와 천황에 대한 온을 갚는 '주'(忠: 충)를 통틀어 일컫는 말이다. 이 둘은 모든 사람에게 의무적으로 적용된다. 실제로 일본의 초등학교 교육은 '기무 교육'이라 불리는데, 기무가 곧 '의무'라는 사실을 그토록 적절하게 표현한 말은 없다. 삶에서 벌어지는 우발적 사건들 때문에 기무의 세부 사항이 바뀔 수는 있지만, 기무는 모두가 자동적으로 짊어지게 되고 모든 우발적 상황을 초월하는 것이다.

일본인의 의무 및 상응 일람표

I. 온
: 수동적으로 입은 의무. '온을 받는다' '온을 입는다'라고 표현한다. 즉, 온은 수동적으로 그것을 받은 사람의 관점에서 본 의무다.

- 고온(皇恩): 천황에게 받은 온.
- 오야노온(親の恩): 부모에게 받은 온.
- 누시노온(主の恩): 주군에게 받은 온.
- 시노온(師の恩): 스승에게 받은 온.
- 살아가면서 받은 모든 온.

* 온을 준 모든 사람은 온진(恩人)이 된다.

II. 온의 상응
: 개인은 온진에게 빚을 '갚고' '의무를 돌려준다'. 즉, 이것은 능동적으로 행하는 관점에서 본 의무다.

A. 기무: 의무를 다한다고 해도 갚은 것은 여전히 일부분에 지나지 않는다. 갚는 데 시간의 제한이 없다.

- 주(忠): 천황, 법, 일본에 대한 의무.

- 고(孝): 부모와 조상에 대한 의무(후손에 대한 의무도 포함된다).
- 닌무(任務): 맡은 일에 대한 의무.

B. 기리(義理): 받은 만큼 갚아야 하는 빚으로, 제한된 시간 안에 갚아야 한다.
  ① 세상에 대한 기리
  - 주군에 대한 의무
  - 친족에 대한 의무
  - 친족이 아닌 사람에 대한 의무. 예를 들어 돈이나 호의를 받았거나 (같이 일하다가) 도움을 받은 온에 대한 의무.
  - 먼 친척(숙모, 숙부, 조카)에 대한 의무. 그들에게 온을 받아서가 아니라 같은 조상을 두었기에 생기는 의무.
  ② 자신의 이름에 대한 기리: 독일의 '디 에레'(die Ehre)에 해당하는 일본식 명예.
  - 모욕이나 비방으로 생긴 오명을 '씻을' 의무. 즉 싸움과 복수의 의무(이러한 싸움은 공격으로 간주되지 않는다).
  - (직업적인) 실패나 무지를 인정하지 않을 의무.
  - 일본인다운 예의범절을 지킬 의무. 예의범절을 지키고, 분수에 맞게 살고, 부적절한 상황에서 감정 표현을 억제할 의무.

이 두 가지 기무는 모두 조건이 없다. 일본은 그런 미덕을 절대화함으로써 국가에 대한 의무와 효도라는 중국식 개념에서 벗어났다. 일본은 7세기 이후로 중국의 윤리 체제를 채택해왔으며, '주'와 '고'도 중국어에서 비롯된 단어다. 그러나 중국인은 이런 미덕을 무조건적 가치로 여기지 않았고, 충성과 효성의 조건이자 충효보다 더 높은 넉목을 세워놓았다. 바로 '런'(仁: 인)이다. 보통 '자비심'으로 번역하는 이 말은, 서양에서 좋은 인간관계를 뜻하는 거의 모든 개념을 포함한다. 예를 들어, 부모는 런을 가져야 한다. 또, 통치자가 런을 갖추지 못했다면 백성이 들고일어나는 것은 정당하다. 런은 충성의 기반이 되는 조건이다. 황제나 대신들은 런을 행해야 자기들의 자리를 유지할 수 있다. 중국의 윤리는 이것을 인간관계의 시금석으로 삼아 모든 경우에 적용한다.

일본은 중국의 이 같은 윤리 체계의 전제를 전혀 받아들이지 않았다. 일본인 학자 아사카와 간이치(朝河貫一)는 중세시대 두 나라의 차이점을 이렇게 말한다. "이러한 중국의 윤리 사상은 일본의 천황제와 양립할 수 없기에 그대로 수용된 적이 없었다. 이론적 차원에서도 받아들이지 않았다."● 중국의 윤리 체계에서 높은 자리를 차지했던 런은 일본에서 체계 밖의 덕목으로 강등당했다. 일본에서는 런을 '진'이라고 발음한다(표기할 때 중국과 똑같은 글자인 仁을 쓴다). 하지만 '진을 행하거나' 그것의 변형인 '진기(仁義: 인의)를 행하는' 것은 상류층에서조차 필수 덕목으로 여기지 않았다. 진은 일본의 윤리 체계에서 완전히 추방되었기 때문에, 법의 테두리 밖에서 행하는 어떤 것을 의미하게 되었다. 자선사업 기부자 명단에 이름을 올리거나 범죄자에게 자비를 베푸는 것을 예로 들 수 있다. 물론 칭찬받을 만한 행동이기는 하지만, 그것은 단지 적선일 뿐이다. 즉, 그것을 행한 사람에게 애당초 요구된 행위는 아니라는 뜻이다.

'진기를 행하는 것'은 '법의 테두리 밖'이라는 의미, 즉 무법자들이 행하는 미덕을 가리킬 때 쓴다. 도쿠가와 시대에 칼을 차고 다니며 재

● Documents of Iriki, 1929. p.380, n. 19.

물을 약탈하고 난도질을 치던 도둑들(칼 두 개를 차고 다니며 허세를 부리던 사무라이와 달리 이들은 칼을 하나만 차고 다녔다)은 '진기를 행하는 것'을 명예롭게 여겼다. 예를 들어, 무법자 한 명이 다른 패거리의 일면식도 없는 누군가에게 가서 자기를 숨겨 달라고 했을 때, 부탁받은 사람이 요구자의 무리에게 보복을 당하지 않으려고 도피처를 마련해준다면, 이는 '진기를 행한' 것이다. 근대에는 '진기를 행하는 것'의 의미가 훨씬 격하되었으며, 처벌받아야 하는 행위로 거론되기도 한다. 일본 신문들은 이렇게 언급했다. "일반 노동자들은 아직 진기를 행하는데, 이를 처벌해야 한다. 경찰은 이런저런 곳에서 성행하는 진기를 근절해야 한다." 물론 여기서 말하는 진기란 협잡꾼이나 폭력단에서 성행하는 '도둑들 사이에서의 명예'를 뜻한다. 19세기에서 20세기로 바뀌던 시기에 이탈리아 직업소개업자가 미국 항구에서 그랬던 것처럼, 근대 일본의 소규모 직업소개업자는 미숙련 노동자들과 불법적인 관계를 맺고 그들을 사업장에 취업시키는 대가로 이익을 챙겼다. 이런 행위 또한 '진기를 행하는' 것이다. 진의 중국식 개념은 바닥이 보이지 않을 만큼 타락하고 말았다.[*] 일본인은 중국의 윤리 체계에서 무척 중요하게 여기는 미덕을 완전히 재해석하고 지위를 떨어뜨렸다. 그렇게 무조건적 기무의 윗자리에 아무것도 놓지 않았다. 따라서 효도는 부모가 악덕과 불의를 저질렀더라도 모든 걸 용서하고 무조건 실천해야 하는 의무가 되었다. 효행은 천황에 대한 의무와 충돌할 때만 포기

---

* 일본인이 "진을 안다"라고 할 때, 이 표현은 중국에서 쓰는 용례와 조금 비슷해진다. 불교도는 사람들에게 "진을 알라"라고 권하는데, 이는 자비롭고 너그러워지라는 의미다. 그러나 일본어 사전에 따르면, "진을 안다는 것은 행위를 가리키기보다는 도리어 이상적 인간을 지칭하는 표현이다".

할 수 있었다. 자격 없는 부모, 자녀의 행복을 망치는 부모에게도 조건 없이 효도해야 했다.

고: 부모를 향한 기무

어떤 일본 현대 영화의 내용이다. 한 어머니가 교사인 아들이 어린 여학생을 구하기 위해서 모아둔 돈을 우연히 발견한다. 기근이 들어 굶어 죽을 지경이 된 소녀의 부모가 딸을 사창가에 팔아넘기려고 하자 이를 막으려고 마을 사람들에게 모금한 것이었다. 그런데 번듯한 식당을 경영해서 경제적으로 궁핍하지 않았던 어머니가 그 돈을 훔친다. 아들은 어머니가 돈을 가져갔다는 사실을 알면서도 자신이 책임을 뒤집어쓴다. 그의 아내는 진상을 파악하고 나서 돈이 없어진 것에 대한 모든 책임을 지겠다는 유서를 남긴 다음 갓난아이를 데리고 물에 빠져 죽는다. 훗날 이 비극적인 사건이 세간에 알려지는데, 어머니의 처신은 전혀 문제가 되지 않는다. 효도의 의무를 다한 아들은 앞으로 비슷한 시련을 겪더라도 잘 견뎌낼 수 있도록 자신을 단련하기 위해서 혼자 홋카이도로 간다. 이렇게 그는 고결한 영웅이 된다. 미국인의 관점으로 봤을 때, 나는 돈을 훔친 어머니에게 비극의 책임이 있다고 생각한다. 그런데 일본인 동료는 그러한 내 판단이 잘못되었다고 맹렬히 주장했다. 그는 "효도는 다른 덕목들과 자주 갈등을 일으킵니다. 만약 주인공이 현명했더라면 자존심을 잃지 않고 문제 해결 방법을 찾았을지도 모르지요. 그러나 그가 속으로라도 어머니를 비난한다면, 자존심을 지키기는 어려웠을 겁니다"라고 말했다.

소설에서도 현실에서도, 젊은 남자는 결혼하면 효도의 의무를 무겁게 짊어진다. '모단'(modan)* 집안에서는 그렇지 않겠지만, 체면을 중시하는 가정에서는 부모가 중매쟁이를 통해 며느릿감을 찾는 것을 당연하게 여긴다. 좋은 선택을 하고자 애쓰는 주체가 당사자인 아들이 아니라 가족인 것이다. 금전 거래가 걸려 있기 때문만은 아니다. 며느리가 들어와 낳은 아들을 통해 대를 잇기 때문이다. 일반적으로 중매쟁이는 부모가 있는 자리에서 두 젊은 당사자를 우연을 가장해 만나도록 주선한다. 이때 두 사람은 대화를 나누지 않는다. 때때로 부모는 정략결혼을 시키기도 하는데, 그런 경우 여자의 부모는 경제적 이익을 얻고 남자의 부모는 좋은 가문과 관계를 맺음으로써 인맥을 형성하게 된다. 때로는 됨됨이가 좋다는 이유로 며느리를 택하기도 한다. 부모의 은을 갚아야 하는 착한 아들은 부모가 내린 결정에 토를 달 수 없다. 아들은 결혼한 후에도 빚을 갚아야 한다. 특히 장자라면 부모와 함께 살아야 하는데, 대체로 시어머니는 며느리를 좋아하지 않는다. 그래서 사사건건 트집을 잡는다. 아내와 행복하게 사는 것 말고는 더 바랄 것이 없다고 아들이 말할 때조차 시어머니는 혼인을 깨고 며느리를 내쫓을 수 있다. 일본의 소설과 개인적인 기록에서는 아내가 겪는 것만큼이나 남편의 고통을 강조하는 경향이 있다. 물론 남편은 고(효도)를 실천하기 위해서 파경을 감수한다.

현재 미국에 거주하는 어떤 '모단' 일본인이 들려준 이야기다. 도쿄에 살았을 때 그녀는 시어머니에게 쫓겨난 젊은 임신부를 자기 집에 들여서 돌봐준 적이 있었다. 임신부는 슬퍼하는 남편을 두고 집을

---

* 모던, 즉 modern의 일본식 발음을 지지기 흉내 내어 표기한 것 — 옮긴이

나와야 했다. 몹시 상심한 데다 몸도 성치 않았지만, 그녀는 남편을 비난하지 않았고, 뱃속의 아이에게만 관심을 쏟았다. 그런데 아이가 태어나자 시어머니는 묵묵히 순종하는 아들을 데리고 와서 손주를 내놓으라고 요구했다. 물론 그 아이는 남편의 가족에 속하기 때문에, 아무리 친모라 해도 거부할 수 없었다. 결국 시어머니는 아이를 데려가서 위탁 가정에 맡겨버렸다.

　이처럼 다양한 일들이 효도에 포함되며, 모두가 부모에게 진 빚을 제대로 갚는 것에 해당한다. 미국에서는 이런 이야기를 개인이 누릴 적법한 행복이 외부 세력에게 간섭받는 것으로 여긴다. 반면 일본은 빚을 갚아야 한다는 원칙이 있기 때문에, 이것을 외부의 간섭으로 보지 않으며, 진정 고결한 사람들에 관한 이야기로 받아들인다. 마치 미국에서 엄청난 어려움을 무릅쓰고 돈을 갚은 정직한 사람들의 이야기를 대하는 태도와 같다. 일본인이 볼 때 그런 사람들은, 자신을 존중할 만한 권리를 얻은 자들이며, 개인적 좌절감을 극복했을 만큼 강인하다는 것을 스스로 증명한 자들이다. 그러나 아무리 고결하다 해도 좌절감은 분노를 남기기 마련이다. 이 문제와 관련해서 '싫어하는 것들'에 관한 아시아의 속담에 주목할 필요가 있다. 예를 들어, 미얀마에서는 싫어하는 것들로 '불, 물, 도둑, 총독, 악의적인 인간'을 꼽는데 반해, 일본에서는 '지진, 천둥, 노인(가장, 아버지)'을 꼽는다.

가족 안에서 고를 행하는 방식

중국과 다르게 일본에서는 수 세기 이전의 조상들까지 효도의 대상으로 삼지 않는다. 뿌리가 같은 방대한 후손을 포함하는 것도 아니다. 일본인은 가까운 조상들을 섬긴다. 신원을 명확히 하려고 묘석에 쓰인 이름을 해마다 고쳐 쓴다. 살아 있는 사람들의 기억에서 사라진 묘는 방치된다. 가족 사당에도 조상들의 위패를 모시지 않는다. 일본인은 자기와 직접적인 관련이 있어서 생생하게 기억하는 사람들에게만 효도한다. 그들은 바로 여기, 지금에 집중하기 때문이다. 일본인은 비현실적인 사색이나 존재하지 않는 사물을 상상하는 데 흥미가 없다고 수많은 책에서 언급했다. 효도에 대한 일본인과 중국인의 인식을 비교해보면 이 사실을 입증할 수 있다. 효도의 의무를 살아 있는 사람들에게만 한정시켰다는 점은 일본식 효도관(孝道觀)이 실질적 가치를 무엇에 두고 있는지 잘 보여준다.

중국과 일본에서 효도는 부모와 조상을 공경하고 그들에게 복종하는 것 이상을 의미한다. 서양인은 어머니의 모성애와 아버지의 책임감으로 자녀를 돌본다고 여기지만, 일본인은 그것을 조상에 대한 효도로 여긴다. 특히 자기가 받았던 돌봄을 자녀에게 베풀어줌으로써 조상에게 진 빚을 갚는다는 인식이 뚜렷하다. '자식에 대한 아버지의 의무'를 표현하는 말은 없다. 그런 의무는 모두 부모와 조부모에 대한 효도에 포함된다. 효도는 가장이 짊어진 여러 책임, 즉 자식을 부양하고, 아들과 남자 형제를 교육하고, 재산을 관리하고, 도움이 필요한 친척을 도와주고, 기타 일상의 수많은 의무를 이행하도록 요구한다. 일본은 가족 범위를 엄격히 제한하고 있어서 기무의 대상도 명확히 정해져 있다. 아들이 죽으면 가장은 효의 의무에 따라 며느리와 손주를 부양할 책임을 떠맡는다. 남편 잃은 딸과 그 자녀를 돌보는 일도 마찬가지다. 그러나 과부가 된 조카를 돌보는 것은 기무가 아니다. 만약 그렇게 한다면 전적으로 다른 의무를 행하는 것이다. 자기 자식을 키우고 교육하는 것은 기무다. 그러나 조카를 교육한다면, 그를 법적 아들로 입양하는 것이 관습이다. 만약 원래 신분을 유지하면서 조카를 교육한다면, 그것은 기무가 아니다.

효도는 아래 세대의 궁핍한 친척을 존경과 따뜻한 친절로 도와주라고 요구하지 않는다. 집안의 젊은 과부는 '찬밥 친척'이라고 불린다. 식은 밥을 먹는다는 의미다. 그들은 가족 중 누구의 말이라도 들어야 하고, 자신의 신상에 관해 어떤 결정이 내려지더라도 공손하게 받아들여야 한다. 그들은 자식이 딸린 가난한 친척일 뿐이다. 예외적으로 더 나은 대접을 받는 사람도 있지만, 가장이 그들에게 더 잘해줄 기무가 있어서 그런 것은 아니다. 형제가 따뜻한 마음으로 서로에게 의무를 다하는 것 또한 기무가 아니다. 형제가 서로를 대놓고 싫어하더라도, 형이 동생에게 의무를 다하면 종종 칭찬을 받는다.

시어머니와 며느리 사이에는 반목이 아주 심하다. 본래 외부인이었다가 한 가정의 구성원이 된 며느리는 시어머니의 살림 방식을 배우고 따라야 할 의무가 있다. 며느리가 아들의 배필이 되기에 한참 부족하다는 속내를 노골적으로 드러내는 시어머니가 많다. 심지어 며느리를 심하게 질투하기도 한다. 그러나 "미움받는 며느리는 귀여운 손자들을 쑥쑥 낳는다"라는 일본 속담처럼, 효는 늘 지켜진다. 겉으로 봤을 때 며느리는 한없이 순종적인 자세로 생활한다. 하지만 이렇듯 온화하고 매력적이었던 며느리도 시어머니가 되면 그들의 시어머니가 그랬던 것처럼 엄격하고 까다로워진다. 젊은 새댁이었을 때는 대놓고 반항하지 못했을 뿐, 진짜로 유순한 인간이 된 것은 아니다. 그들은 차곡차곡 쌓아둔 원한을 며느리에게 푼다. 요즘 일본 여성들은 장남 아닌 남자와 결혼하는 게 낫다고 공공연히 이야기한다. 고압적인 시어머니와 함께 살지 않아도 되기 때문이다.

효를 행한다고 해서 반드시 화목한 가정으로 이어지는 것은 아니다. 어떤 문화에서는 화목함이 가족 간 도덕률의 맨 꼭대기에 있지만, 일본에서는 그렇지 않다. 어느 일본인 저자가 말한 것처럼, "일본인은 가족을 존중한다는 이유만으로 구성원 각자 혹은 서로의 가족적 유대까지 높게 평가하지는 않는다".• 물론 이 말이 언제나 진실은 아니겠지만, 전반적인 상황이 어떠한지는 잘 설명해준다. 중요한 것은 의무를 행하고 빚을 갚는 일이며, 연장자에게는 큰 책임이 따른다는 사실이다. 이런 의무 중 하나는, 자기가 치러야 할 희생을 마땅히 감수하도록 아랫사람들을 단속하는 것이다. 만약 아랫사람이 이러한 조처를 원망한다 해도 어찌할 도리가 없다. 그들은 연장자의 결정에 복종해야 한다. 그렇지 않으면 기무를 다하지 못한 것이다.

주: 천황에 대한 기무

일본인의 효도에서 뚜렷하게 나타나는 특징은 가족 구성원 사이에 원망의 감정이 존재한다는 것이다. 그런데 효와 마찬가지로 기무에 해당하는 큰 의무, 즉 천황에 대한 충성에는 원망이 없다. 일본 정치인들은 천황을 신성한 수장으로 떠받들어 백성과 격리하고, 세속의 삶과 거리를 두게 만들고자 면밀한 계획을 세워서 실행했다. 따라서 천

• Nohara, K. *The True Face of Japan.* London, 1936, p. 45.

황은 모든 국민이 똘똘 뭉쳐 국가에 조건 없이 충성하게 만드는 구심점 역할을 했다. 천황을 모든 국민의 아버지로 만드는 것만으로는 부족했다. 왜냐하면 각 가정에서 아버지는 그가 의무를 얼마만큼 이행하는가와 관계없이 '존경하지 않을 수도 있는' 존재이기 때문이다.

천황은 세속으로부터 동떨어진, 신성한 아버지여야 했다. 천황에 대한 충성인 주는 최고의 덕목으로, 세속에 오염되지 않는 환상 속의 '선한 아버지'를 황홀하게 바라보는 것이어야 했다. 메이지 시대 초기의 정치인들은 서양 여러 나라를 돌아보고 난 뒤, 모든 나라의 역사는 통치자와 국민 사이의 갈등을 통해 형성되지만 그것이 일본 정신에는 부합하지 않는다고 기록했다. 그들은 귀국 후에 천황은 '신성하고 침해할 수 없으며' 각료들의 행위에 책임이 없다는 조항을 헌법에 삽입했다. 천황은 책임을 지는 국가수반이 아니라 통합의 최고 상징이어야 했다. 천황은 700여 년간 통치자 역할을 한 적이 없었으므로 그를 무대 뒤에 두는 것은 무척 간단했다. 메이지 시대 정치인들은 모든 일본인이 천황에게 무조건적 최상의 덕목인 '주'를 바치고자 하는 마음을 품도록 유도했다. 봉건시대 일본에서는 '주'가 세속적 수장 쇼군에 대한 의무였다. 메이지 정치인들은 일본의 정신적 통일이라는 목적을 이루고자 새로운 상황에서 무엇을 해야 하는지를 주의 오랜 역사에서 배웠다. 봉건시대의 쇼군은 대원수이자 최고 관리였다. 따라서 쇼군에게 주를 바쳐야 마땅함에도 그의 주권과 목숨을 노리는 음모가 빈번히 드러났다. 쇼군에 대한 충성은 종종 봉건영주에 대한 의무와 충돌했다. 더구나 높은 지위에 대한 충성은 낮은 지위에 대한 충성보다 강제성이 덜했다. 봉건영주에 대한 충성심은 얼굴과 얼굴을 맞대는 관계에서 비롯했기 때문이다. 쇼군에 대한 충성은 그에 비해 느슨할 수밖에 없었다. 정세가 혼란스러워지면 각 번의 가신들은 쇼군을 끌어내리고 자기들의 영주를 그 자리에 앉히기 위해 싸웠다.

메이지유신을 제창하고 지도한 이들은 100여 년 동안 도쿠가와 막부에 맞서 싸웠다. 그들은 각자의 욕망으로 그려볼 수 있는 존재, 즉 뒤로 물러나 은둔하던 천황에게 주를 바쳐야 한다고 외쳤다. 메이지유신은 이렇게 생각하는 집단의 승리였다. 1868년을 '유신'이라는 용어로 부를 수 있는 정당한 이유는 '주'가 쇼군에서 상징적 천황으로 이동했기 때문이다. 천황은 여전히 백성과 동떨어진 곳에 있었다. 그는 각하들에게 권한을 주었지만, 정부나 군대를 직접 운영하지는 않았으며 정책을 지시하지도 않았다. 비록 더 나은 사람들을 등용하기는 했지만, 전과 같은 부류의 고문들이 정부를 계속 운영했다. 진정한 이변은 정신적 영역에서 일어났다. 신성한 수장, 즉 최고 사제이자 일본의 통합과 영속의 상징인 천황에게 주를 바치게 된 것이다.

주가 천황에게로 수월하게 넘어갈 수 있었던 이유 중 하나로 황실이 태양 여신의 후예라는 내용의 민간신화를 들 수 있다. 그러나 신성에 관한 이 신화는 서양인이 생각하는 것처럼 결정적인 요인은 아니었다. 이를 전적으로 부정했던 일본 지식인들도 천황에게 주를 바치는 것은 의심하지 않았다. 황실이 신의 후손이라 믿었던 대중조차 서양인과는 다른 방식으로 생각했다. '신'을 가리키는 단어 가미(神)의 문자적 의미는 '머리', 즉 위계질서에서 가장 높은 자리를 말한다. 일본인은 서양인처럼 인간과 신 사이에 거대한 틈이 있다고 생각하지 않는다. 누구나 죽으면 가미가 된다. 봉건시대에는 신성을 지니지 않은 위계질서의 우두머리에게 주를 바쳤다. 주가 천황에게로 이동하면서 일본 역사를 통틀어 한 황실이 왕조를 줄곧 유지해왔다는 사실은

진무 천황이 동쪽 지역을 정벌하러 갈 때 까마귀의 안내를 받는 모습(아다치 긴코, 1891년)

일본 건국신화의 주인공이자 천황 가문의 조상으로 여겨지는 초대 천황이다. 기원전 711년에 태어났으며, 기원전 660년에 즉위해서 76년간 일본을 다스리다가 기원전 585년에 사망했다고 전해지지만, 실존 인물인지는 분명하지 않다.

훨씬 중요해졌다. 왕위 계승 규칙이 영국이나 독일과 다르다는 이유로 이런 연속성을 허위라고 지적해봤자 아무런 쓸모가 없다. 일본에는 일본만의 규칙이 있다. 그에 따르면 천황의 혈통은 한 번도 끊어진 적이 없다.* 일본은 서른여섯 번이나 왕조가 교체되었던 중국과는 다르다. 역사적으로 여러 차례 변화가 있었지만, 사회구조를 완전히 깨부순 적은 없었다. 기본적인 형태는 한결같았다. 유신 이전 100년 동안 도쿠가와 막부에 반기를 든 세력이 파고든 것은 황실이 신의 후예라는 점이 아니라 바로 이런 논점이었다. 그들은 위계질서의 최상위 존재에게 주를 바쳐야 하는데, 그에 해당하는 대상은 천황뿐이라고 주장했다. 그들은 천황을 국가의 최고 사제로 받들었지만, 그 역할을

* 이를 '만세일계'(萬世一系)라고 하며, 국가 이데올로기의 근간을 이루는 요소다. — 옮긴이

수행하기 위해서 신이 될 필요는 없었다. 도리어 위계질서의 최상위라는 점이 여신의 후예라는 점보다 훨씬 중요했다.

근대 일본에서 주의 의미

근대 일본에서는 주를 개인화하고 천황에게만 바치도록 온갖 노력을 기울였다. 유신 직후 즉위한 첫 천황은 자존심과 위엄을 갖춘 인물이었다. 그는 오랜 기간 재임하면서 자연스레 신민(臣民)들에게 일본국의 상징이 되었다. 그는 대중 앞에 드문드문 모습을 드러냈는데, 이런 일은 숭배의 장치를 두루 갖춘 상태에서 각본에 따라 진행되었다. 대중은 그 앞에서 고개를 숙이고 숨소리조차 내지 않았다. 감히 눈을 들어 그를 바라보지도 않았다. 그 누구도 높은 곳에서 천황을 내려다보지 못하도록, 그가 행차하는 곳에서는 1층 위의 모든 창문을 닫아두었다. 고위 관료와 만날 때도 위계적인 분위기를 유지했다. 천황은 관료들을 불러들이지 않았고, 특별한 권한을 가진 소수의 각하만이 그를 '알현'할 수 있었다. 천황은 논란이 되는 정치적 문제에 대해서는 아무런 조칙도 내리지 않았다. 윤리나 절약에 관한 것 혹은 문제가 해결되었음을 알려서 국민을 안심시키려는 목적의 조칙만 내렸을 뿐이다. 천황이 임종을 앞두었을 때는 온 나라가 그를 위해 기도하는 하나의 사원으로 변했다.

  천황은 이 모든 방식을 통해 국내 정쟁이 미칠 수 없는 상징으로 자리 잡았다. 성조기에 대한 충성이 정당정치를 초월한 영역에 있는 것처럼, 천황은 '침해할 수 없는' 존재였다. 미국인은 성조기에 대한 의례를 거행할 때 정중한 태도로 임한다. 만약 인간을 그렇게 대우한다면, 그들은 이런 처사가 온당치 않다고 여길 것이다. 그러나 일본인은 최고의 상징성을 지닌 인간을 철저하게 활용했다. 그들은 천황을 공경했고, 천황은 그에 응답했다. 그들은 '천황이 우리를 생각한다'라는 사실에 황홀할 정도로 감격했다. 그들은 '천황의 마음을 편하게 하려고' 자신의 삶을 바쳤다. 일본처럼 개인적인 유대에 기초를 둔 문화에서 천황은 국기를 훨씬 능가하는 충성의 상징이었다. 실습 중인 교생이 인간의 가장 높은 의무가 '국가에 대한 사랑'이라고 말하면 낙제를 당했다. '천황에 대한 보은'이라고 말해야 했다.

주는 신하와 황제의 관계를 이중 체계로 만든다. 신하는 중개자 없이 직접 천황을 올려다본다. 그는 개인적인 차원에서 '천황의 마음을 편안하게' 만들고자 애쓴다. 그러나 천황의 명을 받들 때는 그들 사이에 있는 모든 중개자를 거친다. "천황의 명령이다"라는 말은 주를 환기하는 표현으로, 어떠한 근대 국가에서도 찾아볼 수 없을 만큼 강력한 강제력을 지닌다. 힐리스 로리(Hillis Lory)는 평시의 군대 훈련 중에 일어난 사건을 이렇게 전하고 있다. 한 지휘관이 연대에 명령을 내렸다. "행군할 때 내 허락 없이는 수통의 물을 마시지 말라." 당시 일본군은 극한의 상황에서 휴식 없이 80~100킬로미터를 행군하는 데 역점을 두고 훈련 중이었다. 그런데 그날은 병사 20명이 도중에 갈증과 피로로 쓰러졌으며 죽은 사람도 5명이나 되었다. 그런데 그들의 수통을 조사해보니 손도 대지 않은 상태였다. "지휘관은 명령을 내렸다. 그의 말은 천황의 명령이었다."[*]

● Hillis Lory, *Japan's Military Masters*, 1943, p. 40.

행정에서 '주'는 죽음부터 세금에 이르기까지 모든 것을 강제한다. 세무 관리자, 경찰, 징병 담당자는 주를 행하게 만드는 기관이다. 일본인은 준법을 가장 높은 은혜, 즉 황은을 갚는 것으로 여긴다. 이것처럼 미국의 관행과 뚜렷하게 대조되는 점은 없을 것이다. 미국인은 거리의 신호등에서부터 소득세에 이르기까지 법을 새로 제정할 때마다 그것이 개인의 자유를 침해한다면서 나라 전체가 분개한다. 연방 차원의 규제는 각 주의 입법권을 침해하기 때문에 이중으로 불신의 대상이 된다. 워싱턴 관료들이 시민들에게 강요한다고 여기는 것이다. 그런 법들을 아무리 반대하더라도 그 행위가 자신의 자존심을 지키는데는 한참 못 미친다고 생각한다. 이런 이유로 일본인은 미국인을 무법적인 사람들이라고 평가하는 것이다. 한편 미국인은 일본인을 민주주의에 대한 개념이 없으며 지극히 순종적인 사람들이라고 생각한다. 두 나라 국민의 자존심은 서로 다른 태도와 관련이 있다고 말하는 게 옳은 듯하다. 즉, 미국에서는 자기 일을 스스로 처리하는 차원의 문제고, 일본에서는 은혜를 입은 대상에게 보은하는 차원의 문제다. 양쪽 모두 나름의 어려움이 있다. 미국의 문제는, 나라 전체에 유익한 법도 국민의 승인을 받기가 어렵다는 것이다. 일본의 문제는 삶 전체가 영향을 받을 만큼의 큰 빚을 누군가에게 지우기는 어렵다는 것이다. 어쩌면 일본인은 법의 영향력 안에 살면서도 자기에게 요구되는 것을 회피할 방법들을 궁리하고 있을지도 모른다. 또, 그들은 미국인이라면 칭찬하지 않을 특정한 폭력, 직접적 행동, 개인적인 복수를 칭찬한다. 그러나 이러한 조건 혹은 다른 조건이 강조되더라도 주가 일본인에게 행사하는 지배력은 여전히 의문의 여지가 없다.

일본의 항복은 주가 작동한 결과

1945년 8월 14일 일본이 항복했을 때, 세계는 일본에서 주가 실제로 어떻게 작동하는지 목격했다. 믿기 어려운 광경이었다. 일본을 경험했거나 관련 지식이 있었던 서양인들 상당수가 일본은 절대 항복하지 않을 것이라고 내다보았다. 그들은 아시아와 태평양 군도에 흩어져 있던 일본 군대가 무기를 순순히 내려놓을 것이라는 전망은 지나치게 순진한 생각이라고 주장했다. 많은 부대가 아직 국지전에서 패하지 않았고, 전쟁의 명분에 대해서도 옳다고 확신하고 있었다. 일본 본토는 끝까지 싸우겠다는 사람들로 가득했다. 점령군은 어쩔 수 없이 전위부대를 소규모로 편성할 수밖에 없는 상황이었고, 함포의 사정거리를 벗어나면 몰살당할 위험이 있었다. 일본인은 호전적인 국민이었으며, 전쟁 중에는 무슨 일이라도 서슴지 않고 시행했다. 이런 논리를 펼친 미국인 분석가들은 주를 고려하지 않았다. 그런데 천황이 입을 열자 전쟁은 끝났다. 천황의 목소리가 라디오로 나가기 전에는 항복을 강경하게 반대하는 사람들이 황궁 주변에 비상선을 치고 항복 선언을 막으려 했다. 그러나 천황이 선언문을 읽자 그들은 결과를 받아들였다. 만주나 자바의 야전사령관, 일본 내의 도조 히데키를 비롯한 그 누구도 반대하지 않았다. 그들은 비행장에 도착한 우리 부대를 정중하게 환영했다. 한 해외 특파원이 보도한 바에 따르면, 아침에는 소총을 만지작거리며 착륙했을지도 모르지만, 정오에는 총을 옆으로 치웠고, 저녁에는 장신구를 사러 상점에 갈 정도였다. 일본인은 이제 평화의 길을 받아들임으로써 '천황의 마음을 편안하게 해주고' 있었다. 일주일 전에는 죽창을 들고서라도 야만인을 물리치는 데 몸을 바치겠

항복 문서 서명을 위해 승선한 일본 대표단(위)과 항복 문서에 서명하는 일본 외무장관(아래)

일본은 1945년 8월 14일 연합군에 항복을 통보하고, 15일에 히로히토 천황이 라디오 방송을 통해 종전을 선언했다. 일본은 8월 15일을 종전기념일로 지성했나.

1945년 8월 15일에 천황의 항복 선언을 듣고 있는 일본 국민(위)과 괌에 수용된 전쟁 포로들(아래)

다고 다짐했던 사람들이었다.

인간의 행동을 좌우하는 감정이 얼마나 다양한지 인정할 수 없었던 서양인이라면 의아하게 여겼을 테지만, 그와 같은 일본인의 행동에는 이상한 점이 전혀 없었다. 어떤 사람들은 일본인을 다 죽이는 것 말고는 대안이 없다고 주장했다. 일본이 살길은 자유주의자들이 권력을 잡고 정권을 전복하는 것뿐이라고 주장하는 사람들도 있었다. 대중의 전폭적인 지지를 바탕으로 전쟁을 벌이는 서구의 관점에서 보면 이치에 맞는 생각이다. 그러나 그들의 예상은 빗나갔다. 일본이 서구의 행동 방향을 따르리라고 오판했기 때문이다. 서구의 몇몇 논객은 몇 달 동안 평화로운 점령기가 이어진 뒤에도 서양식 혁명이 일어나지 않았고, '자신들이 패배했다는 사실을 일본인이 모르기' 때문에 모든 것을 실패했다고 생각했다. 이는 무엇이 옳고 적절한 것이냐를 서구의 기준으로 따지는 서구식 사회철학이다. 그러나 일본은 서구에 속한 나라가 아니다. 일본은 서구 국가들의 마지막 수단인 혁명을 이용하지 않았다. 점령군에게 사보타주하지도 않았다. 일본은 그들이 가진 힘을 이용했다. 그것은 아직 싸울 여력이 있음에도 무조건 항복이라는 엄청난 대가를 '주'로서 요구하는 능력이었다. 일본인의 눈에는 엄청난 희생이었지만, 그럼에도 그들은 소중한 것을 얻었다. 비록 항복을 명했지만, 그 명령을 천황이 내렸다고 말할 수 있는 권리였다. 이처럼 전쟁에 패배했어도 최고의 법이 주라는 사실은 변함없었다.

7장

'가장 견디기 어려운' 보은

The Repayment 'Hardest to Bear'

이해를 돕는 배경지식

기리(義理: 의리)

태어날 때부터 자동으로 부여되는 의무인 기무와 달리, 기리는 세상 사람들에게 비난받거나 창피당하지 않으려고 '마지못해 하는 일'이다. 친절을 입은 것에 대한 감사의 마음부터 복수의 의무까지 다양하고 이질적인 의무들을 포함한다. 저자는 일본인의 기리를 '세상에 대한 기리'와 '자신에 대한 기리'로 구분해 파악한다.

세상에 대한 기리(giri to the world)

다른 사람들과의 관계에서 온을 갚아야 하는 의무를 말한다. 계약적인 관계를 완수하는 일로, 태어나자마자 부여되는 사적인 의무인 기무와는 대조된다. 결혼으로 맺어지는 법률상의 가족에 대한 의무가 이에 해당한다. 더 나아가 직계가족이 아닌 친척들과의 관계, 봉건시대 사무라이가 영주나 동료 사무라이와 맺은 관계, 도움을 주고받은 친구나 이웃과의 관계 등을 포함한다.

벤케이 이야기

무사시보 벤케이(武蔵坊弁慶, ?-1189년)는 헤이안 시대와 가마쿠라 시대에 활동한 승려이자 무장이었다. 벤케이는 1,000개의 도검을 빼앗아 모으겠다는 목표로 다리 위를 지나가는 무사들에게 싸움을 걸었다. 그런데 마지막 한 개의 도검을 남겨두고 미나모토노 요시쓰네(源義經, 1159-1189년)와 벌인 결투에서 패배한다. 그 후 벤케이는 요시쓰네에게 충성을 바치고 그의 충실한 가신이 되었다.

일본에는 이런 속담이 있다. "기리보다 견디기 힘든 것은 없다." 모름지기 사람은 기무를 다해야 하는 것처럼 기리도 갚아야 한다. 기리는 기무와 성격이 다른 의무다. 영어에는 기리에 해당하는 단어가 없다. 기리는 인류학자들이 각국의 문화에서 찾아낸 기이한 도덕적 의무의 범주 중에서도 가장 흥미로운 개념이며 일본만의 독특한 산물이다. '주'(충)와 '고'(효)는 중국과 공유하는 덕목이며, 비록 일본이 두 개념에 변화를 주기는 했지만, 다른 동양 국가들에도 그와 유사한 도덕 원칙을 찾아볼 수 있다. 하지만 기리는 중국의 유교에서 받아들인 것도 아니고 동양의 불교와도 아무런 관련이 없다. 오로지 일본 특유의 개념이다. 기리를 설명하지 않고는 그들의 행동을 이해할 수 없다. 일본인은 동기나 명성, 혹은 자기 나라에서 사람들이 직면한 딜레마에 관해 이야기할 때면 반드시 기리를 거론한다.

서구의 시각으로 보면, 기리는 이전에 입은 친절을 감사하는 마음부터 복수의 의무에 이르기까지 무척 이질적인 의무들을 포함한다(제6장 '일본인의 의무 및 상응 일람표' 참조). 일본인이 서양인에게 기리의 뜻을 설명하려 들지 않았던 것도 충분히 이해할 만하다. 일본어 사전에서조차 기리를 명확하게 정의하지 않았기 때문이다. 어떤 사전은 이렇게 풀이했다. "올바른 길, 인간이 따라가야 하는 길, 후회하지 않기 위해 마지못해 하는 일." 이런 뜻풀이만으로 서양인이 기리를 온전히 이해하기란 어려울 것이다. 그러나 '마지못해'라는 단어를 통해서 기리가 기무와 다르다는 것쯤은 파악할 수 있다. 기무는 아무리 어려운 요구가 따르더라도 반드시 완수해야 하는 것으로, 개인이 직계가족, 국가, 삶의 방식 그리고 애국심의 상징인 천황에게 지는 의무다. 날 때부터 단단히 엮여 있는 끈이기 때문에 당연히 해야만 한다. 아무리 '마지못해' 복종하는 마음으로 행하더라도, 기무는 '마지못해' 하는 것으로 정의할 수 없다. 반면 '기리 갚기'에는 불쾌한 일들이 많다. '기리 안에서'는 채무자의 어려움이 최고치에 이른다.

기리는 두 종류로 확연하게 나뉜다. '세상에 대한 기리', 즉 문자 그대로 '기리 갚기'는 동료들에게 '온'을 갚는 의무다. 그리고 '이름에 대한 기리'는 자기 이름과 명성에 누가 되지 않을 의무로, 독일인의 '명예'(die Ehre)와 비슷하다. 기무가 태어나면서 짊어진 사적 의무를 이행하는 것이라면, 세상에 대한 기리는 계약 관계의 의무를 이행하는 것이라 할 수 있다. 그래서 기리는 법률상 가족에 대한 모든 의무를 포함하고, 기무는 직계가족에 대한 의무를 포함한다. 그래서 법률상 아버지는 기리상 아버지(義父), 법률상 어머니는 기리상 어머니(義母), 법률상 형제자매는 기리상의 형제자매라고 부른다. 이런 호칭은 배우자의 형제자매나 형제의 배우자에게도 적용된다. 물론 일본에서는 결혼이 두 가문 사이의 계약이므로, 상대 가문에게 평생 동안 계약의 의무를 다하는 것은 곧 '기리를 행하는 것'이다. 계약을 주선한 세대(부모)에 대한 기리가 가장 무겁다. 그중에서도 시어머니에 대한 젊은 며느리의 기리가 가장 무겁다. 신부는 자기의 생가가 아닌 집에 가서 살아야 하기 때문이다. 처부모(妻父母)에 대한 남편의 의무는 이것과 다르지만, 그래도 부담스러운 것은 마찬가지다. 남자는 장인과 장모의 처지가 곤란해지면 돈을 빌려줘야 하고, 계약에 따른 그 밖의 의무도 수행해야 하기 때문이다. 어떤 일본인이 말한 것처럼 "장성한 아들이 어머니를 위해 무언가를 한다면, 그것은 어머니를 사랑하기 때문이다. 따라서 그의 행동을 기리라고 할 수 없다. 마음에서 우러나와 하는 행동은 기리가 아니다". 그러나 법률적 가족에게는 자신의 의무를 다해야 한다. 어떤 희생을 치르더라도 '기리를 모르는 사람'이라는 무서운 비난을 피해야 하기 때문이다.

법률상 가족에 대한 기리

일본인이 법률상 가족에 대한 의무를 어떻게 느끼는지는 데릴사위, 즉 전통적으로 여자들이 해왔던 방식에 따라 결혼한 남자의 경우를 살펴보면 분명하게 알 수 있다. 아들이 없고 딸만 있는 집안에서는 사위 중 한 명을 골라 대를 잇게 한다. 그의 이름은 본가의 호적에서 지워지고 대신 장인의 성을 따르게 된다. 그는 처가에 들어가 살면서 장인과 장모에게 기리를 다해야 한다. 죽은 뒤에는 처가의 묘지에 묻힌다. 이 모든 과정은 결혼한 여자들이 일반적으로 겪는 것과 같다. 단지 아들이 없다는 이유만으로 데릴사위를 들이는 것은 아니다. 양쪽에게 유익한 거래 차원에서 혼사가 성사되기도 한다. 이른바 '정략결혼'이다. 여자 쪽이 가난하지만 훌륭한 집안일 경우, 남자가 지참금을 가지고 데릴사위로 들어가면 신분 상승 기회를 얻을 수 있다. 혹은 여자의 집안이 부유해서 사위를 교육할 능력이 있다면, 남자는 그런 혜택을 받는 대신

호적을 옮기기도 한다. 여자의 아버지가 이런 식으로 자기 회사를 맡길 후계자를 찾을 수도 있다. 어느 경우가 됐든 데릴사위의 기리는 특히 무겁다. 그도 그럴 것이 자기 이름을 다른 집안의 호적에 올린다는 것 자체가 일본에서는 무척 파격적인 일로 여겨지기 때문이다. 봉건시대의 데릴사위는 전투에서 의부의 편을 드는 것으로 자신이 이 집안의 일원임을 증명했다. 설령 친부에게 칼끝을 겨누는 상황이 되더라도 처가 쪽에 서서 싸워야 했다. 근대 일본에서 데릴사위를 비롯한 '정략결혼'은 사회가 부과할 수 있는 가장 강력한 기리의 구속력을 바탕으로, 남자를 장인의 사업이나 가족 부양의 운명에 옭아맨다. 특히 메이지 시대에는 이런 일이 양가 모두에게 이로운 경우가 많았다. 하지만 "쌀 세 홉만 있으면 데릴사위가 되지 마라"라는 속담이 있을 만큼, 데릴사위가 되는 것에 대한 거부감은 무척 컸다. 일본인은 '기리 때문에' 이런 반감이 생겼다고 말한다. 만약 이런 관습이 미국에 있다면, 아마도 미국인은 '남자 구실을 제대로 하지 못하도록 만들기 때문'에 거부한다고 말할 것이다. 그러나 일본인은 다르다. 기리는 무척 어려운 일이요 '마지못해 행하는 것'이다. 따라서 '기리 때문에'라는 말은 부담스러운 관계를 나타내기에 적합한 표현이라고 할 수 있다.

기리는 법률상 가족에 대한 의무만 지칭하는 것이 아니다. 숙부, 숙모, 조카에 대한 의무도 같은 범주에 속한다. 일본에서는 가까운 친척에 대한 의무를 '고'의 범주로 여기지 않는다. 이는 가족 관계에서 일본과 중국의 두드러진 차이 중 하나다. 중국에서는 가까운 친척뿐만 아니라 먼 친척까지도 자원을 공유하지만, 일본에서는 그런 친척들을 기리에 의한 관계 혹은 '계약적' 관계로 여길 뿐이다. 일본인은 이런 사람들이 정작 본인더러 도와달라고 요청한 친척에게 개인적으로 호의(온)를 베푼 적이 전혀 없었던 적도 있음을 지적한다. 그럼에도 그들을 도왔다면, 이는 공동 조상에게 온을 갚는 행위다. 자기 자식들을 보살피는 행위 이면에도 같은 구속력이 작동하지만, 이것은 기무에 해당한다. 먼 친척을 돕는 것은 기리다. 그들을 도울 때는 법률상의 가족을 도울 때처럼 '기리에 얽혀 있다'라고 말한다.

일본의 전통적인 기리 관계

일본인 대다수가 법률상 가족과의 관계보다 더 중요하게 여기는 전통적 기리 관계가 있다. 가신이 영주나 동료 사무라이와 맺는 관계다. 그것은 명예를 소중하게 여기는 사람이 상급자와 동료들에게 바치는 충성이다. 여러 전통문학 작품에서 이와 같은 기리의 의무를 칭송하고 있으며, 이는 사무라이의 덕목이기도 하다. 도쿠가와 막부가 일본을 통일하기 전에는 쇼군에 대한 의무였던 '주'보다 기리를 훨씬 크고 소중한 덕목으로 여겼다. 12세기 미나모토(源) 쇼군 시절에 있었던 일이다. 한 다이묘가 쇼군에게 반기를 든 다이묘를 보호하고 있었다. 숨겨둔 사람을 내놓으라고 쇼군이 요구했을 때 다이묘는 크게 분노했다. 그런 행위는 자기의 기리에 오명을 씌우는 것이라고 여겼기 때문이다. 그는 아무리 '주'의 명분을 내세운다고 해도 '기리'를 어길 수는 없다고 하면서 쇼군의 요구를 거부했다. 그가 쇼군에게 보낸 답장이 오늘날까지 전해진다. "공적인 일은 내가 개인적으로 통제할 수 없습니다. 그러나 명예를 소중히 여기는 남자들 사이의 기리는 쇼군의 권위를 초월하는 영원한 진리입니다." 그는 명예로운 친구들을 배반할 수 없다고 했다.* 사무라이의 탁월한 덕목은 수많은 민담에 담겨 일본 전역으로 퍼져나갔으며, 노(能), 가부키(歌舞伎), 가구라(神樂) 춤의 소재가 되었다.

　사무라이에 관한 서술 중 가장 유명한 것으로 12세기의 영웅 벤케이(弁慶) 이야기를 꼽을 수 있다. 무적의 로닌(浪人, 주군 없이 혼자 힘으로 살아가는 사무라이)이었지만 출중한 무력 외에 내세울 게 없었던 그는 사찰로 도피해서 승려들을 공포에 떨게 했다. 그는 봉건시대에 어울리는 무장을 갖출 생각으로 지나가는 사무라이들을 닥치는 대로 베고 그들의 칼을 빼앗았다. 그러던 어느 날 벤케이는 젊고 호리호리한 귀족과 싸우게 되었다. 그런데 옷이나 잘 차려입은 애송이라고 깔봤던 상대는 만만치 않은 적수였다. 벤케이는 그 젊은이가 쇼군의 지위를 되찾고자 애쓰는 미나모토 가문의 자손임을 알게 된다. 바로 일본인이 사랑하는 영웅 미나모토노 요시쓰네(源義經)다. 요시쓰네에게 열렬히 기리를 바친 벤케이는, 이후로 그의 편에 서서 혁혁한 무공을 세웠다. 그러나 둘은 압도적인 적의 세력에 밀려서 추종자들과 함께 쫓겨 다니는 신세가 되었다. 그들은 일본 전역을 돌아다니며 사원을 건립할 기부금을 모으는 승려로 변장했다. 이때 요시쓰네는 눈에 띄지 않으려고 다른 일행들과 같은 옷을 입었으며 벤케이가 우두머리 행세를 했다. 어느 날 그들은 적군의 경비대와 마주쳤다. 벤케이는 두루마리를 펼쳐서 기부자들의 이름을 읽는 척하며 상황을 모면하려 했다. 거기에 속아 넘어간 경비대는 그들을 통과시키려 하다가 요시쓰네를 보고는 수상쩍게 여겼다. 비록 아랫사람으로 변장하기는 했지만, 귀

● 다음 책에서 인용됨. Kkanich Asakawa, *Documents of Iriki*, 1929.

다리 위에서 만나 결투를 벌이는 미나모토노 요시쓰네와 무사시보 벤케이(우타가와 구니요시, 19세기 초반)

족적 기품까지 감출 수는 없었기 때문이다. 경비대가 일행을 다시 불러 세우자 벤케이는 요시쓰네가 의심받지 않도록 신속하게 대처했다. 사소한 트집을 잡아 그의 얼굴을 후려친 것이다. 그러자 경비대는 의심을 풀고 그들을 보내주었다. 이 승려가 정말 요시쓰네라면 가신이 그에게 손을 댈 리는 없었기 때문이다. 그것은 보통 사람이라면 엄두도 내지 못할 만큼 기리를 크게 위반하는 처사였다. 그러나 벤케이의 불경스러운 행동이 결국에는 모두의 목숨을 구했다. 그들이 안전한 지역에 이르렀을 때, 벤케이가 발밑에 엎드려 죽여달라고 간청하자 주인은 그를 너그럽게 용서했다.

이처럼 분개하는 마음이 전혀 없이 마음속에서 우러나오는 기리에 대한 옛이야기들은 오늘날 일본인이 그리는 황금기의 백일몽일 따름이다. 한편으로 과거에는 기리를 '마지못해' 행하는 일이 없었다는 것을 말해준다. 그들은 '주'와 갈등을 빚는 상황에서도 명예롭게 기리를 지킬 수 있었다. 당시의 기리는 봉건시대의 장식적 요소를 두루 갖춘, 애정이 깃든 직접적 관계였다. '기리를 안다는 것'은 주군에게 평생 충성한다는 뜻이다. 주군은 그 대가로 가신들을 보살핀다. '기리를 갚는다는 것'은 자기의 모든 것을 빚진 주군에게 목숨까지도 바치겠다는 의미였다.

물론 이와 같은 관념은 환상일 뿐이다. 일본 봉건시대의 역사를 살펴보면 전투에서 상대편 다이묘에게 매수당한 가신이 많았다는 걸 알수 있다. 다음 장에서 논의하겠지만, 더 중요한 것은 주군에게 모욕당한 가신이 주군을 떠나 적과 협상하는 것을 적절한 행동으로 여기는 전통이 있었다는 사실이다. 일본은 목숨을 바쳐 충성하는 것만큼이나 복수에 대해서도 열렬히 찬양한다. 둘 다 기리에 해당한다. 충성은 주군에 대한 기리요, 모욕에 대한 복수는 자신의 이름에 대한 기리다. 일본에서 이 두 가지는 동전의 양면과도 같다.

기리를 갚아야 할 의무

오늘날 일본인은 충성과 관련된 옛이야기들을 한낱 재미있는 공상으로 여긴다. '기리를 갚는 것'이 더는 적법한 주군에 대한 충성이 아니라 모든 부류의 사람에 대한 모든 종류의 의무를 완수하는 것이기 때문이다. 오늘날에는 자신의 의지와 관계없이 강압적인 여론에 따라 기리를 행하는 분위기에 대한 분노를 토로하는 표현이 많다. "그저 기리 때문에 이 결혼을 주선하는 거야." "그저 기리 때문에 그에게 일자리를 줘야 했어." "그저 기리 때문에 그를 만나야 해." 그들은 "기리에 얽혀 있다"라는 말을 자주 하는데, 사전에서는 이 문구를 "나는 그것을 어쩔 수 없이 해야 한다"라고 풀이했다. 일본인은 "그가 기리로 나를 강요했어" 혹은 "그는 기리로 나를 몰아세웠어"라고 말한다. 이런 표현들은 다른 관용구처럼 누군가가 그에게 '온'을 갚아야 한다면서 애당초 원치 않았고 의도하지도 않았던 행위를 강요했다는 의미다. 시골 마을이나 작은 가게에서 거래할 때도, 상류층 재벌 사회 안에서나 내각 안에서도 사람들은 '기리에 강요당하고 기리에 내몰린다'. 구혼자는 두 가족 사이의 옛 관계나 거래를 빌미로 장인이 될 사람을 압박할 수 있고, 누군가는 농민의 땅을 차지하기 위해서 똑같은 수법을 사용할 수 있다. '궁지에 몰린' 사람은 그들의 요구를 어떻게든 들어줘야 한다고 느낀다. "은인(내가 온을 입은 사람)을 도와주지 않는다면, 나는 기리를 모른다는 비난을 받게 된다"라고 말한다. 이런 어법은 내키지는 않았지만 승낙한 것 혹은 사전의 표현대로 '그저 체면을 지키기 위해' 기리를 행했다는 것을 암시한다.

기리의 규칙은 십계명 같은 도덕 규칙이 아니라 엄격하게 지켜야 하는 '갚음'에 관한 규칙이다. 기리를 강요받으면 정의감을 무시해야 할 수도 있다. 일본인은 종종 "기리 때문에 기(義: 의)를 행할 수 없었다"라고 말한다. 그리고 기리의 규칙은 이웃을 자신처럼 사랑하는 것과 아무 관련이 없다. 그것은 진심으로 너그러운 행동을 하라고 사람들에게 요구하지 않는다. 일본인은 기리를 행하는 이유에 대해 "그렇게 하지 않을 경우 '기리를 모르는 자'라는 비난을 받고 세상 사람들

앞에서 창피를 당하기 때문이다"라고 말한다. 그래서 기리를 따를 수밖에 없다는 것이다. 그래서 '세상에 대한 기리'는 영어로 'conformity to public opinion'(여론에 따르는 것)이라고 번역할 수 있다. 사전에서는 "세상에 대한 기리이므로 어쩔 수 없다"라는 문장을 "다른 행동 방식은 사람들이 받아들이지 않을 것이다"라고 해석한다.

'기리의 영역'을 미국에서 빌린 돈을 갚도록 제재를 가하는 경우와 비교해보면, 일본인의 이런 태도를 한결 수월하게 이해할 수 있다. 미국에서는 친구에게 편지 또는 선물을 받거나 시의적절한 충고를 들었다고 해서, 이자를 내거나 은행 융자를 상환하는 것처럼 반드시 은혜를 갚아야 한다고 생각하지 않는다. 금전 거래에서 빚을 갚지 못하면 파산해야 하고, 이는 무거운 형벌이다. 그러나 일본인은 기리를 갚지 못하는 것을 파산이라고 생각한다. 더구나 살아가면서 접하게 되는 모든 관계는 이런저런 방식으로 기리를 초래한다고 생각한다. 따라서 미국인이라면 의무로 여기지 않고 가볍게 던지는 말이나 사소한 행동을 일본인은 하나하나 장부에 적어둔다. 이런 행동은 복잡한 세상에서 조심스럽게 걸어 다니는 것으로 보인다.

세상에 대한 일본인의 기리 관념과 금전 상환에 대한 미국인의 관념 사이에는 유사점이 또 있다. 기리를 갚는다는 것은 정확히 그에 상응하는 몫을 갚는다는 뜻이다. 이런 면에서 기리는 기무와 완전히 다르다. 기무는 아무리 애써봤자 비슷하게라도 갚을 수 없다. 그러나 기리는 그렇게 한정 없는 의무가 아니다. 미국인의 눈에는 은혜를 무한정 갚는 것이 애당초에 받은 분량에 비하면 허황될 만큼 균형이 맞지 않아 보이지만, 일본인은 그런 식으로 생각하지 않는다. 미국인은 선물을 주고받는 일본의 문화도 무척 특이하다고 생각한다. 일본의 각 가정은 1년에 두 번씩, 본인들이 6개월 전에 받은 선물에 대한 답례품을 정성껏 준비한다. 하녀의 가족은 딸을 고용해준 보답으로 매년 선물을 보내기도 한다. 그러나 일본인은 받은 선물보다 더 큰 선물을 보내는 것을 금기시한다. '거저 얻은 이익'에 답례하는 것도 명예로운 일로 여기지 않는다. 선물에 관한 가장 모욕적인 말은 "피라미를 도미로 갚는다"라는 것이다. 이런 정서는 기리를 갚을 때도 반영된다.

일본인은 행위든 물건이든, 가능하면 주고받은 내역을 기록으로 남긴다. 마을에서는 촌장이나 협동조합의 일원이 기록을 보관한다. 가정이나 개인이 가진 기록도 있다. 장례식에 조문하러 올 때는 '조의금'을 내는 것이 관습이다. 친척들은 만장(輓章)*으로 쓸 색깔 있는 천을 가져오기도 한다. 이웃들도 와서 일을 돕는데, 여자들은 부엌일을 하고 남자들은 무덤을 파거나 관을 만든다. 스에무라 마을에서는 촌장이 이런 내용을 기록해놓았다. 이웃들이 어떤 도움을 주었는지 기록해둔 그 공책은 상을 당한 가족에게 무척 소중한 물건이다. 초상이 났을 때 내가 똑같이 갚아야 할 사람들의 명단이기도 하다. 이런 일은 장기간에 걸쳐 교환하는 상호 의무에 해당한다. 그리고 장례식이나 축하연에서 단기간에 교환하는 상호 의무도 있다. 관 짜는 일을 돕는 사람들에게는 식사를 대접하는데, 그들은 음식에 대한 대가의 일부로 상갓집에 쌀을 조금 가져간다. 그리고 그 쌀도 촌장의 기록에 포함된다. 대부분의 축하연도 마찬가지다. 손님들은 일행이 마시는 음료에 대한 대가로 정종(正宗)을 조금 가져간다. 생일잔치든, 장례식이든, 모

● 죽은 이를 슬퍼하여 지은 글 또는 그 글을 비단이나 종이에 적어 기(旗)처럼 만든 것이다. 주검을 산소로 옮길 때 만장을 들고 상여 뒤를 따라간다. —옮긴이

내기든, 집짓기든, 친목회든 주고받은 기리는 이후에 갚을 때를 대비해서 세세하게 기록해둔다.

일본에는 서양에서 금전을 상환하는 관습과 흡사한 기리의 전통이 또 있다. 정해진 기한을 넘기면 이자가 붙듯이 갚아야 할 기리도 불어난다. 에크슈타인(G. Eckstein) 박사는 일본인 제조업자를 상대하면서 경험한 일화를 들려주었다. 그 제조업자는 박사가 일본에서 노구치 히데요(野口英世)의 전기 집필에 필요한 자료를 수집하도록 경비를 지원해준 사람이었다. 에크슈타인 박사는 미국으로 돌아와서 원고를 집필한 뒤 완성된 결과물을 일본에 보냈다. 그런데 원고를 받았다는 연락도 없었고, 심지어 편지 한 통 오지 않았다. 그는 원고의 일부 내용 때문에 기분이 언짢아진 것은 아닌지 걱정되었다. 제조업자에게 여러 차례 편지를 보냈지만 깜깜무소식이었다. 그러다가 몇 년 뒤 박사는 제조업자의 전화를 받았다. 그는 미국에 와 있다고 했다. 얼마 뒤 제조업자가 수십 그루의 일본 벚나무를 가지고 박사의 집을 찾아왔다. 정말 엄청난 선물이었다. 자기가 너무 오랫동안 답장하지 못했으니 선물을 잔뜩 가져오는 게 당연하다고 생각한 것이다. 선물을 준 일본인이 에크슈타인 박사에게 말했다. "당신은 내가 '빨리' 답례하기를 바라지 않았을 겁니다."

'기리 때문에 구석에 몰린' 사람은 시간이 지나면서 점점 불어난 빚을 갚도록 강요받기도 한다. 예를 들어, 누군가가 한 상인을 찾아가 "저는 과거에 당신을 가르쳤던 선생님의 조카입니다"라고 하면서 도움을 청할 수도 있다. 상인이 어린 학생일 때는 교사에게 진 기리를 갚을 수 없었으니, 지난 세월 동안 빚이 쌓인 것이다. 따라서 상인이 '세상에 떳떳해지려면 내키지 않아도' 그 부탁을 들어주어야 한다.

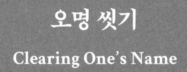

8장

오명 씻기

Clearing One's Name

이해를 돕는 배경지식

자신의 이름에 대한 기리(giri to one's name)

자신의 이름과 명성에 누가 되지 않아야 하는 의무를 말한다. 자신이 받은 은혜를 갚는 의무가 아니므로, 온의 영역 밖에 있다. '적합한 자리'에 따른 다양한 예절, 고통을 대하는 의연한 자세, 직업이나 기술 영역에서의 명성 유지 등을 포함한다. 비방이나 모욕을 받아 자신의 이름이 더럽혀지면, 오명을 씻기 위해 복수나 자살 같은 극단적인 행동을 하기도 한다.

하라키리(割腹: 할복)

일본 봉건시대 사무라이들이 단도로 직접 자신의 배를 가르고, 다른 무사가 뒤에서 그의 목을 침으로써 명예롭게 자살하는 방법. 셋푸쿠(切腹)라고도 한다. 극히 고통스러운 자살 방법인 만큼 사무라이들이 자신의 용기와 인내심, 단호한 결의를 증명하고, 순수한 목적을 입증하는 효과적인 수단으로 사용되었다. 15세기부터 성행한 이 관습은 1873년에 공식적으로 금지되었으나 그 뒤로도 종종 행해졌다.

나마무기 사건(生麦事件)

1862년 9월 14일, 나마무기 마을 근처에서 사쓰마 번의 정치가를 호위하던 사무라이들이 무례하게 행렬을 방해했다는 이유로 영국인 관광객들을 살해한 사건. 손노조이 운동이 고조되던 가운데 나마무기 사건으로 영국과 정치적 갈등이 벌어졌고, 사쓰에이 전쟁이 일어났다. 이를 계기로 영국과 사쓰마 번은 오히려 더욱 우호적인 관계를 맺게 되었다.

이름에 대한 기리는 자신에 대한 평판을 더럽히지 않을 의무다. 그것은 여러 덕목으로 이루어진다. 덕목 중 일부는 서양인의 눈에 정반대되는 것으로 비칠 수 있다. 하지만 일본인의 입장에서 보면, 자신이 받은 은혜를 갚는 의무가 아니라는 점에서 일관성이 충분하다. 그것들은 '온'의 영역 밖에 있으며, 다른 사람에게 진 특정한 빚과 관계없이 자신의 평판을 깨끗하게 유지하는 행동이다. 따라서 '적합한 자리'에 요구되는 다양한 예절, 고통을 대하는 의연한 자세, 직업이나 기술 영역에서 얻은 명성을 지키는 일이 포함된다. 비방이나 모욕을 없애는 행동도 이름에 대한 기리에 속한다. 비방은 자기 얼굴에 먹칠하는 것이니 제거해야 한다. 자기를 비방한 사람에게 복수해야 할 수도 있으며, 심지어 스스로 목숨을 끊어야 할 수도 있다. 두 극단적인 행동 사이에서 취할 수 있는 온갖 종류의 행동 방향이 있는데, 아무튼 자기 이름에 누가 된 일을 가볍게 넘겨서는 안 된다.

일본에는 이 책에서 '이름에 대한 기리'라고 부르는 개념을 지칭하는 용어가 따로 없다. 일본인은 단지 '온 밖에 있는 기리'라고 설명할 뿐인데, 이것이 기리를 분류하는 그들의 기준이다. 세상에 대한 기리는 친절함을 돌려줄 의무요, 이름에 대한 기리는 복수를 포함하는 것이라는 식으로 둘을 나누지 않는다. 서양에서는 감사와 복수를 별개의 영역으로 여기지만, 일본인은 이런 사고방식에 공감하지 않는다. 인간이 다른 사람의 너그러움에 반응할 때와 경멸 혹은 악의에 반응할 때 각각 나타나는 행위가 왜 한 가지 덕목 안에 포함될 수 없다는 것인지 의아해한다. 일본에서는 그게 당연하기 때문이다.

자신의 이름에 대한 기리가 요구하는 덕목

선량한 일본인(그들의 기준으로)은 모욕을 당하면 은혜를 얻었을 때만큼이나 강하게 반응한다. 은혜든 모욕이든, 받으면 갚는 것이 미덕이다. 그들은 우리처럼 둘을 분리해서 하나를 공격으로, 다른 하나를 공격이 아닌 것으로 생각하지 않는다. 그들이 생각하는 공격이란 '기리의 범주' 밖에서 시작하는 행위다. 기리를 지키고 모욕을 씻어내는 일은 공격이 아니다. 빚을 갚아서 균형을 맞추는 것일 뿐이다. 그들은 모욕과 비방 또는 패배를 응징하거나 제거하지 않으면 "세상이 기울어진다"라고 말한다. 선량한 사람은 세계의 균형이 다시 잡히도록 노력해야 한다. 따라서 보복은 인간적 미덕일 따름이요, 너무나 인간적이어서* 가능한 악덕이 아니다. 일본어에서 감사와 충성의 감정이 결합되어 있는 것처럼, 유럽에서도 이름에 대한 기리를 덕목으로 여기던 시기가 있었다. 르네상스 시대, 그중에서도 특히 이탈리아에서 그러했다. 또 고전주의 시대 '스페인의 용기'(El valor Espanol)나 독일의

---

* 인간의 본성을 탐구하고 인간의 이중성에 대한 견해를 담은 니체의 저서 『인간적인 너무나 인간적인』에서 따온 표현으로 보인다.

'명예'(die Ehre)와도 공통점이 많다. 100년 전까지 유럽에서 성행했던 결투 관습 밑바닥에도 그와 비슷한 것이 깔려 있었다. 일본에서든 서구 국가에서든, 명예에 대한 오점을 씻어내려는 덕목이 우세했던 곳 어디에서나 이 덕목의 핵심은, 그것이 늘 물질적 이득을 초월한다는 점에 있었다. 명예를 지키기 위해서 자기 소유물, 가족, 삶을 크게 희생할수록 덕이 높은 사람으로 평가받았다. 이것이 그 덕목을 정의하는 내용 중 일부이며, 이 나라들이 늘 '정신적' 가치라고 내세우는 주장의 근거다. 이 덕목을 수행하려면 막대한 물질적 손실을 볼 수밖에 없다. 따라서 이해득실 면에서만 보면 이치에 맞지 않는 일이다. 이런 성격을 지닌 명예는 미국 사회의 극심한 경쟁이나 노골적인 적개심과 차이가 크다. 미국에서는 정치적·재정적 거래를 할 때 규칙이든 뭐든 깡그리 무시한다. 물질적인 이익을 얻거나 유지하는 일이라면 전쟁터를 방불케 할 정도로 치열하게 싸운다. 미국에서 이름에 대한 기리의 범주에 들어갈 만큼 명예가 중시되는 경우는 켄터키 산악지대에 사는 사람들 사이의 다툼처럼 극히 드물다.

이름에 대한 기리와 그에 따르는 적개심 그리고 차분한 기다림이 아시아권 특유한 덕목은 아니다. 이른바 '동양적'인 것은 아니라는 뜻이다. 중국인에게는 그런 덕목이 없다. 태국인에게도 없고 인도인에게도 없다. 중국인은 모욕과 비방을 받았을 때 예민하게 반응하는 사람을 소인배로 여긴다. 즉, 도덕 수준이 낮다고 평가한다. 그런 행동을 고결한 이상으로 여기는 일본과는 확연히 다르다. 중국의 윤리 기준으로 볼 때, 비록 모욕을 갚으려는 의도였다 할지라도 난데없이 폭력을 휘두르는 것은 올바른 행위가 아니다. 그들은 그토록 예민하게 반응하는 것을 우스꽝스럽다고 생각한다. 또, 비난받았다고 해서 모든 수단을 동원해 결백을 증명하겠다고 나서지 않는다. 태국인 또한 모욕당했을 때 예민하게 굴지 않는다. 중국인처럼 그들도 비방한 사람을 조롱거리로 만들길 좋아하지만, 자기들의 명예가 공격받았다고 생각하지는 않는다. 그들은 "상대의 야만성을 보여주는 가장 좋은 방법은 그에게 져주는 것"이라고 말한다.

　이름에 대한 기리의 완전한 의미를 이해하려면, 그 안에 담긴 공격적이지 않은 덕목들을 고려해야 한다. 복수는 이름에 대한 기리를 지키기 위해 때때로 수행해야 할 덕목 중 하나일 뿐이다. 조용하고 절제된 행동도 거기 포함된다. 체면을 중시하는 일본인이 반드시 지키는 금욕주의, 즉 자기통제는 이름에 대한 기리의 일부분이다. 여자는 아이를 낳을 때 소리를 지르면 안 되고, 남자는 고통과 위험을 겪어도 의연함을 잃지 않아야 한다. 홍수가 마을을 덮칠 때, 자존심 강한 사람은 필수품만 챙겨서 더 높은 지대로 간다. 소리를 지르지 않고, 우왕좌왕 뛰지도 않으며, 겁에 질리는 법도 없다. 춘분이나 추분에 바람과 비를 동반하는 태풍이 몰아치더라도 자제력 있게 대처해야 한다. 설령 거기에 부응하지 못하더라도 그런 태도는 자존심의 일부다. 일본인이 보기에 미국인의 자존심은 자제력을 요구하지 않는다. 일본인의 이러한 자기통제는 노블레스 오블리주의 경향이 있다. 봉건시대에는 평민보다 사무라이에게 더 많은 절제를 요구했지만, 절박함이 덜하긴 해도 이 덕목은 모든 계급이 삶의 규칙으로 여겼다. 사무라이에게 극한에 이르는 육체의 고통을 견뎌내야 한다는 요구가 있었다면, 평민은 사무라이의 공격을 전적으로 수용해야 했다.

　사무라이의 금욕주의에 관한 이야기들은 잘 알려져 있다. 그들은 굶주림에 굴복해서는 안 되는데, 이는 거론할 필요조차 없을 만큼 사소한 문제였다. 심지어 굶어 죽게 생겼는데도 조금 전에 먹었다고 말하면서 이쑤시개로 잇새에 낀 찌꺼기를 파내는 척했다. "새 새끼는 먹이를 달라고 울지만 사무라이는 잇새에 이쑤시개를 물고 있다"라는 격언까지 있었다. 지난 전쟁에서 일본군 병사들은 이 말을 입버릇처럼 되뇌곤 했다. 사무라이는 고통에 굴복해서도 안 된다. 일본인의 태도는 소년 병사가 나폴레옹에게 "다쳤느냐고요? 아닙니다. 저는 이미 죽었습니다"라고 말한 것과 비슷하다. 사무라이는 죽어서 쓰러질 때까지 아프다는 말을 입 밖에 내서는 안 된다. 눈썹도 까딱하지 않고 고통을 참아야 한다. 1899년에 죽은 가쓰(勝) 백작은 어렸을 적 개에게 고환을 물렸다. 그는 사무라이로 태어났지만, 집안이 몰락해서 무척 가난했다. 그가 의사에게 수술받을 때, 아버지는 그의 코앞에 칼을 들이대고 말했다. "만약 신음 소리를 조금이라도 낸다면, 사무라이로서 수치스럽지 않도록 널 죽이겠다."

분수와 지위에 맞게 살기

이름에 대한 기리를 지키려면 분수에 맞게 살아야 한다. 이 기리를 지키지 못한 사람은 스스로 존중할 권리를 잃는다. 도쿠가와 시대에는 입거나 소유하거나 사용하는 모든 것을 일일이 규정한 '사치 금지법'이 있었는데, 일본인은 이것을 자존심의 일부로 받아들였다. 물려받은 지위에 따라 그런 것들을 규제한다는 사실에 미국인은 충격을 받는다. 미국에서 자존심은 자신의 가치를 높이는 것과 관련이 있다. 따라서 사치 금지법처럼 규제를 고착화한 제도는 미국 사회의 근간을 부정하는 조치라고 생각할 것이다. 어떤 계급에 속한 농부는 자식에게 이런 인형을 사 줄 수 있고, 다른 계급에 속한 농부는 저런 인형을 사 줄 수 있다는 내용까지 명시한 도쿠가와 시대의 법률에 대해 우리는 경악을 금치 못한다. 하지만 미국에서도 다른 형태의 제재에 따라 같은 결과를 얻고 있다. 공장주의 아이는 전기 자동차를 갖고 놀지만, 소작인의 아이는 옥수수 속대로 만든 인형에 만족한다는 사실을 아무런 비판 없이 받아들인다. 우리는 수입의 차이를 인정할뿐더러 당연하게 여긴다. 월급을 많이 받는 것은 자기존중 체계의 일부다. 소득에 따라 자식에게 선물하는 인형의 종류가 달라지는 현실은 미국의 도덕관에 어긋나지 않는다. 부자는 자식에게 더 좋은 인형을 사준다. 일본의 경우 부자가 되는 것 자체는 의심의 대상이 되지만, 분수를 지키는 것에 대해서는 아무도 수상쩍게 여기지 않는다. 심지어 오늘날까지 부자들은 물론이고 가난한 사람들도 위계의 전통을 지킴으로써 각자의 자존심을 유지한다. 이는 미국인에게 낯선 덕목이다. 프랑스인 드 토크빌은 앞에서 인용한 1830년대의 책에서 그 점을 지적했다. 18세기 프랑스에서 태어난 그는 평등을 원칙으로 삼은 미국을 높이 평가했다. 그러나 귀족적 삶의 방식을 잘 알고 또 좋아했기에, 미국은 여러 장점을 가진 반면 진정한 위엄은 결여되었다고 말했다. "진정한 위엄은 너무 높지도 않고 너무 낮지도 않은, 적합한 자기 자리를 취하는 데 있다. 이것은 왕자든 농민이든 모두에게 해당한다." 드 토크빌은 계급의 차이 자체를 모욕으로 여기지 않는 일본인의 태도를 이해했을 것이다.

문화를 객관적으로 연구하는 것이 가능해진 이 시대에는 '진정한 존엄'을 각 민족이 나름대로 정의할 수 있다는 것을 인정한다. 무엇이 굴욕인지에 대한 정의가 다른 것도 같은 이치다. 일본인이 자존심을 갖도록 하기 위해서는 평등주의를 강요해야 한다고 말하는 사람들이 있다. 그러나 이는 자민족중심주의의 오류에 빠진 주장이다. 만약 그 말대로 자존심 있는 일본을 바란다면, 자존심에 대한 일본인의 토대부터 이해해야 한다. 우리는 드 토크빌이 그랬던 것처럼, 귀족적인 '진정한 존엄'이 근대 세계에서 사라지고 있으며, 그와 다르면서도 더 세련된 존엄성이 그 자리를 차지했다는 사실을 인정해야 한다. 일본에서도 틀림없이 그런 일이 벌어질 것이다. 그사이에 일본은 미국의 토대가 아니라 그들의 토대 위에서 자존심을 다시 세워야 할 것이다. 그리고 일본 나름의 방식으로 그것을 순화할 것이다.

기리를 지키려고 자살하는 사람들

이름에 대한 기리는 적합한 지위에 따른 의무 외에도 다른 여러 의무를 수행하는 것이다. 돈을 꾸러 온 사람은 자신의 이름을 걸고 상대방에게 맹세할 수 있다. 한 세대 전만 해도 "내가 이 돈을 갚지 못하면 공개적으로 망신을 당해도 좋습니다"라는 식으로 말하는 경우가 흔했다. 물론 돈을 갚지 못했다고 해서 실제로 그런 일을 당하지는 않았다. 일본에는 누군가를 공적 웃음거리로 만드는 관습이 없기 때문이다. 그러나 빚을 갚아야 하는 새해가 다가오면, 상환 능력이 없는 채무자는 '이름을 더럽히지 않으려고' 스스로 목숨을 끊기도 한다. 지금도 새해 전날에는 이런 이유로 자살하는 사람이 많다.

모든 종류의 직업적 의무도 이름에 대한 기리에 포함된다. 어떤 상황이 대중의 관심을 끌면서 많은 사람에게 비난받을 때, 일본 사회는

천황 부부의 사진 앞에서 교육칙어를 봉독하는 모습을 그린 그림

1890년 10월 31일 제정·공포된 교육칙어(敎育勅語)는 천황제 이데올로기를 강화하는 군국주의 교육 방침이었다. 일본뿐만 아니라 조선 등 일본의 지배를 받던 여러 식민지의 교육 현장에도 적용되었다.

종종 터무니없는 요구를 하기도 한다. 예를 들어, (그의 잘못이 아님에도) 학교에 불이 나서 벽에 걸려 있던 천황의 사진이 소실될 위험에 처했다는 이유만으로 자살한 교장들이 있다. 천황의 사진을 구해내려고 불타는 학교 건물 속으로 뛰어들었다가 목숨을 잃은 교사들도 있다. 그들은 자기가 이름에 대한 기리와 천황에 대한 주를 얼마나 중요하게 여기는지 죽음으로써 증명했다. 교육에 관한 천황의 교육칙어나 육군과 해군에 관한 군인칙유를 공적인 자리에서 잘못 읽은 뒤 그 오명을 씻고자 자살한 사람의 이야기도 널리 알려져 있다. 지금 천황의 재임 기간에도 자기 아들을 우연히 히로히토(裕仁)라고 지었다가 아이와 함께 자결한 사람이 있었다(일본에서는 천황의 이름을 입에 올리지 않는다).

전문직에 종사하는 일본인은 이름에 대한 기리를 엄격히 지켜야 한다. 그런데 그 기리는 미국인이 생각하는 전문가의 역량, 즉 고도의 지식이나 기술을 갖춰야만 수행할 수 있는 것은 아니다. 예를 들어, 어떤 교사가 이렇게 말했다고 하자. "나는 교사로서 이름에 대한 기리를 지켜야 하기 때문에, 나의 무지를 인정할 수 없다." 그의 말은, 가령 개구리가 무슨 종에 속하는지 모르더라도 학생들 앞에서 아는 척해야 한다는 의미다. 만약 그가 겨우 몇 년간 배운 지식만으로 영어를 가르치더라도, 누군가가 틀린 점을 바로잡으려 들면 그는 절대 인정하지 않을 것이다. '교사인 자신의 이름에 대한 기리'가 가리키는 것은 이러한 방어적 태도다. 사업을 하는 사람들도 사업가라는 호칭에 대한 기리가 있다. 자산이 고갈되어 위태롭다거나, 조직을 위해 세웠던 계획이 실패했다는 사실을 다른 사람에게 알릴 수는 없다. 외교관은 이름에 대한 기리 때문에 정책이 실패했다고 인정할 수 없다. 이렇게 기리가 쓰이는 경향을 보면, 일본인은 극단적으로 일과 사람을 동일시하는 경향이 있다. 그래서 누군가의 행동이나 능력에 대한 비판은 자동적으로 그 사람에 대한 비판이 된다.

실패와 부적절한 처신을 비난하는 것에 대한 일본인의 반응과 똑같은 태도가 미국에서도 거듭 발견된다. 우리 주위에는 비방을 받으면 미친 듯이 화를 내는 사람들이 있다. 그러나 우리는 일본인처럼 자기를 방어하는 데 급급해하지 않는다. 내가 교사인데 개구리가 어느 종에 속하는지 모른다면, 비록 무지를 감추고 싶은 유혹이 있겠지만, 아는 척하기보다는 있는 그대로 인정하는 게 더 나은 행동이라고 믿는다. 자기가 밀어붙였던 계획에 만족하지 못하는 사업가는 다른 길을 제시하면 된다고 생각한다. 자존심 때문에 자신이 옳다고 고집하지도 않고, 잘못을 인정하면 사임하거나 은퇴해야 한다고 생각하지도 않는다. 그러나 일본에서는 이런 방어적 태도가 깊숙이 깔려 있다. 그들은 상대가 잘못했다는 사실을 당사자의 얼굴에 대고 구구절절 이야기하지 않는 것이 지혜로운 행동이자 보편적 예의라고 여긴다.

기리가 경쟁에 미치는 영향

이처럼 일본인은 실패나 무능에 대한 비난을 민감하게 받아들이는데, 이런 성향은 한 사람이 누군가에게 패배한 상황에서 특히 두드러지게 드러난다. 어떤 일자리에 다른 사람이 채용되었거나 경쟁시험에서 떨어졌을 뿐인데도, 패배자는 실패에 대한 '수치를 뒤집어쓴다'. 이런 일을 겪으면 자극을 받아 분발하기도 하지만, 대개는 의기소침해진다. 당사자는 자신감을 잃고 우울해하거나 화를 내고, 혹은 이 두 가지를 한꺼번에 겪기도 한다. 애써 노력했지만 모든 게 허사로 돌아갔기 때문이다. 미국인이 특히 주목해야 할 점이 있다. 미국의 생활 방식 안에서는 경쟁을 통해 사회적으로 바람직한 효과를 거둘 수 있지만, 일본에서는 그렇지 않다는 사실이다. 미국인은 경쟁을 '좋은 것'으로 여기며 적극 활용한다. 경쟁은 최고의 성과를 내도록 당사자들을 자극하는데, 이런 사실은 심리 검사 결과로 증명되었다. 자극을 받으면 인간의 능력은 향상되기 마련이다. 미국인에게 무언가를 혼자 하게 한다면, 경쟁자가 있을 때보다 저조한 성적을 거둘 것이다. 하지만 일본에서 심리 검사를 하면 정반대의 결괏값을 얻는다. 특히 유년 시절이 끝난 직후에 이런 경향이 두드러지게 나타난다. 일본 아이들은 경쟁을 대수롭지 않게 여기고 장난처럼 대한다. 하지만 청년이나 성인 남자는 경쟁 상황에서 능률이 떨어진다. 혼자 일할 때는 실력이 향상되고, 실수도 줄고, 작업 속도까지 빨라진 사람들이 경쟁자가 나타나자 실수를 남발했으며 속도도 훨씬 느려졌다. 그들은 자신의 기록을 토대로 발전 여부를 판단할 때는 좋은 성과를 거두었지만, 자신을 다른 사람과 견주었을 때는 지지부진한 모습을 보였다. 경쟁 상황에서 기록이 좋지 않은 이유를 일본인 연구자들은 이렇게 분석했다. 피실험자들은 과제 수행 방식이 경쟁으로 변하면 자기들이 질 수도 있다는 생각에 마음을 빼앗긴 나머지 일의 능률이 떨어졌다. 그들은 경쟁을 자기에 대한 공격으로 예민하게 받아들인다. 그래서 당면한 과제에 집중하는 대신 자신과 경쟁자의 관계에만 관심을 돌린다.[•]

이런 테스트에 참여한 학생들은 실패의 대가로 마주하게 될 수치심에 가장 큰 영향을 받았다. 교사나 사업가가 직업인으로서 이름에 대한 기리에 걸맞게 사는 것처럼, 그들은 학생으로서 이름에 대한 기리에 따라 행동한다. 경기에서 진 선수단은 실패했다는 수치심 때문에 한동안 망연자실했다. 조정 선수들은 배에 탄 채로 노 옆에 드러누워서 눈물을 흘리며 울부짖었다. 패배한 야구 팀원들은 한곳에 모여 큰 소리로 울었다. 미국인은 그런 모습이 패자의 태도로 바람직하지 않다고 생각한다. 패자는 상대의 실력이 더 뛰어났다고 말하면서 결과에 승복하고, 승자와 기꺼이 악수해야 한다. 그것이 예의다. 아무리 지는 걸 싫어하는 사람이라 해도, 졌다는 이유로 원망하거나 성내는 사람들을 고운 시선으로 바라볼 수는 없을 것이다.

일본인은 늘 창의적인 방법을 고안해서 직접적인 경쟁을 피하려고 했다. 일본의 초등학교는 미국인이 상상할 수 없는 수준으로 경쟁을 억제하고 있다. 교사들은 모든 학생이 각자의 성적을 올리도록 가르치고 있으며, 다른 학생들과 비교할 기회를 주면 안 된다는 지침을 받고 있다. 초등학교에서는 어떤 학생도 유급시키지 않는다. 같이 입

• 이 실험을 요약한 내용은 다음을 참조하라. *The Japanese: Character and Morale*(등사판). Ladislas Farago가 Committee for National Morale (9 East 89th Street, New York City)를 위해 준비한 자료다.

학한 학생 전체가 초등학교 과정을 함께 마친다. 학생의 성적표는 성적이 아니라 품행에 기초해서 작성한다. 그런 까닭에 중학교 입학시험처럼 경쟁 상황을 피할 수 없을 때면 학생들이 잔뜩 긴장한다. 어느 교사든 시험에 떨어져서 자살한 학생들의 사례를 알고 있다.

직접적 경쟁을 최소화하려는 노력은 일본인의 생활 전반에서 나타난다. '온'에 기반을 둔 윤리는 경쟁이 벌어질 여지가 적다. 그에 반해 미국에서는 동료들과 경쟁하면서 좋은 성과를 거두는 것을 정언명령˙으로 여긴다. 일본에서는 계급에 따라 규칙을 세세하게 정한 위계 제도가 직접적 경쟁을 최소한으로 억제한다. 가족도 마찬가지다. 아버지와 아들은 미국에서처럼 제도적 경쟁 관계에 놓여 있지 않다. 일본인은 미국 가정에서 아버지와 아들이 자동차를 사용하려고 경쟁하거나, 아내 또는 어머니의 주의를 끌려고 경쟁하는 모습을 보고 놀란다.

어느 분야에서나 볼 수 있는 중개인 제도는 경쟁 관계의 두 사람이 직접 대면하는 것을 막아주는 독특한 방식 중 하나다. 일본인은 능력이 부족해서 수치심을 느낄 만한 상황이 되면 중개인을 내세운다. 중개인은 혼담, 구직, 퇴직 등 일상의 다양한 문제에 개입해서 의견을 조정한 뒤 이해당사자 양쪽에 보고한다. 결혼처럼 중요한 일이 있을 때는 양쪽이 각각 중개인을 고용하는데, 중개인들은 보고하기 전에 자기들끼리 세부 사항을 협상한다. 이렇게 간접적인 방식으로 일을 처리하면 당사자들은 서로를 직접 마주했을 때, 이름에 대한 기리 때문에 분노할 수도 있는 요구나 주장을 알 필요가 없다.

˙ 행위 자체가 선(善)이기 때문에 결과에 구애됨 없이 무조건 수행해야 하는 도덕적 명령—옮긴이

중개인은 이렇듯 공식적인 자격을 갖추고 행동함으로써 명성을 얻을 수 있다. 또한 성공적으로 일을 처리하면 공동체의 존경을 받는다. 중개인은 협상이 원활하게 이루어지도록 혼신의 힘을 쏟기 때문에, 그를 통하면 평화롭게 타협할 가능성이 그만큼 높아진다. 중개인은 의뢰를 받아서 일자리를 대신 알아보기도 하고, 일을 그만두겠다는 의뢰인의 뜻을 고용주에게 대신 전하기도 한다.

수치를 피하는 장치로서의 예법

일본에서는 이름에 대한 기리에 문제가 될 법한 일, 즉 수치를 유발하는 상황이 일어나지 않도록 예법을 마련해두고 있다. 이런 예법은 직접적 경쟁뿐 아니라 훨씬 넓은 생활 영역에 적용된다. 일본인은 주인이 좋은 옷을 입고 예절을 갖춰 손님을 맞이해야 한다고 생각한다. 그래서 농부의 집을 방문했을 때, 만약 집주인이 작업복을 입고 있다면 잠시 기다려야 할 수도 있다. 농부는 옷을 갈아입고 적절한 예의를 갖춘 뒤에야 손님에게 알은체할 것이다. 손님이 기다리고 있는 방에서 주인이 옷을 갈아입어야 할 때도 마찬가지다. 주인이 제대로 차려입기 전까지 손님은 그 자리에 없는 사람으로 간주된다. 시골에서는 마음에 둔 여인을 찾아갈 때 그녀의 가족 모두가 잠자리에 든 다음 그 집을 방문하는 것이 예법이다. 처녀는 총각의 구애를 받아들일 수도, 거절할 수도 있다. 이때 총각은 수건으로 얼굴을 가리는데, 이는 처녀가 자기를 알아보지 못하게 하려고 그러는 것이 아니다. 거절을 당하더라도 다음 날 수치를 느끼지 않기 위해서다. 자기가 수치를 당했다고 인정할 일조차 아예 만들지 않으려는 속셈인데, 마치 타조가 땅속에 머리를 처박는 것처럼, 눈 가리고 아웅 하는 격이다.

예법은 어떤 일이 성사될 때까지 최대한 비밀을 지켜주는 역할을 한다. 혼인이 성사되기 전에 신붓감과 신랑감의 만남을 주선하는 일이 중매인의 의무 중 하나인데, 이때 둘이 우연히 만난 것으로 하기 위해서 모든 수단을 동원한다. 이 이야기가 밖으로 새어 나가면 혹시라도 혼담이 깨졌을 때 한쪽 집안 혹은 양쪽 집안의 명예가 실추될 수 있기 때문이다. 부모 중 한 명 혹은 둘이서 젊은 남녀를 데리고 나오며, 중매인은 주선인 역할을 한다. '서로 우연히 만난' 것처럼 하려면, 해마다 열리는 국화전시회나 벚꽃놀이, 혹은 이름난 공원이나 휴양지에서 만나는 것이 가장 적절하다.

일본인은 앞의 사례를 비롯한 여러 방식을 동원해서 실패하면 수치스러울 수 있는 상황을 피한다. 그들은 자기 이름이 모욕당하지 않게 할 의무를 그토록 강조하지만, 실제로는 가능한 한 그런 모욕을 느끼지 않도록 일을 조정한다. 이는 일본만큼이나 자기 이름을 깨끗이 하는 걸 중시하는 태평양 제도의 많은 부족과 확연히 다르다.

뉴기니와 멜라네시아에서 원예를 하며 살아가는 원주민들 안에서는 분노를 촉발하는 모욕감이 부족 전체 혹은 개인 행동의 주된 동기로 작용한다. 그들은 잔치를 벌일 때 다른 마을을 도발하는 것으로 시작한다. 당신들은 손님 10명조차 대접하지 못할 정도로 가난하다거나, 토란과 코코넛 열매를 숨길 정도로 인색하다거나, 잔치하는 방법을 모를 만큼 지도자가 어리석다고 모욕을 주는 것이다. 그러면 도발을 당한 마을은 손님들에게 음식을 아낌없이 내놓고 환대함으로써 오명을 씻는다. 혼담도 마찬가지고 돈거래도 같은 방식으로 진행된다.

전쟁을 할 때도 서로를 심하게 모욕하고 나서야 활시위에 화살을 메긴다. 사소한 일에도 마치 생사를 걸고 싸우듯 달려든다. 그런 도발은 사람들을 자극해서 행동하게 만들고, 부족 전체에 활력을 불어넣는다. 그러나 아무도 이들을 가리켜 예의 바르다고 하지 않는다.

반면 일본인은 모범적이라고 평가받을 만큼 예의를 차린다. 예의 바른 행동은 그들이 오명을 씻어야 할 상황을 만들지 않으려고 얼마나 애쓰는지 보여주는 척도다. 그들은 모욕감에서 비롯된 분노를 더할 나위 없는 성취의 자극제로 삼지만, 그러면서도 될 수 있으면 모욕적인 상황을 맞닥뜨리지 않으려고 애쓴다. 그런 상황은 아주 특별한 경우나 모욕감을 없애는 전통적 제도가 어떤 압력을 견디지 못하고 무너질 때에만 일어난다. 일본은 이런 자극을 활용해서 극동의 지배자 지위를 유지했으며, 지난 10년간 영국과 미국을 상대할 전쟁 정책을 수립해왔다. 그러나 일본인이 모욕에 대해 얼마나 예민하게 반응하고 복수심에 불타는지 분석한 서양인들의 주장은, 일본보다 뉴기니 부족들에게 더 잘 들어맞는다. 패전 후 일본이 어떻게 행동할 것인지에 대한 서양인들의 예측도 거의 빗나갔다. 일본인이 이름에 대한 기리에 가하는 특별한 제한을 이해하지 못했기 때문이다.

일본인은 분명 예의 바른 사람들이지만, 그렇다고 해서 모욕을 민감하게 받아들이는 그들의 성향을 경시해서는 안 된다. 미국인은 상대를 낮잡아 이르는 말을 가볍게 주고받는데, 이것을 일종의 게임처럼 여긴다. 따라서 우리는 일본인이 가벼운 발언도 심각하게 받아들인다는 점을 잘 이해하지 못한다. 일본인 예술가 마키노 요시오(牧野義雄)는 영어로 쓰고 미국에서 출간한 자서전에서, 일본인이 비웃음을 받았을 때 어떻게 반응하는지를 생생하게 묘사했다. 성년기의 대부분을 미국과 유럽에서 보낸 뒤였지만, 그는 책을 쓰면서 여전히 아이치현의 시골 마을에 사는 것 같은 느낌을 받았다. 명문가 지주의 막내로 태어난 그는 남부러울 것 없는 환경에서 사랑을 듬뿍 받으며 자랐다. 그러나 유년 시절이 끝나갈 무렵 어머니를 여의었고, 얼마 뒤에는 형편마저 어려워졌다. 파산한 그의 아버지는 빚을 갚기 위해 모든 재산을 팔아버렸고, 가족은 뿔뿔이 흩어졌다. 마키노에게는 자신의 꿈을 이루는 데 쓸 만한 돈이 한 푼도 없었다. 그는 자신의 꿈 중 하나인 영어를 배우기 위해서 인근 미션스쿨의 청소부로 일했다. 그리고 열여덟 살이 되었을 때, 여태껏 시골 소도시 몇 곳 말고는 사는 곳을 떠난적 없었던 그는 미국에 가기로 결심했다.

나는 내가 그 누구보다도 신뢰했던 선교사를 찾아가서, 미국에 가려 한다고 털어놓았다. 그가 내게 유용한 정보를 줄지도 모른다고 기대했기 때문이다. 그러나 그는 무척 실망스럽게도 이렇게 소리쳤다. "뭐라고? '네가' 미국에 가겠다고?" 그의 아내도 그 자리에 있었는데, 둘은 함께 나를 '비웃었다'! 그 순간 나는 머리의 피가 전부 발끝으로 내려가는 것 같았다. 나는 그 자리에서 아무 말 없이 몇 초 동안 서 있다가 인사도 하지 않고 내 방으로 돌아왔다. 그러고는 나 자신에게 말했다. "모든 게 끝났구나."

다음 날 아침 나는 그곳에서 달아났다. 이제 나는 그 이유를 설명하려 한다. 나는 언제나 '불성실'이 세상에서 가장 큰 범죄이며, 빈정거리는 것보다 불성실한 행위는 없다고 믿는다.

누군가가 내게 분노하더라도 나는 늘 용서한다. 화를 내는 것 자체는 인간의 본성이기 때문이다. 누군가가 내게 거짓말을 하더라도 대체로 용서한다. 인간의 본성은 무척 약할뿐더러 어려움이 닥쳐도 진실을 이야기할 만큼 변함없는 마음을 유지하기란 어렵기 때문이다. 또, 나를 험담하거나 근거 없는 소문을 퍼뜨린 사람도 용서한다. 남이 그런 식으로 이야기하면 거기에 쉽게 빠져들기 마련이니까.

살인자라도 상황에 따라서는 용서할 수 있다. 그러나 빈정거림은 변명의 여지가 없다. 의도적인 불성실함이 아니라면 죄 없는 사람에게 빈정거릴 수는 없기 때문이다.

나는 두 단어를 이렇게 정의한다. '살인자'는 인간의 육신을 죽인 사람이요, '빈정거리는 자'는 타인의 영혼과 마음을 죽인 사람이다.

영혼과 마음은 육신보다 훨씬 소중하다. 따라서 빈정거림은 최악의 범죄다. 선교사와 그의 부인은 내 영혼과 마음을 죽이려고 했다. 나는 엄청난 고통을 느끼며 속으로 절규했다. '어째서 당신들이?'•

다음 날 아침 그는 가진 것 전부를 보자기에 싸서 그곳을 떠났다. 선교사는 예술가가 되려고 미국에 가겠다는 가난한 시골 소년의 말을 불신했다. 소년은 그의 태도를 보고 '살해당한 듯한' 느낌을 받았다. 그의 이름은 더럽혀졌으며, 목적을 달성함으로써 깨끗하게 되기 전까지는 그 상태로 있을 것이다. 선교사에게 비웃음을 당한 그가 선택할 수 있는 유일한 길은 그곳을 떠나 미국으로 가서 자기 능력을 증명하는 것뿐이었다. 그가 '불성실'(insincerity)이라는 영단어로 선교사를 비난한 점은 기이하게 느껴진다. 우리가 이해하는 단어의 의미로는 선교사의 반응이 도리어 '성실'하게 여겨지기 때문이다. 그러나 마키노는

• Yoshio, Markino, *When I was a Child*, 1912. pp. 159-160.

마키노 요시오가 1925년에 그린 자화상

1893년 24세의 나이에 미국 샌프란시스코로 건너가 미술을 공부한 그는 1897년 영국 런던으로 거처를 옮겨 화가로 활발하게 활동했다.

그 단어를 일본적인 의미로 쓰고 있다. 일본인은 싸울 생각이 없는 상대를 얕잡아보는 사람을 성실하다고 생각하지 않는다. 그런 식의 빈정거림은 무례한 행위고 '불성실'의 증거다.

마키노는 "살인자라도 상황에 따라서는 용서할 수 있다. 그러나 빈정거림은 변명의 여지가 없다"라고 말했다. '용서'가 답이 아니라면 빈정거림을 당했을 때 적절한 반응은 복수밖에 없다. 그는 미국에 감으로써 오명을 씻었다. 그러나 일본에서는 오래전부터 모욕이나 패배를 당한 상황에서 복수하는 게 가장 '좋은 방법'이라고 여겨왔다. 일본에서 가장 자비심이 많은 사람 중 하나로 꼽히는 니토베 이나조(新渡戸稲造)는 1900년에 쓴 글에서 이렇게 말했다. "복수에는 정의감을 만족시키는 무언가가 있다. 복수에 대한 우리의 생각은 수학적인 능력만큼이나 정확해서, 방정식의 양변을 충족할 때까지 무언가를 하지 않고 남겨두었다는 느낌을 지울 수 없다."[*] 오카쿠라 요시사부로(岡倉由三郎)는 『일본의 삶과 사상』이라는 책에서 일본의 독특한 관습을 이렇게 제시했다.

* Inazo, Nitobe, Bushido, *The Soul of Japan*, 1900, p. 83.

이른바 일본인의 정신적 특수성 중 상당 부분은 순수에 대한 사랑과 오염에 대한 증오에 기원을 두고 있다. 그것 말고는 달리 설명할 길이 없다. 그들은 가족의 명예나 국가적 자존심이 모욕당했을 때, 복수를 통해 완전히 씻지 않으면 본래대로 깨끗해질 수 없는 오염이나 낫지 않을 상처로 여기도록 훈련받았다. 일본인의 공적 생활이나 사생활에서 자주 접하는 복수는 깨끗함을 선호한 나머지 집착하게 된 사람이 하는 일종의 아침 목욕으로 볼 수 있다.[•]

그러면서 그는 일본인이 "벚나무의 꽃들이 활짝 핀 것처럼 평온하고 아름다워 보이는 삶, 깨끗하고 오염되지 않은 삶을 산다"라고 말한다. 이 '아침 목욕'은 다른 사람이 던진 오물을 씻어내는 것이요, 오물이 몸에 붙어 있는 한 훌륭한 사람이 될 수 없다는 의미다. 인간은 스스로 모욕을 받았다고 생각하지 않는 한 모욕당할 수 없으며, 누군가를 모욕하는 것은 그에 관한 말이나 행동이 아니라 '당사자의 내면에서 나오는 것'일 뿐이라고 가르치는 윤리가 일본에는 없다.

전통적인 복수극 이야기

일본의 전통은 복수의 '아침 목욕'에 대한 이상을 대중에게 끊임없이 제시한다. 널리 알려진 사례나 영웅 이야기가 많은데, 그중에서 가장 인기 있는 것은 '47인의 로닌 이야기'다. 그런 이야기들은 교과서에

• IYoshisaburo Okakura, *The Life and Thought of Japan*. London, 1913, p. 17.

수록되고, 연극으로 공연되고, 영화로 제작되며, 대중적인 책으로 출간된다. 그것들은 오늘날 살아 있는 일본 문화의 일부다.

이런 이야기 중 상당수는 우연한 실패에 대해서 예민하게 반응하는 내용이다. 예를 들어, 한 다이묘가 세 명의 가신을 불러 어떤 명검을 만든 사람이 누구인지 맞혀보라고 했다. 셋은 각각 다른 의견을 냈다. 전문가를 불러 확인한 결과, 산자(名古屋山三)만이 무라마사(村正)의 칼이라는 사실을 정확하게 맞혔다. 그런데 다른 두 사람은 정답을 맞히지 못한 것을 모욕으로 여긴 나머지 산자를 죽이기로 마음먹었다. 그중 한 명이 산자가 잠들어 있을 때 산자의 칼로 그를 찔렀다. 그러나 산자는 살아남았다. 이후로도 산자에게 복수하려고 전력을 다한 그는 결국 산자를 죽이고 자신의 기리를 지켰다.

주군에게 복수하는 내용의 이야기들도 있다. 일본인의 윤리에서 기리는 죽을 때까지 주군에게 충성한다는 의미다. 하지만 자신이 모욕당했다고 느낄 때는 방향을 바꿔 주군에게 커다란 적의를 드러낸다는 의미이기도 하다. 도쿠가와 막부의 초대 쇼군 이에야스에 관한 이야기 중에서 이와 관련된 좋은 사례를 찾아볼 수 있다. 어느 날 이에야스의 가신 하나가 모욕적인 이야기를 들었다. 주군이 그를 '목구멍에 생선 가시가 박혀 죽을 놈'이라고 말했다는 것이다. 자기더러 품위 없이 죽을 것이라는 비방을 듣고 몹시 수치스러웠던 가신은 죽어서도 그 일을 잊지 않겠다고 맹세했다. 당시 새로운 수도 에도(도쿄)에서 전국을 통일하고자 애쓰던 이에야스는 아직 적의 위협에서 벗어나지 못한 상태였다. 적군 영주들에게 접근한 가신은 에도에 불을 질러 그곳을 폐허로 만들자고 제안했다. 그렇게 함으로써 자신의 기리를 지키고 이에야스에게 복수할 셈이었다. 이런 면으로 보면, 일본인의 충성심에 대한 서양인의 논의가 대부분 비현실적인 것은 당연하다고 할 수 있다. 기리가 단순한 충성이 아니며 어떤 상황에서는 배반을 명령하는 덕목이라는 점을 이해하지 못하기 때문이다. "맞은 사람은 반역자가 된다"라는 말이 있는데, 모욕을 당한 사람도 그러하다.

역사물에 나오는 두 가지 주제, 즉 자기가 틀렸음에도 옳았던 사람에게 복수하는 것과 자기를 모욕한 상대가 주군

〈나고야 산자〉(우타가와 쿠니사다, 1860년)

일지라도 복수하는 것은 일본의 유명 문학 작품들에 무척 자주 등장하고 다양하게 변형되어 나타난다. 그러나 오늘날의 인생사, 소설, 사건을 살펴보면 과거와 다르다는 사실을 알 수 있다. 일본인은 전통적으로 복수를 아주 높게 평가해왔지만, 오늘날 복수를 실행하는 경우는 서양 국가들과 비슷하거나 오히려 더 적다. 이런 현상이 있다고 해서 자신의 명예에 대한 강박이 약해졌다고 단언할 수는 없다. 실패와 모욕에 대해 공격적으로 반응하기보다는 방어적으로 반응하는 경우가 점점 더 많아졌다는 의미로 받아들여야 한다. 사람들은 전처럼 수치를 심각하게 받아들이지만, 수치를 당했다고 싸우기보다는 자제하는 경우가 점점 늘어나고 있다. 메이지 시대 이전에는 관련 법령이 미비했던 터라 직접 복수하는 게 가능했다. 하지만 근대에는 법과 질서

〈쿠마와카 마루와 혼마 사부로〉(우타가와 쿠니요시, 1847~1850년경)

고다이고 천황의 측근 히노 스케토모에게는 히노 쿠니미츠(아명은 쿠마
와카 마루)라는 아들이 있었다. 쿠니미츠는 스케토모를 처형한 혼마 사부
로를 죽여서 아버지의 원수를 갚았다. 일본 고전문학 『태평기』에 실린 이
이야기는 예술 작품에 등장한 효도와 복수의 사례로 꼽힌다.

가 이전보다 강화되었고, 경제생활에서도 상호의존성이 커지면서 복
수의 양상이 달라졌다. 이제는 복수를 하더라도 은밀하게 실행하거나
가슴에 묻어두는 경우가 많아졌다. 예를 들어, 원수에게 인분을 먹였
다는 옛이야기처럼 상대방을 속임으로써 개인적 복수를 할 수도 있다.

이야기의 주인공은 맛있는 음식에다 몰래 인분을 섞어 적에게 대접한 뒤 상대방이 그 사실을 알아차리는지 살폈다. 물론 적은 끝내 눈치채지 못했다. 그러나 오늘날에는 이런 식의 은밀한 공격조차도 실행하는 경우가 드물다. 그 대신 공격의 방향을 자신에게 돌리는 경향을 띤다. 이런 경우 두 가지 선택지가 있다. 하나는 '불가능한 일'을 실현하도록 자신을 몰아치는 자극제로 활용하는 것이며, 다른 하나는 비탄에 잠기는 것이다.

일본 근대 소설에 나타나는 권태

일본인은 실패와 모욕과 배척을 당했을 때 쉽게 상처받는다. 이런 정서적 취약성 때문에 남이 아니라 자기 자신을 쉽게 괴롭힌다. 일본 소설들은 교육받은 지식인들이 자아를 잃어버리고 분노를 폭발하거나 출구 없는 우울에 빠져 있는 모습을 지난 수십 년 동안 거듭 묘사해왔다. 소설의 주인공들은 쉽게 권태를 느낀다. 일상이 지루하고, 가족이 지겹고, 도시 생활 혹은 시골 생활에 싫증을 낸다. 그러나 그것은 마음속에 품은 원대한 목적에 비하면 모든 노력이 시시해 보이는 상태, 즉 이상에 도달하는 과정에서 느끼는 권태가 아니다. 현실과 이상의 괴리에서 비롯된 권태도 아니다. 일본인은 위대한 사명을 꿈꿀 때 권태에서 벗어난다. 그 목표가 아무리 막연하다 하더라도 완전하고 확실하게 권태를 극복한다. 일본인 특유의 권태는 지나치게 연약한 사람들이 앓는 병이다. 그들은 배척당할 것에 대한 두려움을 자기의 내면으로 돌리고 좌절한다. 일본 소설에서 나타나는 권태는 러시아 소설에서 익숙하게 본 심리 상태와 완전히 다르다. 러시아 소설의 주인공이 경험하는 모든 권태는 현실과 이상의 차이에서 비롯된다. 일본인에게는 현실과 이상의 차이에 대한 감각이 결여되어 있다고 조지 샌섬(George Sansom) 경은 말했다. 이런 상태가 어떻게 권태의 기저에 있는지를 논하기 위해서가 아니라 일본인이 자기들의 철학과 삶에 대한 일반적 태도를 어떻게 형성했는지를 설명하기 위해서 한 말이다. 서양인의 기본 관념과 일본인의 기본 관념 사이의 이러한 차이점은 여기서 언급한 특정 사례를 훨씬 넘어설 만큼 범위가 넓으며, 일본인을 괴롭히는 우울증과 특별한 관련이 있다. 일본 소설은 러시아 소설 못지않게 권태를 곧잘 묘사하는데, 이런 점에서는 미국 소설과 다르다. 미국 작가들은 그런 주제를 별로 다루지 않는다. 그들은 등장인물의 불행을 성격적 결함이나 무자비한 세상의 농간으로 돌린다. 순수하게 권태를 묘사하는 경우는 거의 없다. 개인이 사회에 잘 적응하지 못한다면 반드시 합당한 이유와 그렇게 되기까지의 과정이 있다. 그래서 독자는 주인공이 지닌 결점, 혹은 사회질서 속의 해악을 도덕적으로 비난하게 된다. 물론 일본에도 도시의 절망적인 경제 상황이나 고깃배에서 벌어진 끔찍한 일을 고발한 프롤레타리아 소설들이 있다. 하지만 어느 작가가 말했듯, 일본의 성격 소설*은 사람의 감정이 독가스처럼 흘러드는 세계를 묘사한다. 등장인물도 그렇고 작가도 마찬가지로 먹구름이 낀 원인을 설명하기 위해서 주인공의 인생사를 분석하려 들지 않으며 그럴 필요도 느끼지 못한다. 그런 감정은 단지 왔다가 사라질 뿐이다. 옛이야기의 주인공들이라면 적에게 퍼부었을 법한 공격을

---

* 인물의 성격이 중심 요소가 되는 소설―옮긴이

연약한 등장인물들은 내면으로 돌린다. 그들의 우울증은 뚜렷한 원인이 없어 보인다. 우울증의 원인으로 어떤 사건을 가리키는 경우도 있지만, 그 사건은 상징에 지나지 않는다는 기묘한 인상을 남길 뿐이다.

자살: 기리를 지키는 극단적 방식

오늘날의 일본인이 자신에게 쏟아붓는 가장 극단적 공격 행위는 자살이다. 적절하게 행하기만 한다면, 자살로 오명을 확실하게 씻어낼 뿐만 아니라 명예를 회복할 수 있다고 그들은 확신한다. 미국인은 자살을 절망에 굴복한 자기파괴로 치부하면서 비난하지만, 일본인은 자살을 목적이 뚜렷하고 명예로운 행동으로 여겨 존중한다. 어떤 상황에서는 이름에 대한 기리를 지키는 가장 훌륭한 방법으로 간주된다. 빚을 상환한 능력이 없어서 새해 첫날에 자살하는 채무자, 불행한 사건에 대한 책임을 인정하고 자살하는 공무원, 절망적인 사랑 끝에 동반 자살하는 연인, 중국과 전쟁을 미루는 정부에 항의하는 뜻으로 자살하는 애국자 등 이런 사람들은 시험에 떨어진 학생이나 포로가 되기를 거부하는 군인처럼 자기에게 마지막 폭력을 행사한다. 몇몇 고위 당국자는 이런 자살이 일본 사회의 새로운 경향이라고 말했는데, 이 의견의 옳고 그름을 쉽게 판단할 수는 없다. 다만 통계를 보면 최근 몇 년 사이에 연구자들이 종종 자살의 빈도를 과장했다는 걸 알수 있다. 지난 세기의 덴마크와 나치 이전 독일의 자살자 수는 일본보다 많았다. 그러나 일본인이 그런 주제를 좋아한다는 것만큼은 확실하다. 미국인이 범죄 사건을 잘 활용하는 것처럼 일본인은 자살 사건을 잘 다루면서 대리만족을 느낀다. 그들은 다른 사람들 대신 스스로를 파괴하는 사건에 대해 생각하기를 선호한다. 앨리스 베이컨(Alice Bacon)의 말을 빌리자면, 일본인은 그것을 그들이 좋아하는 '지독한 사례'(flagrant case)로 만든다. 이는 다른 행위로 충족할 수 없는 욕구를 채워준다.

봉건시대 이야기에 나오는 자살보다 근대 일본에서 벌어진 자살이 훨씬 자학적인 성격을 띤다. 옛이야기의 사무라이는 수치스러운 처형을 면하고자 정부가 명령하는 대로 자결한다. 그런 행위는 서구의 사례에서 적군 병사가 교수형 대신 총살을 원하는 것이나, 포로가 되어 고문당하는 것을 피하려고 자살하는 것과 흡사하다. 무사에게 '하라키리'(割腹: 할복)가 허용되는 것은 명예를 더럽힌 프로이센 장교가 비밀리에 자결하도록 눈감아주는 것과 같은 이치다. 한 장교가 어떤 방법으로도 자신의 명예를 지킬 수 없게 되었을 경우, 프로이센 당국자들은 그의 방 탁자에 위스키 한 병과 권총을 놓아둔다. 일본의 사무라이도 그런 상황에 맞닥뜨리면 죽음을 피할 수 없다. 그가 할 수 있는 일이라고는 자결뿐이다. 개인은 종종 다른 사람을 죽이는 대신 자기에게 폭력을 쓴다. 봉건시대에는 용기와 결단의 최후 표현이었던 자살이 오늘날에는 자기파괴가 되었다. 지난 60여 년 동안 일본인은 '세상이 기울어지고' '방정식의 양변'이 똑같지 않으며, '아침 목욕'으로 오염을 씻어야 한다고 느낄 때마다 다른 사람을 해치는 대신 자신을 파괴하는 일이 점점 많아졌다.

자기편에게 승리를 안겨주고자 마지막 수단으로 실행하는 자살은 봉건시대뿐 아니라 오늘날에도 여전히 일어난다. 하지만 이것조차 자신을 파괴하는 방향으로 변해가고 있다. 도쿠가와 시대의 어느 노스

할복하기 전 마지막 시를 짓는 전국시대 무장 아카시 기다유(츠키오카 요시토시, 1891년)

아카시 기다유는 자신의 군대가 전투에서 패배한 후 실패의 대가를 치르기 위해 스스로 할복을 제안했다. 그의 주군이 제안을 거절했지만, 그는 수치심에 못 이겨 주군의 명을 거스르고 할복했다.

승에 관한 유명한 이야기가 전해진다. 막부의 고문이었던 그는 모든 고문관과 쇼군의 섭정이 있는 자리에서 옷을 벗고 칼을 들어 당장이라도 할복하겠다는 시늉을 했다. 작전은 성공했고, 그렇게 그는 자기가 지지하는 후보자를 쇼군의 자리에 앉혔다. 자살하지 않고 자기의 뜻을 관철한 것이다. 서구 국가들 식으로 말하면, 그의 스승은 반대편을 협박했다. 그러나 근대에 접어들면서 이러한 함의가 담긴 자살은 협상가가 아닌 순교자의 행위가 되었다. 그것은 어떤 것에 실패했을 때 행해진다. 예를 들어, 이미 체결된 해군 군축조약에 대한 반대의 뜻을 기록으로 남기기 위해서 행하는 것이다. 그것은 위협이 아니라 실행함으로써 여론에 영향을 미칠 수 있도록 연출된다.

맹렬한 헌신에서 맹렬한 권태로

이름에 대한 기리가 위협받을 때 자신을 공격하려는 경향이 강해지고 있지만, 그렇다고 해서 그런 행위가 반드시 자살처럼 극단적인 결말로 이어지는 것은 아니다. 내면을 향한 공격이 우울증과 무기력 그리고 교육받은 계층에 만연한 일본인 특유의 권태를 유발하는 경우도 있다. 특정 계층에서 이런 정서가 널리 퍼진 이유는 사회학적 근거를 들어 설명할 수 있다. 지식인이 너무 많이 배출된 데다가 이들이 위계질서 안에서 불안정한 자리에 놓였기 때문이다. 야망을 성취할 수 있는 사람은 소수에 불과했다. 더욱이 1930년대에는 지식인들이 행여 '위험한 사상'을 품고 있을까 봐 우려한 정부가 의심의 눈초리로 감시한 터라 이들은 이중으로 취약한 처지에 놓였다. 일본 지식인들은 대개 자신이 느끼는 좌절감을 서구화에 따른 혼란 탓으로 여겼지만, 그것만으로는 문제의 본질을 파악하기 어렵다. 맹렬한 헌신에서 맹렬한 권태로 이행하면서 수많은 지식인이 일본 특유의 방식에 따라 심리적 난파를 경험했다. 1930년대 중반에 이르자 그들 중 상당수는 역시 일본 특유의 방식에 따라 권태에서 벗어났다. 국가주의적인 목표를 받아들인 그들은 공격의 방향을 내면에서 외부로 돌렸다. 다른 나라를 전체주의적 방식으로 침략하면서 그들은 다시금 '자신을 발견했다'. 우울한 분위기에서 벗어났고, 내부에 존재하는 거대한 힘을 새롭게 느꼈다. 개인적인 관계에서는 그럴 수 없더라도 정복 민족으로서는 그렇게 할 수 있다고 그들은 믿었다.

전쟁 결과 그런 신념이 잘못된 것으로 판명된 지금, 일본에서는 또다시 무기력이 커다란 심리적 위협으로 작용하고 있다. 의도가 무엇이든 간에 일본인은 무기력을 쉽사리 극복하지 못한다. 그것은 뿌리 깊은 문제다. 도쿄의 한 일본인은 이렇게 말했다. "폭탄이 더는 떨어지지 않아서 다행이다. 마음이 한결 홀가분하다. 하지만 이제 싸울 일이 없다 보니 우리에게는 아무런 목적이 없다. 모두가 얼떨떨한 채로 무슨 일에도 신경 쓰지 않는다. 나도 그렇고 내 아내도 그렇다. 모두가 병원에 입원한 환자 같다. 멍한 상태로 느릿느릿 움직일 뿐이다. 사람들은 정부의 전후 뒤처리와 구제책 마련이 더디다고 불평한다. 그렇게 된 진짜 이유는, 정부의 모든 관리가 우리 같은 기분이기 때문이라고 생각한다." 이러한 무기력은 프랑스가 독일의 지배에서 해방된 뒤에 맞닥뜨렸던 위험과 같다.

독일에서는 항복한 뒤 6~8개월 동안 무기력이 문제가 된 적은 없었다. 반면 일본은 이 문제를 겪고 있다. 미국인은 일본인의 이런 반응을 충분히 이해할 수 있지만, 우리가 정말 믿기 힘든 것은 정복자를 대하는 일본인의 친절한 태도다. 그들은 전쟁이 끝나자마자 패전과 그에 따르는 결과를 무척 호의적으로 받아들였다. 미소 띤 얼굴로 허리 굽혀 인사하며 미국인을 맞이했고, 손을 흔들며 환영했다. 침울해하지도, 화를 내지도 않았다. 그들은 천황이 항복을 선언할 때 썼던 표현대로 '감당할 수 없는 일을 받아들였다'. 그렇다면 왜 일본인은 자기들의 나라를 제대로 추스르지 않을까? 점령 조건에 따르면 그들에게는 그렇게 할 기회가 있었다. 모든 마을에 외국 군대가 주둔한 것은 아니었으며, 행정권도 여전히 그들에게 있었기 때문이다. 그런데도 국가 전체가 마땅히 해야 할 일은 버려둔 채 미소 짓고 환영의 몸짓으로 손을 흔들고만 있는 것 같았다. 하지만 이들이야말로 메이지 초기에 기적 같은 재건을 이뤄냈고, 그것을 기회로 1930년대에는 열정을 다해서 침략 전쟁을 준비했으며, 태평양 곳곳에 흩어져 있는 섬들 한 곳 한 곳에서 목숨 바쳐 싸웠던 나라의 국민이다.

그때의 일본인과 지금의 일본인은 똑같은 사람들이다. 단지 일본 고유의 특성에 맞게 반응하고 있을 뿐이다. 온 힘을 다해 노력하는 상태와 시간만 흘려보내는 무기력한 상태 사이를 오가는 일을 그들은 무척 자연스럽게 해낸다. 지금도 일본인은 패전국으로서 명예를 지키는 데 골몰하고 있으며, 상대에게 우호적인 태도를 보임으로써 그렇게 할 수 있다고 여긴다. 누군가에게 의존하면 가장 안전하게 명예를 지킬 수 있다고 믿게 된 것은 당연한 귀결이다. 노력해봤자 된다는 보장이 없으니 그저 시간을 보내는 게 낫다며 쉽게 체념한다. 그렇게 무기력이 확산된다.

하지만 일본인은 권태를 즐기지 않는다. 일본에서는 더 나은 삶을 위해 '무기력을 떨쳐내고 일어나자'라거나 '다른 사람들을 무기력에서 깨어나게 하자' 같은 말을 계속 외쳐왔다. 전쟁 중에도 방송 진행자들이 자주 입에 올렸던 말이다. 그들은 나름의 방식으로 자신들의 수동성에 저항한다. 1946년 봄에 발행된 일본 신문들을 보면 "전

세계의 눈이 우리를 바라보고 있는데"폭격에 맞은 잔해를 치우지도 않고 몇몇 공공사업은 시행조차 하지 못해서 일본의 명예를 더럽히고 있다는 주장을 거듭 내보내고 있다. 그들은 잠자리를 찾고자 무기력한 태도로 철도역에 모여드는 노숙자 가족을 비난한다. 미국인에게 그처럼 비참한 모습을 보이는 걸 부끄럽게 생각하기 때문이다. 일본인에게는 그들의 명예에 호소하는 방식이 잘 먹힌다. 그들도 일본이 온전한 국가의 자격으로 유엔에서 존경받는 위치에 설 수 있도록 다시금 최대의 노력을 쏟아붓길 희망한다. 그러나 이런 노력도 명예를 회복하기 위한 것이며, 노력을 기울이는 방향이 달라진 것에 불과하다. 앞으로 강대국들 사이에 평화가 찾아온다면, 일본은 자존심을 회복하는 길로 나아갈 수 있을 것이다.

일본인의 영원불멸한 목표는 명예다. 명예를 얻으려면 타인에게 존중받아야 한다. 목표를 달성하기 위해 사용하는 수단은 상황에 따라 취할 수도 있고 버릴 수도 있는 도구에 불과하다. 처지가 달라졌을 때 일본인은 태도를 바꾸고 새로운 길을 택한다. 서양인과 다르게 일본인은 이런 처신을 도덕적 문제로 여기지 않는다. 우리는 '원칙'과 이념적 문제에 대한 확신을 중요하게 여긴다. 설령 싸움에서 지더라도 생각을 바꾸지는 않는다. 예를 들어, 전쟁에 패한 유럽인은 어느 지역에서나 조직을 만들고 지하운동을 했다. 그런데 소수의 강경론자를 제외하면, 일본인은 미국 점령군에 맞서 저항운동을 하거나 지하운동을 전개할 당위성을 인정하지 않았다. 기존의 노선을 고수할 필요성을 느끼지 못했기 때문이다. 항복 후 처음 몇 달 동안 미국인은 혼자서 만석인 기차를 타고 일본의 시골 구석구석까지 안전하게 여행할 수 있었으며, 전쟁 중에는 국가주의자였던 관리들에게 정중한 대접을 받았다. 복수를 하겠다며 덤벼드는 일은 없었다. 미국인이 탄 지프차가 마을을 지나가면 아이들은 도로에 줄을 지어 서서 "헬로""굿바이"라고 소리쳤으며, 어떤 어머니는 너무 어려서 스스로 인사할 줄 모르는 아이의 손을 잡고 미군을 향해 흔들기도 했다.

미국인 입장에서는 패전 후 일본인의 태도가 확연히 달라진 것을 액면 그대로 받아들이기 어렵다. 우리는 도저히 할 수 없는 일이며, 미국의 수용소에 억류된 일본인 포로들의 태도 변화보다도 훨씬 이해하기 어려운 현상이다. 포로들은 자기가 일본인으로서는 죽은 것이나 다름없다고 생각했다. 그래서 우리는 '죽은' 사람들이 무슨 일을 벌일지는 알 수 없다고 판단했다. 일본을 아는 서양인 중에서 전쟁포로들 특유의 변화가 패전 후의 일본에서도 나타날 수 있다고 예측한 사람은 거의 없었다. 그들 대부분은 일본인이 '승리 아니면 패배만 아는' 사람들이라서 패배를 모욕으로 받아들일 게 분명하다고 여겼다. 폭력을 써서, 죽을힘을 다해, 집요하게 복수해야만 하는 모욕 말이다. 연구자 일부는 특유의 습성을 근거로 들어 일본인이 어떤 평화의 조건도 수용하지 않을 것이라고 했다. 기리를 이해하지 못해서 그렇게 분석한 것이다. 그들은 일본인이 명예를 지키기 위해서 복수와 공격이라는, 명백하고 전통적인 방식을 따르리라고만 생각했다. 다른 길을 택하는 일본인의 습성을 고려하지 않았다. 그들은 일본인과 유럽인의 공격 윤리를 혼동했다. 유럽인은 개인이든 국가든 싸우려면 먼저 자기들의 명분이 옳다고 확신해야 하며, 가슴속의 증오나 도덕적 분노에서 힘을 얻어야 한다. 하지만 일본인의 공격 윤리는 다르다.

공격적 행동에서 상호 존중으로

일본인은 내면의 공격성을 다른 방식으로 끌어낸다. 그들은 세상에서 존경받길 간절히 원한다. 강대국들이 군사력 덕분에 존경받는다고 생각해서 그들과 같은 길을 택했다. 하지만 자원이 빈약하고 기술 수준도 걸음마 단계였던 터라 성서 속의 헤롯보다 더 악랄한 수단을 쓸 수밖에 없었다. 엄청나게 노력했지만 결국 실패를 맛봤을 때, 그들은 공격이 곧 명예로 가는 길은 아니라는 이치를 깨달았다. 기리는 공격적 행동과 상호 존중을 동등하게 내포한 개념이었다. 일본인은 전쟁에서 패배하자 공격적 행동에서 상호 존중으로 돌아섰다. 자기 자신에게 심리적 폭력을 가했다는 의식은 전혀 없었다. 그들의 목적은 여전히 명예를 얻는 것이었다.

역사를 톺아보면, 일본인은 이번 전쟁과 다른 상황에서도 똑같은 방식으로 행동했다. 그리고 그들과 마주한 서양인은 늘 이런 점을 당황스러워했다. 1862년 리처드슨이라는 이름의 영국인이 사쓰마에서 살해당했을 때, 일본은 오랫동안 이어진 봉건적 쇄국 상태에서 벗어나지 못한 상태였다. 사쓰마 번은 백인 오랑캐에 맞서는 저항의 온상이었으며, 그 지역 사무라이들은 일본에서 가장 콧대 높고 호전적인 집단으로 알려져 있었다. 영국은 살인자들에게 앙갚음하고자 원정대를 보내서 사쓰마의 주요 항구인 가고시마를 폭격했다. 일본인은 도쿠가와 시대 내내 무기를 만들었지만, 그래봤자 옛 포르투갈의 총기를 베낀 것에 불과했다. 당연하게도 가고시마는 영국 전함의 적수가 되지 못했다. 폭격이 불러온 결과는 놀라웠다. 사쓰마는 영국에 복수를 다짐하지 않았고, 도리어 우호적인 관계가 되길 원했다. 적군의 막강한 힘을 본 그들은 상대에게 배우고자 했다. 일본은 영국과 무역협정을 맺었다. 이듬해에는 사쓰마에 대학을 세우고, 어떤 일본인의 글처럼 "서양과학과 학문의 신비로움을 가르쳤다. … 나마무기(生麦事件) 사건에서 출발한 우호 관계는 점점 두터워졌다."* 나마무기 사건이란 영국이 응징 차원으로 보낸 원정대가 항구를 폭격한 일을 의미했다.

이 사건이 유일한 사례는 아니었다. 호전적이고 외국인을 무척 증오한다는 점에서는 조슈 번도 사쓰마 번 못지않았다. 사쓰마와 조슈는 왕정복고를 조장하는 데 앞장섰다. 공적 권력을 갖지 못했던 천황의 조정은 1863년 5월 11일에 칙령을 발표했다. 이날을 기점으로 일본 땅에서 모든 오랑캐를 추방하라는 명령이었다. 쇼군 막부는 명령을 무시했지만 조슈 번은 그러지 않았다. 그들은 시모노세키 해협 연안을 지나가는 서양 상선들을 향해 발포했다. 그러나 총과 탄약의 성능이 뒤떨어져 있었던 터라 선박에 아무런 피해도 주지 못했다. 서양 연합함대의 공격으로 항구가 초토화되고 나서야 조슈는 큰 교훈을 얻었다. 그리고 사쓰마의 사례처럼 폭격은 이상한 결과로 이어졌다. 서구 열강이 300만 달러의 배상금을 요구했는데도, 조슈는 그 요구를 받아들였다. 역사학자 노먼은 사쓰마와 조슈에서 벌어진 사건들에 대해 이와 같이 언급했다. "서양에 대한 배타적 태도를 선도했던 부족들이 너무도 상반된 태도로 전환한 조치의 배후에 얼마나 복잡한 동기가 있든지 간에, 이런 행동이 증언하는 현실주의와 평정심은 존경하지 않을 수 없다."**

•   Herbert Norman, pp. 44~45, and n. 85.
••   앞의 책, p. 45.

〈나마무기 마을의 죽음〉(하야가와 쇼잔, 1877년)

1862년 9월 14일 일본 가나가와현 요코하마시 근처의 나마무기 마을에서 사쓰마 번의 사무라이들이 다이묘가 행차하던 길을 방해했다는 이유로 세 명의 영국인을 공격한 사건. 이 사건은 즉각 외교 갈등으로 번져 1863년 가고시마 전쟁으로 이어졌다.

영국군의 가고시마 폭격 소식을 알리는 『르몽드』 삽화

나마무기 사건을 계기로 1863년 8월 사쓰마 번과 영국 사이에 일어난 전쟁은 일본 막부의 중개로 평화 교섭을 하며 마무리되었다. 이후 사쓰마 번과 영국은 우호 관계를 맺었고, 사쓰마 번은 영국의 도움을 받아 군사 체제의 개혁에 나섰다. 이는 훗날 사쓰마 번과 조슈 번이 연합해 막부를 뒤엎고 메이지 정부를 수립하는 기반이 되었다.

상황에 따른 현실주의는 이름에 대한 기리의 밝은 면이다. 달이 그러하듯 기리에는 밝은 면과 어두운 면이 있다. 일본이 미국의 일본인 배척 법안, 해군 군축 조약 같은 사건들을 과도하게 국가적 모욕으로 받아들이고 재앙에 가까운 전쟁으로 스스로를 내몬 것은 부정적인 면이다. 1945년의 항복 결과를 선의로 받아들인 것은 밝은 면이다. 일본인은 여전히 특유의 방식대로 행동하고 있다.

부시도에 관한 오해

근대 일본 작가와 시사 평론가는 기리의 의무 사항 중 일부를 추려서 서양인에게 자신들의 '부시도'(武士道: 무사도), 즉 '사무라이의 길'을 제시했다. 이런 용어는 여러 이유로 오해받기 십상이다. 부시도는 근대적 공식 용어로, '기리에 내몰려' '기리 때문에 어쩔 수 없이' '기리를 위해 열심히 일하는' 등과 같은 표현이 일본에서 지니는 깊은 감정을 대변하지 못한다. 또, 기리가 지닌 복잡성과 모호성을 담아내지도 못한다. 그것은 시사 평론가들의 생각일 따름이다. 게다가 부시도는 국가주의자와 군국주의자의 구호가 되었다. 따라서 그런 지도자들에 대한 불신만큼이나 그 용어도 불신의 대상이 되었다. 그렇다고 일본인이 더는 '기리를 알지' 못한다는 의미는 절대 아니다. 서양인이 일본에서 기리가 어떤 의미인지 이해하는 일은 전보다 더 중요해졌다. 부시도를 사무라이와 동일시하는 것도 오해의 근원이다. 기리는 모든 계층에서 공통적으로 여기는 덕목이다. 다른 모든 의무와 규율처럼 사회적 신분이 올라갈수록 기리가 더 무거워진다. 하지만 기리는 사회의 모든 계층에서 요구되는 것이다. 적어도 일본인은 그것이 사무라이에게 더 무겁게 요구된다고 생각한다. 일본인이 아닌 사람들은 평범한 사람들이 기리에 순응해봤자 얻을 만한 것이 적기 때문에, 기리가 평범한 사람들에게 가장 큰 부담을 지운다고 생각하는 경향이 있다. 일본인에게는 자신의 세계에서 존경받는 것만으로도 충분한 보상이 된다. '기리를 모르는 사람'은 여전히 '불쌍한 자'다. 그런 사람은 동료에게 비웃음을 사고 따돌림을 당한다.

9장

인정의 영역

The Circle of Human Feelings

이해를 돕는 배경지식

『겐지 이야기』(源氏物語)

11세기 초 무라사키 시키부(紫式部)가 쓴 장편 소설. 총 54권으로 이루어져 있다. 주인공 히카루 겐지의 생애를 통해 우아하고 세련된 귀족들의 독특한 사회 모습을 그려냈다. 치밀한 구성과 심리 묘사, 정교한 표현과 세련된 미의식 등으로 일본 고전문학을 대표하는 작품으로 평가받는다.

요시와라(吉原)

1617년 에도시에 흩어져 있던 유곽을 모아 한정된 구역 안에 수용했는데, 그 안을 '요시와라'라고 불렀다. 일본의 전통적 공창제에 의한 유곽 거리 중 가장 대표적인 곳으로, 1946년 공창제가 폐지되면서 사창가로 바뀌었다가 1958년에 매춘방지법 실시로 모두 폐업했다. 에도시대에는 환락가이자 사교장으로 번창하면서 에도 문화에 큰 영향을 미쳤다.

스사노오노미코토(須佐之男命)

일본 신화에 등장하는 신으로, 태양신 아마테라스의 동생이자 남편이다. 아마테라스와 함께 일본 황실의 조상신으로 여겨진다. 충동적이고 남성적인 성격으로 온갖 무도한 짓을 저질러 결국 천국에서 어둠의 땅으로 추방된다.

극단적 의무 변제와 철저한 체념을 요구하는 일본의 도덕률은 개인적 욕망을 인간의 마음에서 도려내야 하는 악이라고 낙인찍었을 것이다. 이는 불교의 전통적인 교리이기도 하다. 그래서 일본의 도덕률이 오감(五感)의 쾌락에 무척 너그럽다는 사실을 알면 그 이중성에 놀라지 않을 수 없다. 일본은 세계에서 손꼽히는 불교 국가지만, 이 문제에 관한 윤리는 석가모니나 불경의 가르침과 뚜렷하게 대조된다. 일본인은 욕망 충족을 비난하지 않는다. 그들은 청교도가 아니다. 육체적 쾌락을 좋은 것, 장려할 가치가 있는 것으로 여긴다. 쾌락을 추구할 뿐 아니라 높게 평가한다. 그렇지만 쾌락이 삶의 중대한 문제에 영향을 끼치지 않도록 한계를 정해둔다.

이런 도덕률을 따르기 위해서는 무척 긴장된 상태로 생활해야 한다. 감각적 쾌락을 수용했을 때 뒤따르는 이런 결과를 힌두교도라면 미국인보다 훨씬 쉽게 받아들일 수 있을 것이다. 미국인은 쾌락을 학습의 대상으로 여기지 않는다. 개인은 감각적 쾌락에 빠져들길 거부할 수 있지만, 그것은 이미 알고 있는 유혹에 대한 저항일 따름이다. 그런데 일본에서는 쾌락도 의무처럼 배워야 한다고 생각한다. 쾌락 자체를 가르치는 문화권은 거의 없다. 따라서 사람들은 대부분 자기희생적인 의무에 헌신한다. 남녀의 육체적 끌림조차도 때로는 엄격히 제한되며, 원만한 가정생활에 해가 되지 않는 선에서만 허용된다. 그런 문화권에서는 남녀관계와 전혀 다른 기초 위에 가정생활이 놓여 있다. 일본인은 먼저 육체적인 쾌락을 배운 뒤, 그것을 탐닉하면 안 된다는 도덕률을 만들어둠으로써 인생을 스스로 곤란하게 만든다. 그들은 마치 예술을 하듯 육체의 쾌락을 연마해놓고서 그것을 충분히 음미했을 때, 의무를 다해야 한다는 구실을 들어 쾌락을 희생한다.

육체적 쾌락과 자기단련

일본인이 좋아하는 소소한 육체적 쾌락 중 하나가 온욕(溫浴)이다. 부유한 귀족뿐 아니라 가난하기 짝이 없는 농부나 비천한 신분의 하인 계층에서도 매일 저녁 뜨겁게 덥힌 물에 몸을 담그는 것이 일상의 일부로 자리 잡았다. 가장 흔히 쓰는 욕조는 나무통인데, 그 밑에 숯불을 피워서 수온을 43도까지 올린다. 사람들은 몸을 깨끗이 씻은 다음 욕조에 들어가 따뜻한 기운을 즐기며 휴식한다. 그들은 턱까지 물이 차도록 태아처럼 무릎을 구부린 자세로 앉아 있다. 몸을 청결하게 유지하고자 날마다 목욕하는 것 자체는 미국인과 같지만, 일본인은 거기에 수동적 탐닉이라는 예술적 가치를 더한다. 이는 다른 나라의 목욕 습관에서 찾기 힘든 특성이다. 나이가 들수록 그 가치는 점점 더 높아진다.

목욕 비용과 거기 따르는 수고를 줄여줄 다양한 방법이 있지만, 어쨌든 일본인은 목욕을 꼭 해야만 한다. 대도시와 소도시에는 수영장처럼 생긴 대규모 목욕탕들이 있다. 사람들은 거기 가서 따뜻한 몸

나무 욕조 안에서
목욕하는 여인(1911년)

을 담그고 우연히 만난 사람과 이야기를 나눈다. 시골 마을에서는 여자들이 돌아가며 마당에 욕조를 준비한다. 그들은 목욕할 때 사람들의 시선을 두려워하지 않는다. 가족들은 차례로 목욕통을 쓴다. 어떤 가족이든, 심지어 부잣집에서조차 엄격한 순서대로 욕조에 들어간다. 손님, 할아버지, 아버지, 장자 순이며 신분이 가장 낮은 하인이 마지막 차례다. 그들은 가재처럼 몸이 벌겋게 익은 상태로 욕조에서 나온다. 그런 다음 가족이 한데 모여서 저녁 식사 전까지 하루 중 가장 느긋한 시간을 즐긴다.

온욕이 이토록 중요한 쾌락으로 여겨지듯이, '자기단련'에는 전통적으로 냉수욕이라는 습관이 있다. 지나친 듯 보이는 이런 습관은 종종 '간게이코'(寒稽古: 겨울 훈련)나 '미즈고리'(水垢離: 목욕재계)라 불리며 지금도 실행되고 있지만, 전통적인 방식은 아니다. 옛날에는 새벽이 되기 전에 집을 나와 산속의 차가운 폭포수 밑에 앉아 있어야 했다. 겨울밤에 난방이 안 된 집에서 몸에 얼음처럼 차가운 물을 끼얹는 행위도 만만치 않은 고행이다. 퍼시벌 로웰(Percival Lowell)은 1890년대에 행해졌던 이 관습을 이렇게 기록했다. "사제가 되려는 것은 아니지만 몸을 치료하거나 특별한 예언의 힘을 얻고 싶었던 사람들은 잠자리에 들기 전에 찬물로 고행을 하고, '신들이 목욕하는' 시간인 새벽 두 시에 일어나서 다시 찬물로 고행을 했다. 그들은 아침에 일어나면 다시 그 행위를 했으며, 정오와 해 질 녘에도 되풀이했다."• 새벽의 고행은 열심히 악기 연주법을 익히거나 세속적 직업을 얻고자 준비하는 사람들에게 특히 인기가 있었다. 자신을 단련할 목적으로 일부러 추위에 몸을 드러내기도 한다. 아이들이 서예를 익힐 때도 손가락에 감각이 없어지고 동상에 걸린 상태로 연습 기간을 마치는 걸 미덕으로 여겼다. 현대의 초등학교에는 난방 시설이 없다. 그래야 훗날 삶의 어려움이 닥치면 제대로 대처해나갈 수 있다고 생각했기 때문이다. 일본인들은 이것이 무척 좋은 관습이라고 생각하지만, 서양인들에게는 감기와 콧물을 달고 사는 아이들의 모습만 기억에 남을 뿐이다.

일본인이 탐닉하는 또 다른 쾌락은 수면이다. 수면은 일본인이 완성한 가장 뛰어난 기술 중 하나다. 그들은 어떤 자세로든, 심지어 우리가 불가능하다고 여기는 상황에서도 완전히 긴장을 풀고 잠을 잔다. 서구의 일본 연구자들은 이 모습을 보고 놀란다. 미국인은 불면증

• Percival Lowell, *Occult Japan*, 1895. PP. 106-121.

과 심리적 긴장을 동의어로 여긴다. 미국 기준에 따르면, 일본인은 긴장을 많이 한다. 그런데 그들은 아이들처럼 잘 자고, 일찍 잠자리에 든다. 아시아 국가 중에서도 이런 사례는 찾기 어렵다. 시골 사람들은 해가 지고 나면 곧 잠자리에 든다. 우리처럼 내일을 위해 에너지를 비축하려고 자는 것이 아니다. 그들은 그런 계산을 하지 않는다. 일본인을 잘 아는 어떤 서양인은 이렇게 썼다. "일본에 가면 밤에 잠을 잘 자고 휴식을 취함으로써 내일을 준비해야 한다는 생각은 버려야 한다. 잠을 회복, 휴식, 휴양과 별개의 문제로 여겨야 한다." 잠은 일과 마찬가지로 "삶과 죽음에 관해 알려진 사실과 무관하게 독립적인 것으로 간주된다."* 미국인은 체력을 유지하기 위해 잠을 잔다고 생각한다. 그래서 우리 대부분은 아침에 일어날 때 가장 먼저 지난밤에 몇 시간을 잤는지 생각한다. 수면 시간으로 그날 어느 정도 에너지를 낼 수 있으며 능률을 올릴 수 있는지를 가늠한다. 일본인은 다른 이유로 잔다. 그들은 잠을 좋아한다. 방해받지 않는다면 기꺼이 잠을 잔다.

일본인은 또한 가차 없이 잠을 희생하기도 한다. 시험 준비를 하는 학생은 잠을 쫓으며 밤낮으로 공부한다. 푹 자면 도리어 더 높은 성적을 얻을 수 있다는 생각은 전혀 하지 못한다. 군대에서도 훈련을 목적으로 잠을 희생한다. 1934년에서 1935년까지 일본 육군 소속이었던 해럴드 다우드(Harold Doud) 대령은 데시마(手島) 대위와 나누었던 대화를 이렇게 기록했다. "평소 부대는 이틀 밤 사흘 낮 내내 10분 동안 잠시 멈추고 눈을 붙인 것을 제외하면, 잠을 자지 않고 두 차례에 걸쳐 행군했다. 병사들은 때때로 걸어가면서 잤다. 우리 부대의 소위는

---

* W. Petrie Watson, *The Future of Japan*, 1907.

졸다가 길가의 목재 더미에 정면으로 부딪쳐 웃음거리가 되기도 했다."행군을 마치고 병영에 도착했을 때도 그들은 여전히 잠자리에 들 수 없었다. 모두 보초와 순찰 임무에 투입되었기 때문이다. 나는 이렇게 물었다. "어째서 병사 중 일부라도 잠을 자게 해주지 않는 겁니까?" 그가 대답했다. "안 됩니다! 그럴 필요가 없습니다. 그들은 이미 어떻게 자야 하는지를 알고 있습니다. 그러니 어떻게 깨어 있어야 하는지를 훈련해야 합니다."* 일본인의 생각을 간결하게 요약해주는 말이다.

음식을 먹는 것도 온욕과 수면처럼 쾌락에 속하며, 양껏 즐기는 휴식이면서 동시에 자기단련을 위한 훈련이다. 일본인은 끝없이 내오는 음식을 한가롭게 즐기고 탐닉한다. 한 번에 찻숟가락 하나 정도 분량의 음식이 나오는데, 일본인은 음식의 맛뿐만 아니라 겉모양에도 찬사를 보낸다. 그러나 그 외의 경우에는 규율이라는 점이 크게 강조된다. 에크슈타인은 한 시골 사람의 발언을 인용해서 이렇게 말했다. "빨리 먹고 빨리 싸는 게 일본인의 최고 덕목이지요. 먹는 건 거창한 행위가 아닙니다. … 살기 위해 먹는 겁니다. 그래서 최대한 간략하게 해치워야 합니다. 아이들, 그중에서도 특히 사내아이들에게는 최대한 빨리 먹으라고 재촉합니다. 유럽에서는 아이들에게 천천히 먹으라고 권하지만, 여기서는 정반대입니다."** 규율을 따지는 불교 사찰에서는 식사 전에 음식이 약이라는 사실을 기억하게 해달라고 기도한다. 수련 중인 사람들은 음식을 쾌락으로 여기는 게 아니라 목숨을 부지하는

• *How the Jap Army Fights*, Penguin Books, 1942. pp. 54-55.
•• G. Eckstein, *In Peace Japan Breeds War*, 1943. p. 153.

데 필요한 것으로 받아들여야 한다고 기본적으로 생각하기 때문이다.

일본인의 사고방식에 따르면, 굶을 수밖에 없는 상황은 자기가 얼마나 단련했는지를 측정할 수 있는 훌륭한 시험대다. 먹을 게 없는 상황은 앞서 언급한 온욕이나 수면과 마찬가지로 '고난을 잘 견뎌낼' 수 있음을 보여줄 기회다. 굶주렸지만 '잇새에 이쑤시개를 끼고' 있는 사무라이처럼 말이다. 음식을 먹지 않고 버티면서 이런 시험을 통과하면, 열량과 비타민 결핍으로 체력이 떨어지는 게 아니라 오히려 정신적 승리에 힘입어 강해진다. 미국인은 영양과 체력을 일대일 대응 관계로 여기지만, 일본인은 이것을 인정하지 않는다. 그래서 도쿄 라디오 방송에서는 전쟁 중 굶주린 채로 방공호에 숨어 있던 사람들에게 체조를 하면 체력과 기운이 회복된다고 말했던 것이다.

낭만적 사랑과 성적 쾌락

일본인이 길러온 또 다른 '인정'(人情, 닌조)은 낭만적 사랑이다. 비록 결혼 방식과 가족에 대한 의무에 어긋나지만, 그럼에도 낭만적 사랑은 일본에서 완전히 자리를 잡았다. 일본 소설은 낭만적 사랑을 많이 다루는데, 프랑스 문학에서 그러하듯 주인공은 이미 결혼한 사람이다. 연인이 사랑을 이룰 수 없어서 함께 자살하는 일은 그들이 즐겨 읽고 대화의 소재로 삼는 주제다. 11세기의 『겐지 이야기』(源氏物語)는 세계 어느 나라의 위대한 문학작품에도 견줄 수 있을 만큼 낭만적 사랑을 정교하게 다룬 소설이다. 봉건시대의 다이묘나 사무라이의 연애 이야기 역시 낭만적 사랑에 관한 내용이 많았다. 이처럼 낭만적 사랑

〈겐지 이야기 화첩〉 중 하나
(토사 미츠오키, 17세기 후반)

은 동시대 소설의 주된 주제였다. 이런 면에서 일본 문학은 중국 문학과 큰 차이가 있다. 중국인은 낭만적 사랑과 성적 쾌락의 문제를 두드러지지 않게 다룸으로써 골치 아픈 문제를 피한다. 그래서 그들의 가정생활은 대단히 평온하다.

물론 이 점에 관해서 미국인은 중국인보다 일본인을 이해하는 게 더 쉽다. 하지만 피상적으로 이해할 뿐이다. 일본인에게는 없는 성적 쾌락과 관련된 금기가 우리에게는 많다. 성적 쾌락의 영역에서 우리는 도덕적 태도를 보이지만 일본인은 크게 개의치 않는다. 삶에서 사소한 자리를 차지하고 있는 한 그들은 성(性)을 여느 '인정'처럼 좋은 것으로 여긴다. '인정'에는 사악한 점이 전혀 없으므로 성적 쾌락을 도덕적으로 대할 필요가 없다. 일본인은 자신들이 소중히 여기는 그림책을 음란물로 깎아내리거나 '요시와라'(게이샤와 윤락녀가 사는 구역)

1800년대 요시와라 밤거리를 그린 〈요시와라 야경〉(카츠시카 오이, 1818-1844년경)

를 선정적 장소로 여기는 미국인과 영국인의 시각을 문제 삼는다. 서구와 접촉했던 초기에도 일본은 외국의 비판에 무척 예민하게 반응했다. 일본의 관례를 서구의 기준에 맞추고자 법령을 제정하기도 했다. 그러나 법적 규제로는 문화적 차이를 메울 수 없었다.

교육을 받은 일본인이라면 자신들에게는 아무렇지도 않은 일들이 영국인과 미국인의 눈에는 부도덕하고 외설적으로 비친다는 사실을 잘 안다. 그러나 그들은 '인정'이 삶의 심각한 문제에 개입해서는 안 된다는 자기들의 신조와 미국의 관습적 태도 사이에 엄청난 틈이 있다는 사실을 의식하지 않는다. 그래서 우리는 사랑과 성적 쾌락에 대한 일본인의 태도를 이해하는 데 어려움을 겪는다. 그들은 성적 쾌락에 속하는 영역을 아내에 속하는 영역에서 분리한다. 두 영역 모두 공공연하게 인정받는다. 한쪽은 공인받고 다른 쪽은 은밀하게 이루어지는 미국인의 생활과 다르다. 두 영역이 별개인 이유는 하나가 주요 임무에 속하고, 다른 하나는 사소한 기분 전환에 속하기 때문이다. 난봉꾼이든 이상적인 아버지든, 각 영역에 '적합한 자리'를 설정하는 방식은 똑같아서 둘을 다른 세계로 본다.

일본인과 다르게 미국인은 사랑과 결혼이 하나라는 이상을 품고 있다. 우리는 배우자 선택의 기준이라는 점에서 연애를 인정한다. '사랑한다는 것'은 가장 인정받는 결혼 사유다. 결혼한 남자가 다른 여자에게 육체적 매력을 느꼈다면, 이는 아내를 모욕하는 처사다. 당연히 아내에게 가야 할 것을 다른 사람에게 돌렸기 때문이다. 하지만 일본인은 그렇게 생각하지 않는다. 젊은 남자는 부모가 정해준 배우자와 맹목적으로 결혼한다. 그는 아내를 대할 때 격식을 차려야 한다. 화목한 가정에서조차 아이들은 그들의 부모가 서로 성적인 애정 표현을 하는 모습을 보지 못한다. 어느 잡지에 실린 일본인의 말처럼, "이 나라에서 결혼의 진짜 목적은 아이들을 낳아 가계를 잇는 것이다. 이것 외의 다른 목적은 결혼의 진정한 의미를 왜곡할 뿐이다."

그렇지만 이 말은 일본인이 그처럼 절제하면서 품위를 지킨다는 뜻은 아니다. 여유 있는 일본 남자는 정부를 둔다. 단, 중국과 달리 마음에 드는 여자를 가족으로 들이지 않는다. 만약 그렇게 했다가는 별개로 있어야 할 두 영역이 혼란스러워지기 때문이다. 정부로 삼은 여자는 음악·춤·안마·기예를 익힌 게이샤일 수도 있고 창부일 수도 있다. 어떤 경우든 그는 여자를 고용한 집과 계약을 맺는다. 이 계약은 여자가 버림받지 않도록 보호하며 여자에게 금전적 대가를 보장한다. 일반적으로는 남자가 여자에게 집을 마련해주지만 아주 예외적인 경우, 곧 여자에게 아이가 생기고 남자가 그 아이를 친자식과 함께 키우고 싶어 할 때는 여자를 집으로 데려온다. 그렇게 되면 여자는 첩이 아니라 하인 취급을 받으며, 그녀가 데려온 아이는 남자의 본처를 '어머니'라고 불러야 한다. 아이와 친어머니의 관계는 인정되지 않는다. 중국의 전통적 관습에서 뚜렷하게 드러나는 동양의 일부다처제와는 다른 모습이다. 이처럼 일본인은 가족에 대한 의무와 '인정'을 공간적으로도 분리한다.

정부를 두는 것은 여유 있는 상류층에 국한된 이야기다. 대부분의 남자가 한두 번쯤 게이샤나 창부를 찾아간 적이 있고, 그런 일은 공공연하게 이루어진다. 아내가 저녁에 기분 전환을 하러 나가는 남편의 옷매무새를 매만져주기도 한다. 유흥업소에서 아내에게 계산서를 보낼 때도 있는데, 그러면 아내는 두말없이 돈을 지불한다. 그런 일로 속이 상할 수도 있지만, 그것은 어디까지나 스스로 해결해야 할 문제다. 게이샤를 찾아가면 창부에게 가는 것보다 돈이 더 많이 든다. 하지만 저녁의 유흥을 즐기고자 지불하는 돈에 그녀를 잠자리 상대로 삼을 권리까지 포함된 것은 아니다. 그가 얻는 것은 자기의 역할을 잘 수행하도록 철저하게 훈련된, 옷차림이 아름답고 몹시 세련된 여자들에게 접대를 받는 즐거움이다. 특정 게이샤에 접근하려면 그녀의 후원자가 되어 그녀를 정부로 삼겠다는 계약을 맺거나, 여자가 스스로 그에게 몸을 바치도록 매력을 동원해서 마음을 사로잡아야 한다. 그러나 게이샤와 함께 저녁 시간을 보내는 동안 성적인 행위가 전혀 없는 것은 아니다. 그들의 춤과 재담, 노래, 몸짓은 전통적으로 성을 은밀하게 암시하며, 상류층 아내가 해줄 수 없는 모든 것을 밖으로 드러내도록 정교하게 계산된 것이다. 그것은 '인정 안'에 있으며 '고의 세계'에서 받는 압박감을 덜어준다. 이런 즐거움에 빠져들지 않을 이유

20세기 초 게이샤들의 모습

는 없다. 다만 두 영역은 확실히 구분되어 있다.

창부들은 허가받은 유곽에서 산다. 게이샤와 하룻밤을 즐기고 난 뒤 창부를 찾아가기도 하지만, 여유가 없는 남자들은 게이샤를 단념하고 비용이 덜 드는 창부와 노는 것으로 만족한다. 유곽에서는 여자들의 사진을 밖에 붙여둔다. 남자들은 눈에 띄는 곳에서 오랫동안 사진을 살펴본 뒤 상대를 고른다. 이런 일을 하는 여자들은 신분이 낮고 게이샤처럼 대접받지 못한다. 그들 대부분은 가난한 집의 딸로, 돈 때문에 팔려온 처지다. 그들은 게이샤와 달리 기예를 익히지 못한다. 예전에는 여자들이 무표정한 얼굴로 유곽 밖에 나와 있으면 고객들이 '인간 상품' 중에서 마음에 드는 대상을 골랐다. 그런데 서양인에게 비난을 받자 이런 관습을 폐지하고 사진으로 대체했다.

　한 남자가 창부를 선택하고 유곽과 계약을 맺은 뒤 그녀를 정부로 삼는 경우도 있다. 그럴 때 여자들은 계약 조건에 따라 보호받는다. 그러나 남자는 계약 없이 하녀나 여점원을 정부로 삼기도 한다. 이러한 '자발적인 정부'들은 사회적으로 무척 취약한 처지다. 그들은 상대와 사랑에 빠져 있지만, 공인된 의무의 영역 밖에 놓여 있다. 미국의 이야기나 시에 등장하는, 연인에게 버림받아 '갓난아이를 무릎에 끌어안고' 비탄에 잠긴 젊은 여자들을 일본인은 '자발적인 정부들'과 동일하게 여긴다.

　동성애에 빠지는 것도 전통적인 '인정'의 일부다. 옛 일본에서는 사무라이나 승려 같은 고위층 남자들이 공공연하게 동성애를 즐겼다. 서양인에게 인정받고자 많은 관습을 금지했던 메이지 시대에는 동성애를 법으로 처벌하도록 규정했다. 그러나 동성애는 여전히 도덕적으로 비난받을 일이 아니라 '인정'의 하나로 여겨지고 있다. 물론 가정을 유지하는 데 해를 끼쳐서는 안 되고 적당한 수준에 그쳐야 한다는 전제가 따른다. 따라서 남자나 여자가 서양인이 말하는 의미의 동성애자가 '될' 위험은 생각할 수 없다. 비록 남자 게이샤라는 직업이 있긴 하지만, 일본인은 미국의 성인 남자 동성애자 중에서 수동적 역할을 맡는 사람이 있다는 사실에 특히 놀란다. 일본에서는 그런 행위가 위신을 떨어뜨리는 일이라고 여겨서 동성애의 상대로 소년을 찾기 때문이다. 이처럼 일본인은 남자의 자존심을 지키기 위해 나름의 선을 그어놓았고, 그것은 우리가 생각하는 경계선과 다르다.

　일본인은 자위행위의 쾌락에도 도덕의 잣대를 들이대지 않는다. 일본만큼 다양한 자위 도구를 개발한 나라도 없을 것이다. 다른 영역에서 그러했듯이, 일본인은 외국의 비난을 피하려고 공공연히 알려진 몇몇 도구를 없앴다. 하지만 그들은 그런 도구들을 사용하는 게 잘못되었다고 생각하지 않는다. 서구에서는 자위행위를 부정하게 여기는데, 미국보다는 유럽에서 훨씬 엄격하게 규제한다. 이런 분위기가 성인이 되기 전 아이들의 의식에 깊이 각인된다. 사내아이는 자위행위를 하면 정신이 나간다거나 대머리가 된다는 말을 듣는다. 어머니는 아들이 갓난아이였을 때 지켜보고 있다가 자위행위 문제가 불거지면 크게 문제 삼고 처벌한다. 심지어 두 손을 묶어두거나 하느님에게 벌을 받는다고 말하면서 겁주기도 한다. 그런데 일본의 어린아이와 소년은 그런 경험을 하지 않는다. 따라서 성인이 되어서도 우리와 다른 태도를 보인다. 그들은 자위행위로 쾌락을 얻는 것에 아무런 죄의식도 느끼지 않으며, 점잖은 삶에서 사소한 위치에 두는 것으로 자위행위를 충분히 통제할 수 있다고 생각한다.

음주 또한 사회에서 허용하는 '인정'의 하나다. 일본인은 미국인의 금주 약속을 서구의 특이한 기행 중 하나로 여긴다. 투표를 통해 자기 고장을 금주 지역으로 만들려 하는 미국의 지역 운동도 마찬가지 시각으로 바라본다. 사케를 마시는 것은 정신이 똑바로 박힌 남자라면 아무도 마다하지 않을 즐거움이다. 그러나 술은 사소한 기분 전환에 속하는 것이므로 정상적인 사람은 술독에 빠지지 않는다. 그들의 사고방식에 따르면 동성애자가 '될까 봐' 염려할 필요가 없는 것과 마찬가지로, 주정뱅이가 '될까 봐' 염려할 필요도 없다. 일본에서 알코올의 존중이 사회문제가 아닌 것도 사실이다. 술은 기분이 즐거워지기 위해 마시는 것이며, 가족이나 심지어 대중도 술에 취한 사람을 혐오스럽다고 생각하지 않는다. 술에 취했다고 해서 난폭하게 행동하는 경우는 드물다. 술에 취한 아버지가 자식들을 때릴 것이라고 생각하는 사람은 없다. 술을 마시면서 떠들어대는 모습을 흔히 볼 수 있으며, 취하면 평소 격식을 차려왔던 옷차림과 몸가짐이 흐트러지는 것이 보통이다. 도시의 술자리에서는 남자들이 서로의 무릎에 앉는 것을 즐긴다.

전통을 중시하는 일본인은 음주와 식사를 엄격하게 분리한다. 술이 나오는 마을 잔치에서 밥을 먹기 시작하는 것은, 이제 술을 그만 마시겠다는 뜻을 보여주는 행위다. 그는 다른 '영역'으로 들어간 것이다. 그래서 나머지 사람들과 분리된다. 집에서는 식후에 술을 마실 수도 있지만, 밥과 술을 한꺼번에 먹지는 않는다. 순서대로 한 가지씩 즐기는 것이다.

선악을 구분하지 않는 인정

'인정'에 대한 일본인의 생각은 여러 결과를 낳는다. 그것은 육체와 정신이 인간의 삶에서 우위를 확보하려고 끊임없이 싸운다는 서양 철학의 기반을 무너뜨린다. 일본 철학에서 육체는 악이 아니다. 육체적 쾌락을 즐기는 것도 죄가 아니다. 정신과 육체는 우주의 상반된 힘이 아니다. 일본인은 이런 원리로 세계가 선과 악의 싸움이 아니라는 결론에 도달한다. 조지 샌섬 경은 이렇게 썼다. "역사적으로 일본인은 악의 문제를 이해하지 못했거나, 이해하려고 하지 않았던 것으로 보인다."* 사실 그들은 악의 문제를 인생관의 문제로 받아들이는 것을 거부해왔다. 그들은 인간에게 두 영혼이 있다고 생각한다. 서로 대립

괴물 야마타노오로치를 죽이는 스사노오노미코토(츠키오카 요시토시, 1887년경)

하는 선한 충동과 나쁜 충동이 아니라 '부드러운 영혼'(和魂)과 '거친 영혼'(荒魂)이다. 사람이든 국가든 부드러워야 할 때가 있고 거칠어야 할 때가 있다. 한 영혼은 지옥으로 가고 다른 영혼은 천국으로 간다고 생각하지도 않는다. 둘이 각각 다른 경우에 필요하며 둘 다 선하다고 믿는다.

일본인의 신들도 마찬가지로 선악의 성격을 지니고 있다. 가장 인기 있는 신은 태양신의 동생인데, '빠르고 충동적이며 남성적이고 당당한 신'이라는 의미로 스사노오노미코토(須佐之男命)라 불린다. 자신의 누이에게도 난폭하게 굴었기 때문에, 만약 그가 서양 신화의 등장인물이라면 악마 취급을 받았을 것이다. 동생이 자기에게 찾아온 동기를 의심한 누이는 그를 방에서 내쫓으려고 한다. 그러자 그는 무엄하게 행동하면서 누나가 추종자들과 함께 추수감사제를 지내고 있던

● Sansom, 1931. p. 51.

식당에 똥을 뿌린다. 그리고 논두렁을 무너뜨리기도 하는데, 이는 끔찍한 범죄였다. 서양인은 이해할 수 없겠지만, 그중에서도 가장 끔찍한 죄는 누이의 밤 지붕에 구멍을 내서 '거꾸로 가죽을 벗긴' 얼룩말을 던져 넣은 행동이었다. 스사노오는 이렇게 무도한 짓들을 했다는 이유로 신들의 재판을 받아 무거운 벌을 받고 천국에서 어둠의 땅으로 추방당했다. 그러나 그는 여전히 수많은 신 중에서 일본인이 가장 좋아하는 신이며, 그에 걸맞게 숭배자가 많다. 이런 성격의 신들은 세계 신화에 심심찮게 등장한다. 그러나 더 고차원적 윤리를 갖춘 종교에서는 그런 신들이 배제된다. 선과 악 사이의 우주적 투쟁을 전제로 한 철학에서는 초자연적 존재들을 흑과 백으로 구분하는 것이 더 적절하기 때문이다.

일본인은 악에 맞서 싸우는 게 미덕이라는 생각을 공공연히 부정해왔다. 그들의 철학자와 종교 지도자들은 그런 도덕률이 일본에 맞지 않는다고 수 세기 동안 주장해왔다. 그들은 이것이야말로 일본 민족이 도덕적으로 우월한 증거라며 목소리를 높인다. 그들에 따르면 중국인은 런(仁), 즉 정의롭고 자애로운 행동을 절대적 기준으로 끌어올리고, 모든 사람과 행동이 그것에 못 미치면 결함이 있다고 판단하는 도덕률을 만들어야 했다. 18세기 신토 연구자 모토오리 노리나가(本居宣長)는 이렇게 말했다. "중국인은 본성이 열등해서 인위적 억제 수단이 필요하기 때문에 그런 도덕률이 적합하다." 근대 불교 학자들과 근대 국가주의 지도자들도 같은 주제로 글을 쓰거나 발언했다. 그들에 따르면 인간의 본성은 본래 선하며 신뢰할 수 있으므로, 자신의 악한 반쪽과 싸울 필요가 없다. 영혼의 창문을 깨끗이 닦고 경우에 맞게 행동하기만 하면 된다. 만약 '더럽혀졌다 해도' 불순물은 즉시 제거되고 인간의 본질적 선함이 다시 빛나게 된다. 불교 철학은 다른 어떤 나라보다 일본에서 한층 앞으로 나아갔다. 그들은 모든 인간이 잠재적인 부처이며, 미덕의 규칙은 경전이 아니라 깨달음을 얻은 자신의 순수한 영혼 안에서 발견할 수 있다고 가르쳤다. 그렇게 발견한 것을 어찌 불신하겠는가? 인간의 영혼에는 어떤 악도 내재되지 않았다. 그들에게는 시편의 작자처럼 "이 몸은 죄 중에 태어났고 모태에 있을 때부터 이미 죄인이었습니다"*라고 절규하는 신학이 없다. 그들은 인간의 타락을 가르치지 않는다. '인정'은 비난해서는 안 될 축복이다. 철학자도 농부도 그것을 비난하지 않는다.

미국인의 귀에는 그런 신조들이 결국 자기 탐닉과 방종의 철학으로 이어지는 것처럼 들린다. 그러나 지금까지 살펴본 것처럼, 일본인은 '의무 완수'를 가장 높은 인생의 과업으로 여긴다. 그들은 '온'을 갚기 위해 개인의 욕망과 기쁨을 기꺼이 희생하며, 이를 당연하게 받아들인다. 행복 추구를 삶의 진지한 목적으로 삼는 사상은 그들에게 무척 놀랍고도 부도덕한 교리다. 행복이란 여건이 될 때 잠시 빠져들 수 있는 휴식에 불과하기 때문이다. 그래서 행복으로 국가와 가족을 판단할 엄두조차 내지 못한다. 주(충), 고(효), 기리(의리)의 의무를 지키면서 살아가려면 종종 극심한 고통을 겪기 마련인데, 일본인은 그런 시련과 마주할 각오가 되어 있다. 그들은 결코 악이라고 생각하지 않는 쾌락을 계속 단념한다. 그렇게 하려면 의지가 강해야 하고, 그것이 곧 일본에서 가장 존경받는 미덕이다.

일본 소설과 연극에서 '해피엔드'가 드문 것은 일본인의 이런 내도

---

* 구약성서(공동번역) 시편 51편 5절 ─ 옮긴이

와 관련이 있다. 미국 관객은 해결을 갈망한다. 등장인물들이 앞으로 행복하게 살아가길 원하며, 그렇게 믿고 싶어 한다. 미덕에 대해 보상받길 바라는 것이다. 물론 그들이 연극의 결말을 보고 울 수도 있다. 대부분은 주인공의 성격에 결함이 있거나 주인공이 잘못된 사회질서에 희생당한 경우다. 어쨌든 미국에서는 주인공이 행복해지는 결말을 훨씬 선호한다. 반면 일본 관객은 운명의 장난으로 남주인공이 비극적 최후를 맞이하고, 아름다운 여주인공이 죽는 장면을 지켜보면서 눈물을 흘린다. 그러한 구성은 저녁 시간 여흥을 절정으로 이끈다. 사람들은 그런 것을 기대하며 극장에 간다. 일본 근대 영화들도 남녀 주인공의 고통을 주제로 다룬다. 서로 사랑하다가 단념하는 이야기도 있고, 결혼해서 행복하게 살던 부부 중 한쪽이 자기의 의무를 다하기 위해 자살하는 이야기도 있다. 타고난 재능을 발휘해서 배우로 대성할 수 있도록 남편을 격려하며 헌신적으로 뒷바라지하던 아내가 있었다. 마침내 성공을 눈앞에 두었을 때, 그녀는 남편의 새로운 삶에 걸림돌이 되지 않으려고 대도시로 몸을 숨긴다. 그리고 남편이 대성공을 거두는 날, 그녀는 가난 속에서 아무런 불평 없이 죽는다. 이런 내용도 있는 만큼, 일본의 극은 굳이 해피엔드로 끝날 필요가 없다. 자기를 희생하는 남녀 주인공에 대한 동정과 연민만으로 충분하다. 주인공들이 신에게 심판받아 고통을 겪는 게 아니다. 모든 희생을 무릅쓰고 자신의 의무를 다했으며, 배반이나 병이나 죽음 등 어떤 불행이 닥쳐도 옳은 길에서 벗어나지 않았음을 보여주는 결말이다.

　일본의 근대 전쟁영화도 같은 전통을 따른다. 이 영화들을 본 미국인은 종종 이것이야말로 최고의 반전 선전물이라고 평가한다. 이렇듯 미국인다운 반응을 보이는 이유는 이 영화들이 전쟁에 따른 희생과 고통을 다루기 때문이다. 일본의 전쟁영화들은 열병식, 군악대, 함대 훈련이나 큰 대포의 위용을 과시하지 않는다. 러일전쟁을 다루든 중일전쟁을 다루든, 그들은 진흙탕을 행군하는 단조로운 일상과 초라한 전투의 고통 그리고 끝나지 않는 작전을 부각한다. 그런 영화의 마지막 장면은 승리도 아니고, 만세를 부르며 돌격하는 행위도 아니다. 사방은 온통 진창뿐이고 아무 특색이 없는 중국의 한 도시에서 밤에 잠시 숙영하는 장면이다. 혹은 일본인 가족 삼대가 세 번의 다른 전쟁에 나갔다가 불구가 되고, 절름발이가 되고, 눈이 멀어서 돌아오는 장면이다. 군인이 죽은 뒤 유가족이 집에서 남편이자 아버지이자 가장의 죽음을 애도하며 살아가는 장면으로 끝나기도 한다. 영미권의 '캐벌케이드'(Cavalcade)*풍 영화들에서 볼 수 있는 감동적인 배경은 전혀 없다. 전쟁을 하게 된 목적에 대한 언급조차 없다. 영화에 나오는 모두가 자신의 모든 것을 바쳐서 '온'을 갚았다는 것만으로도 일본 관객은 충분히 만족한다. 그러므로 일본에서는 이런 영화들이 군국주의자들의 선전도구로 쓰였다. 영화의 후원자들은 일본 관객이 그런 영화를 봐도 반전주의로 돌아서지 않으리라는 사실을 알고 있었다.

---

* 규모가 크고 웅장한 배경에서 진행되는 영화를 일컫는 용어로, '캐벌케이드'라는 영국 영화의 제목에서 유래했다. —옮긴이

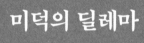

10장

미덕의 딜레마

The Dilemma of Virtue

이해를 돕는 배경지식

『47인의 로닌 이야기』
에도 시대에 일어난 역사적 사건인 '아코 사건'(赤穂事件)을 바탕으로 한 이야기다. 아사노 영주가 기라 영주에게 모욕을 당하고 할복한 뒤, 아사노 영주를 따르던 47인의 로닌이 오랜 기간 인내한 끝에 복수를 하는 내용이다. 《주신구라》(忠臣蔵)라는 제목의 가부키 등 각종 공연 작품으로 만들어졌다. '로닌'은 모시던 영주가 죽거나, 영주로부터 쫓겨나 일정한 수입 없이 방랑하는 떠돌이 무사를 가리키는 말이다.

마코토노기리(まことの義理)
마코토(誠: 진심)를 직역하면 진정한 기리, 참다운 기리 정도로 옮길 수 있다. '단순한 기리'와는 대조되는 것이며, '무한한 기리' '영원한 모범으로서의 기리'라는 의미를 지녔다.

지초(自重: 자중)
자신을 존중하는 것(self-respect)을 의미하며, 문자 그대로 옮기면 '무거운 자아'라는 뜻이다. 일본에서 누군가가 '너는 자중해야 한다'라고 말한다면 그것은 '너는 그 상황과 결부된 모든 요인을 기민하게 살피고 비난받거나 성공의 가능성을 떨어뜨릴 짓을 하지 말아야 한다'라는 의미다. 자신을 존중하는 사람은 자기 관점과 양심에 따라 행동할 수 있다고 여기는 미국의 사회 통념과 대조된다.

일본인의 인생관은 주(忠: 충), 고(孝: 효), 기리(義理: 의리), 진(仁: 인), 인
정(人情: 낭만적 사랑)에 대한 그들의 표현 방식에 그대로 나타난다. 그
들은 '인간의 모든 의무'가 지도의 각 지역처럼 나뉘어 있다고 생각한
다. 개인의 삶은 '주의 영역' '고의 영역' '기리의 영역' '인정의 영역'
그리고 그 외 더 많은 영역으로 구성된다. 각 영역에는 특별한 세부 규
칙이 있고, 그들은 동료를 인성이 아니라 '고를 모른다'라거나 '기리를
모른다'와 같은 기준으로 평가한다. 미국인처럼 누군가를 정의롭지 않
다고 비난하는 대신, 그가 어떤 영역에서 기대에 못 미치게 행동했는
지 지적한다. 또, 누군가를 이기적이라거나 불친절하다고 비난하는 대
신, 그가 특정 영역을 위반했다고 꼭 집어 말한다. 일본인은 정언명령
이나 황금률에 호소하지 않는다. 어떤 행동의 승인 여부는 그것이 속
한 영역 안에서 판단한다. '고를 위해서'라거나 '단지 기리를 위해서'
라거나 '진의 영역에서' 무언가를 할 때, 서양인이 보기에는 완전히 다
르게 행동한다. 각 '영역'의 규칙도 달라서, 상황이 변하면 완전히 상
반된 행동을 요구하기도 한다. 주군에게 기리를 지키려면 극단적으로
충성해야 하지만, 가신이 주군에게 모욕당하면 이후 배신할 수도 있
다. 1945년 8월까지, 주는 일본인에게 마지막 한 사람까지 적군과 싸우
라고 요구했다. 천황이 방송으로 항복을 선언함으로써 주가 요구하는

것이 달라지자, 일본인은 외부인에게 적극적으로 협력하기 시작했다.

선악을 바라보는 관점의 차이

이런 태도를 본 서양인들은 무척 당혹스러워한다. 우리의 경험에 따르면 사람들은 '성격에 따라' 행동한다. 우리는 충성스러운지 불충한지, 협조적인지 오만한지에 따라 양과 염소를 구분한다.* 사람들에게 딱지를 붙이고 그들의 지난 행적으로 미루어 다음 행동을 예상한다. 사람들은 너그럽거나 인색하고, 자발적이거나 의심이 많고, 보수적이거나 자유주의적이다. 우리는 그들이 특정한 정치 이념을 믿고, 그에 반하는 이념과 계속 싸우리라고 생각한다. 유럽에서 겪은 전쟁 경험으로 보면, 부역파가 있고 저항파가 있다. 우리는 전쟁에서 승리한 뒤 부역자들이 자기 입장을 바꿀 것으로 기대하지 않았고, 우리의 예상이 맞았다. 미국에서 벌어지는 논쟁들도 마찬가지였다. 뉴딜파와 반뉴딜파를 예로 들 수 있다. 우리는 새로운 상황이 발생하면 두 진영이 각자의 성격에 맞게 계속 행동하리라고 판단한다. 만약 개인이 한 진영에서 다른 쪽으로 넘어가면, 예를 들어 무신론자가 가톨릭교도가 된다든지 공산주의자가 보수주의자가 되면, 그런 변화는 전향이며 새로운 인격이 거기에 맞게 형성된 것으로 간주한다.

물론 통합된 행동에 대한 서구 세계의 믿음이 늘 맞는 것은 아니

---

* 신약성서 마태복음 25장 33절에 나온 표현으로, 선한 것(양)과 악한 것(염소)를 구분한다는 뜻이다. ─옮긴이

지만, 그것은 결코 환상이 아니다. 원시적 문화든 문명화된 문화든, 모든 문화권의 사람들은 자신이 특정 부류의 인간으로 행동한다고 생각한다. 권력에 관심이 있는 사람은 자기의 의지에 대중이 얼마만큼 복종하느냐에 따라 실패와 성공을 가늠한다. 사랑받는 것에 관심 있는 사람은 개인적 관계가 없을 때 좌절감을 느낀다. 사람들은 자기가 전적으로 올바르거나 '예술적 기질'을 가졌거나 가정적인 사람이라고 생각한다. 그들은 보통 자기 성격에 일종의 게슈탈트(Gestalt)*를 구축한다. 그것이 인간의 삶에 질서를 가져다준다.

일본인은 심리적 고통을 겪지 않고도 한 가지 행동에서 다른 행동으로 넘어갈 수 있다. 서양인으로서는 믿기 힘든 능력이다. 우리는 그처럼 극단적인 가능성을 경험해보지 못했기 때문이다. 일본인의 생활에서 우리 눈에 모순처럼 보이는 것들은 기실 그들의 인생관에 기초를 두고 있다. 마치 우리 안에 획일성이 깊이 뿌리내린 것과 같다. 서양인이 특히 인식해야 할 점은 일본인이 삶을 나누는 '영역들'에는 '악의 영역'이 포함되지 않는다는 사실이다. 그렇다고 일본인이 악한 행동을 인정하지 않는 것은 아니다. 다만 인간의 삶을 선한 힘과 악한 힘이 겨루는 무대로 보지 않을 뿐이다. 그들은 인간의 삶을 하나의 '영역'과 다른 '영역', 한 가지 방법과 다른 방법 사이에서 조심스레 균형을 맞춰야 하는 한 편의 연극으로 생각한다. 각 영역과 방법은 그 자체로 선하다. 자기의 본능을 따른다면 모두 선한 존재가 될 것이다. 앞에서 언급했듯이, 그들은 중국의 도덕적 가르침조차 중국인에게 그

● 부분이 모여서 된 전체가 아니라, 완전한 구조와 전체성을 지닌 통합된 전체로서의 형상과 상태 — 옮긴이

런 것들이 필요했기 때문에 존재한다고 생각한다. 이는 곧 중국인이 열등하다는 증거다. 일본인은 자기들에게 포괄적인 윤리 계율이 필요 없다고 말한다. 앞서 인용했던 조지 샌섬 경의 표현을 빌리자면, 그들은 "악의 문제로 씨름하지 않는다". 거창한 수단을 쓰지 않더라도 자신들이 나쁜 행동을 적절하게 설명할 수 있다고 믿는다. 모든 영혼이 본래 새로운 칼처럼 미덕으로 빛나지만, 닦아서 잘 간수하지 않으면 녹이 슨다. 그들의 표현대로 '내 몸의 녹'은 칼에 난 녹처럼 해롭다. 인간은 칼에 기울이는 것과 같은 정성으로 자기 인격을 돌봐야 한다. 그러나 녹이 슬더라도 그 밑에는 그의 밝고 빛나는 영혼이 있다. 그러니 다시 닦으면 된다.

이러한 인생관 때문에 서양인은 일본의 민간설화와 소설, 연극을 보면서 결론이 모호하다고 느낀다. 성격의 일관성과 선악의 대결이라는 우리의 요구에 맞게 줄거리를 고치지 않는 한 그것을 온전히 이해할 수 없다. 하지만 그렇게 하면 일본인이 줄거리를 바라보는 방식과 완전히 달라진다. 일본인은 주인공이 '기리 대 인정' '주 대 고' '기리 대 기무'의 갈등 관계에 처한 것으로 본다. 주인공이 실패하는 이유는 인정 때문에 기리의 의무를 소홀히 했거나, 주의 채무와 고의 채무를 동시에 갚을 수 없기 때문이다. 주인공이 기리 때문에 올바른 일(기)을 할 수 없는 상황도 발생한다. 그는 기리에 내몰려 가족을 희생하기도 한다. 그렇게 묘사되는 갈등은 여전히 구속력이 있는 두 의무 사이에서 일어난다. 양쪽이 다 '선하다'. 둘 중 하나를 선택하는 것은 엄청난 빚을 진 채무자가 직면한 상황과 같다. 누군가에게는 빚을 갚고 누군가는 당분간 무시해야 한다. 그러나 빚 하나를 갚았다고 해서 나머지 빚까지 없어지는 것은 아니다.

이런 식으로 주인공의 삶을 지켜보는 것은 서구의 관점과 엄청나게 대비된다. 우리 이야기의 주인공들이 선한 이유는 그들이 '더 선한 쪽을 택해서' 악한 상대와 싸우기 때문이다. 우리가 잘 쓰는 표현대로 '선이 승리한다'. 그러니까 이야기의 결말이 행복해야 하고, 착한 사람은 보상을 받아야 한다. 그러나 일본인은 죽음을 해결책으로 선택함으로써 세상과 자신의 이름에 대한 모순된 빚을 해결하는 영웅의 '중대한 사건'에 관한 이야기를 끝없이 갈망한다. 이런 내용은 많은 문화권에서 비통한 운명에 대한 체념을 가르치는 교훈으로 여겨진다. 그러나 일본에서는 완전히 반대다. 그 이야기들은 진취적 기상과 냉혹한 결단력을 보여준다. 영웅은 자기가 짊어진 의무를 갚기 위해 최선을 다하고, 그렇게 함으로써 또 다른 의무를 소홀히 한다. 그러나 결국에는 그들이 소홀히 했던 '영역'의 빚을 갚는다.

『47인의 로닌 이야기』

일본의 진정한 국민적 서사시를 꼽는다면 단연 『47인의 로닌 이야기』라 할 수 있다. 세계문학에서 높이 평가받는 작품은 아니지만, 일본인에게는 엄청난 영향을 끼쳤다. 일본 소년이라면 누구나 이 이야기의 주된 줄거리뿐만 아니라 세부 내용까지 알고 있다. 이 이야기는 입에서 입으로 계속 전해지고, 책으로 출간되며, 연작 영화로 제작되어 인기를 끌고 있다. 47인의 로닌 무덤은 여러 세대에 걸쳐 수많은 사람이 참배한 명소가 되었다. 참배객들이 두고 간 명함으로 종종 무덤 주위가 하얗게 뒤덮이기도 한다.

『47인의 로닌 이야기』의 중심 주제는 주군에 대한 기리다. 일본인의 견해에 따르면, 이 이야기는 기리와 주의 갈등, 기리와 정의의 갈등(당연히 기리가 고결한 승리를 거둔다) 그리고 '단순한 기리'와 무한한 기리의 갈등을 다룬다. 사건의 시대적 배경은 1703년인데, 이때는 봉건시대의 전성기였다. 근대 일본인이 꿈꾸는 것처럼 남자들은 남자다웠고, '마지못해서' 기를 행하는 일이 없었다. 47인의 주인공은 자기의 명성, 아버지, 아내, 누이, 정의(기)까지, 모든 것을 기리에 바친다. 그리고 마지막에는 자결함으로써 목숨을 주에 바친다.

모든 다이묘는 쇼군에게 정기적으로 경의를 표하는 의식을 치러야 하는데, 그 일을 주관하는 두 다이묘 중 하나로 아사노(淺野) 영주가 임명되었다. 이 둘은 시골 영주였던지라 궁정의 신분 높은 다이묘인 기라(吉良) 영주에게 필요한 예법을 배워야 했다. 아사노의 가장 현명한 가신이자 이야기의 주인공인 오이시(大石)가 곁에 있었더라면 세심하게 조언했겠지만, 아쉽게도 그는 고향에 가 있었다. 물정 몰랐던 아사노는 기라에게 보낼 충분한 '선물'을 준비하지 못했다. 기라에게 교육받던 다른 다이묘의 가신들은 세상 이치에 밝은 사람들이라 선물을 넉넉하게 바쳤다. 그래서 기라는 아사노에게 일부러 잘못된 예법을 가르쳤을 뿐만 아니라 의식에 전혀 맞지 않는 옷을 입도록 지시했다. 그렇게 엉뚱한 옷을 입고 의식에 참석한 아사노는 자기가 모욕당했음을 깨닫고 칼을 빼서 기라의 이마를 벴다. 주위에서 말릴 틈도 없이 순식간에 벌어진 일이었다. 기라의 모욕에 대한 복수는 명예를 소중히 여기는 남자의 덕, 즉 이름에 대한 기리를 행하는 것이었다. 그러나 쇼군의 궁전에서 칼을 뽑은 행위는 주를 위반한 것이었다. 이름에 대한 기리 측면에서는 훌륭하게 행동했지만, 규칙에 따라 할복해

아사노 영주가 기라 영주를 공격하는 장면을 묘사한 그림(우타가와 쿠니테루, 1876년 이전)

야만 주와 타협할 수 있었다. 아사노는 집으로 돌아가서 할복할 때 입는 복장을 갖춘 뒤 가장 현명하고 충성스러운 가신 오이시가 돌아오기만을 기다렸다. 마침내 오이시가 돌아오자 둘은 오랫동안 서로를 쳐다보며 작별을 고했다. 아사노 영주는 정해진 예법에 맞춰 자리를 잡고 자신의 배를 칼로 찔러 자결했다. 주를 위반하고 쇼군의 노여움을 샀다는 이유로 죽은 영주였기에, 어떤 친척도 그의 자리를 물려받겠다고 나서지 않았다. 결국 아사노의 영지는 몰수되었고 그의 가신들은 주군 없는 로닌이 되었다.

기리의 의무를 따르려면 아사노의 사무라이 가신들은 주군처럼 할복해야 마땅했다. 만약 그들이 이름에 대한 기리를 지키고자 할복했던 주군의 뒤를 따른다면, 그런 행동은 주군을 모욕한 기라에게 항의하는 표시가 될 것이다. 그러나 오이시의 속내는 달랐다. 할복 정도

로는 자기들의 기리를 충분히 표현할 수 없다고 생각했다. 사무라이들이 아사노 영주와 기라 영주를 떼어놓는 바람에 실패했던 복수를 자기들의 손으로 완수해야 했기 때문이다. 즉, 그들은 기라 영주를 죽여야만 했다. 그러나 주를 침해해야만 완수할 수 있는 일이었다. 기라 영주는 쇼군과 친밀한 관계였기 때문에 정부가 복수를 공식적으로 허가할 리 만무했다. 일반적으로 복수하려는 집단은 쇼군에게 계획을 제출하면서 특정일까지 완료하겠다고 알린다. 만약 정한 기한이 지나면 복수를 포기해야 한다. 그렇게 해서 운 좋은 사람들은 주와 기리를 둘 다 취할 수 있었다. 하지만 자신과 동료들 앞에는 이런 선택의 길이 놓여 있지 않다는 걸 오이시는 알고 있었다. 그래서 아사노의 사무라이 가신들이었던 로닌들을 불러모았으면서도 기라를 죽이겠다는 계획에 대해서는 입도 뻥긋하지 않았다. 로닌의 수는 300명이 넘었다. 1940년에 일본 학교에서 가르친 내용에 따르면, 그들은 모두 할복하기로 의견을 모았다. 그러나 모두가 무한한 기리, 일본식 표현으로 하면 '마코토노기리'(まことの義理)를 품고 있는 건 아니었다. 이 사실을 알고 있었던 오이시는 그들 전부와 함께 위험한 복수극을 펼칠 수는 없다고 생각했다. 그는 마코토노기리를 품은 사람과 '단순한' 기리를 품은 사람을 구별하고자 주군의 재산 분배 문제를 던졌다. 일본인의 사고방식으로는 이미 자결하기로 동의한 사람들이 재산 문제로 왈가왈부한다는 것은 있을 수 없는 일이었다. 그러나 각자의 가족에게 혜택이 돌아가기 때문에, 재산을 어떻게 나눌지를 두고 로닌들은 격렬하게 충돌했다. 급료를 가장 많이 받던 수석 집사는, 전에 받던 급료에 따라 재산을 나누자고 주장하는 무리의 대표가 되었다. 오이시가 이끄는 쪽은 균등하게 배분하자는 의견을 냈다. 로닌 중 누가

'단순한' 기리를 행하는지가 명확해지자, 오이시는 수석 집사의 의견을 따르기로 하고 논쟁에서 이긴 사람들이 자리를 떠나도록 내버려두었다. 한몫 챙겨서 떠난 수석 집사는 '개 같은 사무라이' '기리를 모르는 인간' '부도덕한 인간'이라는 오명을 썼다. 오이시가 자신의 복수 계획을 알려도 좋을 정도로 기리가 강하다고 판단한 사람은 47명뿐이었다. 그와 뜻을 함께한 47명은 어떠한 신의나 애정이나 기무도 그들의 목표를 완수하는 데 방해가 되지 않게 하겠다고 맹세했다. 그들에게는 기리가 최상의 법이었다. 47명은 손가락을 베어 피로 맹세했다.

그들의 첫 번째 일은 기라 영주의 눈을 따돌리는 것이었다. 작전상 흩어진 그들은 모든 명예를 잃어버린 사람처럼 행동했다. 오이시는 가장 저속한 술집을 드나들고 눈살이 찌푸려질 만한 난동을 벌였다. 방탕한 삶을 핑계 삼아 아내와 이혼하기도 했다. 법에 저촉된 행동을 하려는 일본인에게는 일상적이면서 적절하게 여겨지는 조처였다. 그래야 아내와 자식들이 사건에 연루되는 걸 막을 수 있기 때문이다. 오이시의 아내는 크게 슬퍼하며 그와 헤어졌다. 그러나 아들은 로닌의 대열에 합류했다.

도쿄에는 복수에 관한 소문이 떠돌았다. 로닌을 존경했던 사람들은 그들이 반드시 기라 영주를 공격할 것이라고 확신했다. 그러나 47명의 로닌은 그럴 의도가 없다고 말했다. 그들은 '기리를 모르는' 사람처럼 행동했다. 그들의 치욕스러운 행동에 화가 난 장인들이 결혼을 깨고 사위를 집에서 내쫓을 정도였다. 친구들마저 그들을 비웃었다. 어느 날 오이시가 술에 취해 여자들과 희희낙락대는 모습을 그의 가까운 친구가 보았다. 오이시는 그 친구에게도 주군에 대한 기리를 부인했다. "복수라고? 어리석은 짓이야. 인생을 즐겨야지. 술 마시고 노는 것보다 좋은 게 뭐가 있겠나?" 그 말을 믿을 수 없었던 친구는 오이시의 칼을 칼집에서 뽑아보았다. 칼날이 반짝거려서 오이시의 말이 거짓임을 증명하길 내심 바랐던 것이다. 하지만 칼은 녹슬어 있었다. 오이시의 말을 믿을 수밖에 없었던 친구는, 길거리에서 술에 취한 오이시에게 발길질을 하고 침을 뱉었다.

어떤 로닌은 복수극에서 자기가 맡은 역할을 해내기 위해 돈이 필요해지자 아내를 창부로 팔았다. 그녀의 오빠도 로닌 중 하나였는데, 그는 동생이 내막을 알아채자 자기 칼로 직접 죽이려고 했다. 그렇게 충성심을 보여야 오이시가 이끄는 무리에 들어갈 수 있을 것으로 여겼기 때문이다. 어떤 로닌은 장인을 죽였다. 어떤 로닌은 여동생을 기라 영주의 하녀이자 첩으로 들여보냈다. 언제 공격해야 좋을지 내부에서 알려주도록 하려는 의도였다. 이는 복수를 마친 뒤 그녀가 자결해야 한다는 걸 의미하기도 했다. 기라의 편에 선 것처럼 보였던 잘못을 자결로써 씻어내야 하기 때문이다.

12월 4일, 눈보라가 치는 밤이었다. 기라 영주가 술잔치를 벌였고 경비들도 술에 취해 있었다. 로닌들은 요새를 공격해서 경비들을 제압하고 기라의 침실로 곧장 들어갔다. 그는 그곳에 없었지만, 이부자리에는 아직 온기가 남아 있었다. 그들은 기라가 어딘가에 숨었다고 판단하고 집 안을 샅샅이 뒤졌다. 마침내 석탄 저장소로 쓰이는 헛간에 어떤 남자가 웅크리고 있는 모습을 발견했다. 로닌 하나가 헛간 벽을 창으로 찔렀다. 그런데 창을 뺐을 때 날에 피가 묻어 나오지 않았다. 창은 정확히 몸에 박혔지만, 몸에서 빠져나갈 때 기라가 기모노 소매로 피를 닦았기 때문이다. 하지만 이런 속임수도 소용없었다. 로닌은 그를 끌어냈다. 그러나 그는 자신이 기라가 아니라 수석 집사라

47인의 로닌이 기라 영주의 저택 정문을 공격하는 모습을 그린 그림(가쓰시카 호쿠사이, 1806년경)

고 우겼다. 이때 47인의 로닌 중 한 명이 자기들의 주군 아사노 영주
가 쇼군의 궁전에서 기라에게 상처를 입혔다는 사실을 기억해냈다.
그들은 그 상처로 기라의 신원을 확인하고 그에게 곧바로 할복을 요
구했다. 하지만 기라는 거절했다. 이는 그가 겁쟁이라는 증거였다. 그
들은 주군 아사노 영주가 할복할 때 사용했던 칼로 그의 목을 치고 격
식에 따라 깨끗이 씻었다. 그들은 임무를 완수하고 피 묻은 칼과 잘린
머리를 가지고 열을 지어 아사노 영주의 무덤으로 갔다.

　도쿄 전체가 로닌들의 행위에 열광했다. 그들을 의심했던 가족과
처가 식구들이 달려와서 그들을 껴안고 경의를 표했다. 넓은 영지를
가진 영주들도 거리에 나와 그들에게 환대를 베풀었다. 그들은 무덤
까지 가서 머리와 칼과 함께 주군을 향한 글을 바쳤다. 그 글은 지금
까지도 보존되어 있다.

저희는 오늘 경의를 표하려고 이곳에 왔습니다. … 주군께서 시작한 복수를 완수하지 못했더라면 주군 앞에 감히 올 수 없었을 것입니다. 때를 기다리는 하루하루가 저희에게는 3년처럼 느껴졌습니다. … 저희는 기라 영주를 주군의 무덤으로 호위해왔습니다. 주군께서 말년에 그렇게도 소중히 하셨고 저희에게 맡기신 이 칼을 저희가 이제 가져왔습니다. 칼을 받으시고 이 칼로 다시 한번 적의 머리를 베고 주군의 증오를 영원히 털어버리소서. 저희 47인이 감히 말씀 올리옵나이다.

그들은 기리를 갚았다. 이제 주를 갚을 일이 남았다. 둘은 죽음을 통해서만 합치될 수 있었다. 그들은 신고하지 않은 복수를 금하는 정부의 법을 어겼지만, 주를 거역한 것은 아니었다. 그들은 주의 이름으로 그들에게 요구되는 것이 무엇이든 완수해야 했다. 쇼군은 47인에게 할복을 명했다. 초등학교 5학년 독본은 그 내용을 이렇게 전한다.

그들은 주군의 원수를 갚았기 때문에, 그들의 확고부동한 기리를 영원토록 귀감으로 삼아야 한다. 따라서 쇼군은 심사숙고 후에 할복을 명령했다. 그것은 일석이조의 방책이었다.

즉, 그들은 자결함으로써 기리와 기무 양쪽에 진 가장 중요한 빚을 갚은 것이다.

일본의 국가적 서사시인 이 작품은 다양한 형태로 존재한다. 근대 영화에서는 사건의 계기가 뇌물이 아니라 성적인 문제로 바뀐다. 기라 영주는 아사노의 아내에게 추근거리다가 발각당한다. 그녀에게 빠진 그는 일부러 예법을 잘못 가르쳐줌으로써 아사노가 모욕당하게 한다. 이런 식으로 뇌물 문제가 줄거리에서 사라진다. 그러나 기리에 수반되는 모든 의무가 오싹할 만큼 상세히 묘사된다. "그들은 기리 때문에 아내를 버렸고, 자식과 헤어졌으며, 부모마저 잃었다(죽였다)."

기무와 기리의 갈등

기무와 기리의 갈등은 다른 많은 이야기와 영화의 바탕이 된다. 제3대 도쿠가와 쇼군 시대를 배경으로 이야기가 전개되는 유명한 역사영화가 있다. 젊고 세상 경험이 부족한 그가 쇼군으로 지명되자 신하들은 계승 문제로 편이 갈렸다. 일부는 쇼군과 같은 나이의 가까운 친척을 옹립하자고 했다. 이 싸움에서 패한 다이묘 중 하나는 제3대 쇼군이 통치를 잘했음에도 '모욕감'을 가슴에 품고 때를 기다렸다. 그러던 어느 날, 드디어 기회가 왔다. 쇼군이 수행원들과 함께 영지를 시찰하러 온다는 통보를 받은 것이다. 다이묘에게는 쇼군 일행을 접대할 책무가 있었다. 그는 이 기회에 복수함으로써 이름에 대한 기리를 수행하려 했다. 그의 집은 이미 요새화되어 있었지만, 그는 앞으로 벌어질 일을 대비해서 모든 출입구를 막고 요새를 봉쇄할 수 있게 했다. 벽과 천장이 쇼군 일행의 머리 위로 무너지게 할 셈이었다. 그는 거창하게 계획을 세우고, 연회를 꼼꼼하게 준비했다. 그리고 쇼군을 즐겁게 만들고자 사무라이 가신 한 사람을 시켜서 칼춤을 추게 했다. 이 사무라이는 춤이 절정에 이르렀을 때 쇼군을 칼로 찌르라는 명령을 받았다. 사무라이는 다이묘에 대한 기리에 따라 주군의 명령을 결코 거부할 수 없었다. 그러나 그의 주는 쇼군의 몸에 손대는 것을 금했다. 화면에서 보이는 춤은 그런 갈등을 오롯이 묘사했다. 그는 해야 하지만 해서는 안 되는 상황에 놓였다. 그는 쇼군을 거의 찌를 뻔했지만 차마 그럴 수 없었다. 아무리 기리를 지켜야 한다 해도 주가 너무 강하기 때문이다. 춤사위가 점차 흐트러지자 쇼군 일행은 의심을 품었다. 다급해진 다이묘가 집을 무너뜨리라고 명령하자 그들은 자리에서 일어났다. 쇼군은 춤추는 사무라이의 칼을 피했지만, 집이 무너져 죽을 상황에 처했다. 이때 춤을 추던 사무라이가 앞으로 나오더니 쇼군 일행을 지하 통로로 안내해서 안전하게 밖으로 탈출시켰다. 주가 기리를 이긴 것이다. 고마운 마음이 든 쇼군의 대변인은 그에게 도쿄로 가자고 제안했다. 그러나 그는 무너지는 집을 돌아보며 말했다. "그럴 수는 없습니다. 저는 여기 머물겠습니다. 이것이 저의 기무이자 기리입니다." 그는 몸을 돌려서 무너지는 집으로 돌아가 생을 마감했다. "그는 죽음으로써 주와 기리를 모두 만족시켰다. 둘은 죽음 속에서 하나가 되었다."

의무와 갈등을 일으키는 인정

과거 이야기들은 의무와 '인정' 사이의 갈등에 초점을 맞추지 않았지만, 최근에는 그것이 주요 주제가 되었다. 근대 소설들은 기무(의무)나 기리(의리) 때문에 사랑과 온정을 포기해야 하는 상황을 묘사한다. 이런 주제는 줄어들기는커녕 도리어 점점 부각되고 있다. 서양인에게는 일본의 전쟁영화가 평화주의자의 선전물처럼 보이듯, 우리에게는 일본 소설들이 마음 가는 대로 살 자유를 더 크게 보장해달라는 호소처럼 여겨진다. 그 소설들은 그런 충동의 존재를 확실히 입증하는 듯하다. 그런데 일본인은 소설이나 영화의 줄거리를 이야기하면서 거듭 다른 의미를 찾아낸다. 우리가 주인공에게 공감하는 이유는 그가 사랑에 빠지거나 개인적 야망을 품기 때문이다. 하지만 일본인은 이런 감정이 기무와 기리 수행을 방해하도록 내버려둔 주인공을 나약하다고 비난한다. 서양인은 전통에 반기를 들고, 장애물을 뛰어넘어 행복을 쟁취하는 것이 강인함의 증거라고 생각하는 경향이 있다. 그러나 일본인은 개인의 행복을 무시하고 의무를 다하는 사람이야말로 강자(強者)라고 말한다. 강인함이란 반발이 아니라 복종을 통해 나타난다고 그들은 생각한다. 따라서 그들의 소설과 영화의 내용은 서양인의 눈으로 보는 것과 전혀 다른 의미를 지닐 때가 많다.

일본인은 자기의 삶이나 자기가 아는 사람들의 삶도 그와 같은 기준으로 평가한다. 그들은 의무와 대립하는 개인적 욕망에 관심을 보이는 사람을 약자(弱者)로 본다. 모든 상황을 이런 식으로 판단하지만, 그중에서도 서양 윤리에 가장 배치되는 것은 아내를 향한 남편의 태도다. 아내는 '고의 영역'에서 곁가지일 뿐 중심은 부모다. 따라서 남자의 의무는 명확하다. 도덕을 무척 중요하게 여기는 남자는 고에 복종하며, 어머니가 아내와 이혼하라고 하면 그 말을 받아들인다. 여전히 아내를 사랑하고 자식이 있어도 마찬가지다. 도리어 그런 상황을 무릅쓰고 이혼한다면, 그는 '더 강인한' 사람이 될 수 있다. 일본인의 표현대로 '고는 아내와 자식을 남으로 취급하도록 요구할 수 있다'. 처자식에 대한 태도는 기껏해야 '진(仁)의 영역'에 속한다. 최악의 경우, 아내와 자식들은 그에게 아무런 요구도 할 수 없다. 행복한 결혼 생활을 할 때도 아내는 의무의 영역에서 중심에 자리하지 않는다. 따라서 남자는 아내에 대한 감정을 부모나 국가를 향한 감정과 같은 수준으로 끌어올려서는 안 된다. 1930년대에 어느 저명한 자유주의자가 일본에 돌아온 소감을 말하는 과정에서, 무척 기쁜 이유 중의 하나로 아내와 재회한 것을 꼽았다가 구설에 오른 적이 있었다. 그는 부모와 후지산, 국가적 의무에 대한 본인의 헌신을 말해야 했다. 그의 아내는 그런 항목들과 같은 수준이 아니었다.

근대로 접어들면서 일본인은 수준을 나누고 다른 '영역'들을 별개로 분리하는 데 중점을 둔 자기들의 도덕 규범에 불만을 품었다. 일본의 교육은 주를 최고의 덕목으로 만드는 데 역량을 집중한다. 정치인들이 천황을 정점에 두고 쇼군과 봉건영주들을 없앰으로써 위계를 단순화한 것처럼, 도덕적인 영역에서도 그들은 주의 범주 밑에 하위 덕목들을 둠으로써 의무 체계를 단순화하고자 애썼다. 이 방법을 써서 '천황 숭배' 사상으로 국가를 통합하려고 했을 뿐만 아니라 일본 도덕의 원자론(原子論)*을 완화하려고 했다. 주를 다하면 다른 모든 의무를 수행한 것이라고 가르쳤다. 주를 지도 위의 한 영역이 아니라 도덕적이라는 아치형 구조물의 초석으로 삼고자 했다.

군인칙유와 교육칙어

이 같은 계획을 가장 권위 있게 표명한 것은 1882년에 메이지 천황이 내린 군인칙유다. 군인칙유와 교육칙어는 일본의 진정한 성전(聖典)

---

* 세계의 모든 사상을 원자와 그 운동으로 설명하려는 학설 — 옮긴이

이다. 일본의 어떤 종교도 경전의 자리를 마련해두지 않았다. 신토에는 경전이 아예 없고, 일본 불교의 종파들은 교외별전 혹은 불립문자를 교리로 삼거나* '나무아미타불'이라든지 '나무묘법연화경'이라는 문구를 거듭 읊조리게 한다. 이에 반해 메이지 천황의 군인칙유와 교육칙어는 그야말로 참다운 성전이다. 이 성전은 입을 굳게 다물고 경건하게 고개를 숙인 청중 앞에서 신성한 의식처럼 낭독된다. 일본인은 이것을 마치 토라(torah)**처럼 다룬다. 봉안소에서 꺼내와 봉독한 다음 청중이 완전히 물러가기 전 공손한 태도로 다시 봉안소에 모셔둔다. 그것을 봉독하도록 임명된 사람이 한 문장을 잘못 읽었다는 이유로 자살한 사건도 있었다. 군인칙유는 기본적으로 복무 중인 군인에게 하사되었다. 군인들은 그것을 암기했으며 매일 아침마다 10분씩 조용히 묵상했다. 중요한 국경일이나 신병이 입소할 때, 훈련을 마치고 떠날 때 그리고 그에 준하는 경우에도 엄숙하게 낭독했다. 중학교와 고등교육 과정의 남학생들도 군인칙유를 배웠다.

군인칙유는 여러 쪽에 달하는 문서다. 다수 항목으로 면밀하게 정리되어 있으며, 내용은 분명하면서도 구체적이다. 그렇지만 서양인에게는 기이한 수수께끼나 다름없고, 교훈에도 모순이 있어 보인다. 군인칙유에서는 선과 덕을 참다운 목적으로 떠받들고 있으며, 이 내용을 서양인도 이해할 만한 방식으로 설명해두었다. 또, "공적인 의무의 진정한 길을 잃어버리고 사사로운 신의를 지켰다"라는 이유를 들면서, 명예롭지 못하게 죽은 옛 영웅들처럼 되지 말라고 경고한다. 이것

---

* 교외별전(教外別傳)과 불립문자(不立文字)는 말이나 문자를 쓰지 않고, 마음에서 마음으로 부처의 교리와 깨달음을 전해야 함을 강조하는 말이다.—옮긴이
** 유대교에서 구약성서의 모세오경을 이르는 말—옮긴이

은 공인된 번역인데, 원문을 문자 그대로 번역하지는 않았지만 뜻을 잘 전달해준다. 군인칙유는 이어서 경고한다. "그러므로 여러분은 과거 영웅들의 사례에서 심각한 경고를 받아야 한다."

여기에서 말하는 '경고'는 의무에 대한 일본인의 생각을 모르면 이해할 수 없다. 군인칙유는 전체적으로 기리를 최소화하고 주를 높이려는 공적 시도를 보여준다. 통상적 의미로 '기리'를 언급한 경우가 전문을 통틀어 단 한 번도 없다. 그 대신 '상위법'(大節)에 해당하는 '주'(충)와 '하위법'(小節)에 해당하는 '사사로운 관계에서 신의를 지키는 것'이 있다는 사실을 강조한다. 군인칙유는 '상위법'이 모든 덕목의 정당성을 입증하기에 충분하다는 점을 증명하고자 애쓴다. 또한 "의로움은 기무를 다하는 것"이라고 말한다. '주'로 가득 찬 병사는 "일상의 소통에서 부드러움을 앞세우고 다른 사람들의 사랑과 존경을 얻으려 하는 진정한 용기"를 가질 수밖에 없다. 그런 가르침을 따르면 기리를 호소하지 않아도 된다고 군인칙유는 암시한다. 기무 외의 다른 의무들은 '하위법'이며, 그런 것들을 인정할 때는 신중을 기해야 한다.

만약 '사사로운 관계에서' 자기가 한 말을 지키고 기무도 이행하려 한다면 … 처음부터 그것을 성취할 수 있는지 없는지부터 조심스럽게 고려해야 한다. 현명하지 못한 의무에 얽매이게 된다면, 앞으로도 뒤로도 갈 수 없는 상황에 놓일 수 있다. 자신의 말을 지킬 수 없고 (군인칙유가 기무의 실행이라고 정의한) 의를 행할 수 없다는 확신이 들 때는 (사사로운) 약속을 즉각 파기하는 것이 좋다. 예부터 위대한 남자와 영웅들이 불행한 일에 압도되어 죽고 후대에 오명을 남긴 것은 작은 문제에 충실하려다가 근본적인 원칙의 옳고 그름을 구분하는 데 실패했거나, 공적인 의무의 진실한 길을 잃은 채 사사로운 관계에서 신의를 지키려고 했기 때문이다.

기리보다 주가 우월하다는 이런 가르침에는, 앞서 말했듯 기리에 대한 언급이 없다. 일본인이라면 '나는 기리 때문에 의(기)를 행할 수 없었다'라는 말의 의미를 알고 있을 것이다. 군인칙유는 그것을 "자신의 말(개인적인 의무들)을 지킬 수 없고 의를 행할 수 없다는 확신이 든다면"이라고 풀어 썼다. 그런 상황에서는 천황의 권위에 의지해서 기리가 '하위법'임을 기억하고 기리를 버려야 한다. 그렇게 한다 해도 '상위법'을 지키면 덕 있는 사람으로 여겨질 것이다.

주를 높이는 이 성전은 일본의 기본 문서다. 그러나 군인칙유가 기리를 완곡하게 비난한다고 해서 대중에게 미치는 기리의 영향력이 약해졌다고 말하기는 어렵다. 일본인은 자기와 타인의 행동을 설명하고 정당화하려는 의도로 군인칙유의 다른 대목을 자주 인용한다. 예를 들어 "의는 기무의 실행이다" "마음이 진실하면 무엇이든 성취할 수 있다" 등이다. 그러나 그것이 적절하다고 생각되는 경우가 이따금 있을지라도, 사사로운 관계에서 신의를 지키지 말라는 경고를 입에 담는 경우는 거의 없다. 기리는 오늘날에도 큰 권위를 지닌 미덕이다. 누군가를 가리켜 '그는 기리를 모르는 사람이다'라고 말하는 것은 일본에서 가장 심한 비난에 속한다.

일본의 윤리는 상위법을 도입한다 해도 쉽게 단순화할 수 없다. 그들이 자주 자랑하는 것처럼, 일본인에게는 착한 행동의 기준으로 삼는 보편적 덕목이 없다. 다른 문화권에서는 대부분 개인이 선한 의지나 규모 있는 살림살이, 사업 성공 같은 덕목을 성취했을 때 그에 걸

맞은 존경을 받는다. 그들은 행복이나 권력, 혹은 자유나 사회적 신분 상승 등을 삶의 목표로 내세운다. 그러나 일본인은 더 구체적인 규칙을 따른다. 그들은 봉건시대든 군인칙유든 상위법, 즉 다이세쓰(大節: 대절)에 대해 이야기할 때조차 위계가 높은 사람에 대한 의무가 아랫사람에 대한 의무에 선행한다. 그들은 여전히 배타적이다. 서양인에게는 상위법이 충성에 대한 충성(loyalty to loyalty)*이라면, 일본인에게 상위법은 특정 개인이나 명분에 대한 충성이다.

마코토: 진심의 중요성

근대 일본인은 어떤 하나의 도덕적 덕목을 모든 '영역'보다 위에 두려 할 때, 보통 '진심'을 택했다. 오쿠마 시게노부(大隈重信) 백작은 일본의 윤리를 논하면서 "마코토(誠: 진심)는 가르침 중 으뜸이며 도덕적 가르침의 기초는 그 말 하나로 함축할 수 있다"라고 말했다.** 20세기 초 서구 개인주의를 칭송했던 근대 소설가들도 서구의 방식에 불만을 느끼고 진심, 즉 마코토를 유일무이한 진짜 '교의'로 칭송했다.

이처럼 도덕적인 면에서 진심을 강조하는 태도는 군인칙유에서도 잘 드러난다. 군인칙유는 역사적 서설로 시작하는데, 이는 미국에서 워싱턴이나 제퍼슨 같은 건국의 아버지들을 거론하는 것과 같다. 이 부분은 '온'과 '주'를 호소하면서 정점에 이른다.

● 미국 철학자 조사이아 로이스의 논문 제목에서 따온 표현—옮긴이
●● Count Shinenobu Okuma, "Fifty Years of New Japan," ed. Marcus B. Huish, London, 1909. II: 37.

짐(천황)은 머리요, 너희는 몸이다. 짐은 너희를 팔다리로 여기고 의지한다. 짐이 국가를 지키고 조상의 '온'을 갚을 수 있을지는 너희가 의무를 다하는 데 달렸다.

그 뒤로 가르침이 이어진다. (1) 최고의 덕목은 주의 의무를 이행하는 것이다. 군인은 아무리 전투력이 뛰어난들 주가 강하지 않으면 꼭두각시와 다를 게 없다. 주가 결핍된 군대는 위기가 닥치면 오합지졸이 된다. "따라서 여론에 흔들리지 말고 정치에 관여하지 말고 오직 주를 행하라. 죽음은 깃털보다 가볍고, 의(기)는 산보다 무겁다는 것을 명심하라." (2) 두 번째 훈령은 계급에 맞는 외면적인 태도와 행동을 준수하는 것이다. (3) 세 번째 훈령은 용기다. 진정한 용기는 "혈기가 넘치는 야만적 행동"이 아니라 "약한 자를 경멸하지 않고 강한 자를 두려워하지 않는 것"이라고 정의한다. "따라서 진정한 용기를 아는 사람은 일상에서 소통할 때 부드러움을 앞세우며 사람들의 사랑과 존중을 얻으려고 한다." (4) 네 번째 훈령은 "사사로운 관계에 신의를 지키는 것"에 대한 경고다. (5) 다섯 번째 훈령은 검소하게 살라는 훈계다. "소박한 삶을 목적으로 삼지 않으면, 나약하고 경솔해져 사치와 낭비를 좋아하게 된다. 마침내 이기적이고 야비해져서 가장 천박한 단계로 떨어질 것이다. 그러면 아무리 충성심이 강하고 용맹한들 세상의 경멸 어린 시선에서 빠져나올 수 없게 된다. … 그렇게 되지 않을까 염려되는 마음에 짐은 경고를 되풀이하노라."

군인칙유의 마지막 구절은 이 다섯 훈령을 "천지의 공도(公道)요 보편적 인륜"이라고 일컫는다. 그것은 "짐의 군인들이 갖춰야 할 정신"이다. 그리고 이 다섯 훈령의 "정신은 진심이다. 마음이 신실하지 않으면 아무리 말과 행동이 선하더라도 단지 겉치레에 불과하며 아무런 소용이 없다. 마음이 신실하면 무엇이든 성취할 수 있다". 그러면 다섯 훈령을 "쉽게 지키고 실행할 수 있을 것이다". 모든 덕과 의무를 말하고 난 뒤 마지막에 진심을 언급한 것이 과연 일본답다. 모든 덕의 기초가 자비로운 마음에서 비롯된다고 생각하는 중국인과 확연히 다르다. 일본인은 의무를 먼저 내세우고 마지막에 가슴과 영혼, 힘과 마음을 총동원해 그 의무를 수행하도록 요구한다.

대승불교 종파인 선종(禪宗)의 가르침에서도 '진심'은 같은 의미를 지닌다. 스즈키 다이세쓰(鈴木大拙)는 선종 개론서에서 학생과 선생 사이의 대화를 소개했다.

제자: 제가 알기로, 토끼든 코끼리든 적을 습격할 때는 온 힘을 다 쏟기 마련입니다. 이 힘이라는 것이 무엇인지 말씀해주십시오.

스승: 진심(문자 그대로 말하자면, 속임 없는 힘)이다. 진심, 즉 속임 없는 힘은 '자기의 전부를 쏟아붓는 것', 엄밀히 말하면 '행동하는 전(全) 존재'(the whole being in action)를 의미한다. 이것은 아무것도 아끼지 않고 아무것도 숨기지 않고 아무것도 허비하지 않게 한다. 이런 사람을 '금모사자'(金毛獅子: 금빛 털의 사자)라고 한다. 그는 용맹함, 진심, 전심(全心)의 상징이며, 신 같은 존재다.

일본어의 '진심'이라는 단어가 지닌 특별한 의미는 앞에서 잠깐 언급한 바 있다. '마코토'는 영어의 'sincerity'(성실)와 다르다. 뜻하는 범위가 훨씬 좁으면서 동시에 훨씬 넓다. 서양인은 진심을 뜻하는 일본어 단어의 의미가 여기에 대응하는 자기들 언어의 단어보다 훨씬 좁다는 것을 금세 알아차렸다. 그래서 일본인이 다른 사람을 가리켜 진실하지 못하다고 말하는 것은 단지 그 사람과 의견이 다르다는 사실을 의미한다고 단정한다. 이 말은 어느 정도 진실이다. 일본에서 누군가를 가리켜 '진실하다'라고 하는 것은 그의 마음에서 가장 중요한 사랑이나 미움, 결의나 놀라움에 따라 '진심으로' 행동하고 있느냐와 아무런 상관이 없기 때문이다. "그는 나를 보고 진심으로 기뻐했다"라거나 "그는 진심으로 흡족해했다"처럼 긍정성이 담긴 미국인의 표현을 일본인은 무척 낯설게 받아들인다. 도리어 일본인에게는 그런 '진심'을 경멸하는 관용적 표현이 많다. 그들은 이렇게 조롱한다. "저 개구리 좀 봐. 입을 벌리니까 속이 다 들여다보여." "석류처럼 입을 벌리니 속마음이 훤히 드러난다." 감정을 밖으로 불쑥 꺼내놓는 것은 일본인에게 무척 수치스러운 일이다. 자기를 '드러내기' 때문이다. 미국에서 그토록 중요하게 여기는 '진심'의 의미는 일본어의 '진심'이라는 단어가 뜻하는 범주 안에서 설 자리가 없다. 일본인 소년이 미국인 선교사를 불성실하다고 비난했던 사례*를 떠올려보자. 그는 찢어지게 가난한 자신이 미국에 가겠다고 말했을 때 그 말을 들은 선교사가 '진심으로' 놀랐는지 아닌지는 전혀 고려하지 않았다. 또, 지난 10년 동안 일본 정치인들은 진심이 없다면서 미국과 영국을 줄곧 비난해왔다. 그런데 그들은 서구 국가들이 '진심으로' 느끼는 바에 따라 행동했는지 아닌지를 생각해보려 하지도 않았다. 그들은 두 나라를 위선자라고 비난하지도 않았는데, 그들의 정서로는 '위선자'라고 칭하는 것이 가벼운 비난에 불과하기 때문이다. 그와 마찬가지로 군인칙유에서도

———————————

* 제8장의 사례 참고─옮긴이

"진심은 이러한 가르침들의 정신"이라고 했다. 다른 모든 덕목이 실행되도록 하는 덕목은 내부의 충동에 따라 말하고 행동하는 진심과 무관하다는 뜻이다. 자기의 신념이 다른 사람들과 일치하지 않을 경우, 진심으로 자기 신념을 따르라고 명하는 것 또한 아니다.

그럼에도 마코토는 일본에서는 긍정적인 의미를 지닌다. 일본인은 이런 개념의 윤리적 역할을 무척 강조한다. 따라서 서양인은 그들이 어떤 맥락에서 그 말을 사용하는지 재빨리 파악해야 한다. 일본인이 인식하는 마코토의 기본 의미는 『47인의 로닌 이야기』에 잘 나타나 있다. 이 이야기에서 '진심'은 기리에 덧붙여지는 플러스(+) 기호다. '마코토노기리'는 '단순한 기리'와 대조되며, '영원한 모범이 되는 기리'라는 뜻이다. 현재 일본에서 쓰이는 표현을 따르자면, "마코토는 그것을 지속시키는 것"이다. 이 표현에서 '그것'을 문맥에 맞게 해석해보자면, 일본의 규율 또는 정신이 요구하는 태도라고 할 수 있다.

전쟁 중에 일본인 강제수용소에서 쓰인 마코토의 용법은 『47인의 로닌 이야기』에서 쓰인 용법과 정확하게 일치했다. 이는 이 개념의 논리가 어디까지 확장되고, 미국에서 쓰이는 용법과 얼마나 다른지를 분명하게 보여준다. 친일 성향의 이민 1세(일본에서 태어난 이민자들)는 친미 성향의 이민 2세를 향해 마코토가 결여되었다는, 틀에 박힌 비난을 퍼붓는다. 2세들이 일본 정신(전쟁 중 일본에서 공식적으로 정의된 정신)을 지켜나가려 하지 않는다는 뜻이다. 하지만 자녀 세대가 보여주는 친미적 성향을 위선이라고 지적하지는 않는다. 그들의 비난이 뜻하는 바는 위선과 거리가 멀다. 2세들이 미군에 자원입대함으로써 순수한 열정으로 제2의 조국을 지지한다는 사실이 분명해졌을 때도, 1세들은 입을 다물기는커녕 자기들이 옳다고 확신하면서 2세들에게는 마코토가 없다고 더 심하게 비난했다.

일본인이 말하는 '진심'의 근본 의미는 일본의 규율과 정신이 제시한 '길'을 따르려는 열의(熱意)다. 마코토가 특정 상황에서 아무리 각별한 의미를 지닌다 해도, 그것은 항상 일본 정신이라고 인정되는 측면 또는 덕목의 지도 위에 표기된 공인 지표를 칭찬하는 것으로 해석할 수 있다. 일본어의 '진심'이 그에 대응하는 영어 단어의 뜻에 부합하지 않는다는 것을 인정하면, 그 단어가 일본 문헌들에서 눈여겨봐야 할 가장 중요한 말이라는 사실을 알 수 있다. 일본인이 실제로 강조하는 긍정적인 덕목이라고 생각해도 무리가 없기 때문이다. 마코토는 사리사욕을 추구하지 않는 사람을 칭찬하는 용어로 꾸준히 사용해왔다. 이는 이윤 추구를 무척 나쁘게 여기는 일본인의 윤리를 반영한다. 그들은 위계 제도의 자연스러운 결과가 아닌 이윤을 착취의 산물로 간주하며, 이윤을 얻고자 정도에서 벗어난 중개자를 돈놀이꾼으로 취급하며 경멸한다. 그런 사람은 늘 '진심이 없는 인간'이라는 말을 듣는다. 또, 마코토는 감정에 치우치지 않는 사람을 칭찬하는 용어로 줄곧 사용해왔다. 이는 일본인의 자기절제 관념을 반영하다. 진실하다고 평가받을 만한 일본인은 공격적으로 도발할 의도가 없는 사람을 모욕할 수도 있는 위험에 절대 빠지지 않는다. 이는 행위 자체뿐만 아니라 행위의 사소한 결과까지도 책임져야 한다는 그들의 신조를 반영한다. 마지막으로, 마코토를 갖춘 사람만이 '사람들을 이끌고' 자기의 수완을 효과적으로 발휘하며, 심리적 갈등에서 벗어날 수 있다. 이런 세 가지 의미와 더불어 그 밖의 여러 의미는 일본인의 윤리적 동질성을 명백하게 보여준다. 즉, 일본에서는 정해진 규범을 따라야만 효과를 거두고 모순에서 벗어날 수 있다는 사실을 반영한다.

이런 내용이 일본인이 말하는 '진심'의 의미다. 이 덕목은 군인칙유와 오쿠마 백작의 말에도 불구하고, 일본인의 윤리를 단순화하지 않는다. 도덕적 토대가 되는 것도 아니고, 도덕에 '영혼'을 부여하지도 않는다. 그것은 수학의 '지수' 같은 것으로, 어떤 숫자에 붙어서 값을 더 크게 만든다. 2라는 작은 지수를 붙이면 9든, 159든, b든, x든 제곱이 된다. 마찬가지로 마코토는 일본인의 규범에 있는 어느 항목을 더 높은 단계로 끌어올린다. 그것은 별개의 덕목이 아니라 자신의 신조에 대한 광적 열정이라고 비유할 수 있다.

자신을 존중한다는 것

일본인이 그들의 규율에 관해 무엇을 하려고 했든 그것은 여전히 원자론적 상태에 머물러 있다. 덕목의 원리는 그 자체로 선인 움직임과 역시 그 자체로 선인 다른 움직임 사이에서 균형을 잡는 것이다. 그들의 윤리는 마치 브리지(bridge) 게임*과 같다. 탁월한 경기자는 규칙을 인정하고 규칙에 따라 게임을 전개한다. 그는 미숙한 경기자와 달리 신중하게 계산하는 습관이 몸에 배어 있고, 규칙을 숙지하고 있으며, 상대가 어떤 의도로 움직이는지 간파할 수 있다. 우리 식으로 말하자면, 그는 '규칙대로' 움직인다. 패를 낼 때마다 수없이 많은 경우의 수를 고려해야 한다. 발생할 수 있는 우연의 처리 방법은 전부 게임의 규칙에 담겨 있으며, 점수 또한 미리 정해져 있다. 미국인이 말하는

* 영미권에서 널리 알려진 카드 게임의 일종 — 옮긴이

'좋은 의도'는 게임과 아무런 관련이 없다.*

어느 언어권에서든, 사람들이 어떤 맥락에서 자존심을 잃거나 얻는다고 말하는지를 알면 그들의 인생관을 좀 더 수월하게 이해할 수 있다. 일본에서 '자기를 존중한다는 것'은 스스로가 신중한 경기자임을 증명한다. 영어권에서 통용되는 것처럼 가치 있는 행동의 척도에 자신을 의식적으로 맞춘다는 의미가 아니다. 굽실거린다는 의미도, 거짓말한다는 의미도, 거짓 증언을 한다는 의미도 아니다. 일본에서 자신을 존중하는 것(self-respect), 즉 지초(自重: 자중)는 문자 그대로 '무거운 자아'를 뜻하며, 그 반대는 '경박한 자아'다. 누군가가 "너는 자중해야 한다"라고 했을 때, 그 뜻을 풀어 쓰면 다음과 같다. "너는 그 상황과 결부된 모든 요인을 기민하게 살피고, 비난받거나 성공 가능성을 떨어뜨릴 짓은 하지 말아야 한다." 일본에서 '자기를 존중한다는 것'은 종종 미국에서 이 말이 뜻하는 것과 정반대의 행동을 가리킨다. 어떤 직원이 "나는 자중해야 한다"라고 말했다면, 그것은 권리를 주장해야 한다는 뜻이 아니라 자기가 곤란해질 말을 고용주에게 해서는 안 된다는 뜻이다. '자중해야 한다'라는 표현은 정치 영역에서도 같은 뜻으로 쓰인다. '중책을 맡은 사람'이 경솔하게도 '위험한 사상' 같은 데 빠지면 자신을 존중할 수 없게 된다는 의미다. 설령 위험한 사상이라 하더라도 자기를 존중한다면 본인의 주관과 양심에 따라 선택할 수 있다는 미국의 사고방식과 전혀 다르다.

일본의 부모는 청소년기 자녀를 타이를 때 '자중해야 한다'라는 훈

---

* 옳으냐 그르냐보다는 정해진 규칙에 따르는 것을 중시하는 일본의 윤리관을 설명한 것으로 보인다. — 옮긴이

계를 끊임없이 입에 올린다. 예절을 지키고 다른 사람들의 기대에 어긋나지 않게 행동하라는 뜻이다. 여자아이는 다리를 가지런히 모으고 얌전히 앉아 있도록 교육받는다. 남자아이에게는 '지금이 너의 미래가 결정되는 때니까' 스스로 단련하고 다른 사람의 눈치를 살피도록 가르친다. 부모가 자녀에게 '너는 자중하는 사람처럼 행동하지 않았다'라고 했다면, 이는 옳은 일을 위해서 당당히 맞서는 용기가 없었음을 지적하는 게 아니라 무례함을 탓하는 것이다.

대금업자에게 진 빚을 갚지 못한 농부는 "나는 자중해야 했다"라고 말한다. 이는 게을렀다거나 채권자에게 아첨했다고 자기를 탓하는 것이 아니다. 그것은 이런 위기를 예견하고 좀 더 신중하게 처신했어야 한다는 의미다. 지역사회에서 지위가 높은 사람이 "내 자존심 때문에 이것을 해야 한다"라고 말한다면, 그것은 정직과 성실의 원칙에 따라 살아야 한다는 의미가 아니다. 가족의 체면을 충분히 고려하고, 자기의 지위로 동원할 수 있는 모든 것을 투입해서 그 일을 처리해야 한다는 의미다.

기업의 임원이 자기 회사에 대해 "우리는 자중해야 한다"라고 말한다면, 이는 더욱더 신중하게 생각하고 경계해야 한다는 의미다. 꼭 복수해야 한다고 이야기하는 사람은 "자중해서 복수한다"라는 표현을 쓴다. 원수의 머리에 숯불을 쌓아놓겠다*는 의미도, 도덕적 규칙을 따르겠다는 의미도 아니다. 단지 "완벽하게 복수하겠다"라고 말하는 것과 다름없다. 즉, 면밀하게 계획을 세우고 그 상황에 따르는 모든 요인을 고려해서 행동하겠다는 의미다. "자중에 자중을 거듭한다"라는

• 신약성서 로마서 12장 20절에 나온 표현으로 원한을 덕으로 갚는다는 뜻이다. —옮긴이

말은 일본어에서 가장 강력한 표현으로 꼽히는데, 이는 무한대에 이를 만큼 신중하게 살펴서 결론을 섣불리 내리지 않겠다는 의미다. 수단과 방법을 면밀하게 계산해서 목적을 달성하는 데 필요한 노력을 넘치거나 모자라지 않게 하겠다는 뜻이기도 하다.

자중에 담긴 이런 의미는 규칙에 따라 주도면밀하게 움직이는 일본인의 인생관에 부합한다. 자중을 이렇게 정의하면, 실패했을 때 의도만큼은 좋았다는 변명이 통하지 않는다. 모든 행동에는 결과가 따르기 때문에, 결과를 예측하지 않고 행동하면 안 된다. 너그럽게 구는 것은 바람직하지만, 호의의 대상이 '온을 입었다'라고 느낄 것까지 예측하고 늘 조심해야 한다. 얼마든지 남을 비판할 수 있지만, 그의 분노에서 비롯될 모든 결과를 감당할 각오가 된 후에야 그렇게 할 수 있다. 미국인 선교사는 젊은 화가를 비웃었는데,* 그럴 의도가 아니었다 해도 그는 자신이 둔 수가 체스판 전체에서 어떤 의미를 지니는지 고려하지 않았고, 일본인이 보기에 그것은 미숙한 행동이었다.

따라서 신중과 자중을 동일시하는 태도에는 다른 사람의 행동에서 드러나는 모든 신호를 면밀하게 지켜보고, 남이 나를 비판하고 있음을 강하게 의식하라는 의미가 담겨 있다. 일본인은 이렇게 말한다. "사회 때문에 자중해야 한다.""사회가 없다면 아무도 자중할 필요가 없을 것이다." 자중에 끼치는 외적 강제력의 영향을 극단적으로 표현한 말들이다. 또, 적절한 행동에 끼치는 내적 강제력을 고려하지 않은 표현이기도 하다. 많은 나라의 대중어(大衆語)가 그러하듯, 이런 표현은 사실을 과장하고 있다. 일본인도 때로는 자기가 지은 죄에 대해 청

---

* 제8장의 사례 참고 ─ 옮긴이

교도처럼 강하게 반응하기 때문이다. 그럼에도 그들의 극단적인 표현은 일본에서 무엇이 강조되고 있는지를 정확하게 보여준다. 일본인은 죄의 중요성보다 수치의 중요성에 무게를 둔다.

수치 문화 대 죄의식 문화

여러 문화를 인류학적으로 연구할 때는 수치를 중시하는 문화와 죄의식을 중시하는 문화를 구분하는 작업이 중요하다. 도덕의 절대 기준을 가르치고 양심의 함양을 강조하는 사회는 '죄의식 문화'에 속한다. 하지만 미국이 그렇듯이, 그런 사회에 살면 결코 죄라고 볼 수 없는 서투른 행동을 하고서도 자책하며 수치심을 느낀다. 예를 들어, 경우에 맞지 않는 옷을 입었거나 사소한 말실수로 지나치게 괴로워하기도 한다. 반면 수치가 주된 구속력을 지닌 문화에서는 죄의식을 느끼리라 예상하는 행동 때문에 괴로워한다. 괴로움의 강도는 무척 높을 수 있으며, 죄의식과 달리 고백이나 속죄로 해소할 수 없다. 죄를 지은 사람은 고백함으로써 위안을 얻을 수 있다. 고백이라는 수단은 세속적인 치료와 공통점이 거의 없는 여러 종교 집단에서 활용되고 있다. 고백은 위안을 가져다준다. 그런데 수치가 주된 구속력을 지닌 곳에서는 고행성사를 해도 위안을 얻을 수 없다. 오히려 잘못된 행동이 '세상 밖으로 나오지' 않는 한 걱정할 필요가 없으며, 고백은 공연히 긁어서 부스럼 만드는 것으로 여겨진다. 그러므로 수치 문화에는 고백이 없다. 심지어 신들에게도 고백하지 않는다. 이 문화권에서는 속죄하기보다 오히려 행운을 비는 의식을 행한다.

진정한 수치 문화에서 사람들은 외적 구속력에 따라 선한 행동을 한다. 반면 진정한 죄의식 문화에서는 내면화된 죄의식에 의지해서 선행을 베푼다. 수치는 다른 사람들의 비판에 대한 반응이다. 사람은 공개적으로 조롱당하거나 거부당할 때, 혹은 조롱당했다는 확신이 들었을 때 수치를 느낀다. 어느 경우든 그 수치심은 강력한 구속력으로 작용한다. 그러나 지켜보는 사람, 적어도 공상 속의 관중이 있어야 수치를 느낀다. 죄의식은 다르다. 스스로 정한 자기의 이상적 모습을 따라 사는 것을 명예로 여기는 나라에서는, 자기의 잘못을 아는 사람이 없어도 죄의식을 느낄 수 있다. 그리고 죄의식은 죄를 고백함으로써 실제로 가벼워질 수 있다.

미국에 정착한 초기 청교도들은 죄의식을 모든 도덕의 기반으로 삼고자 애썼다. 정신과 의사라면 미국인이 양심 때문에 괴로워한다는 사실을 안다. 그런데 미국에서는 수치가 점점 더 무거운 짐이 되어가고 있으며, 죄의식은 앞선 세대들보다 극단적으로 덜 느끼고 있다. 미국에서는 이런 현상을 도덕적 해이라고 해석하는데, 이는 어느 정도 사실이다. 그러나 이렇게 된 이유는 우리가 도덕성이라는 무거운 일을 수치가 떠안으리라 기대하지 않기 때문이다. 우리는 수치에 따르는 극심한 개인적 감정을 도덕의 기본 체계에 연결하지 않는다. 그런데 일본인은 그렇게 한다. 선한 행동이 무엇인지 명백히 알려주는 이정표를 따르지 못하고, 의무의 균형을 맞추지 못하고, 우발적인 일을 예견하지 못한 것은 수치, 즉 하지(恥)다. 그들에게 수치는 덕의 근본이다. 수치에 예민한 사람은 선행과 관련된 모든 규칙을 충실히 이해할 것이다. '수치를 아는 사람'은 때때로 '고결한 사람'이나 '명예를 중요하게 여기는 사람'으로 번역된다. 수치는 일본 윤리에서 막강한 권위를 지닌 개념이다. '깨끗한 양심' '신 앞에 떳떳하기' '죄를 멀리하기' 등이 서양 윤리에서 차지하는 자리와 비슷하다. 따라서 사람은 사후에 처벌받지 않는다는 논리가 성립한다. 인도 경전의 내용을 아는 승려를 제외하면 일본인은 이승에서 쌓은 공덕에 따라 윤회한다는 개념에 익숙하지 않으며, 기독교 교리를 배운 개종자를 제외하면 죽음 이후의 보상이나 처벌, 천국과 지옥을 인정하지 않는다.

수치는 일본인의 삶에서 높은 자리를 차지한다. 이는 수치를 중요하게 생각하는 부족이나 국가가 그러하듯이 일본인도 자기의 행동에 대한 대중의 평가에 예민하다는 것을 뜻한다. 그들은 대중이 어떻게 평가할지 상상하면서 다른 사람들의 평가에 맞춰 행동하려고 한다. 모든 사람이 똑같은 규칙에 따라 게임을 하고 서로를 지지할 때, 일본인은 가벼운 마음으로 편안하게 행동한다. 그들은 그 게임이 일본의 '과업'을 수행하는 것이라고 느낄 때, 광적으로 거기에 매달릴 수 있다. 그러나 선행에 대한 공식적 방향이 통하지 않는 외국 땅에 자기들의 덕목을 적용하려 할 때 일본인은 가장 취약해진다. 그들은 '선의'로 행한 '대동아' 과업에 실패했다. 국민 상당수가 일본을 대하는 중국인과 필리핀인의 태도에 분노를 느꼈는데, 그들로서는 솔직한 반응이었다.

미국에 사는 일본인이 느낀 혼란

국가주의적 동기가 아니라 학업 혹은 사업을 목적으로 미국에 온 일본인은 덜 경직된 세계에서 살아가는 동안 모국의 주도면밀한 교육이

'실패작'임을 마음 깊이 느꼈다. 다른 지역에서는 일본의 덕목을 적용할 수 없었다. 그들이 제기한 논제는 단지 다른 문화권에서 살아가기 어렵다는 일반론이 아니라 그 이상의 주제였다. 그들은 종종 중국인이나 태국인이 자기들보다 미국 생활에 잘 적응한다고 말한다. 그들이 생각한 일본인의 문제점은, 규율을 준수하려는 자신의 의지와 태도의 뉘앙스를 다른 사람이 인정해줄 때 느끼는 안정감을 신뢰하도록 교육받은 것이다. 그런데 외국인이 이런 예의범절을 염두에 두지 않자 일본인은 무척 당황했다. 그들은 서양인이 꼼꼼하게 지키는 예법이 있는지 찾아보려고 했는데, 뜻대로 되지 않자 일부는 분노했고, 일부는 몹시 두려워했다.

일본에 비해 덜 엄격한 문화에서 겪은 경험을 가장 잘 묘사한 글로 미시마의 자서전『나의 좁은 섬』을 꼽을 수 있다.* 그녀는 미국 대학에서 공부하고 싶어 했다. 그녀의 보수적인 가족은 미국에서 장학금을 받아 '온'을 입는 것이 내키지 않는다는 이유로 유학을 반대했지만, 그녀는 모든 방해를 이겨내고 웰즐리 대학에 들어갔다. 그곳에서 만난 교수들과 학우들은 무척 친절했다. 그런데 그런 점이 도리어 그녀를 힘겹게 만들었다. "일본인의 보편적 특성인 완벽한 예의에 대한 나의 자부심은 쓰라린 상처를 입었다. 여기에서 어떻게 행동해야 할지 모르는 내게 화가 났고, 내 지난 교육을 조롱하는 듯 보이는 환경에도 화가 났다. 모호하지만 뿌리 깊은 분노 외에는 아무런 감정도 남지 않았다." 그녀는 이렇게 말했다. "이 새로운 세계에서는 아무런 쓸모도 없는 감각과 감정을 느꼈고, 내가 다른 행성에서 떨어진 존재처

---

* Sumie Seo Mishima, *My Narraow Isle*, 1941. p. 107.

럼 여겨졌다. 우아한 몸가짐을 하고 언제나 예의 바르게 말해야 한다고 배웠던 일본식 예절은 사회적인 의미에서 시각장애인이나 다름없었다. 이런 환경에서 나는 엄청나게 예민하고 자의식이 강한 사람으로 변했다." 그로부터 이삼 년이 지난 뒤에야 그녀는 긴장을 풀고 다른 사람의 친절을 받아들이기 시작했다. 그녀는 미국인이 그녀의 표현처럼 '세련된 친근함'을 지니고 살아간다고 결론지었다. 그러나 "그 친근함은 내가 세 살 때 건방진 짓이라고 생각해서 스스로 지워버린 것이었다."

미시마는 자기가 미국에서 알고 지내던 일본 여자들과 중국 여자들을 비교한다. 그것은 미국이 그들에게 얼마나 다른 영향을 미치는지 보여준다. 중국 여자들에게는 "대부분의 일본 여자에게는 없는 차분함과 사회성이 있었다. 상류층 중국 여자들은 무척 세련된 사람들이었고, 한 사람 한 사람이 왕족의 위엄에 가까운 우아함을 갖추고 있었다. 마치 세상의 진정한 여주인처럼 보였다. 그들은 두려움을 몰랐으며 놀라운 침착성을 유지했다. 기계와 속도의 이 거대한 문명 속에서도 전혀 흔들리지 않았다. 이런 점은 우리 일본 여자들의 소심함과 지나친 예민함과는 참으로 대조적이었으며, 사회적 배경이 근본적으로 다름을 보여주었다."

많은 일본인처럼 미시마는 자신이 크로케 시합에 나온 전문 테니스 선수 같은 느낌을 받았다. 실력은 중요하지 않았다. 그녀는 자기가 배운 것이 새로운 환경에서 통하지 않는다는 사실을 깨달았다. 그동안 익힌 규율은 쓸모없었다. 미국인은 그런 규율 없이도 잘 살았다.

미국인의 삶을 지배하는 느슨한 규칙을 일단 조금이라도 받아들이게 되면, 규제가 심한 일본의 삶을 제대로 감당할 수 있을지 우려하며 난감해한다. 그들은 때로 그것을 잃어버린 낙원이나 마구(馬具), '감옥'이나 분재가 심긴 '작은 화분'이라고 지칭한다. 분재 소나무의 뿌리가 화분 안에 있는 한, 그것은 매혹적인 정원을 장식하는 예술품이다. 그러나 밖에 심으면 분재 소나무는 두 번 다시 원래대로 돌아갈 수 없다. 그들은 자신들이 더는 일본식 정원의 장식품이 아님을 느낀다. 예전의 요구에는 다시 응할 수 없다. 그들은 일본인이 덕과 관련해 느끼는 딜레마를 가장 예리한 형태로 경험한 것이다.

11장

자기단련
Self-Discipline

이해를 돕는 배경지식

자기단련

저자는 이 장에서 일본인에게 자기단련이란 자신의 능력을 키우는 단련과 그 이상의 것을 키우는 단련으로 나눌 수 있다고 본다. '그 이상의 것을 키우는 단련'으로서의 자기단련을 숙련(expertness)이라 부른다.

선종(禪宗)

중국에서 5세기경에 발전하기 시작한 대승불교의 한 조류로, 한국과 일본 등지에 전파되었다. 선종은 모든 인간의 내면에 부처가 있다고 본다. 따라서 문자에 의존하지 않고, 오로지 좌선이나 참선을 통해 자신이 본래 갖추고 있는 부처의 성품을 체득하는 깨달음에 이르고자 한다.

무가(無我: 무아)

일본 선종에서는 자아를 '행동하는 자아'와 '관찰하는 자아'로 나누는데, 행동을 구속하는 관찰하는 자아를 수행, 즉 자기단련을 통해 없앰으로써 '내가 행동을 하고 있다는 의식조차 없는 경지' '노력이 필요 없는 경지'에 이르는 것을 '무가'라고 한다.

어떤 문화의 자기단련은 다른 나라의 관찰자에게 아무런 의미가 없어 보이기가 십상이다. 단련 기술 자체는 무척 명확해 보이지만, 왜 그런 수고를 해야 하는지는 의문이다. 자발적으로 고리에 매달리거나 배꼽만 뚫어지게 바라보거나 돈을 전혀 쓰지 않는 이유는 무엇일까? 그런 고행을 하면서 정작 외부인이 보기에 참 중요하고 훈련할 만한 가치가 있는 충동들은 전혀 통제하지 않는 것도 이상하다. 자기단련 기술을 가르치지 않는 나라의 관찰자가 그런 기술을 중요하게 여기는 사람들 사이로 들어가면 오해할 가능성이 무척 높아진다.

미국과 일본의 자기단련

미국에서는 자기단련을 위한 전문적이고 전통적인 훈련법이 비교적 발달하지 않았다. 개인의 삶에서 무언가를 이루겠다고 마음먹은 미국인은 목표를 달성하기 위해 필요에 따라 자기단련을 한다. 베블런*의 말처럼, 단련할 것인지 아닌지는 개인의 야망이나 양심 혹은 '기술적

---

* 『유한계급론』을 쓴 미국 경제학자 소스타인 베블런(Thorstein Velblen) — 옮긴이

본능'에 달려 있다. 축구팀에서 뛰기 위해 엄격한 통제를 받아들일 수도 있고, 음악가가 되고자 밤낮없이 연습에 매진할 수도 있다, 사업가로 성공하기 전까지는 모든 오락을 자제하고, 양심에 어긋나는 행위나 경박한 태도를 멀리할 수 있다. 하지만 미국에서 전문적인 자기단련 기술은 특정 상황에 적용되는 것을 무시한 채 산술(算術)*처럼 그것만을 따로 배울 수 있는 게 아니다. 그런 수업을 들으려면 유럽의 특정 종파 지도자나 인도에서 고안한 비법을 가르치는 스와미(힌두교 지도자)를 찾아가야 할 것이다. 테레사 수녀나 십자가의 요한이 가르치고 실천한 명상과 기도를 기반에 둔 종교적 자기단련조차도 미국에서는 거의 찾아보기 힘들다.

그런데 일본에서는 중학교 입학시험에 응시한 학생이든, 검도 경기에 출전한 선수든, 귀족으로 살아가는 사람이든 시험을 치르기 위해 구체적인 지식을 얻는 것과는 별개로 자기단련을 해야 한다. 아무리 시험공부를 많이 했더라도, 아무리 칼을 잘 쓰더라도, 아무리 세세하게 예절을 지켰더라도 책과 칼을 내려놓고, 공적 공간으로 나가는 걸 자제하고, 특별한 단련을 해야 한다. 물론 모든 일본인이 은밀한 훈련을 하지는 않는다. 그러나 그런 훈련을 하지 않는 사람들도 자기단련에 관련된 말이나 자기단련 행위가 삶에서 일정한 자리를 차지하고 있다는 사실을 인정한다. 계층을 막론하고 모든 일본인은 자제와 극기에 대한 통념을 기준 삼아 자신과 다른 사람들을 평가한다.

일본인은 자기단련을, 능력을 키우는 단련과 그 이상의 것을 키우는 단련으로 나누어 생각한다. '그 이상의 것을 키우는 단련'을 여기서

• 수와 양의 간단한 성질 및 셈을 다루는 수학적 계산 방법—옮긴이

는 숙련(expertness)으로 지칭하겠다. 일본에서 명확히 구분되는 이 둘은 인간의 정신에 작용해서 서로 다른 결과를 낳는다. 이론적 근거는 물론이고 인식할 수 있는 외적 징표도 다르다. 첫 번째 유형인 자기단련을 통한 능력 함양은 앞에서 이미 여러 번 언급했다. 그중 하나가 평시 기동작전에서 60시간 중 고작 10분만 자고 나머지는 깨어 있도록 병사들을 훈련한 일본인 장교의 사례다. "병사들은 이미 어떻게 자야 하는지를 알고 있습니다. 그러니 어떻게 깨어 있어야 하는지를 훈련해야 합니다"라고 그는 말했다. 우리가 볼 때는 지나친 요구지만 그의 목표는 병사들이 탁월한 능력을 갖추게 하는 것이었다. 그는 거의 무한대로 단련할 수 있는 몸을 의지로 지배해야 한다고 생각하면서 몸을 지나치게 혹사하면 건강을 해친다는 법칙을 무시한 일본식 정신 경제*의 원리를 말했을 뿐이다. '인정'에 관한 일본인의 모든 이론은 이런 생각을 기반으로 전개된다. 정말 심각한 상황에서는 건강을 유지하는 데 필요한 몸의 요구를 과감히 무시한다. 아무리 그 자체로 인정받으며 함양해야 할 가치가 있는 것이라 해도 마찬가지다. 어떤 대가를 지불하더라도 일본인은 자기단련을 통해 일본 정신을 나타내야 한다.

그러나 일본인의 입장을 이런 식으로 표현한다면, 그들이 전제한 개념을 곡해할 우려가 있다. '자기단련의 대가'는 미국에서 '자기희생의 대가'와 거의 같은 의미로 쓰인다. 종종 '개인적 좌절의 대가'를 나타내기도 한다. 외부의 강요 때문에 억지로 하는 것이든 양심에 찔려서 스스로 하는 것이든, 자기단련에 대한 미국인의 생각은 이렇다. 사

• 프로이트의 저서에 나오는 개념으로, 불쾌를 최소화하고 쾌락을 최대화하려는 심리 작용— 옮긴이

람은 어렸을 때부터 자발적으로 훈련하거나 권위로 강요된 훈련을 수행함으로써 사회화되어야 한다. 그들은 이 과정을 통해 좌절감을 맛본다. 또, 개인적 바람이 이런 식으로 억압받는 것에 대해 분개한다. 자기의 무언가를 희생해야 하기에 반항심이 생길 수밖에 없다. 이런 견해는 미국 심리학자들의 전유물이 아니다. 모든 세대의 부모가 집에서 자녀를 훈육할 때 기준으로 삼는 철학이기도 하다. 그러므로 심리학자들의 분석 내용 상당 부분이 미국 사회에서는 진리로 통한다. 부모는 아이를 정한 시간에 재우려 하는데, 아이는 부모의 태도를 보면서 잠자리에 드는 것이 일종의 좌절임을 배운다. 수많은 가정의 아이들이 밤마다 심하게 떼쓰며 분노를 표현한다. 아이는 잠이 '해야만 하는' 것이라는 주입교육을 받으며, 때로는 거기에 저항한다. 어머니는 아이에게 '먹어야' 하는 것을 정해준다. 그것은 오트밀이나 시금치, 빵, 오렌지주스일 수 있다. 미국 아이는 자기가 '먹어야만' 하는 음식에 저항하는 법을 배운다. 그리고 몸에 '좋은' 음식은 맛 좋은 음식이 아니라고 단정한다. 일본에서는 생소한 관습이고, 그리스 같은 몇몇 서구 국가에서도 마찬가지다. 미국에서 성인이 된다는 것은 음식과 관련된 좌절감에서 해방됨을 의미한다. 즉, 자기 의지로 몸에 좋은 음식 대신 맛있는 음식을 먹을 수 있다는 의미다.

자기희생이 아닌 상호 교환

수면과 음식에 관한 이런 생각은 서구의 자기희생 개념과 비교하면 사소한 문제에 지나지 않는다. 부모는 자녀를 위해 많은 희생을 치르고, 아내는 남편을 위해 자기 경력을 희생하고, 남편은 생계를 잇고 자 자기의 자유를 희생한다. 이는 서구 사회의 기본적인 신조다. 어떤 사회에서는 자기희생의 필요성을 인정하지 않는데, 미국인 입장에서 는 이해하기 어려운 모습이다. 그럼에도 그런 사회가 실제로 있다. 그 곳에서 부모는 자연스럽게 자식들을 좋아하고, 여자들은 다른 길보다 결혼을 선호하며, 남자는 가족을 부양하기 위해서 사냥이나 정원 가 꾸기 등 자기가 좋아하는 일을 한다. 여기에 무슨 자기희생이 있겠는 가? 사회가 이러한 해석을 강조하고 사람들이 거기 맞게 살도록 허용 하면, 자기희생에 대한 개념은 생각할 필요도 없다.

미국에서 누군가가 '희생'을 전제로 남을 위해 하는 모든 일이 다 른 문화권에서는 상호교환으로 인식되기도 한다. 희생이 아니라 나중 에 돌려받을 투자 혹은 이미 받은 가치에 대한 보답으로 여기는 것이 다. 그런 나라들에서는 아버지와 아들의 관계조차 상호교환으로 취급 할 수 있다. 아들은 어린 시절 아버지가 자기에게 해준 일들을 아버지 의 말년과 사후에 돌려줄 것이다. 사업상 모든 관계도 사람 사이의 계 약이다. 그런 계약은 종종 똑같이 돌려받는 것을 담보하지만, 보통은 한쪽이 보호하고 다른 쪽은 봉사하는 형태를 취한다. 그것이 양쪽 모 두에게 이익이기 때문에, 어느 쪽도 자신의 의무를 희생이라고 생각 하지 않는다.

일본에서 타인에게 봉사할 때 그 이면에는 이런 상호성에 기반한 구속력이 자리하고 있다. 받은 만큼 같은 것으로 갚는 것도 그렇고, 위계에 맞는 책임을 서로 수행하는 것도 그렇다. 자기희생과 관련한 도덕적 입장이 미국과 사뭇 다르다. 일본인은 희생에 관한 기독교 선 교사들의 가르침에 대해서 분명한 거부감을 표했다. 그들에 따르면,

선한 사람은 다른 사람을 위해서 하는 일이 스스로를 억압한다고 생각해서는 안 된다. 어떤 일본인은 내게 이렇게 말했다. "당신들이 자기희생이라고 일컫는 일들을 우리가 하는 이유는 그러고 싶어서이거나 그렇게 하는 것이 좋기 때문입니다. 우리는 스스로를 안쓰럽게 생각하지 않습니다. 다른 사람을 위해 아무리 많은 것을 단념하더라도, 그렇게 함으로써 고매한 정신이 깃든다고 생각하지도 않고, 그런 걸로 '보상을 받을 것'이라고 믿지도 않습니다." 일본인처럼 정교한 상호 의무를 중심에 두고 살아가는 사람들은 당연히 그런 것들이 자기희생과 관련 없다고 생각한다. 그들은 극단적 의무를 완수하고자 자신을 한껏 밀어붙이지만, 상호성에 관한 전통적 구속력이 있기에 좀 더 개인주의적이고 경쟁적인 나라에서 흔히 발생하는 자기연민과 독선의 감정을 느끼지 않는다.

미국인이 일본인의 일상적 자기희생 행위를 이해하려면 '자기단련' 개념에 일종의 외과 수술을 단행해야 한다. 우리 문화에서 자기단련을 둘러싸고 있는 '자기희생'과 '좌절'의 부산물을 떼어내야 한다. 일본에서는 좋은 선수가 되려고 스스로 단련한다. 마치 브리지 게임을 하는 사람처럼, 자기를 희생한다는 의식 없이 훈련한다. 물론 훈련 자체는 엄격하다. 그러나 훈련은 본래 엄격한 속성을 지녔다. 어린아이는 행복하게 태어나지만, 어렸을 때는 '인생을 음미할' 능력이 없다. 사람은 정신적 훈련 혹은 자기단련, 즉 슈요(修養: 수양)를 통해서만 충만하게 살고 인생의 '맛을 알 수 있는' 힘을 얻는다. 영어로 표현하자면, '그렇게 해야만 인생을 즐길 수 있다'(only so can he enjoy life). 자기단련은 통제력의 근원인 배포를 키워주고 삶을 확장한다.

일본에서 '능력을 키우는' 자기단련은 처세술을 개선해준다는 데 이론적 근거를 두고 있다. 초기에는 조급해질 수 있지만 그런 느낌은 곧 사라지고, 결국에는 즐기거나 단념하게 되기 때문이다. 수습생은 능숙한 일꾼이 되고, 아이는 유도를 배우고, 새색시는 시어머니의 요구에 적응한다. 이런 훈련에 익숙하지 않은 사람들은 초기 단계부터 슈요에서 벗어나고 싶어 할 수도 있다. 그러면 그들의 아버지는 이렇게 말할 것이다. "네가 원하는 게 뭐니? 인생을 음미하려면 반드시 단련해야 한다. 네가 여기서 포기하고 자기를 전혀 단련하지 않는다면 결국 불행해질 거야. 만약 그런 일이 벌어진다면, 다른 사람들이 이러쿵저러쿵하더라도 나는 너를 보호할 수 없다." 그들이 무척 자주 사용하는 표현대로, 단련은 '몸에 슨 녹'을 벗겨내고 사람을 번뜩이는 예리한 칼로 만든다. 물론 일본인은 그렇게 되길 원한다.

일본인은 자기단련이 개인에게 얼마나 이로운지 강조한다. 그렇다고 해서 그들의 규율이 종종 요구하는 극단적 행위가 극심한 좌절감으로 이어지지 않는다는 의미는 아니다. 그런 좌절감이 공격적 행동으로 이어지지 않는다는 의미도 아니다. 게임이나 스포츠에 비유하면 이해하기 쉽다. 브리지 게임 우승자는 게임을 잘하기 위해 감내했던 자기희생을 불평하지 않는다. 달인이 되기까지 쏟아부은 시간을 '좌절'이라고 하지 않는다. 그럼에도 의사들은 큰돈을 벌거나 1등을 하려고 게임에 정신을 집중하면 몸이 과도하게 긴장되거나 위궤양에 걸릴 수도 있다고 경고한다. 이런 일은 일본에서도 일어날 수 있다. 그러나 그들은 서로 의무를 지는 구속력과 자기단련이 개인에게 이롭다고 확신하기에, 미국인에게는 견딜 수 없어 보이는 수많은 행동도 그들 눈에는 쉬워 보인다. 그들은 능숙하게 행동하는 데 훨씬 세심한 관심을 기울이며, 미국인과 달리 변명도 하지 않는다. 삶의 불만을 희생양에

투사하지도 않는다. 자기연민에 빠지지도 않는다. 미국인이 말하는 '평균 행복'이란 관념이 그들에게는 없기 때문이다. 그들은 미국인에 비해서 '몸에 슨 녹'에 훨씬 세심히 신경 쓰도록 훈련해왔다.

숙련을 위한 자기단련

'능력을 키우는' 자기단련을 넘어 '숙련'을 위한 자기단련이 있다. 일본인들의 저술을 읽는 것만으로 서구 독자들이 이런 훈련법을 이해하기란 어렵다. 이 주제의 전문가인 서구 학자들은 종종 자기의 연구 대상을 오만한 태도로 다뤘다. 심지어 '기행'이라고 일컫기도 했다. 어떤 프랑스 학자는 그런 훈련을 '상식을 무시하는 것'이라고 평가하면서, 가장 유명한 종파인 선종을 가리켜 '엄숙한 난센스 덩어리'라고 비하했다. 그러나 일본인이 이 훈련법으로 성취하려는 목표를 이해할 수 없는 것은 아니다. 그리고 이 문제는 일본인의 정신 경제를 이해하는 데 무척 유용하다.

일본어에는 자기단련의 달인이 달성해야 할 마음 상태를 나타낸 말이 많다. 그중 어떤 것은 배우에게, 어떤 것은 종교 신자에게, 어떤 것은 검객에게, 어떤 것은 대중 연설가에게, 어떤 것은 화가에게, 어떤 것은 다도 장인에게 쓴다. 이런 말들은 일반적으로 의미가 같지만, 여기서는 '무가'(無我: 무아)라는 단어만 사용할 것이다. 무가는 상류층에게 인기를 얻고 있는 종교인 선종에서 널리 쓰인다. 이 말이 묘사하는 달인의 경지는 세속적이든 종교적이든, 인간의 의지와 행동 사이에 '머리카락 한 올만큼도 틈이 없는' 경지를 나타낸다. 말하자면 전기가 양극에서 음극으로 곧장 흐르는 것과 같은 이치다. 달인의 경지에 이르지 못한 사람은 의지와 행동 사이에 절연막이 있다. 그들은 이것을 '관찰하는 자아' 또는 '가로막는 자아'라고 부른다. 특별한 훈련으로 그 막을 제거하면, 달인은 '내가 그것을 하고 있다'라는 의식을 하지 않게 된다. 회로가 열리고 전류가 흐른다. 노력 없이도 행동할 수 있게 된다. 그렇게 '일심'(一心)이 된다." 행동은 행위자가 마음먹은 대로 완벽하게 실행된다.

일본에서는 가장 평범한 사람도 이런 '숙련'의 경지를 추구한다. 영국의 불교 권위자인 찰스 엘리엇(Charles Elliot) 경은 어떤 여학생의 이야기를 이렇게 전하고 있다.

> 그녀는 도쿄의 유명한 선교사한테 가서 기독교인이 되길 원한다고 말했다. 이유를 묻자 그녀는 비행기가 타고 싶어서 그런다고 말했다. 비행기와 기독교 사이에 무슨 연관이 있느냐고 묻자, 그녀는 비행기에 타려면 마음이 무척 평온하고 잘 정돈되어야 할 텐데, 그런 상태는 종교적 훈련으로만 얻을 수 있다고 대답했다. 그녀는 종교 중에서 기독교가 최고라 생각하고 배우러 온 것이다.[*]

일본인은 기독교와 비행기를 연결짓는 데 그치지 않는다. 그들은 '평온하면서도 잘 정돈된 마음'을 기르는 훈련이 교육학 시험을 치르거나 연설하는 것, 정치인으로 활동하는 것과도 관련 있다고 생각한다. 무슨 일에서든 일심(一心)을 위해 훈련하면 이득을 얻을 수 있다고

---

*   Eliot, Sir Charles, *Japanese Buddhism*, 286.

여기는 듯하다.

많은 문명은 이런 종류의 훈련법을 개발했지만, 일본의 목적과 방법은 독자적 성격을 띤다. 특히 그런 기술 중 상당수가 인도 요가에서 유래한 점이 흥미롭다. 자기최면, 집중, 오감 제어와 같은 기법은 인도의 요가와 밀접한 관계가 있다. 마음을 비우고, 부동자세를 하고, 똑같은 말을 수없이 반복하고, 특정 상징에 주의를 집중하는 것 또한 마찬가지다. 인도에서 사용하는 용어가 그대로 쓰이기도 한다. 그러나 이러한 기본적 뼈대 외에 두 나라는 공통점이 거의 없다.

인도 요가와 일본 철학의 차이

인도의 요가는 극단적 금욕을 수행한다. 고행(苦行)은 윤회에서 해탈하고자 행하는 방법이다. 인간은 해탈, 즉 니르바나(涅槃: 열반)말고는 구원받을 길이 없다. 그 길을 가지 못하도록 가로막는 것이 인간의 욕망이다. 이 욕망은 굶고 모욕하고 자학함으로써 없앨 수 있다. 이 같은 수단을 통해 인간은 성자가 되고, 영성과 신불(神佛)의 합일에 도달할 수 있다. 요가는 육체의 세계를 거부하고 인생무상의 쳇바퀴에서 벗어나는 방법이다. 또, 영적인 힘을 얻는 방법이다. 고행이 극단적일수록 목적을 성취하는 여정이 더 줄어든다.

이런 철학은 일본인에게 낯선 개념이다. 일본은 불교 국가지만, 윤회와 해탈 사상이 불교의 한 부분이었던 적은 없었다. 승려들만이 개인적 차원에서 그런 원리를 받아들였을 따름이다. 그래서 풍속이나 사람들의 사고에 영향을 미치지 못했다. 인간이 환생한 존재라는 이

유로 짐승이나 벌레를 죽이지 않는 일도 없다. 일본의 장례식이나 출생 의례에도 윤회와 관련된 개념은 끼어들지 않는다. 윤회는 일본식 사고방식이 아니다. 열반의 개념도 일반 대중에게는 아무 의미가 없을뿐더러 승려들도 스스로 그것을 수정해 없앴다. 그래서 학승(學僧)들은 깨달음, 즉 사토리(悟り)를 얻은 사람은 이미 열반에 이른 것이며, 인간은 한 그루의 소나무와 한 마리의 새 안에서도 '열반을 본다'라고 말한다. 일본인은 사후세계를 상상하는 데 관심이 없다. 그들의 신화는 죽은 자들의 세계가 아니라 신들의 이야기를 전한다. 인과응보의 개념조차 거부한 그들은 누구라도, 심지어 가장 신분이 낮은 농부조차도 죽으면 부처가 된다고 생각한다. 그래서 집에 모신 가족 위패를 가리키는 말이 '부처'다. 어떤 불교 국가에서도 이 말을 그런 식으로 사용하지 않는다. 평범한 사람의 죽음에 그처럼 대담한 표현을 사용한다면, 열반에 도달하는 것과 같이 어려운 목표를 세우지 않으리라는 것을 충분히 짐작할 수 있을 것이다. 여하튼 결국에는 모두 부처가 된다면, 평생 육체를 괴롭힘으로써 절대적인 정지(停止)에 도달할 필요가 없다.

육체와 정신이 양립하지 못한다는 교리도 일본에서는 찾아볼 수 없다. 요가는 욕망을 없애는 기술이다. 그리고 욕망은 몸속에 자리를 잡고 있다. 하지만 일본인은 그렇게 생각하지 않는다. '인정'(人情)은 악한 것이 아니기에 감각적 쾌락을 즐기는 일도 지혜의 일부로 여긴다. 다만 삶의 과중한 의무 앞에서는 그런 쾌락을 포기해야 한다. 그들은 요가를 수행할 때 이런 논리를 극단적으로 적용한다. 그래서 자학적 고행을 모조리 없앴고 금욕주의도 배척한다. 은둔 생활을 하면서 깨달음을 얻은 사람들조차 경치 좋은 곳에서 처자식과 함께 편안한 삶을 살아간다. 아내를 얻고 아이를 낳는 것과 신성한 사람이 되는 것이 양립할 수 있다고 생각한다. 가장 대중적인 불교 종파에서는 승려들이 결혼하고 식솔을 두도록 허용한다. 이렇듯 일본인은 정신과 육체가 모순된다는 논리를 쉽게 받아들이지 못한다. 깨달음에 이른 자의 성스러움은 스스로 단련하는 명상과 소박한 삶에 있다. 더러운 옷을 입거나, 자연의 아름다움에 눈을 감거나, 감미로운 현악기 소리에 귀를 막는 것과는 거리가 멀다. 일본의 성자들은 우아한 시를 짓고, 다도를 즐기고, 달과 벚꽃을 감상하며 세월을 보냈다. 선종에서는 신자들에게 세 가지 결핍을 피하라고 가르친다. 곧 '옷과 음식, 잠의 결핍'이다.

요가 철학의 마지막 교리도 일본에서는 낯선 개념이다. 요가는 신비로운 훈련을 통해서 수행자가 우주와 하나 되는, 즉 무아지경(無我之境)을 경험한다고 가르친다. 원시 부족, 이슬람 수도승, 인도의 요가 수행자, 중세 기독교도 등 세상 어디에서든 신비주의를 실천하는 사람들은 무엇을 믿는가와 관계없이 '신과 하나가 되고' '이 세상에 존재하지 않는' 황홀경을 경험한다고 생각한다. 그런데 일본에는 신비주의가 없고, 신비주의 기법만 있다. 그렇다고 일본인이 무아지경과 무관하다는 말은 아니다. 그들도 그런 경지를 경험한다. 다만 무아지경조차 일심(一心)을 훈련하는 기술로 간주할 뿐이다. 또, 그런 상태를 무아지경이라고 묘사하지 않는다. 다른 나라의 신비주의자들과 달리, 선종은 무아지경 안에 들면 오감(五感)이 정지된다고 말하지도 않는다. 오히려 이런 기술 덕분에 육감(六感)이 무척 예민한 상태에 이른다고 말한다. 육감은 마음속에 머무르는 것인데, 훈련을 통해 일상적인 오감을 지배한다. 그러나 미각·촉각·시각·후각·청각은 무아지경 안에서 각각 특별하게 훈련된다. 선종의 수행법 중 하나는 무아지경을 깨뜨리지 않고, 한 곳에서 다른 곳으로 조용하게 이동하는 발소리를 정확히 뒤쫓거나, 일부러 풍기는 맛좋은 음식 냄새를 식별하는 것이다. 후각·시각·청각·촉각·미각은 '육감을 돕는다'. 사람은 무아지경 상태에서 '모든 감각을 예민하게' 단련하는 법을 배운다.

초감각적 체험을 중시하는 종파에서 이런 방식은 무척 이례적인 훈련법이다. 선종 수행자는 무아지경에서조차 자아 밖으로 빠져나가려 하지 않는다. 니체가 고대 그리스인을 묘사한 표현을 빌려 말하면, "본래의 자신으로 머물며 자신의 본래 이름을 그대로 유지한다". 이 문제에 관해 일본의 위대한 불교 지도자들이 남긴 생생한 말들이 전해진다. 그중 가장 뛰어난 것은 아직도 선종에서 가장 크고 영향력 있는 종파인 조동종(曹洞宗)을 창시한 12세기 고승 도겐(道元)의 말이다. 그는 자기의 깨달음(사토리)에 관해서 이렇게 말했다. "나는 수직으로 붙은 코 위에 눈이 수평으로 달려 있음을 알 뿐이다. … (선 체험에는) 신비로운 것이 전혀 없다. 시간은 늘 그렇게 지나가고, 해는 동쪽에서 뜨고 달은 서쪽으로 진다."* 선종의 경전에도 무아지경의 체험이 자기단련을 통한 인간적 힘 외에 다른 능력을 준다고 인정하지 않는다. 어떤 일본인 불교도는 이렇게 말한다. "요가는 명상을 통해 온갖 초자연적 힘을 얻을 수 있다고 주장하지만, 선종은 그처럼 터무니없는 주장을 하지 않습니다."**

이렇듯 일본인은 인도 요가 수행의 기초인 가설들을 죄다 쓸어버

•   Kaiten Nukariya. *The Religion of the Samurai*. London, 1913. p. 197.

••   Kaiten Nukariya. *The Religion of the Samurai*. London, 1913. p. 194.

린다. 그들은 고대 그리스인처럼 유한한 것에 집착하며, 요가 수행이 자기단련을 완벽하게 하는 수단이라고 이해한다. 자신과 행동 사이에 머리카락 한 올만큼의 틈도 없는 '달인'의 경지에 도달할 수단으로 이해하는 것이다. 이는 효율성을 증대시키는 훈련이고, 자립심을 키우는 훈련이며, 그 보상은 바로 지금 여기에 있다. 넘치지도 부족하지도 않게 알맞은 노력으로 어떤 상황이든 대처할 수 있도록 만들어주기 때문이다. 그러지 않으면 제멋대로였을 마음을 통제함으로써 외부의 물리적 위험이나 내부의 격정에 휘둘리지 않는다.

선종의 선 수행법

이 같은 훈련법은 승려뿐만 아니라 무사에게도 중요하다. 선종을 일본의 종교로 만든 주체는 다름 아닌 무사들이었다. 신비주의 기법들이 신비주의 체험으로 귀결되지 않고 무사들의 백병전 훈련에 활용된 사례는 오직 일본에서만 볼 수 있는데, 일본에 선종이 영향을 미치기 시작한 초기부터 늘 그래왔다. 12세기에 선종을 일본에 전한 에이사이(榮西)는 『선의 보급을 통한 호국론』(興禪護國論)을 펴냈다. 그리고 무사, 정치인, 검객, 대학생은 세속적인 목적을 이루고자 선을 훈련했다. 찰스 엘리엇 경이 말한 것처럼, 중국 선종의 역사를 아무리 살펴봐도 그것이 미래에 일본에서 군사훈련으로 사용될 가능성에 대한 암시를 찾을 수 없다. "선은 다도(茶道)나 노가쿠(能樂)와 마찬가지로 완벽하게 일본적인 성격을 띠게 되었다. 12세기와 13세기처럼 혼란스러운 시기에는 경전이 아니라 마음으로 직접 경험하고 그 속에서 진리를 찾는 명상적이고 신비주의적인 가르침이 세상의 소용돌이를 떠나 출가한 사람들 사이에서 번창했을 것으로 짐작할 수 있다. 그러나 무사 계급이 선호하는 삶의 규칙으로 받아들여지리라고는 아무도 예상하지 못했는데, 그것은 현실이 되었다."[•]

불교와 신토를 포함한 많은 일본 종교가 명상, 자기최면, 무아지경 같은 신비적 수행법을 강조했다. 그러나 그들 중 일부는 이런 훈련의 결과가 신이 은총을 내린 증거라고 주장하며 타리키(他力: 타력), 즉 타인의 도움, 은혜로운 신의 도움을 철학의 바탕으로 삼는다. 또, 그들 중 일부(그중 대표적인 종교가 선이다)는 지리키, 즉 자력(自力)에만 의존한다. 그들은 잠재적인 힘이 자기 안에 있으며, 스스로 노력해야 그 힘을 증대할 수 있다고 가르친다. 일본의 사무라이는 이것이 전적으로 자기들에게 적합하다고 보았다. 그들은 승려로서든, 정치인으로서든, 교육자로서든(그들은 이 역할들을 모두 수행했다) 극렬한 개인주의를 보강하는 데 선 수행법을 활용했다. 선의 가르침은 지나치다 싶을 만큼 명백하다. "선은 인간이 오직 자신 안에서 찾을 수 있는 빛을 추구한다. 무엇이라도 이 일을 방해하면 용납하지 않는다. 앞에 있는 장애물을 모두 제거하라. … 만약 도중에 부처를 만나거든 그를 죽여라! 창시자를 만나면 그를 죽여라! 성자를 만나면 그를 죽여라. 이것만이 구원에 도달하는 유일한 길이다."[••]

진실을 찾는 자는 부처의 가르침이든 경전이든 신학이든, 간접적인 것을 받아들이면 안 된다. "십이부경(十二部經)[•••]은 종잇조각이다."

• Sir Charles Eliot, *Japanese Buddhism*. p. 186.
•• 다음 책에서 인용함. E. Steinilber-Oberlin, *The Buddhist Sects of Japan*. London, 1938. p. 143.
••• 부처가 일생 동안 가르친 내용을 열둘로 나눈 것 — 옮긴이

그것을 연구하면 유익하기는 하지만, 그런 공부는 영혼 속의 섬광과 아무런 관련이 없다. 그 섬광이 있어야 깨달음에 도달한다. 선문답집에서 어떤 풋내기 신도가 선승에게 법화경을 설명해달라고 요청했다. 선승은 훌륭하게 답변해주었다. 그러자 풋내기 신도는 낙담한 어조로 말했다. "저는 스님들이 경전이나 이론, 논리적이고 체계적인 설명 따위를 경멸한다고 생각했습니다." 선승이 곧바로 말했다. "선은 아무것도 모른다는 게 아니라 '앎'이 모든 경전과 문헌 밖에 있다고 믿는 것이다. 너는 내게 '알고' 싶다고 말하지 않았다. 단지 경전을 설명해달라고 했을 뿐이다."[•]

선승들이 실행한 전통적인 훈련의 목적은 '깨닫는 방법'을 가르치는 것이었다. 육체를 훈련할 수도 있고, 정신을 훈련할 수도 있지만, 어느 경우든 학습자의 내면에 깊이 새겨져야 한다. 좋은 예가 검객의 선 훈련이다. 물론 검객은 칼 쓰는 법을 제대로 배우고 계속 연습해야 한다. 그러나 검술에 능숙하다는 것은 단순한 '능력'의 영역일 뿐이다. 그 외에도 무가(無我)를 배워야 한다. 처음에는 평평한 마루에 서서 자기가 발을 디디고 있는 몇 센티미터의 표면에 집중한다. 그런 다음 좁은 면적의 발판을 놓고 그 위에 선다. 그렇게 발판을 점점 높여가면 나중에는 1미터 높이의 기둥 위에서도 뜰에 있는 것처럼 편안하게 서서 버틸 수 있다. 그 기둥에 완벽하게 설 수 있을 때, 그는 비로소 '깨닫게 된다'. 그리고 더는 현기증을 느끼거나 추락에 대한 두려움을 품지 않게 될 것이다.

이렇듯 기둥에 서 있는 일본의 훈련법은 중세 서구의 시메온 스

• E. Steinilber-Oberlin, *The Buddhist Sects of Japan*, London, 1938, p. 175.

틸리테스(Simeon Stylites)*가 했던 고행을 일종의 자기단련으로 변형한 것이다. 하지만 그것은 이미 고행이 아니다. 선종의 수행이든 시골에서 일반적으로 행하던 관습이든 상관없이 일본의 모든 육체 훈련은 이런 식의 변형을 거친다. 얼음처럼 차가운 물에 뛰어들거나 폭포수 아래 서 있는 행위는 정욕을 극복하거나 신의 동정을 얻기 위해, 때로는 무아지경에 들기 위해 세계 곳곳에서 행하는 아주 평범한 고행이다. 일본인이 좋아하는 찬물 고행으로는 새벽이 되기 전 얼음처럼 차가운 폭포수 밑에 서 있거나 앉아 있기, 겨울밤에 얼음물을 세 차례 몸에 끼얹기가 있다. 괴로움이 느껴지지 않을 때까지 자아를 훈련하는 게 목적이다. 수행자는 그 무엇에도 방해받지 않고 명상을 계속할 의도로 자기단련을 한다. 냉수의 서늘함이나 새벽 찬 공기에 오한이 드는 것을 의식하지 못할 정도가 되면 그는 비로소 달인의 경지에 이른다. 그 외에 다른 보상은 없었다.

정신 훈련도 육체 훈련처럼 스스로 터득해야 한다. 스승을 모실 수는 있지만, 그 스승은 서구에서 생각하는 '가르치는 존재'가 아니다. 스스로 깨친 것 외에 다른 곳에서 배운 지식은 중요하지 않기 때문이다. 스승은 제자와 논의를 할 수는 있어도 새로운 지적 영역으로 부드럽게 안내하지는 못한다. 도리어 무례히 대해야 제자에게 큰 도움이 된다고 여긴다. 만약 스승이 제자가 입에 대려고 하는 찻잔을 깨뜨리거나, 제자를 넘어뜨리거나, 제자의 관절에 매질하면 그 충격으로 제자가 갑작스럽게 깨달음을 얻을 수도 있다. 선승들의 이야기에는 이러한 유형의 사례가 많다.

---

* 속세를 벗어나 수도에 매진하고자 평생 기둥 위에서 살았던 성인―옮긴이

제자가 '깨달음을 얻고자' 필사적으로 노력하도록 유도하기 위해서 가장 즐겨 사용했던 기술은 고안(公案)이었다. 즉, 문자 그대로 하면 '문제'라는 뜻의 고안은 1,700가지나 있다고 한다. 어떤 일화집에는 한 문제를 푸는 데 7년 걸렸다는 이야기가 나오는데, 그런 일은 예사였다. 고안의 목적은 합리적인 해결책을 찾는 것이 아니다. 예를 들어 '한 손으로 손뼉 치는 방법을 생각하라' '자기가 잉태되기 전의 어머니에 대한 그리움을 느껴라' '누가 자신의 시신을 짊어지고 다니는가?' '나를 향해 걸어오는 자는 누구인가?' '만물은 하나로 돌아가는데, 그렇다면 마지막 하나는 어디로 돌아가는가?' 등과 같은 문제를 푸는 것이다. 선과 관련한 이런 문제들은 12세기나 13세기 전에 중국에서 사용된 것들이다. 일본은 선종과 더불어 이런 수행법들도 차용했다. 대륙에서는 맥이 끊긴 이 방법이 일본에서는 '고수의 경지'에 오르기 위한 수행에서 가장 중요한 부분으로 자리 잡았다. 선 입문서들에서는 고안을 무척 진지하게 다룬다. 그래서 그들은 "고안에는 삶의 진퇴양난이 담겨 있다"라고 한다. 그들에 따르면, 고안을 생각하는 사람은 '막다른 골목에 몰린 쥐'처럼 난국에 처하며, '뜨거운 쇠구슬이 목에 걸린' 사람이나 '쇳덩이를 물어뜯으려는 모기'처럼 된다. 그는 정신없이 문제를 풀려고 한다. 마침내 그의 마음과 문제 사이에 있던 '보는 나'의 장막이 무너진다. 순식간에 양자, 즉 마음과 문제가 융합되고, 그는 '깨달음'을 얻는다.

　사례집에 나오는 활시위처럼 팽팽한 정신적 노력에 대한 묘사들을 읽고 나서, 이 모든 노력을 통해 얻은 위대한 진리가 무엇인지 보면 다소 실망스럽다. 예를 들어, 난가쿠(南岳)는 '나를 향해 걸어오는 자는 누구인가?'라는 문제로 8년을 씨름하다가 마침내 깨달음을 얻었다. 그의 말대로 하면, "여기에 무언가가 있다는 것을 단언할 때조차 전체를 빠뜨리게 된다". 그럼에도 그런 깨우침에는 일정한 틀이 있는데, 그것은 다음 문답으로 알 수 있다.

제자: 어떻게 해야 생사의 윤회에서 벗어날 수 있습니까?
스승: 너를 붙잡고(즉, 윤회에 묶어두고) 있는 게 누구냐?

여기서 그들은 무엇을 배웠을까? 유명한 중국 격언처럼 '소를 타고 있으면서 소를 찾는다'라는 것이다. 그들은 '정말 필요한 것은 그물이나 올가미가 아니라 그걸로 잡으려 하는 물고기 또는 짐승'이라는 점을 깨우친다. 즉, 서구의 표현을 빌리자면, 딜레마의 두 뿔*은 본질과 관련이 없음을 배운다. 또, 영혼의 눈이 열리면 현재 수단으로도 목적에 도달할 수 있음을 배운다. 다른 사람의 도움을 받지 않고도 뭐든지 할 수 있다.

고안의 중요성은 진리 추구자가 발견하는 진리(세계 곳곳의 신비주의자들이 추구하는 것과 다를 바 없는 진리) 그 자체에 있지 않다. 오직 진리 탐구에 대한 일본인의 관점을 나타낸다는 점에 있다.

고안을 가리켜 '문을 두드리는 벽돌'이라고도 한다. '문'은 깨닫지 못한 인간성 주위를 둘러친 벽에 달려 있다. 인간의 본성은 현재의 수단만으로 충분한지 끊임없이 걱정하며, 칭찬하거나 비난할 의도로 무수한 사람이 자기의 행동을 지켜본다고 상상한다. 모든 일본인은 현실에서 이런 하지(수치심)의 벽을 경험한다. 벽돌로 문을 깨뜨려 여는

• 딜레마의 두 가지 선택지를 비유하는 논리학의 관용어 ─ 옮긴이

순간 자유를 얻는다. 손에 든 벽돌은 내버리면 된다. 이제 더는 고안을 풀 필요가 없다. 깨달음을 얻었고, 덕목에 대한 일본인의 딜레마가 해결되었다. 그들은 난국을 돌파하기 위해 자신을 내던져 엄청나게 노력했다. '수련하기 위해' 그들은 '쇳덩이를 물어뜯는 모기'가 되었다. 그 결과 그들은 난국이 없다는 사실, 즉 기무와 기리 사이의 난국도, 기리와 인정 사이의 난국도, 의와 기리 사이의 난국도 없다는 사실을 깨달았다. 해결책을 찾아낸 것이다. 그들은 이제 자유로워졌고, 난생처음 삶을 충만하게 '음미'할 수 있었다. 무가(無我)의 경지에 도달했으므로, 그들은 '고수'가 되기 위한 수련을 성공적으로 마쳤다.

무가의 경지

선불교의 권위자인 스즈키(鈴木)는 무가를 '내가 무엇을 하고 있다는 의식조차 없는 삼매경' '아무런 노력이 없는 경지'라고 설명한다.* '보는 자아'는 제거되고 개인은 '자신을 잃는다'. 즉, 더는 자기 행위의 관찰자가 아니다. 이에 대해 스즈키는 다음과 같이 말한다. "의식이 눈을 뜨면 의지는 행위자와 관찰자로 나뉜다. 갈등을 피할 수는 없다. 행동하는 자아는 관찰하는 자아의 구속에서 벗어나고 싶어 하기 때문이다." 따라서 수행자는 깨달음을 얻으면 관찰하는 자아가 없어졌음을 인식하고, "알려지지 않았거나 알 수 없는 영적 실체란 존재하지 않는다는 사실"을 발견한다.** 단지 목적과 그것을 성취하는 행위

• Suzuki Daisetz Teitaro, *Essays in Zen Buddhism*, vol.3, p. 318 (Kyoto, 1927, 1933, 1934).

만 있을 뿐이다. 인간 행동을 연구하는 학자라면 이 설명의 표현을 바꿔서 일본 문화의 특성을 좀 더 구체적으로 언급할 수 있을 것이다. 아이 때는 자기의 행동을 관찰하고 타인의 평가를 기준 삼아 옳고 그름을 판단하도록 엄격하게 훈련받는다. 관찰하는 자아는 무척 취약하다. 영혼의 무아지경에 이르려면 그처럼 취약한 자아를 없애야 한다. 그러면 '내가 그것을 하고 있다'라고 인식하지 않게 되며, 이로써 자기 영혼이 단련되어 있음을 깨닫는다. 마치 검술을 배우는 사람이 두려움을 극복하고 1미터 높이의 기둥 위에 서 있도록 훈련한 뒤에 느끼는 감정과 같다.

화가, 시인, 연설가, 무사도 이런 무가의 수련을 활용한다. 무한이 아니라 유한한 아름다움을 명료하고 고요하게 자각하거나, 목적을 달성하는 데 '더도 아니고 덜도 아닌' 적당한 분량의 노력만 할 수 있도록 수단과 방법을 조정하기 위해서다.

아무런 수련을 하지 않아도 일종의 무가를 경험할 수 있다. 노(能) 연극이나 가부키 연극을 관람하는 사람이 눈앞에 펼쳐진 광경에 완전히 넋을 잃으면 관찰하는 자아를 잊은 상태가 된다. 그의 손바닥은 축축해지는데, 이는 '무가의 땀'이 나기 때문이다. 목표물에 접근하는 폭격기 조종사는 폭탄을 투하하기 전에 '무가의 땀'을 흘린다. '그 일을 하는 주체는 그가 아니다.' 그의 의식에는 관찰자의 자아가 남아 있지 않다. 대공포 포수도 마찬가지다. 그는 다른 것을 완전히 잊고 '무가의 땀'을 흘리며 관찰하는 자아를 제거한 상태가 된다. 이런 처지에 놓인 사람들은 어떤 경우든 자기 상태가 최상이라고 생각한다.

•• Sir Charles Eliot, *Japanese Buddhism*, p. 401.

이 같은 발상은 일본인이 자기 감시와 자기 감독을 얼마나 부담스럽게 여기는지 말해주는 증거다. 그들은 이런 제약이 없어질 때 비로소 자유를 얻으며 효율적으로 생활할 수 있다고 말한다. 미국인은 관찰자 자아를 자기 안에 있는 합리적 원리와 같은 것으로 여기며, 위기 상황을 '차분하게 대응하는 것'에 자부심을 느낀다. 그런데 일본인은 무아지경이 되어 자기 감시가 강요하는 제약을 잊을 때, 목에 매여 있던 맷돌이 떨어졌다고 느낀다. 지금껏 살펴본 것처럼 그들의 문화는 신중하게 처신하라고 귀가 아프도록 강조한다. 그래서 이런 짐을 떨쳐버릴 때 한층 효율적인 의식의 영역이 펼쳐진다고 주장하면서 서구의 논리에 반박하고 있다.

서양인의 관점에서 보면, 일본인의 이런 신조를 가장 극단적으로 드러낸 말은 '죽었다 치고 산다'라는 표현이다. 서구 언어로 직역하면 '산송장'으로, 공포감을 나타내는 표현이다. 어떤 사람의 자아가 죽고 몸만 거추장스럽게 남아 있다는 뜻이다. 그런 사람에게는 생명력이 없다. 하지만 일본에서 '죽었다 치고 산다'는 '고수'의 경지로 살아가는 것을 의미한다. 이 표현은 일상에서 누군가를 격려할 때 흔히 사용한다. 중학교 졸업시험 때문에 걱정하는 학생에게는 "죽었다 치고 열심히 하면 쉽게 통과할 거다"라고 한다. 중요한 일을 앞둔 친구를 격려할 때도 '죽었다 치고' 해보라고 한다. 정신적으로 커다란 정신적 위기를 맞아서 앞이 안 보이는 사람에게는 '죽었다 치고' 살기로 결심한 뒤 위기를 돌파해보라고 한다. 패전 후 상원의원이 된 기독교 지도자 가가와 도요히코(賀川豊彦)는 자전적인 소설에서 이렇게 말한다. "그는 악령에 사로잡힌 사람처럼, 자기 방에서 날마다 울면서 지냈다. 그의 흐느낌은 히스테리에 가까웠다. 그의 고통은 한 달 반 동안 이어졌지만,

결국에는 삶이 승리했다. … 그는 죽을힘을 다해 살기로 했다. … 그는 죽었다 치고 갈등을 돌파할 것이다. … 그는 기독교인이 되기로 결심했다."[*] 전쟁 중 일본 군인들은 "나는 죽었다 치고 살면서 천황의 은혜에 보답하겠다"라고 말했다. 그 말에는 출정하기 전에 자신의 장례식을 치르고, '이오지마의 흙'이 되겠다는 각오를 하고, '미얀마의 꽃들과 함께 지겠다'라고 다짐하는 행동들이 모두 포함되어 있다.

무가의 밑바탕에 깔린 철학은 '죽었다 치고 사는' 태도의 밑바닥에도 깔려 있다. 이런 상태에서 사람은 자기 감시와 두려움과 신중함까지 모두 버린다. 죽은 사람처럼 된 그는 적절한 행동 방침을 생각할 필요가 없어진다. 죽은 사람은 '온'을 갚을 필요가 없다. 그들은 자유롭다. 따라서 '나는 죽었다 치고 살겠다'라는 말은 갈등 상황에서 완전히 풀려난다는 의미다. 마치 이렇게 말하는 것과 같다. "나는 내 힘과 관심을 내가 원하는 것을 이루는 데 자유롭게 쏟을 수 있다. 온갖 종류의 두려움의 짐을 지고 있던 나의 관찰자 자아는 이제 나와 내 목표 사이에 있는 걸림돌이 아니다. 예전에 나를 방해했던 긴장감과 중압감, 우울증이 사라졌다. 이제는 모든 게 가능하다.'

서구식 표현으로 하면, 일본인은 무가와 '죽었다 치고 사는 것'을 실천함으로써 양심을 제거한다. 그들이 말하는 '관찰하는 자아'와 '방해하는 자아'는 사람의 행동을 판단하는 검열관이다. 이 점이 서양인과 동양인의 심리 차이를 생생하게 부각한다. 우리가 말하는 '양심 없는 인간'은 잘못을 저지르고도 거기에 당연히 수반되는 죄의식을 느끼지 못하는 인간이다. 그런데 일본에서는 더는 긴장감을 느끼지 않

● Kagawa Toyohiko. *Before the Dawn*, p. 240.

고 그 무엇에도 방해받지 않는 사람을 가리킬 때 이 표현을 쓴다. 미국에서는 악한 사람을 뜻하지만, 일본에서는 선한 사람, 단련된 사람, 자기 능력을 최대한 활용할 수 있는 사람을 뜻한다. 그러니까 이타심을 발휘해서 어려운 일을 헌신적으로 해내는 사람이다. 미국인에게 선행을 강제하는 동력은 죄의식이다. 양심이 무뎌져서 죄의식을 느끼지 못하는 사람은 반사회적 존재가 된다. 일본인은 이 문제를 다르게 바라본다. 그들의 철학에 따르면 인간은 기본적으로 선하다. 만약 충동이 행동으로 직접 구현될 수 있다면, 인간은 고결하게 행동할 것이다. 따라서 인간은 '고수'의 경지에 이르는 자기수련을 거쳐 '하지'라는 자기검열을 제거한다. 그렇게 되어야 비로소 '육감'이 방해받지 않고 자유로워진다. 자의식과 갈등에서 완전히 풀려나는 것이다.

일본의 자기단련 철학을 일본 문화 속 개별적 삶에서 분리하면 굉장히 모호해진다. '관찰하는 자아'에게 할당한 하지가 얼마나 부담스럽게 일본인을 짓누르는지는 앞에서 이미 살펴보았다. 그러나 일본인의 정신 경제에서 차지하는 하지의 철학이 진정 무엇을 의미하는지 명확하게 이해하려면 그들의 양육법을 살펴봐야 한다. 어떤 문화에서든 전통적인 도덕 규범은 말뿐만 아니라 자녀를 대하는 연장자의 태도를 통해서도 다음 세대에 전해진다. 양육법에 관한 연구 없이는 그 나라 국민이 삶에서 무엇을 중요하게 여기는지 올바로 이해할 수 없다. 일본인의 자녀 교육을 살펴보면 지금껏 성인 차원에서만 다루었던 삶에 대한 국가적 가정*을 한층 명확하게 밝혀낼 수 있을 것이다.

• 특정 문화권의 구성원이 공유하는 사람, 삶, 사물의 존재 방식에 대한 기준과 신념─옮긴이

12장

아이는 배운다

The Child Learns

이해를 돕는 배경지식

다다미(畳)

일본 주택에 흔히 쓰는 전통 바닥재. 짚으로 속을 두껍게 채운 다음 위에 돗자리를 씌우고 단단히 꿰매 만든다. 보통 너비 석자(1자는 약 30cm)에 길이 여섯 자 정도의 직사각형 모양이다. 일본에서는 방의 크기를 흔히 다다미 수로 나타낸다. '다다미'라는 명칭은 '접다' 또는 '쌓다'를 의미하는 동사 타타무(畳む)에서 파생되었다. 초기에는 사용하지 않을 때 접거나 층층이 쌓아 보관했던 것에서 유래했다. 지금과 같은 형태의 다다미는 헤이안 시대부터 사용되었으나 당시 방 전체에 다다미를 깔지 않고 마룻바닥 위에 침대처럼 두며 지위가 높은 귀족들만 사용했다. 에도 시대에 들어서야 서민 문화로 자리 잡았다.

게이샤(芸者)

일본의 전통 기생으로, 손님을 접대하고 술자리에서 흥을 돋우는 일을 한다. 게이(芸)는 '예술'을, 샤(者)는 '사람'을 뜻한다. 이들은 전통 악기 연주나 춤, 노래 등 예능에 뛰어나다. 그런 만큼 정식 게이샤가 되려면 힘든 수련 과정을 거쳐야 한다. 18세기 초 에도시대부터 나타났으며, 초기에는 게이샤가 남성 공연자를 가리키는 말로 쓰였으나, 점차 여성으로 범위가 국한되었다. 게이샤의 위상은 시대에 따라 달라졌으나 대체로 창부와는 구분되며 예술적 기량과 전문성을 인정받았다.

일본 아이들은 사려 깊은 서양인이 상상할 법한 방식으로 자라지 않는다. 미국 부모는 일본 부모보다 신중함과 극기심(克己心)을 훨씬 덜 요구하면서 아이를 양육하지만, 그러면서도 아이가 자기의 작은 욕구를 세상에서 가장 중요하게 여기지 않도록 일찍부터 가르친다. 우리는 아이가 태어나자마자 미리 짜놓은 일정에 맞춰 먹이고 재운다. 젖먹을 때나 잠잘 때가 되지 않으면 아무리 칭얼거려도 원하는 대로 해주지 않는다. 아이가 자라서 손가락을 입에 넣거나 신체의 어느 부위를 만지면 어머니는 아이의 손을 때린다. 어머니는 종종 아이의 눈에서 사라지며, 아이를 집에 두고 외출하기도 한다. 아이가 다른 음식보다 젖을 좋아하더라도 때가 되면 젖떼기를 하며, 분유를 먹는 아이라면 젖병을 빼앗긴다. 아이는 어른이 정해둔 몸에 좋은 음식을 먹어야한다. 그릇된 행동을 하면 혼이 난다. 그래서 미국인은 일본 아이들이 몇 배나 엄격한 훈육을 받았을 거라고 상상한다. 그들이 보기에 일본 성인들이 자기의 욕구를 억제하며 엄격한 규율을 주의 깊고 세밀하게 지키기 때문이다.

하지만 일본인은 그와 같은 훈육 방식을 따르지 않는다. 그들의 성장 곡선은 크고 완만한 U자형을 이루는데, 아이와 노인에게는 자유와 방종이 최대한 허용된다. 유아기를 지나면 점점 구속을 많이 받게 되고, 결혼 직전과 결혼 후에는 마음대로 할 수 있는 자유가 바닥을 친다. 이런 최저점은 인생의 전성기에 상당 기간 지속된다. 그러다가 삶의 곡선이 점차 높아져 60세가 되면, 어린아이처럼 수치심에 구애받지 않게 된다. 미국에서는 이 곡선이 정반대 모양을 이룬다. 유아에게 적용되던 엄격한 규율은 아이가 자라 힘이 생기면서 점점 약해진다. 변변한 직장을 얻고 가정을 꾸려 자립할 때가 되면 규율은 거의 사라진다. 인생의 전성기는 자유와 주도권이 정점에 이르는 시기다. 장악력이나 기력이 떨어지고 누군가에게 의존하게 되면 삶에서 구속받는 영역이 나타난다. 미국인은 일본식으로 조직된 생활을 상상조차 할 수 없다. 그런 삶은 현실과 동떨어져 보인다.

미국인과 일본인의 성장 곡선은 개인이 삶의 전성기에서 자기 문화에 적극 관여할 길을 열어준다. 그렇게 할 수 있도록 미국에서는 그 시기에 선택의 자유를 최대한 많이 부여하지만, 일본에서는 할 수 있는 한 억제한다. 체력과 경제력이 정점에 이른다고 해서 개인이 자기 삶의 주체가 되는 것은 아니다. 일본인에게 최고의 정신 단련은 속박이므로, 자유를 통해서는 달성할 수 없는 결과도 속박을 통해서 얻어 낼 수 있다고 굳게 믿는다. 가장 활동적이고 생산적인 시기의 개인을 크게 속박한다고 해서 이러한 상태가 평생 이어진다는 의미는 결코 아니다. 유년기와 노년기는 '자유로운 영역'이기 때문이다.

일본의 출산과 육아 방식

아이에게 관대한 사람은 자녀를 낳고 싶어 하는 경향이 강하다. 일본인이 그렇다. 그들은 미국 부모들과 마찬가지로 아이를 사랑하는 게 즐거워서 아이를 원한다. 하지만 이들에게는 미국에서라면 별로 중요하게 여기지 않을 법한 이유가 하나 더 있다. 일본인은 정서적 만족을 얻기 위해서뿐만 아니라 대를 잇기 위해서 아이를 낳고 싶어 한다. 대가 끊기면 실패한 인생으로 치부되기 때문이다. 일본의 모든 남자에게는 아들이 있어야 한다. 자기가 죽은 뒤 작은 불단의 위패에 날마다 기도해줄 아들 말이다. 그들은 아들이 대대로 자손을 잇고 가족의 명예와 재산을 지켜주길 바란다. 사회적 이유로 어린 아들에게 아버지가 필요한 것처럼, 아버지에게도 아들이 필요하다. 아들은 언젠가 아버지의 자리를 물려받는데, 이는 아버지를 밀어내는 게 아니라 도리어 지키는 것이다. 여러 해 동안 아버지는 '집'의 관리자였고, 나중에는 아들이 그 자리에 선다. 만약 아버지가 아들에게 관리자 역할을 물려주지 못한다면, 지금껏 해온 모든 일이 물거품으로 돌아가고 만다. 이처럼 뿌리 깊은 승계 관념 때문에 장성한 아들이 미국이 비해 훨씬 오랫동안 아버지에게 기댈지라도, 일본인은 서양인들과 달리 수치심을 느끼거나 창피하게 여기지 않는다.

　여자들도 정서적 만족감 때문만이 아니라 어머니로서 지위를 확고히 하고자 아이를 낳고 싶어 한다. 아이 없는 여자는 가정에서 지위가 불안정하다. 비록 버림받지 않는다고 해도, 시어머니가 되어 아들의 결혼 문제나 고부 관계에서 권위를 세울 수 없다. 비록 남편이 양자를 들여 대를 이어간다 해도, 일본인의 관념에서 볼 때 아이를 낳지 못한 여자는 여전히 실패한 인생일 따름이다. 일본 사회는 여자들이 아이를 많이 낳길 기대한다. 1930년대 전반부의 평균 출생률은 인구 1천 명당 31.7명이었다. 이는 동유럽의 다산 국가와 비교해도 높은 수치다. 1940년의 미국 출생률은 인구 1천 명당 17.7명이었다. 게다가 일본 어머니들은 일찍부터 출산을 시작하며, 특히 19세 여자들의 출산율이 다른 연령대보다 높다.

일본에서 분만은 성행위만큼 은밀한 것으로 여겨진다. 따라서 진통이 심해도 소리를 지르면 안 된다. 아이를 낳는다고 광고하는 것이나 다름없기 때문이다. 그들은 갓난아기를 위해서 새 요와 이불이 깔린 작은 침상을 마련해둔다. 그럴 여유가 없는 가정에서는 이불보와 솜을 깨끗이 빨아 '새것'처럼 만들어놓는다. 아이에게 새 잠자리를 주지 않으면 불길하다고 믿기 때문이다. 아이의 작은 이불은 어른들 것과 달리 딱딱하지 않고 훨씬 가볍다. 그래서 아이는 자기 침상에 누웠을 때 편안한 느낌을 받는다. 그러나 잠자리를 따로 마련하는 더 깊은 이유는, '새로 태어난 아이에게는 새 잠자리가 있어야 한다'라는 일종의 공감 주술 때문이다. 아이의 잠자리는 어머니의 곁에 두지만, 충분히 커서 의사표시를 할 수 있을 때까지 아이는 어머니와 함께 누워 자지 않는다. 아이가 한 살쯤 되면 손을 내밀어 자기가 무엇을 원하는지 표현하는데, 그때부터 아이는 어머니와 함께 이불을 덮고 어머니의 품에 안겨 잔다.

갓난아기에게는 태어난 뒤 사흘 동안 젖을 먹이지 않는다. 모유가 나올 때까지 기다리는 것이다. 그 뒤로는 배를 채우기 위해서든 위안을 얻기 위해서든 아이는 아무 때나 젖을 물 수 있다. 어머니도 즐거운 마음으로 수유한다. 일본인은 수유가 여자의 가장 큰 생리적 쾌락 중 하나라고 확신한다. 그래서 아이와 어머니가 즐거움을 공유하게 된다. 아이에게 젖가슴은 영양분일 뿐 아니라 즐거움이요 편안함이다. 한 달 동안 아이는 자기 잠자리에 누워 있거나 어머니 품에 안

겨 있다. 생후 30일쯤 되면 아이를 데리고 가까운 신사에 가서 참배한
다. 그래야 생명이 아이의 몸에 확실히 뿌리를 내린다고 믿는다. 그런
절차를 거친 뒤에는 아이를 마음대로 밖에 데리고 다녀도 좋다고 생
각한다. 한 달이 지나면 어머니는 아이를 등에 업고 다닌다. 이중으로
된 띠로 아이의 겨드랑이와 엉덩이를 받치고, 어깨에 두른 다음 허리
앞에서 묶는다. 날씨가 추워지면 어머니는 자기의 솜옷으로 아이를
감싼다. 남녀 할 것 없이 손위 형제들도 아이를 업고 다니는데, 뜀박
질하거나 돌차기 놀이를 할 때도 그렇게 한다. 특히 시골에서나 가난
한 집에서는 손위 형제들이 아이들 돌보는 경우가 많다. "일본 아이들
은 밖에서 자라기 때문에 금세 영리해지며 표정에는 호기심이 가득하
다. 아이들은 자기를 업고 있는 손위 형제들만큼이나 놀이를 즐기는
것처럼 보인다."* 일본의 아이들은 팔을 벌려서 등을 안는 듯한 자세
로 업혀 다니는데, 이는 태평양 섬나라들과 그 밖의 다른 지역에서 숄
로 아이를 둘러 데리고 다니는 모습과 공통점이 많다. 그런 관습은 아
이를 수동적으로 만든다. 이런 식으로 업힌 아이들은 일본인이 그러
하듯 어디서든 쉽게 잠들 수 있다. 그러나 띠를 써서 업고 다니는 일
본의 방식은 숄이나 자루를 써서 메고 다니는 것처럼 아이를 완전히
수동적으로 만들지는 않는다. 아이는 "누가 업든 고양이처럼 등에 달
라붙는 법을 배운다. … 끈으로 지탱하기에 무척 안전하지만, 아이는
곧 자기의 노력으로 편안한 자세를 찾는다. 그리하여 어깨에 멘 짐보
따리 수준이 아니라 상당한 기술을 발휘해서 사람 등에 올라타는 법
을 익힌다."**

* Alice Mabel Bacon, *Japanese Women and Girls*, p. 6.
** Alice Mabel Bacon, *Japanese Women and Girls*, p. 10.

아기를 안고 있는 여인(우타가와 쿠니사다, 1813-1833년경)

　어머니는 일할 때 아이를 잠자리에 뉘어놓고 밖에 나갈 때는 업고 다닌다. 어머니는 아이에게 말을 걸고, 콧노래를 불러주며, 예절에 맞는 몸짓을 가르친다. 누군가의 인사에 답례할 때는 아이의 머리와 어깨를 앞으로 숙이게 해서 인사를 시킨다. 아이를 개별적인 한 사람으로 취급하는 것이다. 오후가 되면 어머니는 아이를 따뜻한 욕조로 데려가 무릎 위에 올려놓고 놀아준다.

아이는 삼사 개월 동안 두툼한 천으로 만든 기저귀를 찬다. 어떤 일본인은 이런 기저귀 때문에 안짱다리가 생긴다고 주장하기도 한다. 아이가 태어난 지 서너 달이 지나면 어머니는 아이에게 배변 훈련을 시킨다. 아이가 용변을 볼 때쯤이면 문밖으로 데려가서 아이 몸을 받쳐 든 다음, 보통 낮고 단조로운 휘파람 소리를 내면서 용변을 볼 때까지 기다린다. 아이는 무슨 의도로 이렇게 청각을 자극하는지 깨닫는다. 중국과 마찬가지로 일본에서도 아이의 배변 훈련을 아주 일찍 시작한다. 실수했을 때 어떤 어머니는 아이를 꼬집기도 하지만, 보통은 목소리를 바꿔 혼내기만 하고, 아이를 더 자주 밖으로 데려간다. 변비가 있으면 관장을 하거나 설사약을 먹인다. 어머니들은 그렇게 해야 아이가 더 편안해진다고 생각한다. 배변 훈련을 마친 아이는 이제 두텁고 성가신 기저귀를 찰 필요가 없다. 실제로 일본 아이들은 기저귀를 불편해한다. 무거울 뿐 아니라 젖는 즉시 새것으로 갈아주지는 않기 때문이다. 그렇지만 아이는 너무 어려서 배변 훈련과 기저귀를 떼는 것의 상관관계를 인식하지 못한다. 단지 무자비하게 강요받지만 피할 수는 없는 일상을 경험할 따름이다. 게다가 어머니는 아이가 용변을 볼 때 아이를 자기 몸에서 멀찍이 떼어놓고, 손으로 꼭 붙들고 있다. 이처럼 엄격한 배변 훈련을 거치면서 아이는 훗날 일본 문화가 강요하는 더 미묘한 것들을 받아들일 자세를 익힌다.[*]

일본 아이들은 대부분 걸음마를 떼기 전에 말문이 트인다. 기어 다니는 것은 좋지 않다고 여겨서 금한다. 전통적으로 한 살이 되기 전에

---

* 제프리 고러(Geoffrey Gorer)는 일본식 배변 훈련의 역할을 강조했다. Themes in Japanese Culture, Transactions of the New York Academy of Science, vol. 5, pp. 106-124, 1943.

일어서거나 걸어서는 안 된다는 통념이 있다 보니, 어머니들은 아이가 그런 조짐을 보일 때마다 못 하게 말린다. 그러나 정부는 지난 일이십 년 동안 싼값으로 널리 보급해온 『어머니 잡지』를 통해서 걷기를 장려해야 한다고 가르쳐왔다. 그 결과 지금은 대다수 부모가 그렇게 하고 있다. 어머니는 아이의 겨드랑이에 띠를 둘러 붙잡고 있거나 손으로 아이를 받쳐서 걸음마 훈련을 시킨다. 그러나 아이들은 여전히 걷기보다 말하기를 먼저 하는 경향이 있다. 아이들이 단어를 말하기 시작하면 어른들은 분명한 의도를 가지고 유아어(baby talk)를 쓰면서 아이를 어른다. 그들은 아이가 우연한 모방으로 언어를 습득하도록 내버려두지 않고 아이에게 단어와 문법, 경어를 가르친다. 아이와 어른 모두 그 일을 놀이처럼 즐긴다.

일본 아이들은 걸음마를 떼고 나면 집에서 짓궂은 행동을 많이 한다. 손가락으로 문창호지에 구멍을 내기도 하고, 마루 가운데 있는 이로리(화로) 안으로 떨어지기도 한다. 아이들의 장난은 여기에 그치지 않기 때문에, 일본인은 집 안에서 벌어질 수 있는 사고의 위험성을 과장하는 경향이 있다. 문지방을 밟는 것은 '위험'할뿐더러 절대로 해서는 안 된다. 일본식 가옥은 지하실이 없으며, 장선(마루 밑을 일정한 간격으로 대어 마루청을 받치는 나무) 위에 세워져 있다. 그래서 아이라 하더라도 문지방을 밟으면 집의 균형이 뒤틀릴 수 있다고 생각한다. 그뿐만 아니라 아이는 다다미 이음매를 밟거나 거기에 앉으면 안 된다고 배운다. 다다미는 규격이 정해져 있어서, 흔히 '다다미 석 장 방'이나 '다다미 열두 장 방'이라고 불린다. 아이들은 다다미에 관한 옛이야기를 자주 듣는다. 그중에는 사무라이들이 집 밑에 숨어 있다가 다다미 이음매로 칸을 찔러서 사람을 해쳤다는 내용도 있다. 그래서 다다미의 두툼하고 부드러운 부분이 안전하며, 다다미끼리 맞닿는 곳은 위험하다고 믿게 된다. 어머니가 아이에게 훈계할 때 쓰는, "위험해" 혹은 "안 돼"라는 말에는 이런 생각이 담겨 있다. 그 밖에 자주 하는 훈계는 "더러워"다. 일본인의 집은 청결하고 정리정돈이 잘되어 있기로 유명한데, 아이는 그 점을 존중하도록 배운다.

아이의 훈육방식: 놀림과 따돌림

일본 아이들은 보통 동생이 태어나기 전까지 젖을 먹는다. 근래 들어 정부가 발행하는 『어머니 잡지』는 생후 8개월에 젖을 떼는 것이 좋다고 권고하지만, 아직은 일부 중산층 산모들만 그렇게 할 뿐이다. 수유를 어머니의 큰 즐거움으로 여기는 정서가 널리 퍼져 있다 보니, 새 관습을 따르는 어머니들은 수유 기간 단축을 아이의 행복을 위한 자기희생이라고 생각한다. 그들은 '젖을 오래 먹는 아이는 허약하다'라는 새 견해를 받아들이면서, 젖을 떼지 않는 어머니를 가리켜 절제력이 없다고 비난한다. "도저히 젖을 뗄 수 없다고 말하지만, 그건 변명에 지나지 않아. 아직 그럴 결심이 서지 않았을 뿐이라고. 자기가 좋으니까 계속 젖을 먹이려 하는 거잖아." 이런 태도로 미루어보면, 생후 생후 8개월에 젖을 떼자는 운동이 널리 보급되지 않는 것도 이해할 만하다. 젖을 늦게 떼는 현실적인 이유도 있다. 일본에서는 막 젖을 뗀 아이에게 줄 만한 이유식이 발달하지 않았다. 일찍 젖을 뗀 아이에게는 죽을 먹이지만, 일반적으로는 젖을 먹다가 어른이 먹는 음식으로 곧장 넘어간다. 일본인의 식단에는 우유가 없다. 그들은 아이

몸에 좋은 특별한 채소를 챙기지도 않는다. 이런 상황에서 '젖을 오래 먹는 아이는 허약하다'라는 정부의 권고가 옳은지 의심을 품는 것도 충분히 이해할 만하다.

일본 아이들은 보통 말귀를 알아듣게 된 다음에 젖을 뗀다. 가족이 모여 식사할 때면 아이들은 어머니의 무릎에 앉아 입에 넣어주는 음식을 조금씩 먹는다. 젖을 떼고 나면 음식을 더 많이 먹게 되는데, 이 시기에 모유 말고 다른 것을 먹지 않으려 해서 어머니를 애먹이는 아이도 있다. 그럴 때 새로 태어난 아기 때문에 젖을 떼야 한다고 말하면 아이는 좀 더 쉽게 납득한다. 젖을 달라고 보채는 아이에게는 종종 사탕을 주면서 달랜다. 때로는 어머니의 젖꼭지에 후춧가루를 뿌려놓기도 한다. 하지만 거의 모든 어머니가 쓰는 수단은, 갓난아이처럼 계속 젖을 먹으려 한다는 말로 아이를 놀리는 것이다. "네 사촌을 봐라. 벌써 어른이 다 됐어. 너처럼 작지만 젖을 달라고 보채진 않잖아." "다 큰 애가 아직도 젖을 먹으려 하니까 저 꼬마가 널 비웃잖니." 두 살, 세 살, 네 살까지 젖 달라고 보채는 아이들은 자기보다 나이 많은 아이가 다가오는 낌새를 느끼면 어머니 가슴에서 떨어져 딴청을 피운다.

아이를 놀려서 얼른 어른스러워지도록 재촉하는 일은 젖을 떼는 문제에 국한되지 않는다. 아이가 말귀를 알아듣기 시작할 때부터 어떤 상황에서든 이런 방법을 활용한다. 사내아이가 울면 어머니는 "너는 계집애가 아니잖아" 혹은 "너는 사내대장부잖아"라고 말한다. "저 아이 좀 보렴. 울지 않잖아"라고 말하기도 한다. 다른 집 아이가 놀러 오면 어머니는 자기 아이가 있는 자리에서 그 아이를 귀여워하며 말한다. "애를 우리 집에서 키워야겠다. 난 이렇게 귀엽고 착한 아이가 좋더라. 너는 나이를 헛먹었어." 그러면 아이는 어머니에게 달려와 주먹으로 어머니를 때리면서 운다. "싫어, 싫어. 다른 아이가 오는 건 싫어. 이제부터는 말 잘 들을 거야." 한두 살배기 아이가 시끄럽게 떠들거나 말을 잘 듣지 않으면 어머니는 집에 찾아온 남자 손님에게 말한다. "얘 좀 데려가세요. 우린 이런 애는 필요 없거든요." 손님도 어머니의 말에 동조하면서 아이를 집 밖으로 데려가는 시늉을 한다. 그러면 아이는 자지러지게 놀라서 울고불고 난리를 치며 어머니에게 도와달라고 애원한다. 놀림이 먹혔다고 생각한 어머니는 아이를 다시 데려와서 이제부터 착하게 굴겠다는 약속을 받아낸다. 이런 식의 연극은 아이가 대여섯 살이 될 때까지 반복된다.

아이를 놀리는 방식이 또 있다. 어머니는 남편에게 가서 아이를 돌아보며 말한다. "나는 너보다 네 아빠가 더 좋아. 아빠는 멋진 남자거든." 아이는 샘이 나서 아버지와 어머니 사이로 비집고 들어가려 한다. 그러면 어머니는 이렇게 말한다. "네 아빠는 집 안을 돌아다니면서 소리를 지르지도 않고 방에서 뛰어다니지 않잖아." 그러면 아이가 소리친다. "알았어요, 알았다고요. 저도 안 그럴게요. 착한 아이가 될게요. 그럼 이젠 날 좋아하는 거죠?" 그럭저럭 만족할 만하게 연극이 진행되면, 아버지와 어머니는 서로를 바라보며 미소 짓는다. 그들은 어린 아들뿐만 아니라 어린 딸도 이런 식으로 놀린다.

어린 시절의 경험은 성인들이 느끼는 놀림과 따돌림에 대한 두려움의 비옥한 토양이 된다. 자기가 놀림감이 되었다는 것을 언제 아는지는 불분명하지만, 아이는 어느 순간 그 사실을 깨닫게 된다. 그러면 놀림을 당하고 있다는 느낌은 안전하고 친숙한 모든 것을 잃을지도 모른다는 공포감과 결합한다. 그래서 성인이 된 뒤 누군가가 자기를 놀리면 어릴 때 느꼈던 공포감을 다시금 떠올리게 된다.

두 살에서 다섯 살까지의 아이는 이런 식으로 놀림을 받았을 때 더 큰 공포를 느낀다. 가족이야말로 안전을 보장받고 응석을 부릴 수 있는 안식처이기 때문이다. 육체적이든 감정적이든, 아버지와 어머니가 완벽하게 분업하고 있어서, 아이는 부모를 경쟁자로 느끼지 않는다. 집안 살림을 하고 아이를 키우는 주체는 어머니 또는 할머니다. 그들은 복종하는 태도로 아버지를 섬기고 공경한다. 가정의 위계질서 안에서는 서열이 명확하다. 아이는 연장자의 특권, 여자에게는 없는 남자의 특권, 남동생에게는 없는 형의 특권을 배운다. 그러나 이 시기의 아이는 모든 관계에서 관대한 취급을 받는다. 사내아이일 경우에 특히 그렇다. 계집아이에게든 사내아이에게든 궁극적인 만족감의 원천이 언제나 어머니인 것은 같지만, 세 살짜리 사내아이는 어머니를 향해서 심한 분노를 표출할 수 있다. 비록 아버지에게는 공격적인 태도를 보일 수 없지만, 부모에게 놀림당할 때 느꼈던 감정, 자기를 남에게 '준다'고 했을 때 느꼈던 분노를 어머니와 할머니를 향해서는 마음껏 표출할 수 있다. 물론 모든 아이가 심통을 부리지는 않는다. 다만 시골이든 상류층 가정이든 세 살에서 여섯 살 된 아이가 골을 내는 것은 지극히 당연한 일로 여겨진다. 아이는 소리를 지르며 어머니를 때리기도 하고, 온몸으로 발악하다가 공들여 손질한 어머니의 머리를 흐트러트리기도 한다. 비록 세 살짜리라 해도 사내아이는 남자고 어머니는 여자다. 그래서 엄마에게 공격성을 드러낼 수 있다.

아이를 둘러싼 가족관계

한편 아이는 아버지에게 언제나 존경심을 보여야 한다. 아버지는 위계질서의 높은 지위를 보여주는 모범이다. 일본에서 흔히 쓰는 표현대로, 아이는 '훈련을 통해' 아버지에게 존경심을 올바로 나타내는 법을 배워야 한다. 일본의 아버지는 거의 모든 서구 국가의 아버지보다 훈육에 신경을 덜 쓴다. 일본에서는 여자들이 아이의 훈육을 전적으로 책임진다. 만약 아버지가 아이들에게 자기 생각을 전하고 싶다면, 그저 묵묵히 쳐다보거나 짧게 한마디 하면 된다. 아주 드문 일이다 보니, 그럴 때 아이는 즉각 아버지의 뜻에 따른다. 아버지는 여유가 있을 때 장난감을 만들어 아이들에게 주기도 하고, 아이가 걸음마를 뗀 뒤에도 한동안 어머니가 그러하듯 아이를 안거나 업고 다닌다. 이 나이대의 자녀를 둔 일본 아버지는 미국인 아버지라면 보통 아내에게 떠넘길 만한 육아의 의무를 다하기도 한다.

조부모 또한 존경의 대상이지만, 일본 아이들은 조부모와 스스럼없이 지낸다. 조부모는 훈육자 역할을 맡지 않는다. 그런데 아이들의 교육이 해이해졌다고 판단하면 그런 역할을 떠맡을 수 있는데, 이 경우 상당한 갈등이 일어난다. 할머니는 보통 24시간 내내 아이 곁에 있다. 따라서 아이를 놓고 벌어지는 시어머니와 며느리 사이의 갈등이 일본 가정에서는 심심치 않게 일어난다. 그러나 아이의 눈으로 보면, 양쪽이 다 자기 비위를 맞추려고 하는 듯 느껴진다. 시어머니는 종종 아이를 이용해서 며느리를 손아귀에 넣으려고 한다. 젊은 며느리의 가장 큰 의무는 시어머니를 만족시키는 것이다. 그래서 조부모가 아무리 아이에게 오냐오냐 해도 싫은 소리를 할 수 없다. 어머니가 아이에게 더는 사탕을 먹지 말라고 경고해도 할머니는 아이에게 사탕을 주면서 비꼬듯 말한다. "내가 독이 든 사탕을 손주에게 줄 리가 있겠니." 며느리가 해줄 수 없는 선물을 아이에게 주는 경우도 많고, 무엇보다 할머니들은 아이와 놀아줄 시간이 많다.

손위 형제도 어린 동생의 응석을 잘 받아주도록 교육받는다. 일본 아이들은 동생이 태어났을 때, 미국식으로 표현하면 앞으로 '코가 납작해질'(nose being put out of joint) 처지에 놓였다는 것을 아주 잘 알고 있다. 자기 자리를 뺏긴 아이는 어머니의 젖가슴과 어머니 곁에서 잘 기회를 태어난 아이에게 양보하고 단념해야 한다는 사실을 쉽게 깨닫는다. 동생이 태어나기 전에 어머니는 아이에게 머지않아 '가짜' 아기가 아닌 진짜 살아 있는 인형이 생길 것이라고 일러준다. 또, 앞으로는 아버지와 같이 잘 수 있다는 이야기를 마치 대단한 특권이나 되는 듯이 말해준다. 이렇게 해서 아이는 동생이 태어날 준비 과정을 함께 한다. 보통의 아이들은 동생이 태어나면 무척 흥분하고 좋아하지만, 금세 시들해진다. 충분히 예상할 수 있는 일이어서 특별히 걱정할 거리는 못 된다. 자기 자리를 빼앗긴 아이는 동생을 안아 들고 어머니한테 "이 아이 누구한테 줘버려야겠어요"라고 말한다. 그러면 어머니는 말한다. "안 돼, 얘는 우리 아기란다. 우리가 잘 돌봐야 해. 아이가 널 좋아하잖니. 아이를 돌보려면 네 도움이 필요하단다." 이렇듯 사소한 장면이 때로는 상당 기간 반복된다. 그러나 어머니는 별로 걱정하지 않는다. 아이가 많은 집에서는 이런 상황에 대한 대책이 자연스레 마련되는데, 그것은 하나 건너 손위 형제와 친밀한 유대감을 형성하게 만드는 것이다. 즉, 첫째가 셋째를 돌보고 둘째가 넷째를 돌보는 식이다. 동생들도 그에 화답한다. 일고여덟 살이 될 때까지 이런 배열에서 아이들의 성별은 중요하지 않다.

일본 아이들은 모두 장난감을 가지고 있다. 부모와 친구, 친척들은 아이들에게 인형을 비롯한 장난감을 만들거나 사서 선물로 준다. 물론 가난한 집에서는 이런 일에 돈을 거의 쓰지 않는다. 아이들은 장난감으로 소꿉놀이, 신랑각시놀음, 명절놀이를 한다. 놀이를 시작하기 전에 어떻게 하는 것이 어른들의 '올바른' 방식인지를 두고 충분히 논의하는데, 의견이 나뉠 때는 어머니에게 가서 누가 옳은지 물어본다. 이 문제로 옥신각신하게 되면 어머니는 보통 '노블레스 오블리주'를 상기시키면서 큰아이더러 동생에게 양보하라고 권한다. 이때 자주 하는 말이 "지는 게 이기는 거야"다. 세 살짜리 아이도 금세 알아들을 법한 이 표현에는 큰아이가 동생에게 장난감을 양보하면 동생은 금세 싫증을 느껴서 다른 것으로 관심을 돌릴 테니, 지금 그것을 포기하더라도 나중에 다시 갖게 된다는 뜻이 담겨 있다. 혹은 주인과 머슴을 연기하며 놀 때 인기 없는 배역을 맡더라도, 그렇게 함으로써 재미있게 놀 수 있으니 '이긴다'는 뜻이기도 하다. '지는 것이 이기는 것'은 어른이 된 뒤에도 생활 속에서 크게 존중받는 관습이다.

치료와 신체적 통제

훈계와 놀림 외에도 육아에서 중요한 비중을 차지하는 방식이 있다. 일부러 주의가 산만해지게 만들어서 아이의 관심을 다른 쪽으로 돌리는 것이다. 주의를 흐트러뜨리기 위해서 시도 때도 없이 사탕을 주기도 한다. 학교에 갈 만큼 자라면 '치료' 기술을 사용한다. 어머니는 짜증을 부리거나 말을 듣지 않거나 소란스럽게 구는 아이를 데리고 신사 또는 사찰에 간다. 그때 어머니는 "우리, 거기 가서 도움을 받자"라는 태도를 보인다. 아이는 이 일을 신나는 소풍 정도로 받아들인다. 그곳에서 치료자 역할을 맡은 신관이나 승려는 아이와 진지하게 이야기를 나누면서 언제 태어났고, 무엇이 문제인지 묻는다. 그런 다음 잠시 기도하러 물러갔다가 다시 돌아와서는 이제 치료가 끝났다고 단언한다. 때로는 버릇없이 굴었던 이유가 벌레 때문이었는데, 그것을 잡았으니 이제 다 나았다고 말해주기도 한다. 그는 아이를 정화하고 자유롭게 만들어서 집으로 보낸다. 일본인은 "그 효과가 한동안 지속된다"라고 말한다. 일본 아이들이 받는 가장 혹독한 벌조차도 '약'으로 간주된다. 모구사(艾), 즉 쑥뜸 분말을 아이의 살갗에 작은 원뿔 모양으로 올려놓고 태우는 것이다. 이때 생긴 흉터는 평생 지워지지 않는다. 모구사로 뜸을 뜨는 방식은 동아시아 전역의 오래된 치료법으로, 일본에서도 예부터 이 방법을 써서 여러 질병을 치료했다. 짜증을 많이 내거나 고집이 센 성격을 고치는 데도 효험이 있다고 한다. 예닐곱 살 사내아이는 어머니나 할머니에게 이런 치료를 받는데, 증세가 심하면 뜸을 두 번 뜨기도 한다. 다만 버릇없다고 해서 뜸을 세 번까지 뜨지는 않는다. 뜸을 뜨는 것이 "너 그렇게 말썽부리면 매를 맞을 거야"라는 개념의 처벌은 아니다. 그러나 맞는 것보다 훨씬 더 아프다. 이 과정을 경험한 아이는 버릇없이 굴면 무사히 넘어가지 못한다는 교훈을 얻는다.

이렇듯 통제가 어려운 아이를 다루는 방식 말고도 아이에게 필요한 신체 기술을 가르치는 전통적 방법이 있다. 가르치는 사람이 아이의 몸을 손으로 잡고 동작을 익히도록 도와주는 것이다. 이때 아이는 몸을 맡기고 가만히 있어야 한다. 아버지는 아이가 두 살이 되기 전에 올바른 자세로 다리를 접어 발등을 바닥에 대고 앉는 법을 가르친다. 처음에 아이는 잘 버티지 못해서 뒤로 넘어지곤 한다. 몸을 움직이지 않고 앉아 있어야 해서 더 어렵다. 안절부절못하거나 자세를 바꿔도 안 된다. 긴장을 풀고 몸을 내맡기는 것이 동작을 배우는 가장 좋은 방법이다. 아버지는 아이의 다리를 잡고 제대로 된 위치에 놓아주는데, 이것으로도 수동적 자세가 얼마나 강조되는지 알 수 있다.

앉기 외에도 아이들이 배워야 할 게 또 있다. '잠자기'다. 미국 여성이 알몸을 보이길 꺼리는 것처럼, 일본 여성은 잠자는 모습을 남에게 보여주고 싶어 하지 않는다. 다른 나라에게 인정받을 목적으로 정부가 규제하기 전까지, 일본인은 자기가 목욕하는 모습을 다른 사람들에게 보여도 부끄럽게 생각하지 않았다. 그런데 잠자는 모습은 한사코 남에게 보여주지 않으려 했다. 여자아이는 다리를 모으고 반듯하게 누워서 자는 법을 익혀야 한다. 그에 비해 남자아이는 자유로운 편이었다. 이것이 바로 교육의 측면에서 남자아이와 여자아이를 분리한 최초의 규칙 중 하나였다. 일본의 거의 모든 규칙이 그러하듯, 이것도 하류층보다는 상류층이 더 엄격하게 지켰다. 사무라이 집안에서 나고 자란 스기모토(杉本) 부인은 자기가 받은 교육을 이렇게 이야기했다. "밤이면 늘 작은 목침을 베고 조용히 누워 있으려고 애쓰던 일이 기억난다. … 사무라이의 딸은 잘 때조차 몸과 마음이 흐트러지면 안 된다고 배웠다. 사내아이는 큰 대(大) 자로 다리를 벌리고 아무렇게나 누워도 상관없었지만, 여자아이들은 '자제의 정신'을 의미하는 기(き) 자처럼 몸을 구부린 채로 조신하고 품위 있는 자세로 누워야 했다."* 일본 여성들은 잠자리에 든 자기들의 팔다리를 어머니나 유모

가 어떤 식으로 가지런하게 해주었는지 내게 말해주었다.

전통적인 서예를 공부할 때도 그랬다. 선생은 아이의 손을 잡고 글씨 쓰는 법을 가르쳤다. 아이가 '감을 잡게 하려는' 의도였다. 글씨를 쓰긴커녕 글을 깨치기도 전이지만 아이는 이 과정을 통해서 손의 움직임을 리듬감 있게 조절하는 법을 배운다. 근대의 대중 교육에서는 이런 교수법이 눈에 잘 띄지는 않지만, 그래도 여전히 행해지고 있다. 절하기, 젓가락질하기, 활쏘기, 등에 베개를 묶어 아이 업는 법 익히기 등은 아이의 손을 직접 움직여주거나 몸의 자세를 바로잡아주면서 요령을 가르친다.

상류층을 제외하면, 아이들은 대부분 학교 가기 전부터 이웃 아이들과 자유롭게 어울린다. 시골에서는 세 살이 되기 전에 또래들끼리 무리를 이루어 논다. 도시 아이들도 혼잡한 거리에서 차량 사이를 돌아다니며 위험해 보일 만큼 제멋대로 뛰어논다. 이것이 아이들의 특권이다. 그들은 가게 주변에서 서성이며 어른들의 이야기를 듣거나 돌 차기 혹은 공놀이를 한다. 마을 신사에 모여 수호신의 보호를 받으며 놀기도 한다. 남자아이와 여자아이는 학교에 갈 때까지는 내외를 가리지 않고 같이 논다. 학교에 들어간 뒤에도 이삼 년 동안은 같이 놀다가 점점 동성인 아이들, 그중에서도 나이가 같은 아이들끼리 가장 친밀한 관계를 맺는다. 특히 마을에서는 이러한 도넨(同甲: 동갑) 관계가 평생 유지되며, 다른 어떤 관계보다 오래 이어진다. 스에무라 마을에서는 "성적 관심이 시들해지진 뒤로는 동갑 친구들과 만나는 게

- Etsu Inagaki Sugimoto, *A Daughter of the Samurai*, Double Page and Company, 1926, pp. 15, 24.

인생에 남아 있는 진정한 즐거움이다. 스에무라 사람들은 '동갑내기가 아내보다 가깝다'라고 말한다".[*]

아이들의 놀이 문화와 종교 교육

취학 전 아이들은 스스럼없이 어울린다. 그런데 아이들이 천연덕스럽게 하는 놀이 중 상당수는 서구의 시각으로 볼 때 저속하게 느껴진다. 가족이 좁은 공간에서 함께 사는 데다 어른들이 거리낌 없이 나누는 대화를 엿듣다 보니 아이들은 일찍부터 성에 눈을 뜬다. 게다가 어머니는 아이들과 놀아줄 때나 목욕을 시킬 때 성기를 지칭하는 말, 특히 남자아이의 성기에 관한 말을 아무렇지도 않은 듯 입에 올린다. 일본인은 옳지 않은 장소에서 표출하거나 저급한 무리와 함께하지 않는 한 아이의 성적 호기심을 비난하지 않는다. 자위행위도 해롭다고 여기지 않는다. 아이들은 어른이라면 모욕감을 느낄 만한 욕을 거침없이 하며, 또 어른이라면 부끄러워할 만한 자랑도 서슴지 않고 한다. 그 모습을 본 어른들은 인자하게 웃으며 말한다. "애들이라서 하지(수치심)를 모른다니까." 그러고는 이렇게 덧붙인다. "그러니까 세상모르고 행복한 거야." 이는 아이와 어른 사이에 가로놓인 커다란 장벽을 보여준다. 만약 성인을 가리켜 '하지를 모르는 사람'이라고 한다면, 그가 파렴치하다고 말하는 것이나 다름없기 때문이다.

이 또래 아이들은 서로의 집안과 재산을 헐뜯고, 특히 자기 아버지

---

[*]   John F. Embree. *Suye Mura*. p. 190.

자랑을 많이 한다. 아이들이 자주 하는 말로 "우리 아버지는 네 아버지보다 힘이 세" "우리 아버지가 네 아버지보다 똑똑해" 등이 있다. 때로는 누구의 아버지가 더 나은지를 두고 옥신각신하다가 싸우기도 한다. 미국인에게는 별로 주목할 가치가 없어 보이는 행동이겠지만 일본에서는 그렇지 않다. 아이들의 이런 모습은 평소 듣게 되는 어른들의 대화와 크게 대조되기 때문이다. 어른들은 자신의 집을 가리킬 때 '누추한 집'(拙宅)이라 하고, 이웃집은 '존귀한 집'(御尊宅)이라고 한다. 마찬가지로 자기 가족은 '보잘것없는 가족'(拙家)으로, 이웃은 '존귀한 가족'(御尊家)으로 지칭한다. 또래와 어울려 놀기 시작할 무렵부터 초등학교 3학년, 즉 아홉 살이 될 때까지 아이들은 이렇게 자기중심적으로 생각하는데, 이는 일본인 대부분이 인정하는 사실이다. 아이들은 때때로 말한다. "내가 영주를 할 테니 너희는 가신 역을 맡아." "아니야, 난 하인이 싫어. 내가 영주를 할 거야." 때로는 자기 자랑을 하고 다른 사람들을 깔보기도 한다. "아이들은 하고 싶은 말을 뭐든지 한다. 그런데 나이를 먹으면서 자기가 원하는 것이 허용되지 않는다는 사실을 깨닫는다. 그러면 누가 말을 시킬 때까지 기다리고, 더는 뻐기지 않는다."

아이는 집에서 초자연적 존재를 대하는 태도를 배운다. 일본의 신관 혹은 승려는 아이를 '가르치지 않는다'. 아이는 보통 축제에 가서 사람들과 함께 신관이 뿌려주는 정화수를 맞으며 조직적인 종교와 접한다. 어떤 아이는 부모를 따라 절에서 행하는 종교의식에 참여하기도 하지만, 이것 역시 축제 때나 하는 일이다. 아이가 꾸준하고 의미깊게 종교 체험을 하는 곳은 종교 시설이 아니라 가정이다. 아이는 집에 있는 불단과 신단을 중심으로 가족이 주도하는 종교의식에 참여한다. 가장 눈에 띄는 것은 조상의 위패를 모시는 불단으로, 꽃과 특정 나뭇가지를 단에 바치며 그 앞에서 향을 피운다. 날마다 음식을 공양하면서, 가족 중 연장자가 조상들에게 가족과 관련된 일들을 보고하고 절한다. 저녁이 되면 단에 불을 밝힌다. 일본인은 흔히 집 밖에서 자는 것을 좋아하지 않는다고 말하는데, 그 이유는 자기 집을 지켜주는 존재가 없는 곳에서 묵으면 불안해지기 때문이다. 신단은 보통 이세신궁에서 배포한 부적을 모신 소박한 선반이다. 여기에 다른 종류의 공물도 바칠 수 있다. 부엌에는 그을음으로 덮인 부뚜막신이 있고, 문과 벽에는 부적들을 붙여놓았다. 이런 것들이 집을 안전하게 지켜준다고 믿었다. 시골에서는 마을 신사를 안전한 곳으로 여긴다. 자비로운 신들이 지켜주기 때문이다. 어머니는 아이가 안전한 신사에서 노는 것을 좋아한다. 아이가 신들을 두려워하거나, 정의롭고 엄격한 신들을 만족시키려고 일부러 행동을 규제하는 일은 없다. 신들이 준 은혜에 보답하는 의미로 그들을 정중하게 받들어야 하지만, 신들은 권위적인 존재가 아니다.

학교 입학: 기리를 배우는 시기

남자아이를 성인 생활의 세밀한 틀에 맞추는 중대한 작업은 학교에 들어가고 나서도 두세 해가 지나서야 시작된다. 그때까지 아이는 육체를 통제하는 법을 배운다. 다루기 힘든 말썽꾸러기는 못된 버릇을 '치료'하고, 관심을 다른 곳으로 돌린다. 조용히 타이르거나 때로는 놀리는 방식을 통해서 훈계하기도 한다. 어머니를 제멋대로 대하면서 때로는 주먹을 휘두른다 해도 너그럽게 봐준다. 아이의 자아를 넉넉히 품어주려는 의도다. 입학한 직후에는 아이들에게 이렇다 할 변화가 일어나지 않는다. 처음 3년 동안은 남녀가 한 교실에서 공부하는데, 남선생이든 여선생이든 선생은 아이들을 귀여워하며 그들과 어울린다. 그러나 집과 학교에서는 아이에게 '난처한' 상황에 빠지면 얼마나 위험한지를 전보다 강조한다. 비록 '수치심'을 느끼기에는 너무 어리지만, 아이들은 '난처해질 만한' 일을 피해야 한다고 배운다. 아이들은 늑대가 없는데도 "늑대다! 늑대다"라고 외친 이야기 속의 양치기 소년이 '사람들을 속인 것이고, 그런 짓을 하면 사람들이 너를 믿지 않을 것인데, 그건 정말 곤란한 상황'이라고 배운다. 자기가 실수했을 때 처음으로 비웃은 사람은 선생이나 부모가 아니라 학교 친구들이었다고 많은 일본인이 말한다. 실제로 그런 상황에서 웃어른이 할 일은 아이를 비웃는 게 아니라 조롱당한다는 사실과 세상에 대한 기리에 맞게 행동해야 한다는 도덕적 교훈을 서서히 연결해나가는 것이다. 아이가 6살이 되면, 충성스러운 개의 헌신을 다룬 이야기에서 드러나는 의무(앞에서 인용한 착한 개가 주인의 온에 보답하는 이야기는 여섯 살 아이가 읽는 책에 나온다)가 점점 구속으로 다가오기 시작한다. 나이 든 사람들은 "네가 이러저러한 일을 하면 세상 사람들이 널 비웃을 거야"라고 말한다. 그런 행동들의 규칙은 독립적이면서 상황에 따라 달라지며, 상당수는 미국에서 '에티켓'이라고 부르는 것과 비슷하다. 그 규칙은 이웃과 가족과 나라와 관련해 점점 늘어나는 의무에 복종하도록 요구한다. 아이는 자기를 억제해야 하며, 자기가 빚을 지고 있음을 인식해야 한다. 빚을 갚기 위해서 그는 행동거지를 늘 조심해야 하는 채무자의 지위로 서서히 옮겨간다.

아이가 점점 자라나면서 이러한 지위 변화를 전달하는 방식은 어렸을 때 놀리던 형태를 벗어나 새롭고 진지한 방식으로 발전한다. 여덟아홉 살 아이가 잘못을 저지르면 가족에게 외면당할 수 있다. 만약 학교 교사에게 불손하고 품행이 불량하다는 평가를 받으면 가족은 아이에게 등을 돌린다. 만약 장난을 심하게 쳐서 어떤 가게 주인에게 욕을 먹으면, 아이는 '가문의 이름을 더럽힌 것'이 된다. 그때 가족은 한편이 되어 아이를 비난한다. 내가 아는 두 일본인은 열 살 때 다시는 집에 들어오지 말라는 말을 듣고, 너무 창피해서 친척 집에도 갈 수 없었다고 한다. 그런 말을 들은 이유는 학교에서 교사에게 벌을 받았기 때문이다. 그 후 두 사람은 헛간에서 지내다가 어머니에게 발견되었고, 결국 어머니가 중재해서 겨우 집에 들어갈 수 있었다. 초등학교 고학년이 되면 아이들은 종종 근신 처분을 받고 집에 갇혀 있어야 했는데, 집에서는 일본인에게 강박이나 다름없는 일기 쓰기에 매달려야 했다. 어떤 경우든 가족은 아이를 자기들의 대변자로 여기며, 아이가 비난받을 일을 하면 세상에 대한 기리에 맞게 처신하지 않았다는 이유를 들어 아이를 책망한다. 그럴 때 아이는 가족의 지지를 기대할 수 없다. 그뿐만 아니라 또래 친구들에게도 기대할 수 없다. 동급생들은 잘못을 저지른 그를 따돌린다. 그가 친구 무리에 다시 들어가려면, 용서를 빌면서 앞으로는 그러지 않겠다고 약속해야 한다.

미국의 사회학자 제프리 고러(Geoffrey Gorer)는 이런 현상에 대해서 다음과 같이 말했다. "일본에서 이런 식의 제재가 강하게 나타나는 것이 사회학적으로 무척 드문 현상이라는 점에 주목할 필요가 있다. 대가족이나 작은 사회집단이 여럿 존재하는 사회에서는 집단 구성원 중 하나가 다른 집단 구성원에게 비난 혹은 공격을 받으면 대체로 집단 전체가 나서서 그를 보호한다. 집단에서 인정받으면 어려운 상황에 놓였거나 공격당했을 때, 소속 집단이 자기를 적극 지지해주리라 믿고 외부 세력에 맞설 수 있다. 그러나 일본에서는 정반대다. 다른 집단의 인정을 받아야 소속 집단의 지지를 확신할 수 있다. 만약 외부인이 누군가를 인정하지 않거나 비난한다면, 그가 속한 집단은 다른 집단이 태도를 바꿀 때까지 그에게 등을 돌리고 벌을 줄 것이다. 이런 사실로 보면 일본에서 '외부 세계'의 인정은 다른 사회에서는 유례가 없을 만큼 중요한 의미를 지닌다."•

세부적인 사항은 다르겠지만, 이 시기까지는 여자아이와 남자아이의 교육이 다르지 않다. 여자아이는 집에서 남자 형제보다 제약을 많이 받는다. 남자아이도 아이를 돌보기는 하지만 여자아이에게는 더 많은 의무가 부과된다. 그러면서도 선물이나 부모의 관심은 늘 남자아이보다 뒷전이다. 남자아이처럼 투정을 부려서도 안 된다. 하지만 다른 아시아 국가의 여자아이와 비교해보면 굉장히 자유로운 편이다. 새빨간 옷을 입고 길거리에서 남자아이들과 놀 수 있으며, 남자아이들과 싸움이 벌어지면 굽히지 않고 자기주장을 할 수 있다. 여자아이 또한 어린 시절에는 '수치심을 몰라도 된다'. 6~9세의 여자아이는 남자 형제와 비슷한 경험을 하면서 세상에 대한 책임을 배워나간다. 9세가 되면 남학생 반과 여학생 반으로 학급이 나뉜다. 남자아이들은 남자들끼리의 결속력을 중요하게 생각한다. 그래서 여자아이들을 배제하며, 여자아이와 이야기하는 모습조차 남에게 보이기를 꺼린다. 여

• Geoffrey Gorer. *Japanese Character Structure*. The Institute for International Studies, 1943. p. 27.

자아이들도 남자와 어울리는 것이 부적절하다는 말을 어머니에게 듣는다. 이맘때 여자아이들은 새침해지고 내성적으로 변해서 가르치는 게 쉽지 않다고 한다. 일본 여성들은 그때가 '어린애다운 재미'가 끝나는 시기라고 말한다. 여자아이들의 유년 시절은 배제당하는 것으로 막을 내린다. 이제 그들에게는 아주 오랫동안 '자중에 자중을 거듭하는 것'만 남았다. 이런 교훈은 약혼이나 결혼할 때도 강조된다.

남자아이들이 자중과 세상에 대한 기리를 배웠다 해서, 그들이 일본 성인 남자에게 지워지는 모든 의무를 습득한 것은 아니다. 일본인은 "남자아이는 열 살 때부터 이름에 대한 기리를 배운다"라고 말한다. 물론 모욕을 당하면 분개하는 것이 미덕임을 배우게 된다는 의미다. 규칙도 배워야 한다. 적과 언제 결판을 내야 하는지, 자기의 명예를 지키려면 언제 간접적 수단을 사용하는지를 배운다. 물론 남자아이들이 모욕을 당하면 반드시 상대를 공격해야 한다고 배운다는 의미는 아닐 것이다. 남자아이들은 어렸을 때 어머니에게 공격성을 표출해도 모두가 눈감아주었고, 또래 아이들과 비방하고 반박하며 싸우기도 한다. 그러니 열 살이 되어 공격적 태도를 새삼스레 배울 필요가 있겠는가. 따라서 10대에 접어든 남자아이들이 배워야 할 이름에 대한 기리의 규범은 그들이 공인된 틀 안에서 공격성을 배출하도록 유도하고, 그 공격성을 어떻게 다뤄야 하는지 구체적인 방법을 제시하는 것으로 봐야 한다. 앞서 살펴본 것처럼, 일본인은 종종 타인에게 폭력을 쓰는 대신 자기 자신을 공격한다. 남학생들도 예외는 아니다.

괴롭힘과 모욕에 관한 경험

초등학교 6학년을 마치고 상급학교에 진학하는 청소년은 인구의 약 15퍼센트이며 남학생이 더 많다. 치열한 중학교 입시와 과목별 석차 경쟁에 뛰어든 이들은 이름에 대한 기리에 책임을 져야 할 시간을 맞이한다. 점진적 과정을 거쳐 이런 상황을 마주하는 것은 아니다. 초등학교와 집에서는 경쟁을 거의 경험하지 못했기 때문이다. 갑작스레 닥친 낯선 경험은 더욱 쓰라린 걱정거리가 될 수밖에 없다. 그래서 순위 경쟁을 비롯해 편애에 대한 의심이 기승을 부린다. 그런데 정작 일본인이 두고두고 떠올리는 기억은 이런 경쟁이 아니라 상급생이 하급생을 괴롭히는 관습이다. 중학교에서 상급생은 하급생을 온갖 방법으로 괴롭힌다. 말도 안 되는 굴욕적인 일을 하급생에게 시키기도 한다. 하급생은 그런 괴롭힘을 장난으로 받아들이지 않고 상급생에게 원망의 감정을 품는다. 상급생 앞에서 설설 기고 굴욕적인 심부름을 해야 했던 하급생은 자기를 괴롭힌 상급생을 증오하면서 복수를 계획한다. 당장 실행할 수는 없으니 훗날로 미뤄야 한다는 현실적 제약이 복수심을 더 강하게 만든다. 복수심은 이름에 대한 기리요, 미덕으로 여겨진다. 몇 년 후 그는 학창 시절 자기를 괴롭혔던 선배가 직장에서 쫓겨나도록 집안 연줄을 동원해서 술수를 부리기도 한다. 학교를 졸업한 뒤 그동안 갈고닦은 유도나 검도 실력으로 길거리에서 못된 선배에게 망신을 주기도 한다. 만약 복수하지 못하면 '무언가 하지 않고 남겨둔 느낌'을 받는데, 바로 이것이 모욕과 관련해서 일본인이 겪는 갈등의 핵심이다.

중학교에 진학하지 않은 청소년은 군대에서 비슷한 경험을 한다.

평시에는 네 명 중 한 명 꼴로 징집되는데, 특히 입대 2년 차 병사가 갓 들어온 신병을 가혹하게 괴롭혔으며, 괴롭힘의 정도는 중학교나 그 이상의 학교에서 일어나는 일보다 훨씬 심했다. 장교들은 이 일에는 관여하지 않았고, 하사관들도 극히 예외적인 상황 외에는 눈감아 주었다. 장교에게 고자질하면 체면이 깎인다는 게 일본 군대의 첫째가는 법도나 다름없었기에, 이런 일은 병사들끼리의 문제로 국한되었다. 장교들은 군대를 '단련시키는' 방법으로 그런 괴롭힘을 활용해왔으나 사건에 직접 개입하지는 않았다. 2년 차 병사들은 신병들을 괴롭힘으로써 그동안 쌓인 울분을 풀었고, 또 굴욕감을 느끼게 할 교묘한 방법들을 고안해서 신병들을 '단련'시켰다. 군대에 징집되면 '진성 강경 국가주의자'가 되어 제대한다는 말이 있다. 그들이 전체주의 국가 이론을 배우거나 천황에 대한 주를 주입받아서 그런 변화가 일어나는 것은 아니다. 그보다는 모욕적인 경험이 훨씬 더 영향을 미친다. 집에서 일본식 교육을 받고 자부심이 굉장히 강한 청년들은 그런 상황을 맞닥뜨렸을 때 쉽사리 잔인해진다. 그들은 모욕을 견딜 수 없다. 이렇듯 배척당한 경험을 한 뒤 윗사람의 위치에 오른 사람은 지독한 고문자로 거듭날 수 있다.

중학교와 군대에서 벌어지는 이런 근대적 상황은 조롱과 모욕의 옛 관습에서 유래한 것이 분명하다. 즉, 중학교와 상급학교와 군대가 새로 만든 것이 아니다. 이름에 대한 기리라는 전통적 규율 때문에 일본인은 미국인보다 아랫사람을 더 잔혹하게 대한다. 괴롭힘을 당한 집단은 때가 되면 다른 피해자 집단을 괴롭히지만, 그렇다고 해서 과거 자신을 괴롭힌 자에게 복수하겠다는 생각을 접지는 않는다. 이것도 옛 방식과 일치하는 내용이다. 많은 서구 국가와 달리 일본에서는 희생양을 만드는 관행을 되풀이하지 않는다. 예를 들어, 폴란드에서는 견습생과 젊은 일꾼이 심하게 괴롭힘을 당하지만, 울분을 표출하는 대상은 가해자가 아니라 다음번 추수 때 새로 오는 견습생과 일꾼이다. 물론 일본 청년도 이런 식으로 분풀이를 하지만, 그보다는 직접적인 복수를 우선으로 여긴다. 괴롭힘을 당한 사람은 가해 당사자에게 앙갚음해야만 '후련함을 느낀다'.

일본 지도자들이 미래를 염두에 두고 나라를 재건한다면, 남자아이들이 학교와 군대에서 하급자를 괴롭히고 어리석은 짓을 시키는 관습에 특별히 주목할 필요가 있다. 또, 상급생과 하급생 사이의 차별을 없애기 위해 애교심에 호소하거나 혹은 동창 간의 유대를 강조할 필요가 있다. 군대에서도 괴롭힘을 금지하는 게 좋을 듯하다. 일본에서는 2년 차 병사가 신병에게 스파르타식 훈련을 시키는 것을 모욕으로 여기지 않는다. 계급에 관계없이 모든 장교가 그렇게 생각한다. 그러나 괴롭힘은 모욕이다. 만약 학교나 군대에서 나이 많은 사람더러 나이 어린 사람 앞에서 개처럼 꼬리를 흔들라고 하거나, 매미 흉내를 내라고 하거나, 남들이 식사하는 동안 물구나무를 서게 하는 행위를 처벌한다면, 천황의 신성을 거부하거나 교과서에서 국가주의적 요소를 제거하는 것보다 일본을 재교육하는 데 훨씬 큰 효과를 볼 것이다.

여자아이의 성장 과정

여자들은 이름에 대한 기리의 규율을 배우지 않는다. 남자가 중학교와 군사훈련에서 겪는 근대적 경험은 물론, 그와 비슷한 일조차 겪지 않는다. 여자의 삶은 남자에 비해 훨씬 일관성이 있다. 그들은 어렸을 때부터 남자가 우선이며, 여자가 받지 못하는 관심과 선물이 남자에게 주어진다는 사실을 인정하도록 훈련받는다. 여자는 자기주장을 노골적으로 할 수 없다는 게 그들이 존중해야 하는 삶의 규율이다. 그렇지만 갓난아이일 때나 어린 시절에는 남자 형제와 똑같이 아이만의 특권을 누릴 수 있다. 여자아이는 새빨간 옷을 즐겨 입는데, 어른이 되면 그런 색깔의 옷을 입을 수 없다. 그러다가 제2의 특권기에 접어드는 예순 살이 되면 다시 빨간 옷을 입을 수 있다. 여자아이도 남자 형제처럼 가족에게 사랑받으며 자란다. 특히 아이가 더 사랑하는 사람을 두고 할머니와 어머니가 경쟁하기도 한다. 오빠와 언니도 가족의 다른 구성원처럼 동생이 자기를 '가장' 좋아하길 바란다. 그래서 좋아한다는 증거로 자기 옆에서 자고 부탁한다. 아이는 종종 할머니부터 두 살 아이에게까지 호의를 베푼다. 일본인은 혼자 자는 것을 좋아하지 않는데, 아이는 자기가 선택한 연장자의 이불 가까이에 잠자리를 편다. 이불 두 채가 붙어 있으면 '가장 좋아한다'라는 증거다. 9~10세가 되면 여자아이는 남자아이들 무리에서 떨어져 나오는데, 그때도 나름 보상을 받는다. 여자아이는 머리를 새로운 모양으로 단장하는 걸 좋아해서, 14~15세 때 머리를 가장 공들여 땋는다. 그 나이가 되면 무명옷 대신 명주옷을 입을 수 있다. 그들은 매력을 돋보이게 할 만한 옷을 입으려고 온갖 노력을 한다. 여자아이는 이런 식으로 만족감을 얻는다.

여자아이에게는 온갖 제약이 뒤따른다. 그런데 의무를 이행할 책임은 권위적 부모가 아니라 본인이 온전히 져야 한다. 부모는 딸을 체벌하지 않는다. 대신 자기 딸이 요구되는 바를 잘 해낼 것이라는, 차분하면서도 흔들리지 않는 기대감으로 자기의 특권을 행사한다. 이런 교육의 극단적인 사례를 소개한다. 이 사건은 덜 엄격하고 특권적인 교육의 특징이기도 한 비권위주의적인 압력이 어떤 것인지 잘 보여준다. 이나가키 에쓰(스기모토 부인의 결혼 전 이름)는 여섯 살 때부터 유명한 유학자에게 중국 고전을 암기하도록 교육받았다.

수업이 진행되는 두 시간 동안 선생님은 손과 입술 말고는 몸을 조금도 움직이지 않았다. 나는 그분처럼 부동자세로 다다미 위에 앉아 있었다. 그러던 어느 날, 수업 중에 내가 몸을 한 번 움직였다. 왜 그랬는지는 모르겠지만, 가만히 앉아 있을 수 없었던 나는 굽힌 무릎을 살짝 옆으로 벌렸다. 그러자 선생님의 얼굴에 놀란 기색이 희미하게 비쳤다. 그분은 조용히 책을 덮으면서 부드럽지만 엄한 어조로 말했다. "아가씨, 오늘은 공부할 자세를 갖추지 못했네요. 방으로 물러가서 숙고해보세요." 어찌나 부끄럽던지, 내 작은 심장이 거의 멎을 것만 같았다. 하지만 내가 할 수 있는 일은 아무것도 없었다. 나는 공자의 영정과 선생님에게 차례로 공손히 절한 다음 예의 바르게 뒷걸음질로 방을 나왔다. 그리고 늘 그랬던 것처럼 공부가 끝났다는 보고를 드리러 조용히 아버지에게 갔다. 공부 시간이 아직 남아 있었던 터라 아버지는 깜짝 놀랐다. 아버지의 입에서 "오늘은 정말 빨리 끝났구나!"라는 말이 무의식적으로 흘러나왔다. 마치 죽음의 종소리 같았다. 그때의 기억이 지금까지도 아물지 않은 상처로 남아 있다.[*]

• Etsu Inagaki Sugimoto. *A Daughter of the Samurai*. Double Page and Company, 1926, p.20.

스기모토 부인은 다른 글에서 할머니를 묘사하며 일본 부모의 전형적인 태도 중 하나를 이렇게 요약한다.

할머니는 차분한 태도로 모든 사람이 자신의 마음에 들게 행동하기를 바라셨다. 꾸중하지도 언쟁을 벌이지도 않았다. 하지만 명주솜처럼 부드러우면서도 무척 강한 그녀의 기대가 우리 작은 가족을 그녀가 옳다고 생각하는 방향으로 가도록 만들었다.

'명주솜처럼 부드러우면서도 무척 강한 기대'가 그처럼 효과를 볼 수 있었던 이유 중 하나는, 모든 기예와 기술에 대한 교육이 그만큼 철저하기 때문이다. 그들은 단순한 규칙이 아니라 '습관'을 가르친다. 어렸을 때 배우는 젓가락을 바르게 사용하는 법이나 방에 들어갈 때의 예절, 훗날에 접하는 다도와 안마 등은 어른의 지도를 받으며 같은 동작을 반복함으로써 자연스레 체득한다. 어른들은 때가 되면 아이가 적절한 습관을 스스로 익히리라 여기지 않는다. 스기모토 부인은 14세에 약혼한 뒤 남편의 밥상을 어떻게 차렸는지 묘사했다. 그때까지 그녀는 신랑감을 한 번도 보지 못했다. 그는 미국에 있었고, 그녀는 에치고에 있었기 때문이다. 그러나 그녀는 어머니와 할머니가 지켜보는 가운데 거듭 그 일을 수행했다. "오빠는 마쓰오(남편이 될 사람)가 특별히 좋아하는 음식이 무엇인지 알려주었고, 나는 그 음식을 직접 만들었다. 그의 밥상을 내 밥상 옆에 두고, 언제나 그에게 줄 음식을 먼저 차렸다. 그렇게 난 미래의 남편이 편안하도록 배려하는 법을 배웠다. 할머니와 어머니는 언제나 마쓰오가 그 자리에 있는 것처럼 이야기했다. 나는 그가 정말로 방 안에 있는 것처럼 옷차림과 행동거지에 신경을 썼다. 이렇게 나는 그를 존경하고, 그의 아내로서 내 지위를 존중하게 되었다."[*]

성생활에 관한 남녀의 차이

여자아이보다는 덜하지만, 남자아이도 어떤 본보기를 따라 함으로써 세심하게 습관 훈련을 받는다. 습관을 '배우고' 나면 변명은 통하지 않는다. 그러나 사춘기가 지나면 삶에서 중요한 한 가지 영역만큼은 스스로 알아서 해야 한다. 어른들은 소년에게 구애의 습관을 가르쳐주지 않는다. 집은 노골적인 애정 표현이 허용되지 않는 영역이며, 9세나 10세 즈음부터 혈연관계가 아닌 남자와 여자는 철저하게 격리된다. 일본인은 소년이 성에 관심을 가지기 전에 결혼 준비를 하는 것이 바람직하다고 생각한다. 그래서 소년이 소녀를 대할 때 '수줍어하는' 것을 올바른 태도라고 여긴다. 시골에서는 그 문제를 놀림거리로 삼으면서 소년이 계속 '수줍어하게' 만든다. 그러나 소년들은 어떻게 해서든 성에 대해 배우려고 애쓴다. 옛날에도 그랬고 심지어 최근에도 일본 외딴 시골에서는 많은 소녀가 결혼 전에 임신했다. 그와 같은 혼전 경험은 삶의 심각한 문제가 아닌 '자유로운 영역'이었다. 부모들은 이 일을 언급하지 않은 채로 혼담을 주고받았다. 그러나 『스에무라』에서 어떤 일본인이 엠브리 박사에게 말한 것처럼, 오늘날에는 "하녀조차 처녀성을 지켜야 한다는 것을 알 만큼 교육을 받고 있다". 남

● Etsu Inagaki Sugimoto. *A Daughter of the Samurai*. Double Page and Company, 1926. p. 92.

자 중학생들을 훈육할 때도 이성 교제를 엄격하게 금한다. 일본의 교육과 여론은 결혼 전에 남녀가 가까워지지 못하게 하려고 노력한다. 일본 영화에서는 여유 있는 태도로 아가씨들을 대하는 젊은이를 '불량한' 남자로 묘사한다. 반면 미국인이 볼 때 매력적인 여자에게 무뚝뚝하고 무례하기까지 한 남자가 일본에서는 '좋은' 사람이라고 평가받는다. 여자 앞에서 느긋한 태도를 보였다는 것은 그가 과거에 이성과 '놀아났거나' 게이샤, 창부 혹은 술집 여자를 쫓아다녔다는 뜻으로 해석된다. 게이샤의 집에 찾아가는 것은 성을 배울 수 있는 '가장 좋은' 방법이다. '긴장을 풀고, 게이샤가 가르쳐주는 것을 그저 지켜보기만 하면 되기' 때문이다. 어설픈 모습이 드러날까 봐 두려워할 필요도 없고, 게이샤와 성관계를 할 필요도 없다. 그러나 일본 청년 상당수는 게이샤를 찾아갈 만한 여유가 없다. 술집에 가서 남자가 여자를 어떻게 다루는지 지켜볼 수는 있지만, 그런 식의 관찰은 그들이 다른 분야에서 해온 훈련과 성격이 완전히 다르다. 따라서 그들은 자기의 서툰 솜씨에 대한 두려움을 오랫동안 품고 있게 된다. 성행위는 그들이 공인된 어른들의 개인지도 없이 새로운 종류의 행동을 배워야 하는 몇 안 되는 영역 중 하나다. 명망가에서는 젊은 신혼부부에게 '신부 참고서'나 다양한 성관계 체위가 그려진 두루마리를 준다. 어떤 일본인의 말처럼, 그들은 "책을 보고 배울 수 있다. 조원술(造園術)*을 배우는 것과 마찬가지다. 아버지는 아들에게 일본식 정원을 어떻게 가꾸는지 가르쳐주지 않는다. 나이 들면 절로 배우게 될 취미라서 그렇다". 일본 청년 대부분이 다른 방식으로 성행위를 배우는데도, 성행위와 정

---

* 정원이나 공원 등을 꾸미는 기술—옮긴이

원 가꾸기를 나란히 놓고 둘 다 책으로 배울 수 있다고 언급한 점이 흥미롭다. 여하튼 그들은 어른의 세심한 지도를 받으며 성행위를 배우지 않는다. 이처럼 성행위는 여타 영역과 훈련 방식이 다르다. 이런 차이는 연장자의 지도를 받아 꼼꼼한 훈련으로 습관을 들이는 삶의 진지한 분야와 성행위가 별개의 영역이라는 일본의 신조를 젊은이에게 심어준다. 성은 젊은이가 당혹스러운 상황에 대한 두려움을 겪으면서 스스로 정복해가는 자기만족의 영역이다. 두 영역에는 각각의 규칙이 있다. 남자는 결혼한 뒤에도 집 밖에서 공공연하게 성적 쾌락을 추구할 수 있다. 그런 행위가 아내의 권리를 침해하지 않을뿐더러 순탄한 결혼 생활을 위협하지도 않는다.

아내는 남편과 같은 특권을 누리지 못한다. 정절을 지켜야 할 의무가 있기 때문이다. 딴마음을 품었다면 남에게 들키지 말아야 한다. 설사 그런 유혹을 받았다고 해도 일본에서 사생활을 보장받으며 외도를 이어갈 만한 여자는 비교적 소수에 불과하다. 신경질이 많거나 정서가 불안한 여자는 '히스테리'가 심하다고 여겨진다. "여자가 가장 빈번하게 겪는 어려움은 사회생활이 아니라 성생활과 관련 있다. 정신이상 증세의 상당수와 대부분의 히스테리(신경과민, 정서적 불안정)는 '성적 부적응'(sexual maladjustment) 때문이다. 성적 쾌락은 남편과 관계하면서 느끼는 것만으로 만족해야 한다."•

여자의 질병은 대부분 '자궁에서 시작해' 머리로 간다고 스에무라의 농민들은 말한다. 남편이 한눈이라도 판다면 아내는 일본 사회에서 용인된 관습인 자위행위에 의존해야 한다. 농촌 마을에서부터 유

• John F. Embree. *Suye Mura*. p. 175.

명한 가문에 이르기까지, 여자들은 이런 일에 쓰이는 전통적 기구들을 소중히 간직해왔다. 시골에서는 자식이 있는 여자가 성적 언행을 조금 과도하게 하더라도 크게 문제 삼지 않는다. 출산 전에는 성적 농담을 입에 담지도 않다가 아이를 낳고 나이가 들어가면서 점점 달라진다. 그런 여자들은 남녀가 모인 잔치에서 음담패설을 늘어놓곤 한다. 야한 노래에 맞춰 엉덩이를 앞뒤로 흔들고 선정적인 춤을 추면서 분위기를 돋우기도 한다. "그런 춤을 추면 언제나 웃음이 터져 나온다." 스에무라에서는 군복무를 마치고 돌아온 남자들을 마을 입구에서 환영할 때, 남장을 한 여자들이 음탕한 농담을 하면서 젊은 여자들을 덮치는 시늉을 하는 풍습이 있다.

이처럼 일본 여자는 성 문제의 특정 영역에서 자유를 누린다. 신분이 낮을수록 더 많은 자유가 허용된다. 그들은 평생 수많은 금기를 지켜야 하지만, 그들이 아는 걸 부정하도록 요구하는 금기는 없다. 남자를 만족시킬 수만 있다면 음란해질 수도 있고, 심지어 남성도 여성도 아닌 무성(無性)이 될 수도 있다. 나이가 지긋해지면 금기를 떨쳐버릴 수 있으며, 천한 신분으로 태어나면 남자 못지않게 음란해질 수 있다. 서구에서 말하는 '순결한 여자'나 '바람둥이 여자' 같은 고정관념이 일본인에게는 없다. 그들은 나이에 따라 그때그때의 상황에 맞게 행동하는 것을 지향한다.

남자도 마찬가지다. 자제력을 크게 발휘해야 할 영역이 있는가 하면 마음 내키는 대로 할 수 있는 영역도 있다. 게이샤를 옆에 앉히고 동성 친구들과 술자리를 갖는 것이 일본 남자의 가장 큰 즐거움이다. 그들은 취할 때까지 술 마시는 것을 좋아하며, 술주정을 부리면 안 된다는 규칙도 없다. 사케가 몇 순배 돈 뒤에는 편안한 자세로 앉아서 서로 몸을 기대며 친근하게 군다. '뻐딱한 사람' 몇몇을 제외하고는 취해서 난폭하게 굴거나 시비를 거는 사람이 없다. 흔히 말하듯, 남자는 음주처럼 '자유로운 영역'을 제외하고는 기대에 어긋나게 행동하면 안 된다. 인생의 진지한 영역과 관련된 문제를 놓고 누군가를 가리켜 기대에 어긋나게 행동한다고 말하는 것은 무척 심한 욕설로 여겨진다. 그보다 심한 욕은 '바보'밖에 없다.

양육 방식에서 비롯된 모순

서양인이 일본인의 성격에서 발견하는 모순들은 그들의 양육 방식을 살펴보면 이해할 수 있다. 일본인의 인생관에서 드러나는 이원성은 양육 방식에서 비롯되었는데, 둘 중 어느 쪽도 무시하면 안 된다. 유아기에 특권과 심리적 안정감을 누린 그들은 이후의 삶에서 온갖 훈련을 거치면서도 '수치를 모르고' 편안하게 지냈던 시절의 기억을 간직하고 있다. 그들은 미래의 천국을 상상할 필요가 없다. 그들의 천국은 과거에 있기 때문이다. 인간은 본래 선하고, 신들은 자비로우며, 일본인으로 태어난 것이 무척 자랑스럽다는 생각은 그들의 유년 시절을 다른 말로 표현한 것이다. 유아기의 경험은 모든 사람 안에 '부처의 씨앗'이 있다거나 사람은 누구나 죽어서 가미(神)가 된다는 극단적 해석에 기반한 윤리관을 성립하는 데 큰 역할을 했다. 이런 관념은 일본인에게 확신과 특유의 자신감을 불어넣는다. 그래서 자기 능력으로는 할 수 없는 일처럼 보여도 일단 부딪쳐보려고 하는 의지로 나타난다. 정부를 상대로 반대 의견을 내고, 자살로 자신의 정당성을 증명하

려는 태도의 밑바탕에는 이런 관념이 깔려 있다. 때로는 집단적 과대
망상증을 겪게 만들기도 한다.

예닐곱 살이 지나면 신중하고 '부끄러움을 아는' 책임이 아이에
게 부과되며, 강력한 구속력이 뒤따른다. 만약 책임을 태만하게 여기
면 가족조차 그에게 등을 돌린다. 독일의 훈육법과는 다른 방식의 압
박이지만, 어쨌든 피할 수는 없다. 이런 방향으로 발전해 나갈 기반이
생애 초기의 특권적인 시기에 갖춰진다. 예를 들어, 꼭 필요한 생활
습관을 집요하게 가르치거나, 부모가 아이를 버리겠다고 위협하면서
놀리는 것이다. 유년기의 경험은 훗날 '세상 사람들'이 자기를 비웃고
배척할 것이라는 말을 들었을 때 느낄 법한 엄청난 구속력을 받아들
일 준비를 하게 해준다. 아이는 더 어렸을 때 아무렇게나 표현했던 충
동을 억누르는데, 그런 충동이 악해서가 아니라 이제는 적절하지 않
기 때문이다. 아이는 진지한 삶으로 접어들었다. 앞으로는 유년기의
특권을 점점 거부당하면서, 어른 세계의 만족감을 점점 깊이 느낄 것
이다. 그러나 유년기의 경험은 완전히 사라지지 않는다. 삶을 성찰하
려면 유년기의 경험에 의존할 수밖에 없다. '인정'을 허용할 때 과거
로 돌아갈 수 있으며, 성년기 삶의 '자유로운 영역' 안에서 그 기억을
다시 떠올릴 수 있다.

아이는 주위 사람들에게 인정받는 것을 무척 중요하게 생각한다.
이는 유년기의 전반부와 후반기에 걸쳐 뚜렷하게 나타나는 속성이다.
덕목의 절대적 기준은 아니지만, 인정을 중시하는 사고가 아이의 마
음에 깊이 심긴다. 유년기 전반부에, 어머니는 아이가 함께 자자고 조
를 만큼 자라면 자신의 침구로 데려간다. 아이는 자기와 형제자매가
받은 사탕 개수를 비교해본 다음 누가 더 어머니의 사랑을 많이 받는

지 짐작한다. 관심을 받지 못하면 곧바로 알아차리고, 누나에게 "내가 제일 좋아?"라고 묻기도 한다. 유년기 후반부에 접어들수록 아이는 점점 개인적 만족을 포기하도록 요구받는다. 그러면 그에 대한 보상으로 '세상'이 너를 인정하고 받아들일 것이라는 약속을 받는다. 만약 요구를 받아들이지 않는다면, 그것에 대한 벌로 '세상'의 비웃음을 사게 된다. 대부분의 문화권에서 아이를 훈련할 때 이런 제재를 활용하지만, 일본에서는 구속의 정도가 이례적으로 혹독하다. 부모가 아이를 버리겠다고 놀릴 때 아이의 마음속에는 '세상'에서 배척된다는 생각이 각인된다. 아이는 살아가는 동안 폭력보다 따돌림을 더 두려워할 것이다. 조롱과 거부의 위협을 상상하는 것만으로도 민감하게 반응할 것이다. 일본 사회에는 사생활이 거의 없기 때문에, '세상'이 누군가가 하는 모든 일을 알고 있으며, 만약 그의 행동이 마음에 들지 않으면 배척할 수 있다는 생각은 결코 허황된 가설이 아니다. 일본식 가옥 구조상 벽은 소리가 들릴 정도로 얇고, 낮에는 보통 문을 열어두고 지낸다. 따라서 담과 정원을 둘 여유가 없는 사람들의 사생활은 훤히 공개된 것이나 다름없다.

거울 속 부끄러움 없는 자아

일본인이 사용하는 몇몇 상징은 자녀 양육의 불연속성*에 기반한 그들의 양면적 특성을 명확히 밝히는 데 도움이 된다. 초기에 형성되는

---

* 아동 보육에서 일관성과 지속성이 떨어지는 상태 ─ 옮긴이

특성은 '부끄러움 없는 자아'다. 그들은 거울을 보면서 자기가 얼마나 부끄러움 없는 자아를 간직해왔는지 가늠한다. 그들은 거울이 "영원한 순수함을 비춘다"라고 말한다. 거울은 허영심을 조장하지도 않고, '방해하는 자아'를 비추지도 않는다. 그것은 영혼의 깊숙한 곳을 비춘다. 개인은 거기에서 '부끄러움 없는 자아'를 찾아야 한다. 그는 거울에 비친 자기의 눈을 영혼의 '문'으로 인식한다. 그것이 '부끄러움이 없는 자아'로 살아가도록 도와준다. 그는 거울에서 이상적인 부모의 모습을 본다. 그럴 목적으로 늘 거울을 지니고 다니는 사람들이 있다. 집 안의 불단에 특별한 거울을 놓아두고 자기를 돌아보며 영혼을 점검하는 사람들까지 있다. '스스로를 모시고' '스스로를 받드는' 것이다. 이것은 물론 드문 사례지만, 실제로는 일본인의 통상적인 행동에서 한 걸음 더 나아갔을 뿐이다. 모든 가정에서 거울을 성스러운 물건으로 여기며 신단에 놓아둔다. 전쟁 중 일본 라디오방송에서는 자발적으로 거울을 사서 교실에 비치한 여학생들을 칭송하는 노래를 들려주기도 했다. 그것이 허영심에서 나온 행동이라고 생각한 사람은 아무도 없었다. 도리어 영혼 깊숙한 곳에 있는 고요한 목적에 헌신하는 것이라고 평가했다. 거울을 들여다보는 행위는 정신의 덕목을 증명해줄 외면적 의식이었다.

거울에 관한 일본인의 감정은 아이에게 '보는 자아'가 심기기 전에 생겨났다. 그들은 거울 앞에서 '관찰하는 자아'와 마주하지 않는다. 거울에 비친 그들의 자아는 유년기에 그랬던 것처럼 '수치심'이라는 스승이 없어도 본래 선하다. 이처럼 그들이 거울에 부여한 상징은 '고수의 경지에 이르는' 자기단련에 관한 사고방식의 기초가 된다. 그 안에서 그들은 '관찰하는 자아'를 없애고 유년기 초반의 직접성을 회복하고자 스스로를 끈기 있게 단련한다.

유년기의 특권적 삶이 일본인에게 많은 영향을 미치지만, 수치심이 덕목의 기초가 되는 시기에 접어든 뒤로 맞닥뜨려야 했던 온갖 제약을 전부 박탈로 여기는 것은 아니다. 앞에서 살펴본 것처럼, 자기희생은 일본인이 종종 공격했던 기독교 개념 중 하나다. 그들은 스스로 희생한다는 생각을 거부한다. 극단적인 상황에서도 일본인은 주나 고, 기리를 갚으려고 '자발적인 죽음'을 택한다고 말하며, 이런 일을 자기희생의 범주에 넣지 않는다. 목적을 달성하기 위해 스스로 목숨을 끊는 것이라고 여기는 것이다. 만약 원하는 것을 얻지 못한다면, 그런 행위는 '개죽음'이 된다. 영어의 '개죽음'은 시궁창에 처박혀 죽는 것을 가리키지만, 일본어로는 무가치한 죽음을 뜻한다. 영어권에서는 자기희생이라고 불리는 덜 극단적인 행동도 일본에서는 자기 존중의 범주에 속한다. 자기 존중, 즉 '지초'는 언제나 '자제'(自制)를 뜻하는데, 자제는 자존심만큼이나 소중하다. 자기를 억제하지 않고는 위대한 일을 성취할 수 없다. 미국인은 목적을 달성하기 위한 전제 조건으로 자유를 강조하는데, 그들과 다른 경험을 하며 살아온 일본인은 그런 생각이 적절하지 않다고 여긴다. 일본인은 스스로 절제함으로써 자신을 더 가치 있게 만든다고 생각하며, 이것을 규율의 기본 신조로 삼는다. 자제력이 없다면 갑자기 튀어나와 올바른 삶을 어지럽힐 충동으로 가득한 위험한 자아를 어떻게 통제할 수 있겠는가? 어떤 일본인은 그 문제를 이렇게 표현했다.

여러 해 동안 공들여 옻칠한 층이 두터우면 두터울수록 완성된 칠기(漆器: 옻칠한 그릇이나 가구)의 가치는 더 높아진다. 사람도 마찬가지다.

… 러시아인에 관한 속담이 있다. "러시아인의 피부를 벗기면 타타르인이 나온다." 이 말을 일본인에게 똑같이 적용할 수 있다. "일본인의 피부를 긁어서 옻칠을 벗겨내면 해적이 나온다." 그러나 일본에서는 옻칠이 수공예 기법이며 옻칠한 물건은 고가품으로 취급된다는 사실을 잊지 말아야 한다. 옻칠은 속임수가 아니며, 결점을 가리고자 덧칠하는 것도 아니다. 옻칠은 적어도 장식하는 본체만큼의 가치를 지닌다.

서양인에게는 뚜렷이 보이는 일본 남자의 모순된 행동은 그들이 어린 시절에 받은 양육의 불연속성에서 비롯되었다. 자라면서 온갖 '옻칠'을 했지만, 그들의 의식에는 과거의 흔적이 남아 있다. 어렸을 때 그들은 자기의 작은 세계에서 신과 같은 존재였고, 공격성을 마음껏 충족했으며, 모든 일에 만족할 수 있었다. 이처럼 깊이 각인된 이원성 때문에 어른이 되어 낭만적 사랑에 빠져 있다가도 한순간 가족에게 무조건 복종하는 자세로 돌아선다. 그들은 극단적인 의무를 받아들이면서도 쾌락과 안일을 탐할 수 있다. 신중하게 처신하도록 교육받은지라 이따금 소심해지기도 하지만, 때로는 무모할 정도로 용감하다. 위계질서에 철저히 순종하지만, 상부의 통제를 쉽게 따르지 않는다. 예의 바르게 사람을 대하지만, 한편으로는 오만하다. 군대에서는 혹독한 훈련에 따르면서도 반항적인 태도를 보인다. 대단히 보수적이지만, 중국의 관습과 서구의 학문을 성공적으로 수용한 데서 알 수 있듯이 새로운 방식에 흥미를 느끼고 과감히 받아들이기도 한다.

성격의 이원성

이러한 성격의 이원성은 긴장감을 유발하는데, 일본인은 여기에 대해 각각 다른 방식으로 반응한다. 하지만 문제의 본질은 같다. 그들은 모든 것을 마음대로 할 수 있었던 유년기 초반의 경험과 이후의 삶에서 안정을 보장해주었던 제약이 서로 잘 조화하게 만들어줄 나름의 해결책을 찾고자 애쓴다. 일본인 상당수가 이 문제를 해결하는 데 어려움을 겪는다. 일부는 학자처럼 규칙에 얽매여 삶을 통제하는 데 급급한 나머지 자발적으로 자기 인생과 대면하기를 무척 두려워한다. 그런 자발성은 지어낸 환상이 아니라 실제로 경험했던 것이기 때문에 두려움은 더 커질 수밖에 없다. 이 문제에 초연하려고 애쓰면서 스스로 만든 규칙에 집착하는 동안 그들은 자기가 권위자라는 착각에 빠진다. 어떤 사람들은 분열적 성격으로 변한다. 그들은 자기 영혼 속에 가두고 억눌러온 공격성을 두려워하며, 그것을 숨기려고 겉으로는 온화한 척한다. 때로는 자기의 진짜 감정을 의식하지 않으려고 사소한 일에 매달리는데, 훈련을 통해 익혔지만 실제로는 무의미한 일을 기계적으로 수행한다. 유년기 초반의 기억에 더 깊이 사로잡힌 사람들은 어른인 자기가 마땅히 해야 할 일 앞에서 큰 불안감을 느끼며, 이제 그럴 나이가 지났음에도 타인에게 더 많이 의존하려고 한다. 그들은 자기가 어떤 형태로든 실패하면 그것을 권위에 반하는 행위로 여긴다. 그래서 아무리 노력해도 극심한 동요에 빠지고 만다. 특히 절차에 따라 기계적으로 처리할 수 있는 일이 아닌, 예상치 못한 상황과 맞닥뜨리면 커다란 공포에 시달린다.*

배척과 비난을 지나치게 두려워할 때 일본인이 겪게 될 위험이 바로 이런 것들이다. 압박을 크게 느끼지만 않는다면 그들은 인생을 즐길 수 있으며, 교육받은 대로 다른 사람에게 상처 주지 않으면서 살 수 있다. 그렇게만 해도 엄청난 성취다. 유년기 초반에 그들은 적극적으로 자기주장을 펼쳤다. 죄의식이라는 부담스러운 느낌은 아직 깨어나지 않았다. 이후에는 동료와 연대한다는 명목으로 제재가 부과되었으며 서로 의무를 지게 되었다. 다른 사람이 아무리 어떤 문제에 끼어들더라도, 그에게는 충동적인 삶을 충족할 '자유 영역'이 마련되어 있었다. 일본인은 사소한 것에서 즐거움을 맛보는 사람들로 알려져 있다. 그들은 벚꽃과 달, 국화와 첫눈을 감상하고, 곤충을 채집통에 담아 집 안에 둔 다음 울음소리를 들으며, 짧은 시를 짓고, 정원을 가꾸고, 꽃꽂이하고, 다도를 즐긴다. 불안감에 휩싸여 있거나 공격성을 띤 사람이라면 이런 활동을 할 수 없다. 또, 그들은 슬픈 얼굴로 이런 즐거움을 누리지 않는다. 나라가 불운한 임무에 착수하기 전, 그 행복했던 시절에 일본의 농촌 공동체는 여느 사람들처럼 즐겁고 쾌활하게 여가를 즐겼으며, 일할 시간에는 누구보다 부지런히 움직였다.

그러나 일본인은 자기 자신에게 많은 것을 요구한다. 그들은 따돌림과 비난을 피하고자 그동안 배우고 익혀온 개인적 즐거움을 포기하며, 삶의 중요한 문제를 마주할 때마다 그런 충동을 억제한다. 비록 소수지만 이 방침을 위반한 사람은 자기를 존중하는 마음조차 잃어버릴 위험을 감수해야 한다. 자기를 존중하는 사람은 '선이냐 악이냐'가 아니라 '기대에 부응하는 사람'이 되느냐 '그러지 못하는 사람'이 되느

● 이 사례들은 로르샤흐 검사에 기초한 것이다. 전시 강제수용소에 있던 일본인을 대상으로 도로시아 레이턴(Dorothea Leighton) 박사가 실시하고 프랜시스 홀터(Frances Holter)가 분석했다.

나를 기준으로 세워 삶의 방향을 설정하고, 집단의 '기대'에 부응하기 위해서 개인적 욕구를 억누른다. 그런 사람이야말로 '수치(하지)를 알고' 늘 신중하게 행동하는 훌륭한 인격자다. 그는 가족과 마을과 국가에 명예를 안겨준다. 그렇게 살아가려면 엄청난 긴장감이 따르는데, 이 긴장감은 일본을 동양의 지도자이자 세계 강국으로 만든 높은 차원의 야망으로 표출되었다. 그러나 개인의 입장으로 보면 부담스러울 수밖에 없다. 그는 실패하지 않도록, 또한 자기가 그처럼 많은 것을 포기했던 행동 과정을 다른 사람들이 업신여기지 않도록 신중하게 살펴야 한다. 그 과정에서 때로는 울분이 폭발해 공격적으로 행동하기도 한다. 미국에서처럼 원칙이나 자유에 대한 도전이 있을 때가 아니라 모욕이나 비난을 받을 때 이런 변화가 일어난다. 그러면 그들의 위태로운 자아가 폭발하는데, 가능한 경우 자기를 비난한 사람에게 분노를 터뜨리고, 여의치 않으면 화살을 자기에게로 돌린다.

자연스러운 국화와 번쩍이는 칼

일본인은 자기들의 생활 방식 때문에 무거운 대가를 치렀다. 그들은 미국인이 숨 쉬는 공기처럼 당연하게 여기는 사소한 자유를 스스로 거부했다. 일본이 패전한 뒤 민주화로 나아가고 있는 지금, 단순하고 천진난만하게 자기 마음대로 행동하는 것이 일본인을 얼마나 황홀하게 만들었는지 상기해야 한다. 스기모토 부인이 쓴 것처럼 이 기쁨을 적절하게 묘사한 글도 드물다. 영어를 배우려고 도쿄의 미션스쿨에 들어갔을 때 그녀는 정원 한쪽에 자기 마음대로 아무것이나 심을 수 있는 권리를 얻었다. 교사들은 학생들에게 땅을 할당하고 각자가 원하는 씨앗을 주었다.

> 내 마음대로 아무거나 심을 수 있는 정원은 내게 개인의 권리라는 완전히 새로운 감정을 맛보게 해주었다. … 그런 행복이 인간의 마음에 존재할 수 있다는 것 자체가 참 놀라웠다. … 나는 전통을 침해하지 않고 가족의 이름에 먹칠하지 않고 부모나 선생이나 마을 사람들에게 충격을 주지 않고, 세상에 아무런 해도 끼치지 않고 마음대로 행동할 수 있었다.*

> 다른 여학생들은 꽃을 심었지만, 그녀는 감자를 심었다.

> 이런 터무니없는 행동이 내게 안겨준 무모한 해방감을 알 사람이 있을까? … 자유의 정신이 내 문을 두드렸다.

> 그것은 신세계였다.

> 우리 집 정원 한쪽에는 아무것도 심지 않은 공간이 있었다. … 그런데 누군가는 항상 소나무 가지를 치거나 울타리를 손보느라 바빴다. 매일 아침 지야**는 디딤돌을 닦았고, 소나무 밑을 쓸고 나면 숲에서 가져온 싱싱한 솔잎들을 조심스럽게 흩어놓았다.

---

* Etsu Inagaki Sugimoto, *A Daughter of the Samurai*, Double Page and Company, 1926, pp. 135-136.
** 늙은 하인의 이름—옮긴이

이 위장된 자연은 그녀가 지금까지 단련해온 위장된 자유의지를 상징했다. 그리고 일본 전역이 그런 위장으로 가득했다. 일본의 정원에서는 반쯤 묻힌 큰 바위들을 볼 수 있다. 하나하나 신중하게 선별해서 옮겨온 것이다. 먼저 연못과 집과 관목과 나무를 고려해서 돌을 어디에 둘 것인지 세밀하게 계산한다. 그런 다음 바닥에 작은 돌들을 깔고 그 위에 큰 바윗돌을 얹는다. 국화도 마찬가지다. 일본 각지에서 열리는 품평회에 출품하려고 화분에 심어 가꾼다. 재배자는 꽃잎 한 장 한 장을 세심하게 다듬고, 모양이 흐트러지지 않도록 가느다란 철사 고리를 눈에 보이지 않게 끼워 넣는다.

국화에서 철사 고리를 떼어낼 때, 스기모토 부인은 순수하고 행복한 감정에 도취했다. 작은 화분에 심어 사람 손으로 정성껏 재배해온 국화를 자연 상태로 돌려보내자 순백의 즐거움을 느낄 수 있었다. 그러나 오늘날 일본인들 사이에서 '기대에 어긋나는' 행동을 하게 만들고 하지의 구속력에 의문을 품게 하는 자유는 그들의 생활 방식을 유지해온 섬세한 균형을 깨뜨릴 우려가 있다. 물론 그들은 새 제도 밑에서 구속을 새로 배워야 한다. 변화하려면 희생이 따르기 마련이다. 새 통념과 덕목을 세워나가는 것은 무척 어렵다. 서구 세계는 일본인이 이런 통념과 덕목을 발견하는 즉시 받아들여서 자기 것으로 완전히 소화할 수 있다고 생각해서는 안 된다. 또, 일본이 더 자유롭고 덜 엄격한 윤리를 확립할 수 없다고 생각해서도 안 된다. 미국에 사는 일본인 2세들은 이제 일본식 규율을 모른다. 그래서 실천할 수도 없다. 그들의 가문은 이미 부모 나라의 관습을 엄격하게 지키라고 그들에게 요구할 만한 힘을 잃어버렸다. 본토에 있는 일본인들도 새 시대를 맞아 예전처럼 개별적인 절제를 요구하지 않는 삶의 방식을 수립할 수 있을 것이다. 국화는 철사 고리가 없어도 가지치기를 완벽하게 하지 않아도 아름다울 수 있다.

더 큰 정신적 자유로 옮기는 과정에서 일본인이 균형을 잡을 수 있게 해주는 전통적 덕목들이 있다. 그중 하나는 그들이 '내 몸의 녹'이라고 표현하는 자기책임이다. 이 비유는 자기 몸과 칼을 동일시한다. 칼을 찬 사람에게는 칼을 번쩍거리게 관리할 책임이 있듯이, 인간은 자기 행동의 결과에 대한 책임을 받아들여야 한다. 그는 자신의 약점, 부족한 지속력, 무능에 따른 자연스러운 결과를 전부 인정하고 받아들여야 한다. 자기책임은 자유를 중시하는 미국에서보다 일본에서 훨씬 더 철저하게 해석한다. 일본에서 통용되는 이런 의미로 볼 때, 칼은 공격의 상징이 아니라 이상적이고 자신을 책임질 줄 아는 사람에 비유된다. 개인적 자유를 존중하는 제도에서 이런 덕목보다 더 좋은 균형추는 있을 수 없다. 일본의 양육과 행동 철학은 마음에 심겨서 일본 정신의 일부가 되었다. 오늘날 일본인은 서구적 의미에서 "칼을 내려놓자"라고 제의했다. 일본적인 의미에서 그들은 녹슬 위험이 있는 내면의 칼이 녹슬지 않도록 지속적으로 관심을 기울여왔다. 덕목에 관한 그들의 어법으로 보면, 칼은 그들이 더 자유롭고 더 평화로운 세계에서도 간직할 수 있는 상징이다.

13장

항복 후의 일본인

The Japanese Since VJ-Day

이해를 돕는 배경지식

일본의 항복 선언

1945년 7월 26일 포츠담 회담에서 미국·영국·중국이 포츠담 선언을 발표
했다. 일본에게 항복을 권고하고, 이에 응하지 않는다면 "즉각적이고 완전
한 파멸"에 이를 것이라는 내용을 선언문에 명시했다. 일본이 이를 묵살하
자 미국은 8월 6일과 9일, 두 차례 일본 영토에 원자폭탄을 투하했다. 8월
14일 일본은 연합국에 항복을 통보했고, 8월 15일 정오에 히로히토 천황
이 연합국의 포츠담 선언을 수용한다고 라디오 방송을 통해 발표했다. 9월
2일에는 요코하마에 정박 중이던 미군 전함 USS 미주리호 선상에서 일본
의 외무대신이 항복 문서에 공식 서명했다. 이로써 제2차 세계대전은 종결
되었고, 1868년 메이지유신으로 시작된 일본 제국은 77년 만에 막을 내렸
다. 이후 일본은 1952년까지 연합군 점령하에 들어갔다.

더글러스 맥아더(Douglas MacArthur, 1880-1964년)

미국의 군인이자 정치인. 제2차 세계대전 당시 지휘관으로 활동했으며, 일
본 항복 후에는 연합군의 일본 점령을 관리·감독하는 최고사령관을 맡았
다. 토지개혁을 비롯해서 여러 경제민주화 정책을 펼쳤고, 시민권·남녀평
등권·노동조합법 등 여러 선진 제도를 도입했다.

미국인은 대일전승일(VJ-Day) 이후 일본을 관할하는 동안 수행했던 역할을 자랑스러워할 만하다. 국무부·육군·해군의 공동 지침이었던 미국의 점령 정책은 8월 29일 라디오방송을 통해 공포되었으며, 맥아더 장군은 이 정책을 능숙하게 집행했다. 그러나 자부심을 가질 만한 성과도 미국 언론과 라디오의 정략적 찬사 혹은 비난 때문에 폄하되곤 했다. 어떤 정책이 바람직한지 혹은 그렇지 않은지를 확실하게 판단할 수 있을 만큼 일본 문화에 정통한 사람도 거의 없었다.

미국의 일본 점령 정책

일본이 항복할 당시 가장 중요했던 문제는 일본 점령의 성격이었다. 전승국들은 기존 정부를, 더 나아가 천황을 통치에 활용해야 할까, 아니면 무너뜨려야 할까? 미군정의 지휘 아래 각 시와 현 단위로 행정 기구를 두어야 할까? 이탈리아와 독일에서는 전투부대의 필수 요건으로 각지에 연합국 정부(AMG)를 두고, 연합국 행정관들이 지역의 현안을 해결했다. 일본이 항복했을 때 태평양 지역 연합국 담당자는 일본에도 그런 통치가 도입되리라 예상했다. 일본 국민 역시 국내 행정과 관련된 문제에서 자기들에게 어떤 권한이 부여될지 몰랐다. 포츠담 선언에는 "우리는 여기 제시한 기본 목표를 달성하기 위해서 일본 영토 중 연합국이 지정한 모든 지역을 점령할 것"이며, "일본인을 속이고 그릇 이끌어서 세계 정복의 길로 나서게 했던 자들의 권위와 영향력"을 영원히 제거해야 한다는 사실만 명시했다.

맥아더 장군에게 내려진 국무부·육군·해군의 명령은 이런 문제들에 관한 중요한 결정을 담고 있었으며, 맥아더 사령부는 그 결정을 적극 지지했다. 그래서 일본인은 자국의 행정과 재건의 책임을 지게 되었다. "최고사령관은 미국의 목적을 만족스럽게 달성하는 범위 안에서 천황을 비롯한 일본 정부 조직과 기관을 통해 권한을 행사할 것이다. 일본 정부는 맥아더 장군의 지시를 받으며 내정 문제에서 정상적인 권력을 행사할 수 있다." 이처럼 맥아더 장군이 일본을 통치한 방식은 독일이나 이탈리아의 사례와 확연히 달랐다. 사령부는 고위직에서 말단까지 일본의 행정 체계를 고스란히 활용했다. 그래서 일본 정부에 지침을 전달할 뿐, 도시나 현의 주민들과는 직접 소통하지 않았다. 오직 일본 정부가 달성해야 할 목표를 제시하는 것이 사령부의 임무였다. 만약 어떤 일본 대신이 그런 목적을 달성하는 게 불가능하다고 생각한다면, 그는 사직할 수도 있었다. 그러나 그의 주장이 타당하다면 사령부는 명령을 수정할 수 있었다.

이처럼 무척 과감한 행정을 펼쳤는데, 미국 입장에서는 명백한 성과를 거둘 수 있는 정책이었다. 당시 힐드링(John H. Hilldring) 장군은 이렇게 말했다.

일본 정부 조직을 활용하면 엄청난 이득을 볼 수 있다. 인구가 7천만 명

1945년 9월 27일, 미국 대사관에서 첫 만남을 가진 맥아더 장군과 히로히토 천황

에 이르는 국가를 관리하려면 복잡한 체계를 구축하고 운영해야 하는데, 그걸 우리 손으로 직접 한다고 생각해보라. 이들은 언어와 관습, 태도가 우리와 다르다. 일본 정부 조직을 재정비해 도구로 활용하면 시간과 인력과 자원을 절약할 수 있다. 달리 말하자면, 우리는 일본인에게 자신의 집 청소를 스스로 하도록 지시하고 있다. 다만 구체적인 사항을 제시할 따름이다.

그러나 워싱턴에서 이러한 지침을 만들고 있을 때도 막연한 두려움을 품은 미국인이 많았다. 일본인이 음울하고 적대적인 태도로 평화 정책을 방해하며 복수할 기회만 엿볼지도 모른다고 염려했던 것이다. 하지만 그런 생각은 기우에 그쳤는데, 그 이유는 패전국의 정치·

경제에 관한 보편적인 진리가 아니라 일본의 특이한 문화에서 찾을 수 있다. 일본에서 시행했던 선의에 기반을 둔 정책을 다른 나라에 적용했더라면 아마도 성공을 거두기 어려웠을 것이다. 일본인의 관점으로 볼 때 그런 정책은 패전이라는 엄혹한 현실에서 굴욕의 상징을 제거하고 새로운 국가 정책을 실행하도록 촉구하는 도전과 같았다. 특유의 문화 속에서 형성된 성격 때문에 일본인은 미국의 점령 정책을 받아들일 수 있었다.

강화조건을 제시할 때 엄격한 태도를 보일지 관대하게 접근할지를 두고 미국 안에서 논쟁이 이어졌다. 그런데 진짜 문제는 강경책이냐 온건책이냐가 아니라, 어느 정도의 강경책을 구사하느냐에 있었다. 과거의 위험한 공격성을 깨뜨리고 새로운 목표를 세우기에 적합한 수준의 강경함을 보여야 했다. 어떤 수단을 택하느냐는 국민성과 국가의 전통적 사회질서에 달려 있었다. 예를 들어, 프로이센의 권위주의가 가정과 일상생활에 스며든 독일에서는 그에 걸맞은 협상 조건을 제시해야 한다. 독일에서 현명한 평화 정책을 펼치려면 일본과 다른 방식으로 접근해야 한다. 독일인은 일본인과 다르게 자기들이 세계와 시대에 빚을 졌다고 생각하지 않는다. 그들은 헤아릴 수 없는 빚을 갚으려 하는 게 아니라 피해자가 되지 않으려고 노력한다. 그들의 문화에서 아버지는 권위적인 존재다. 높은 지위에 있는 여느 사람처럼 아버지는 '존경을 강요하며', 존경받지 못하면 위협을 느낀다. 독일에서는 아들이 청소년기가 되면 권위적인 아버지에 반발하고, 성인이 되면 그들의 부모처럼 단조롭고 시들한 삶에 결국 굴복한다고 생각한다. 그래서 삶의 절정이라고 할 만한 시기는 반항적인 청소년기에 해당하는 '슈투름 운트 드랑'(Sturm und Drang), 즉 질풍노도의 몇 년간이다.

보이지 않는 축을 중심으로 움직이는 일본

그처럼 극심한 권위주의는 일본 문화에서 문제가 되지 않는다. 외부 관찰자 대부분이 그렇게 느끼듯이, 일본 아버지들은 서양인이 경험해 보지 못한 존중과 사랑으로 어린 자녀를 대한다. 아이와 아버지 사이에는 자연스럽게 진정한 우정이 싹트며, 아이는 아버지를 드러내놓고 자랑스럽게 여긴다. 따라서 아버지는 언성을 높이는 것만으로도 아이가 자기 말을 듣게 만들 수 있다. 그러나 아버지는 어린 자녀를 엄하게 훈육하지 않으며, 일본의 청소년기는 아버지의 권위에 반발하는 시기가 아니다. 도리어 가족에 대해 책임감을 느끼고 순종하며, 가족의 대표자로서 세상의 비판적인 시선 앞에 서는 시기다. 일본인이 흔히 말하듯, 자녀는 '실천하기 위해서' 혹은 '단련하기 위해서' 아버지에게 존경심을 나타낸다. 즉, 존경의 대상인 아버지는 위계질서와 올바른 처세의 현실적인 상징이다.

어린 시절 아버지에게 배운 이런 태도는 일본 사회에 골고루 영향을 미치는 하나의 틀이 된다. 위계질서의 가장 높은 자리에서 존경받는 사람들은 권력을 자의적으로 행사하지 않는다. 일반적으로 계층의 상층부에 있는 관리들에게는 실권이 없다. 천황에서부터 아래에 이르기까지, 그들의 배후에는 고문들과 보이지 않는 세력이 도사리고 있다. 흑룡회(黑龍會)와 비슷한 초국수(楚國粹) 단체의 지도자가 1930년대 초반 도쿄 영자신문 기자에게 한 말은 일본 사회의 이러한 면을 적나라하게 보여준다. "사회는 한쪽 구석의 핀이 통제하는 삼각형이다."●

● 다음 책에서 인용. Upton Close, *Behind the Face of Japan*, 1942. p. 136.

물론 그가 말한 사회는 일본을 의미한다. 달리 말해, 삼각형은 모두가 볼 수 있도록 탁자 위에 놓여 있고, 핀은 보이지 않는다. 때로는 그 삼각형이 오른쪽 혹은 왼쪽으로 기우는데, 그럴 때는 결코 모습을 드러내지 않는 축을 중심으로 움직인다. 서구에서 흔히 말하는 것처럼, 모든 것이 '마술처럼' 이루어진다. 그들은 자의적 권위가 드러나는 것을 최대한 막고, 모든 행동이 실질적 권력 행사와 관계없는 상징적 지위에 충성하는 몸짓으로 보이도록 온갖 노력을 다한다. 일본인은 가면이 벗겨져 권력의 근원이 드러나면, 고리대금업자나 나리킨(벼락부자)을 대할 때 늘 그래왔듯이 남을 착취하며 체제를 거스르는 세력으로 규정한다.

혁명 없이 성립되는 일본의 민주화

일본인은 이런 식으로 세상을 바라보기 때문에 착취와 불의에 저항하면서도 혁명가가 되지는 않는다. 그들은 자신들의 세계를 갈가리 찢으려 하지 않는다. 메이지 시대에 그랬던 것처럼, 체제를 비난하지 않고도 개혁을 철저히 단행할 수 있다. 그들은 그것을 복고(復古), 즉 과거로 '돌아가기'라고 말한다. 그들은 혁명가가 아니다. 일본에서 이데올로기에 바탕을 둔 대중운동이 일어날 것으로 기대했거나, 전시에 활동했던 일본의 지하조직을 과대평가한 나머지 패전 이후 그들이 주도권을 잡으리라 생각했거나, 전쟁이 끝나면 선거에서 급진적인 정책이 승리할 것이라고 예견했던 서구의 연구자들은 전부 상황을 오판했다. 그래서 그들의 예언은 빗나갔다. 보수파 총리 시데하라(幣原) 남작이 1945년 10월 내각을 구성하면서 했던 발언은 일본인의 실상을 정확하게 대변한다.

> 새로운 일본 정부는 국민의 의지를 존중하는 민주적 형태를 갖출 것입니다. … 예부터 천황께서는 국민의 의지를 당신의 의지로 삼으셨습니다. 이것이 메이지 천황의 헌법 정신입니다. 제가 이야기하는 민주 정부는 이 정신을 진정으로 구현한 것이라 할 수 있습니다.

민주주의를 이런 식으로 설명하면 미국 독자들은 아무런 내용이 없다고 느낄 것이다. 하지만 일본이 서구의 이념보다는 천황의 뜻과 국민의 뜻이 같다는 전제에 기반해서 자유의 영역을 확대하고 복지를 증진할 수 있음은 의심의 여지가 없다.

물론 일본은 서구식 민주정치 제도를 실험할 것이다. 그러나 서구식 제도가 미국에서 그랬던 것처럼 일본에서도 더 좋은 세계를 만드는 도구가 될 것으로 확신할 수는 없다. 보통선거 제도와 선출된 의원들의 입법 권한은 문제를 해결하기도 하지만, 한편으로는 더 많은 문제를 일으킬 것이다. 그런 어려움에 직면했을 때 일본은 미국이 그동안 민주주의를 쟁취하는 과정에서 의존했던 방법들을 수정할 것이다. 그러면 미국인은 헛된 전쟁을 치렀다면서 언성을 높일 것이다. 우리는 우리의 도구가 옳다고 믿는다. 그러나 보통선거는 아무리 잘 운영된다 해도, 앞으로 오랜 세월에 걸쳐 일본을 재건하는 데 그리 중요한 역할을 하지는 못할 것이다. 일본은 선거를 최초로 실험했던 1890년대 이후로 지금껏 근본적인 변화가 없었다. 과거 일본에 귀화한 영국 출신 작가 라프카디오 헌(Lafcadio Hearn)이 거론했던 어려움을 다시

겨지 말라는 법은 없다.

많은 생명을 앗아갈 만큼 격렬했던 선거에서 실제로 개인적 악감정은
없었다. 외국인들을 놀라게 할 만한 폭력이 발생했던 의회 토론에서도
개인적 반감은 없었다. 정치 투쟁은 개인이 아니라 파벌 혹은 당파의 싸
움이었다. 각 파벌이나 당의 열렬한 지지자들은 새로운 정책을 새로운
유형의 전쟁, 즉 지도자를 위해 싸우는 충성 전쟁으로 이해했다.•

1920년대에 치러진 선거에서 시골 사람들은 투표하기 전 이렇게
말하곤 했다. "목을 깨끗이 씻었으니 이제 칼에 맞을 준비가 됐다." 선
거를 과거의 특권층이었던 사무라이가 평민을 공격하는 것에 비유한
말이다. 일본이 위험한 공격적 정책을 추구하건 아니건 간에, 일본에
서 선거의 의미가 오늘날 미국의 통념과 다른 것은 분명한 사실이다.

일본의 대안적 윤리

일본인은 어떤 행동 노선이 '실패'했다는 사실을 인정하고 다른 방향
으로 힘을 쏟을 수 있다. 이런 능력은 일본이 평화로운 국가로 거듭나
는 데 기여할 수 있는 진정한 장점이다. 일본인에게는 대안적 윤리가
있다. 그들은 전쟁에서 '적합한 자리'를 얻으려 했지만 실패하고 말았
다. 그들은 이제 그 방침을 버릴 수 있다. 지금껏 받았던 훈련 덕분에

• Lafcadio Hearn, *Japan: An Interpretation*, 1904. p. 453.

급격한 방향 전환을 받아들일 수 있기 때문이다. 절대적 윤리를 받드는 국가들은 자기들이 원칙을 위해 싸운다고 확신한다. 그들은 승자에게 항복할 때, "우리가 졌으니 정의는 사라졌다"라고 한다. 그들은 자존심을 지키고자 다음번에는 '정의로운' 승리를 위해 노력하겠다고 다짐한다. 그렇지 않으면 가슴을 치며 자기 죄를 참회한다. 일본인은 다짐과 참회 중 어떤 것도 하지 않는다. 전쟁이 끝나고 5일 후, 미국이 일본에 상륙하기 전 도쿄의 유력 일간지 『마이니치신문』은 패전과 앞으로의 정치적 변화에 대해 이렇게 말했다. "그러나 모든 것은 일본의 궁극적 구원에 도움을 주었다." 사설은 일본이 완전히 패배했다는 사실을 한순간도 잊어서는 안 된다고 강조했다. 순전히 군사력을 기반으로 나라를 건설해나가려는 노력이 무참히 실패했기 때문에, 이제 일본은 평화로운 국가의 길로 나아가야 한다는 논조였다. 또 다른 유력 도쿄 신문인 『아사히신문』(朝日新聞)은 같은 주에 내보낸 사설에서, 최근 일본이 보였던 '군사력을 과신하는' 경향은 국가 및 국제 정책의 '심각한 실수'라고 말했다. "얻은 것은 거의 없이 고통만 불러온 옛 태도를 버리고, 국제 협력과 평화에 뿌리를 둔 태도를 새로 취해야 한다"라는 논조였다.

　서구에서는 원칙을 바꾸는 일본을 지켜보면서 의구심을 품는다. 그러나 그런 태도는 개인적 관계에서든 국제적 관계에서든, 일본인에게는 빼놓을 수 없는 처세법이다. 일본인은 목표에 도달하지 못하는 방침을 따라 행동한 것은 잘못이었다고 인정한다. 그들은 어떤 일에 실패하면 대의를 잃었다고 여기고 과감히 포기한다. 실패한 대의를 물고 늘어지지 않는다. 그들은 말한다. "배꼽을 물어봤자 소용없다." 일본은 1930년대에 군국주의를 받아들였다. 세계의 칭송을 받기 위한 결정이었다. 그들은 군사력이 막강해야 뜻을 이룰 수 있다고 생각 했으며, 그렇게 되기 위해 치러야 할 모든 희생을 감내했다. 1945년 8 월 14일, 공인된 발언권을 가진 천황이 항복을 선언했다. 일본인은 항 복이 의미하는 모든 것을 받아들였다. 그에 따라 미군이 자국 영토에 진주했을 때, 일본인은 그들을 환영했다. 또한 그것은 왕조의 위업이 실패했다는 의미였으므로, 그들은 전쟁을 금지한 헌법을 만드는 일 에 착수했다. 전쟁이 끝나고 열흘이 지났을 때,『요미우리호치』(讀賣報 知)는 '새로운 예술과 새로운 문화의 시작'이라는 사설에서 이렇게 말 했다. "군사적 패배와 문화의 가치는 아무런 관련이 없다고 굳게 확신 해야 한다. 군사적 패배를 동력으로 삼아야 한다. … 일본인이 진정으 로 세계를 향해 눈을 돌리고, 현실을 있는 그대로 보기 위해서는 국가 적 패배라는 희생을 치러야 했기 때문이다. 이제 일본인의 사고를 왜 곡했던 모든 불합리성을 솔직하게 분석해서 없애버려야 한다. … 이 패배를 엄연한 사실로 받아들이려면 용기가 필요하다. (그러나 우리는 반드시) 장래의 일본 문화를 신뢰해야 한다." 그들은 한 가지 행동 방 침을 시도했다가 실패했다. 그리고 지금은 평화로운 삶의 방식을 시 도하려 한다. 일본 신문의 사설들은 "일본은 세계 여러 나라와 어깨를 견주고 존중받아야 한다"라는 말을 되풀이했다. 새로운 기반에서 존 중받을 자격을 갖추는 것이 일본인의 의무가 되었다.

이런 신문 사설들은 소수의 지식인이 내는 목소리가 아니었다. 도 쿄 거리와 시골 오지의 평범한 사람들도 태도를 180도 바꿨다. 일본 을 점령한 미군은 이처럼 우호적인 사람들이 어떻게 죽창을 들고 죽 을 때까지 싸우겠노라 맹세할 수 있었는지 무척 의아해했다. 일본인 의 윤리는 미국인이 거부하는 많은 것을 포함하고 있었다. 그러나 일본을 점령하는 동안 미국인은 낯선 윤리에도 좋은 점이 많다는 사실을 경험으로 알게 되었다.

맥아더 장군이 이끄는 사령부는 새로운 길로 나아갈 수 있는 일본인의 능력을 받아들였다. 따라서 굴욕감을 안겨주어 그들의 앞길을 막는 전략을 택하지 않았다. 만약 그렇게 했더라도, 서구의 윤리 개념에 비춰봤을 때 문화적으로 충분히 용납될 수 있었을 것이다. 서양 윤리의 신조에 따르면 잘못을 저지른 자에게 죄를 자각시키는 방법으로 사회적 모욕과 처벌이 효과적이기 때문이다. 죄를 인정하는 것이 범죄자에게는 갱생의 첫 단계가 될 수 있다. 그런데 앞서 살펴본 것처럼 일본인은 그 문제를 다른 식으로 접근한다. 개인은 자기 행동에 따르는 모든 결과에 책임을 진다는 것이 그들의 윤리다. 과오의 대가로 당연하게 맞이한 결과는 그런 행동이 잘못되었다는 것을 일깨워준다. 이런 당연한 결과가 전면전의 패배일 수도 있다. 하지만 일본인은 그런 상황을 치욕으로 여기거나 분개하지 않는다. 개인이나 국가가 다른 개인이나 국가에 굴욕감을 주는 경우는 비난, 조롱, 경멸 등을 퍼붓거나 상대를 깎아내리거나, 불명예의 상징을 강요할 때라고 생각한다. 일본인은 모욕을 당했다고 느꼈다면 마땅히 복수하는 것을 미덕으로 여긴다. 서구의 윤리로 그런 신조를 아무리 강하게 비난해도 그들의 생각을 바꾸기는 어렵다. 따라서 일본을 점령한 효과를 거두려면, 미국은 이 문제를 신중하게 고려하고 그들을 모욕하는 행위를 자제해야 한다. 일본인은 극심한 분노를 불러일으키는 조롱과 과오에서 비롯된 '당연한 결과'(항복 조건에 따른 무장해제와 막대한 배상금 등)를 별개로 생각하기 때문이다.

일본은 강대국을 상대로 대승을 거두었을 때, 항복한 적국이 일본을 모욕하지 않았다고 판단하면, 승자로서 그들에게 굴욕감을 주지 않으려고 노력했다. 모든 일본인이 알고 있을 만큼 유명한 사진이 있다. 1905년에 뤼순(旅順)에서 항복한 러시아군을 찍은 것인데, 사진 속 군인들은 칼을 차고 있다. 러시아군이 무장해제를 당하지 않은 상태였기 때문에 승자와 패자는 군복으로만 구분할 수 있다. 일본 측의 설명에 따르면, 러시아군 사령관 스토에셀(Stoessel) 장군이 항복 요구를 받아들이겠다고 일본군에게 전하자 일본군 대위와 통역관이 음식을 가지고 러시아군 지휘본부로 갔다. "스토에셀 장군이 탈 것만 남겨두고 부대 안의 말을 전부 잡아먹은 터라 일본군이 닭 50마리와 달걀 100개를 가져가자 러시아군은 크게 환영했다." 스토에셀 장군과 노기(乃木) 장군은 바로 다음 날 만나기로 했다. "두 장군은 악수했다. 스토에셀 장군은 일본인의 용기에 찬사를 보냈다. … 노기 장군은 러시아군이 장기간에 걸쳐 용감하게 방어한 것을 칭찬했다. 스토에셀은 전투에서 두 아들을 잃은 노기를 위로했다. … 스토에셀은 노기에게 자기의 훌륭한 아랍종 말을 선물로 주었지만, 노기는 마땅히 선물을 받고 싶으나 우선은 천황에게 바쳐야 한다고 말했다. 그리고 만약 천황이 그 선물을 자기에게 하사하면(틀림없이 그렇게 되겠지만), 원래 자기의 말이었던 것처럼 잘 기르겠다고 약속했다."* 노기 장군은 스토에셀 장군에게 받은 말을 돌보려고 자기 집 앞뜰에 마구간을 지었고, 이는 모든 일본인이 아는 사실이다. 노기의 집보다 더 멋졌다고 알려진 그 마구간은 그가 죽은 뒤 노기 신사의 일부가 되었다.

• 다음 책에서 인용. Upton Close, *Behind the Face of Japan*, 1942. p. 294. 러시아가 항복한 이야기는 문자 그대로 사실인지 알 수 없으나, 문화적 중요성을 지녔음은 분명해 보인다.

항복한 스토에셀 장군과 그의 부하들이 노기 장군과 함께 찍은 사진(엽서, 1926년)

러시아에게 항복을 받았을 때부터 필리핀 점령*에 이르는 동안 일본인의 성격이 변했다고 말하는 사람들이 있다. 필리핀에서 무자비한 파괴와 만행을 저질러 온 세계에 악명을 떨쳤기 때문이다. 그러나 일본인처럼 극단적 상황윤리**를 지닌 사람들을 그렇게 평가하는 것은 적절하지 않다. 우선, 그들의 적은 바탄반도 전투 이후로 항복하지 않았다. 국지적 항복이 있었을 뿐이다. 그리고 일본은 20세기 초에 러시아에게 '모욕당했다'라고 생각하지 않았다. 반면 1920년대와 1930년대에는 미국의 정책이 일본을 '멸시하고', 그들의 표현을 빌리면 "똥으로 취급한다"라고 생각하도록 교육받았다. 이는 일본 배척법, 포츠

---

* 일본군은 1941년 12월에 필리핀을 침공하고 1942년 1월에 마닐라를 점령한 뒤 1945년 제2차 세계대전이 끝날 때까지 필리핀을 통치했다. ─옮긴이
** 일정한 원칙 없이 처한 상황에 맞게 성립되는 도덕 규범 ─옮긴이

머스 회담, 군축 조약에서 미국이 수행했던 역할에 대한 일본의 반응이었다. 일본인은 극동에서 점점 커져가는 미국의 경제적 역할과 세계의 비(非)백인들을 대하는 인종차별적 태도 또한 같은 방식으로 보았다. 따라서 러시아에게 승리했을 때와 필리핀에서 미군에게 승리했을 때 일본이 보여준 행동은 극명하게 대조된다. 이는 모욕이 개입되었을 때와 그러지 않았을 때의 차이다.

맥아더 사령부의 정책이 성공한 이유

미국이 전쟁에서 최종적으로 승리하자 일본의 상황은 다시 한번 바뀌었다. 완벽하게 패한 일본인은 자기들의 관습에 따라 여태껏 추구했던 행로를 포기했다. 일본인 특유의 윤리는 그들이 새출발을 할 수 있게 해주었다. 미국의 정책과 맥아더 사령부의 행정은 그런 일본을 더 이상 굴욕스럽게 만들려고 하지 않았다. 단지 일본인의 눈에 패배의 '당연한 결과'로 보이는 일들만 수행하도록 그들에게 요구했을 뿐이다. 이 방침은 결국 효과를 거두었다.

천황제 유지는 무척 중요한 결정이었다. 미군 사령부는 이 일을 적절하게 다루었다. 먼저 상대방을 찾아간 쪽은 맥아더가 아니라 천황이었다. 서양인이라면 이 사건의 교훈을 이해하기 어렵겠지만, 일본인에게는 좋은 본보기였다. 신성을 부인하라는 말을 듣자 당황한 천황이 항의했다는 이야기가 전해진다. 자기가 원래 갖고 있지 않은 것을 어떻게 포기할 수 있겠느냐는 이유였다. 천황은 일본인이 자신을 서구에서 생각하는 의미의 신으로 보지 않는다고 말했는데, 그 말은 사실이었다. 그러나 서구에서는 여전히 천황이 신성을 지녔다고 주장하는 것으로 보고 있는데, 이는 일본의 국제적 평판에 좋지 않다고 맥아더 사령부가 다그치자, 천황은 당혹스러움을 감수하고 신성을 부인하기로 했다. 그는 새해 첫날 이런 내용을 담은 성명을 발표했고, 그에 대한 세계 언론의 반응을 번역해서 보여달라고 요청했다. 전해 받은 자료를 읽고 난 뒤에는 맥아더 사령부에 전갈을 보내서 만족한다는 뜻을 밝혔다. 외국인들이 이제야 이 문제를 제대로 이해할 수 있었기 때문이다. 천황은 성명을 발표하길 잘했다고 생각했다.

일본인은 미국의 정책에 어느 정도 만족했다. 국무부·육군·해군의 지침은 "노동·산업·농업 분야에서 민주적인 방식으로 조직된 모든 단체의 발전을 장려하고 호의적으로 대해야 한다"라고 구체적으로 명시했다. 일본의 많은 산업 분야에서 노동자들이 단체를 조직했으며, 1920년대와 1930년대에 활발히 활동했던 농민조합들이 다시 모습을 드러내고 있다. 이처럼 상황을 개선하고자 주도적으로 나서는 모습은 일본이 전쟁의 결과로 무언가를 얻은 증거라고 많은 일본인이 생각한다. 한 미국 특파원이 도쿄에서 있었던 일을 소개했다. 어떤 파업자가 미국 병사를 바라보고 환하게 웃으며 이렇게 말했다고 한다. "일본이 이겼지 않나요?" 오늘날 일본의 파업 양상은 옛 농부들의 폭동과 비슷한 점이 많다. 당시 농민들은 과도한 세금과 부역을 감당하느라 농사에 지장을 받는다고 탄원하면서 들고일어났다. 그들이 일으킨 폭동은 서구적 의미의 계급투쟁이 아니었으며, 체제를 뒤집으려고 시도한 것 또한 아니었다. 지금도 파업했다고 해서 생산 속도가 둔화되지는 않는다. 일본 노동자가 즐겨 하는 파업 형태는 "공장을 점유하고 일을 계속해 생산량을 늘림으로써 경영자들을 창피하게 만드는 것이다. 미쓰이 계열의 탄광 노동자들은 파업할 때 모든 관리자를 갱에 들여보내지 않았고, 하루 생산량을 250톤에서 620톤으로 늘렸다. 아시오 구리 광산 노동자들도 파업 기간 동안 생산량을 늘렸으며, 그 결과 자기들의 임금을 두 배로 올렸다".•

물론 아무리 사려 깊은 정책을 펼친다 해도 패전국을 통치하는 일은 어려울 수밖에 없다. 당연한 이야기지만, 식량과 주거와 복구 문제가 무척 심각했다. 만약 일본 공무원들을 활용하지 않고 미국이 직접 모든 행정을 담당했더라도 이 일을 단번에 해결할 수는 없었을 것이다. 전쟁이 끝나기 전에 미국 관리자들이 그토록 우려했던 귀환 병사 문제는 일본 공무원들을 행정부에 계속 두지 않았더라면 훨씬 심각해졌을 것이다. 그렇지만 이것 또한 쉽게 해결할 수 있는 문제가 아니다. 일본인도 이런 어려움을 잘 알고 있다. 일본 신문들은 지난가을, 갖은 고생을 했지만 전쟁에서 패한 군인들에게 패배의 쓴잔이 얼마나 쓰라린 것인지를 언급하면서, 이런 이유로 그들이 '판단'을 그르치면 안 된다고 호소했다. 전쟁터에서 돌아온 군인들은 대부분 바람직한 '판단'을 하고 있지만, 그들 중 일부는 일자리를 구하지 못한 데다 패전의 충격이 겹친 나머지 국가주의적 목적을 달성하기 위해 조직한 구식 비밀결사에 가담하기도 한다. 그들은 현재 자기의 처지가 못마땅해서 분노하는 것이지만, 일본 국민은 더는 그들에게 예전의 특권적 위치를 부여하지 않는다. 과거에는 흰옷을 입고 거리에 나온 상이군인을 보면 사람들이 그에게 목례했다. 평상시에도 마을에서 입대자들에게는 송별회를 해주었으며, 그들이 돌아오면 환영식도 해주었다.

• *Time*, February 18, 1946.

그런 자리에서는 입대자들을 상석에 앉히고 술과 음식을 대접했으며, 그 앞에서 춤을 추거나 공연을 선보였다. 하지만 지금은 귀환한 군인들에게 그런 관심을 쏟지 않는다. 기껏해야 가족이 마련한 자리가 전부다. 대도시나 소도시 할 것 없이 그들은 냉대를 받는다. 일본인이 그런 태도 변화를 얼마나 비통하게 받아들이는지를 감안하면, 그들이 옛 동지들과 힘을 합쳐 일본의 영광이 군인들의 손에 맡겨졌던 과거를 되찾고자 시도하면서 얼마나 큰 만족감을 느낄지 상상할 수 있다. 그들 중 일부는, 운 좋은 일본군은 이미 자바와 산시성과 만주에서 연합군과 싸우고 있다고 말하기도 할 것이다. 그들은 당신도 곧 다시 싸울 수 있을 테니 실망하지 말라고 말할 것이다. 국가주의적 비밀결사는 일본에서 역사가 깊은 단체다. 그들은 일본의 '오명을 씻어왔다'. 복수를 하지 않아서 '세상이 기울어져 있다'고 느끼는 사람들은 언제든 그런 지하조직에 가입할 가능성이 있다. 이런 단체, 예를 들어 흑룡회나 현양사(玄洋社) 등이 행사한 폭력은 일본의 윤리상 이름에 대한 기리를 지키기 위한 수단이었다. 일본 정부가 이런 폭력을 근절하려면, 이름에 대한 기리 대신 기무를 강조하는 노력을 지금껏 해왔던 것처럼 앞으로도 지속해야 할 것이다.

일본이 나아가야 할 길

단지 '판단'에 호소하는 것만으로는 폭력을 뿌리 뽑을 수 없다. 그 이상의 조처가 있어야 한다. 일본 경제를 재건해서 20대와 30대 청년에게 생계의 토대를 마련해주고 '적합한 자리'를 보장해주어야 한다. 또,

농민의 삶을 개선해야 한다. 경제적으로 곤란해지면 일본인은 대부분 농촌으로 돌아간다. 하지만 농촌의 사정도 녹록지 않다. 빚에 허덕이는 데다 소작료까지 내야 하기 때문이다. 그렇다 보니 작은 땅뙈기에서 거두어들인 소출로는 많은 식구를 먹일 수 없다. 산업도 육성해야 한다. 작은아들에게 유산을 나눠주는 걸 꺼리는 정서가 뿌리를 깊이 내리고 있다 보니, 장남 아닌 남자들은 대부분 돈을 벌러 도시로 가고 있다.

이제 일본인은 자기 앞에 놓인 길고 험한 길을 가야 한다. 하지만 재무장(再武裝)하는 데 국가의 예산을 쓰지만 않는다면 생활수준을 끌어올릴 여력이 생긴다. 일본은 진주만을 기습하기 전까지 10년 동안 군사력을 키우고 유지하는 데 국민소득의 절반을 지출했다. 만약 정부가 그런 지출을 불법으로 규정하고, 농민에게 징발해오던 물자와 노동력을 줄여나간다면 건전한 경제의 기틀을 닦을 수 있다. 앞에서 살펴본 것처럼, 일본의 농산물 분배 방식은 경작자가 소출의 60퍼센트를 가져가고 나머지 40퍼센트를 세금과 소작료로 내는 형태다. 전통적으로 소출의 90퍼센트를 경작자의 몫으로 돌리는 미얀마나 태국과 비교하면 차이가 엄청나다. 농민들에게 이처럼 막대한 물량을 징발했기 때문에 그동안 군비를 조달할 수 있었던 것이다.

앞으로 10년 동안은 유럽이나 아시아에서 국방비를 많이 지출하지 않는 나라가 국방비로 엄청난 재정을 쏟아붓는 나라보다 발전할 가능성이 있다. 경제의 토대를 튼튼히 다지고 발전시키는 데 나라의 부를 쓸 수 있기 때문이다. 미국은 아시아와 유럽에서 이런 상황을 거의 고려하지 않고 정책을 수행한다. 국방비에 많은 돈을 들여도 국가 경제가 어려워지지 않으리라는 사실을 알기 때문이다. 미국은 지금

껏 황폐해진 적이 없다. 미국은 농업국이 아니다. 오히려 산업의 과잉
생산이 주요 문제로 떠오르고 있다. 미국은 대량생산체제를 구축했
고 기계설비도 빠짐없이 갖췄다. 그 결과로 정부가 군비 확충, 사치품
생산, 복지 및 연구 사업을 하지 않으면 많은 사람이 일자리를 구하기
어려워졌다. 수익성 있는 곳에 자본을 투자하려는 욕구도 절실하게
나타난다. 미국 외의 나라들은 상황이 전혀 다르다. 서부 유럽조차 마
찬가지다. 재무장이 허용되지 않는 독일은 전쟁배상에 대한 모든 요
구를 들어주더라도 앞으로 10년 정도면 건전하고 번창하는 경제의 기
틀을 닦을 수 있을 것이다. 반면 프랑스는 강력한 군사력 구축 정책을
계속 추진하는 한 경제적 번영을 이룰 수 없을 것이다. 일본은 중국과
대비해 이런 이점을 최대로 활용할 수 있다. 중국은 군국화로 나아가
는 게 목표이며, 그런 야망을 미국이 지지하고 있다. 만약 일본이 군
국화 관련 비용을 국가 예산에 포함하지 않는다면 몇 년 지나지 않아
경제가 번창할 것이며, 일본은 동양 무역에서 대체 불가능한 국가가
될 것이다. 이처럼 평화를 추구하는 방향으로 경제의 기반을 다진다
면, 국민의 생활 수준을 끌어올릴 수 있다. 평화로운 일본은 전 세계
에서 존경받는 위치에 올라설 수 있을 것이다. 그리고 미국이 그런 구
상을 지지하며 영향력을 행사한다면, 일본에 큰 도움을 줄 수 있을 것
이다.

　미국은 물론 다른 어떤 국가도 명령을 통해 일본을 자유롭고 민주
적인 국가로 만들 수 없다. 지금껏 피지배 국가에서 그런 방식이 성공
한 적은 없었다. 어떤 외국인도 풍습과 사고방식이 다른 현지인에게
자기와 같은 방식으로 살라고 명령할 수는 없기 때문이다. 아무리 법
률을 제정한들, 선출된 사람들의 권위에 굴복하며 이미 위계 제도 내

에 확립된 '적합한 위치'를 무시하라고 일본인에게 강요할 수는 없다. 자유롭고 편안한 인간관계, 자립에 대한 절대적 요구, 개인이 배우자를 선택하는 열정, 직업과 주택과 의무를 결정할 자유 등 미국에서 익숙한 가치를 받아들이도록 법률로 강제하는 일은 불가능하다. 그러나 일본인도 자기들이 이런 방향으로 변화할 필요가 있음을 분명하게 밝히고 있다. 전쟁에 패한 뒤 공직자들은, 정부가 국민에게 주체적인 삶을 살며 자기 양심을 믿도록 장려해야 한다고 말해왔다. 물론 대놓고 드러내지는 않지만, 일본인은 누구나 '수치심'(하지)의 역할에 의문을 품고 있다. 아울러 온 국민이 새로운 자유, 즉 '세상 사람들'의 비난과 배척에 대한 두려움에서 벗어나게 해줄 자유를 얻고 이것을 더 키워나가길 바라고 있다.

아무리 자발적으로 받아들인다 해도, 일본 사회는 개인에게 너무 많은 희생을 강요한다. 일본인은 사회적 압력 때문에 감정을 숨기고, 욕망을 단념하며, 가족이나 공동체 혹은 국가의 공개적 대변인으로 세상 앞에 서야 한다. 그런 삶이 요구하는 자기훈련을 감당할 수 있음을 증명해왔지만, 그렇다고 해도 엄청나게 무거운 부담을 짊어지고 있다. 자기를 지나치게 억압하는 게 문제다. 그들은 정신적 부담이 덜한 삶을 사는 게 두려운 나머지 군국주의자들이 이끄는 대로 따라가며 끝없는 희생을 치렀다. 그처럼 값비싼 대가를 치르자 독선적으로 변해서 자기보다 관대한 윤리의식을 지닌 사람들을 경멸해왔다.

일본인은 침략 전쟁이 '오류'요 '실패한 목표'라고 인정함으로써 사회적 변화의 첫걸음을 크게 뗐다. 그들은 평화로운 국가들 사이에 끼어서 존경받는 자리로 돌아가고 싶어 한다. 그렇게 되려면 세계가 평화로워져야 한다. 러시아와 중국이 앞으로 몇 년 동안 군사력 증강에 나선다면, 일본은 전문 지식을 활용해서 전쟁에 뛰어들 것이다. 그러나 그 사실을 인정한다고 해서 일본이 평화로운 나라가 될 가능성을 의심하지는 않는다. 일본의 동기는 상황에 의존한다. 만약 여건이 마련된다면 일본은 평화로운 세계 속에 자리를 잡을 것이다. 그렇지 않다면 군비경쟁이 심한 세계 속에서 자기 자리를 찾아갈 것이다.

현재 일본인은 군국주의를 꺼져가는 빛으로 인식한다. 그들은 군국주의가 다른 나라에서도 실패하는지 지켜볼 것이다. 만약 실패하지 않는다면 일본은 호전적인 열정에 다시 불을 붙여 자기가 얼마나 전쟁에 공헌할 수 있는지 보여줄 것이다. 만약 다른 나라에서 실패한다면, 일본은 제국주의적 침략 계획이 결코 명예로울 수 없다는 교훈을 얼마나 잘 깊이 체득했는지 증명할 것이다.

인류학자의 인문학적 상상력

왕은철

1. 루스 베네딕트의 삶과 시대

예술가를 제대로 이해하기 위해서는 그의 삶이 어떠한 궤적을 그리고 있는지부터 이해할 필요가 있다. 그래서 괴테는 『서동시집』에서 "시를 이해하고 싶은 사람은 누구든 / 시의 나라로 가야 한다. / 시인을 이해하고 싶은 사람은 누구든 / 시인의 나라로 가야 한다"라고 말했다. 그의 말은 무릇 작가란 자신이 태어나고 자라며 활동해온 공간과의 역학 관계 속에서 무언가를 빚어내는 존재라는 의미다. 그래서 작가의 모든 작품은 일종의 자서전이다. "모든 글은 자서전이다"라는 J. M. 쿳시의 말은 글쓰기의 본질을 투시한 말이다.

이 말은 예술가만이 아니라 학문을 하는 사람에게도 적용할 수 있다. 학문적인 글에도 자전적 요소가 들어갈 여지는 얼마든지 있기 때문이다. 어떤 부모에게서 태어나 어떻게 유년 시절을 보냈고, 누구를 만나 어떻게 교제했고, 무슨 일을 했고, 어떤 전공을 어떻게 선택했고, 누구의 영향을 받았느냐에 따라 삶의 행로와 관심사와 세계관이 결정되고 형성된다. 이런 점에서는 학자도 예술가와 크게 다를 바가 없다. 예술가처럼 학자도 자신의 전문 영역에 그의 삶을 투사하고 투영해 무언가를 일궈낸다. 그래서 예술가는 예술에, 학자는 학문에 자신의 흔적을 남긴다. 그 흔적이 크게 보면 그 사람의 자아다.

위대한 인문학적 인류학자라는 평가를 받는 루스 베네딕트도 예외가 아니다. 그녀는 『문화의 패턴』『국화와 칼』등의 저서에 자신만의 독특한 흔적을 남겼다. 그런데 그녀의 직업은 인류학자였지만 마음속으로는, 아니 실제로도 시인이었다. 그녀는 시를 써서 필명으로 발표했고, 인류학을 공부하면서도 자신의 전공보다 시가 더 위대하다고 생각했다. 그래서 괴테의 말은 비유가 아니라 실제로도 그녀에게 적용할 수 있다. 문학을 좋아하고 한때는 시를 쓰는 작가였다는 점이 그녀를 위대한 인류학자로 만들었는지 모른다. 다른 사람들에게 일종의 과학이었던 인류학이 그녀에게는 인문학과 통섭이 가능한 영역이었다. 인류학은 홀로 존재하는 것이 아니라 문화와 불가분의 관계에 있다. 이것이 그녀가 추구한 인류학적 탐구의 기본 정신이었다.

루스 베네딕트는 1887년 6월 5일 의사였던 아버지 프레더릭 풀턴 (Frederick Fulton)과 어머니 비어트리스 섀턱(Beatrice Shattuck) 사이에서 첫째 딸로 태어났다. 여동생인 마저리(Margery)는 그와 두 살 터울로 1889년에 태어났다. 그런데 여동생이 태어나고 몇 달 후에 아버지가 세상을 떠났다. 1888년에 어떤 환자의 수술을 하던 중에 알 수 없는 병에 걸렸는데 그 후유증으로 사망했다. 아버지의 죽음은 루스에게 엄청난 영향을 미쳤다. 그녀는 후에 자신을 보호해야 하는 두 사람을 한꺼번에 잃었다고 술회했다. 아버지는 죽음으로 잃었고, 어머니는 그 죽음으로 인한 슬픔으로 잃었다는 뜻이다. 어머니가 세상을 떠난 것은 아니었으니 잃었다는 표현이 다소 과할지 몰라도, 늘 자신의 슬픔에 빠져 있던 어머니는 루스에게는 부재하는 것이나 마찬가지였다. 어머니의 사랑이 필요한 예민한 어린 딸이었기에 특히 그랬다. 아버지의 죽음은 어머니를 통제할 수 없게 만들었다. 어머니는 아버지 이야기만 나오면 울었다. 교회에서도 울고 집에서도 울고 방에서도 울었다. 루스는 어머니가 그렇게 감정을 내보이는 것이 싫었다. 이후로 루스가 감정 표현을 좀처럼 하지 않게 된 것은 그 영향이었다. 지나친 감정 표현은 그녀에게 피해야만 하는 금기가 되었다.

그나마 다행이었던 점은 어머니가 그러한 상황에서도 자식 교육을 소홀히 하지 않았다는 것이다. 때로는 교사로, 때로는 사서로 일하며 어머니는 딸들을 좋은 학교에 보냈고, 딸들도 공부를 잘했다. 그러나 어머니 혼자서 벌어들이는 돈으로 생활해야 했기에 늘 넉넉지 않게 생활했다. 이후에도 루스는 동급생들에 비해 턱없이 가난했던 삶을 잊지 않았다. 훗날 그녀가 컬럼비아 대학교 교수가 되었을 때 동료들과 제자들의 현지답사 비용을 자신의 봉급에서 떼어 아낌없이 내준 것은 그러한 경험 때문이었다. 그녀에게 돈은 필요한 데 쓰라고 있는 것이었다. 많은 제자가 그녀의 도움으로 인류학자가 되었다. 가난했던 삶이 그녀를 이타적으로 만들었다.

그러나 밝은 성격으로 사람들의 칭찬을 받으며 자란 마저리와 달리 루스는 심술궂고 뚱한 아이라는 핀잔을 들으며 자랐다. 어렸을 때 앓은 홍역의 후유증으로 한쪽 귀의 청력을 잃은 것이 그녀의 성격에 큰 영향을 미쳤다. 부분적인 청각장애가 그녀를 예민하게 만들었다. 인류학자가 되어 현지답사를 나갔을 때도 그러한 장애 때문에 어려움을 겪었다. 그녀는 현지답사에 나가면 주로 영어를 구사하는 현지인이나 통역에 의존해야 했다. 그녀가 현지 주민들이 행하는 의식이나 의례 등을 더 민감하게 관찰할 수 있었던 것도 그래서였는지 모른다. 눈이 귀를 대신해야 하는 신체적 특징이 그녀의 말과 행동에 영향을 미쳤던 것이다. 따라서 어린 루스는 더욱 내성적인 성격으로 자랐다. 아버지는 세상에 없지, 어머니는 슬픔에 빠져 과부 생활의 어려움을 끝없이 호소하지, 그녀는 어디에도 기댈 곳이 없었다. 일찍부터 일기를 쓰기 시작한 것도 그래서였을 것이다. 일기는 그녀에게 일종의 피난처였다. 그녀는 일기 속에서만 자신의 마음을 꺼내놓을 수 있었다. 그녀가 고등학교에 들어가면서 시를 쓰기 시작하고, 1905년에 아이비리그에 버금가는 명문 대학인 배서 대학교에 장학생으로 들어가 영문학을 전공한 것은 우연이 아니었다.

그녀는 대학을 졸업하고 장학금을 받아 1년 동안 유럽에 가서 살았다. 다른 나라, 다른 문화에 노출된 첫 경험이었다. 유럽에서 돌아온 뒤에는 어머니와 같이 뉴욕 버펄로에 살면서 1년 동안 자선조직협회(Charity Organization Society)에서 일했다. 그러고는 1911년에서 1914년까지 결혼한 여동생이 사는 캘리포니아 로스앤젤레스로 가서 교편을 잡았다. 그러나 교사로서 여학생들을 감독하고 가르쳐야 하는 생활은 그녀를 우울하게 했다. 여성으로서 운신의 폭이 좁은 것 또한 우울하기는 마찬가지였다. 그녀는 1912년 일기에 이렇게 썼다. "많은 문제가 생기는 것은 내가 여자이기 때문이다. 여자라는 존재는 아주 끔찍한 것 같다. 어쩌면 그 모든 것을 가치 있게 해주는 단 하나의 왕관은 위대한 사랑, 조용한 집, 그리고 아이들일 것이다." 다소 냉소적으로 들리는 이 발언은 그녀가 여성들이 괜찮은 신랑감을 위해 자신을 일종의 매물이나 상품으로 내놓아야 했던 당대 현실에 대한 자의식을 가지고 있었음을 보여준다. 그녀가 이후에 페미니즘에 관심을 가진 것은 그러한 자의식의 연장이었다. 그녀는 누가 자신을 페미니스트라고 하면 좋아하지 않았지만, 그녀가 택한 삶의 행로를 보면 틀림없는 페미니스트였다. 구호를 통해서가 아니라 실질적인 삶을 통해서 당당하고 성공적인 여성이 된 페미니스트였다. 그러나 그녀가 당시 여성으로서 가진 자의식은 무르익은 것이 아니었다. 아직은 아니었다.

그녀는 교사로 있는 동안 배서 대학교 동창이었던 친구의 오빠인 생화학자 스탠리 베네딕트(Stanley Benedict)와 사랑에 빠졌고 1914년 6월에 결혼했다. 두 사람은 결혼하고 뉴욕 롱아일랜드로 이주했다. 남편이 코넬 의과대학의 생화학자로 화려한 경력을 시작했기 때문이다. 그녀는 집안일을 하면서 앤 싱글턴(Anne Singleton), 루스 스탠호프(Ruth Stanhope), 에드거 스탠호프(Edgar Stanhope) 등과 같은 필명으로 시를 발표했다. 그런데 얼마 지나지 않아 자신이 아이를 낳을 수 없다는 사실을 알게 되었다. 아주 위험한 수술을 받아야만 아이를 낳을 수 있다고 했다. 남편은 그녀가 수술을 받는 데 반대했고 결국 그들은 아이가 없는 삶을 택했다. 아니 택했다기보다는 그러한 상황 속으로 던져졌다. 그것은 행복한 결혼 생활과 정서적이고 지적인 삶 사이에 공존과 균형을 꿈꿨던 그녀의 환상을 산산이 깨버리는 사건이었다.

그녀가 마거릿 풀러(Margaret Fuller), 올리브 쉬라이너(Olive Schreiner), 메리 울스톤크래프트(Mary Wollstonecraft)에 관한 전기를 집필하려고 한 것은 이 무렵이었다. 자신이 불임이라는 사실을 알고 그 공허함을 메우기 위해서였다. 세 사람은 여성이 노예나 다름없는 삶을 살아야 했던 시대에 지적·영적 성취를 위해 분투했던 여성들이었다. 그녀는 그들을 닮고 싶었다. 그들을 세상으로부터 인정받게 하고 싶었다. 그녀는 월스톤크래프트의 전기를 1917년에 집필했지만, 출판사들은 그 원고를 출판하려 하지 않았다. 아쉽게도 그 전기는 그녀가 세상을 떠나고 나서야 인류학자로서의 유명세 덕에 출간되었다. 중요한 점은 그녀가 관심을 가졌던 여성들이 페미니즘에 대한 그녀의 관심사와 긴밀히 연결되어 있다는 사실이다. 그녀에게는 자신이 지닌 힘과 재능을 의미 있게 사용할 대상이 필요했다. 물론 그것이 무엇인지 당장은 알 수 없었다. 그녀가 생각하는 의미 있는 삶은 한때 몸담았던 자선단체 업무도, 몇 년에 걸친 교직도, 잠시나마 환상을 품었던 결혼 생활도 아니었다. 1918년 무렵부터 그녀의 결혼 생활은 조금씩 와해되기 시작했다. 그녀에게는 돌파구가 필요했다. 그런데 역설적이게도 삶에 대한 불안과 고뇌가 그녀를 성숙하게 했다.

2. 인류학자로서의 삶

그녀의 삶에서 큰 전환점은 1919년 뉴욕 그리니치 빌리지에 있는 뉴스쿨 대학교(New School for Social Research)에 들어간 것이었다. 그녀는 그곳에서 인류학 강의를 들었다. 알렉산더 골든와이저(Alexander Goldenweiser) 교수와 엘시 클루스 파슨스(Elsie Clews Parsons) 교수의 강의는 그녀가 신생 학문인 인류학에 관심을 가지게 된 결정적인 계기였다. 지도 교수였던 골든와이저는 그녀를 1921년에 컬럼비아 대학교 박사과정에 입학시켰다. 당시 그녀의 나이는 서른넷이었다. 골든와이저가 그녀를 컬럼비아 대학교에 보낸 이유는 자신의 지도교수이기도 했던 프란츠 보아스(Franz Boas)의 지도를 받도록 하기 위해서였다.

보아스 교수는 1937년에 은퇴할 때까지 학과장을 지내며 몇십 명에 달하는 여자 대학원생을 인류학과에 입학시킨 진보적인 학자였다. 당시로서는 매우 파격적인 일이었다. 그 시절만 해도 인류학은 남자들의 영역이었다. 그럼에도 그는 인류학이라는 학문에서 성차별이 있어서는 안 된다고 생각해 여학생들을 받아들였다. 그는 학문적 입장에서도 진보적이었다. 당시에는 세계의 다양한 문화에 하나의 근원이나 기원이 있어서 다양한 문화의 근원을 거슬러 올라가면 고대 문명이라는 하나의 뿌리에 닿는다는 것이 일반적으로 통용되는 학설이었다. 그러나 보아스는 이를 거부했다. 그는 문화적 다양성을 인정해야 한다고 생각하는 문화상대주의자였다. 루스 베네딕트는 보아스 교수의 영향을 받아 학문에서 문화상대주의를 실천했다. 그녀의 박사학위 논문 『북아메리카의 수호신 개념』은 문화의 단일성을 추적하는 대신 비교문화적인 입장에서 서로 다른 수호신의 개념을 논했다. 그 논문 또한 보아스의 영향을 많이 받았다. 아버지를 두 살 때 잃은 그녀에게 보아스는 아버지나 다름없었다. 실제로 그녀는 그를 "파파 프란츠"라고 부르며 각별한 애정을 표시했다.

보아스는 그녀가 뉴스쿨 대학교에서 이수한 학점을 모두 인정해주었다. 그 덕분에 그녀는 1923년에 박사과정을 마치고 컬럼비아 대학교에서 학생들을 가르치게 되었다. 1931년에는 조교수가 되었고, 1937년에는 부교수가 되었다. 남자 교수들에 비해 늦어도 너무 늦은 시기였다. 자격은 차고 넘쳤지만 여성이라는 점이 발목을 잡은 것이다. 그녀의 학생이었다가 나중에는 동료이자 가까운 친구가 된 마거릿 미드(Margaret Mead)의 지적처럼 "남자 교수들은 여자 교수를 그들과 동급으로 대우해주면 자기들의 위신이 떨어진다고 생각했다". 1937년에 보아스가 은퇴했을 때 학생들은 루스 베네딕트가 학과장이 되리라고 예상했다. 하지만 대학 당국과 총장의 생각은 달랐다. 그들은 여자 교수에게 우호적이지 않았을 뿐만 아니라 보아스의 생각을 따르는 교수들을 못마땅하게 여겼다. 그들에게 보아스는 성이나 인종의 차원에서 너무 급진적인 인물이었다. 결국 총장은 보수적인 랠프 린턴(Ralph Linton) 교수를 학과장으로 임명했다.

그녀가 정교수가 된 것은 1948년이었다. 교단에 선 지 25년 만이었고 그녀의 나이는 61세였다. 역설적이게도 그녀는 정교수가 되고 두 달 후에 세상을 떠났다. 인류학이 여전히 남자들의 영역이었던 당시 여건을 고려하면 그녀의 성취는 어려움 속에서 일궈낸 실로 눈부신 것이었다. 남성 중심적인 학계의 질서와 텃세에도 그녀는 앞으로 나아가기를 멈추지 않았다. 그녀가 지닌 인문학적 소양이 자신만의 인류학을 향해 나아가는 데 큰 도움이 되었음은 물론이다.

3. 문화상대주의

그녀는 문화를 분석하는 것이 예술 작품을 분석하는 것과 흡사하다고 생각했다. 예를 들어, 그녀는 니체의 저서 『비극의 탄생』의 핵심인 디오니소스적 속성과 아폴론적 속성을 인디언들의 서로 다른 문화를 분석하는 주된 이론적 틀로 삼았다. 그러한 생각을 떠올린 것은 현장답사를 통해 뉴멕시코에 거주하는 푸에블로 인디언과 북아메리카 평원에 사는 인디언이 같은 인디언임에도 너무 다른 문화를 지녔음을 확인한 후부터였다. 그녀는 평원에 사는 인디언 부족의 감정적이고 폭력적인 성향을 디오니소스적인 것으로, 뉴멕시코에 사는 인디언 부족의 이성적이고 통제적인 성향을 아폴론적인 것으로 보았다. 그들의 차이를 설명하기 위해 인문학적 개념을 도입한 것이다. 물론 이러한 접근 방식을 비판하는 인류학자도 많았다. 그들은 그녀의 방법론이 너무 상투적이고 추상적이며 경직되어 있고 일반론적이라고 비판했다. 그러나 그녀의 스승인 프란츠 보아스와 동료인 마거릿 미드는 그녀의 방식을 지지했다. 그들은 그녀가 특정 문화를 옹호하기 위해 심리적·생물학적 특징을 부각한 것이 아니라고 반박했다. 그보다는 하나의 공동체에서 문화가 발현되고 발전해가는 과정을 설명하기 위해 그 문화를 독특하게 만드는 특징을 부각한 것이라고 강조했다.

그녀가 1932년에 문화의 패턴에 관한 책을 쓰기 시작한 것은 이런 맥락에서였다. 그녀의 관심은 문화적 가치와 관습을 일일이 분류하고 해부하는 데 있지 않았다. 그보다는 그 모든 것을 규합하고 관통하는 패턴을 찾는 데 있었다. 일종의 전체론적 접근 방식이었다. 그녀의 이러한 생각은 1934년에 『문화의 패턴』이라는 책으로 열매를 맺었다. 그 책은 곧 전문가와 대중의 열광적인 환영을 받으며 베스트셀러가 되었다. 지금도 그녀의 명성 대부분은 이 저서에서 비롯한다. 그녀는 『문화의 패턴』에서 각 문화가 지닌 근본적인 특성이 무엇인지 파악하기 위해 일반적으로 개인에게 적용하는 심리학적 개념을 적용했다. 그녀는 개인이 저마다 다른 개성(personality)을 지녔듯이 문화에도 개성이 있다고 생각했다. 그리고 그 개성은 오랜 세월, 오랜 세대를 거쳐 형성되어 하나의 패턴을 이룬다고 생각했다. 그녀에 따르면 "문화는 개인과 마찬가지로 다소간에 일관성을 이루는 생각과 행동의 패턴"이었다. 각 문화는 "인간이 지닌 잠재력" 가운데 몇 가지 특성만을 취하는데, 바로 이것이 그 문화에 사는 사람들의 주도적인 개성이 된다는 것이다. 그녀는 문화가 어떠한 이상적인 유형을 다른 것보다 위에 두고 중시함으로써 개인이 그에 부합하게 살도록 장려한다고 보았다. 그 유형에 가장 근접한 사람이 그 문화에 가장 잘 적응하는 사람이라는 논리였다. 그래서 하나의 문화에서 소외받는 요소가 다른 문화에서는 추앙받는 일이 가능했다. 이처럼 문화는 절대적인 것이 아니라 상대적인 것이었다. 이것이 그녀의 스승 보아스가 가르쳤고 그녀가 실천한 문화상대주의다. 따라서 하나의 문화를 이해하기 위해서는 그 문화를 전체적으로 연구해야 했다. 다른 문화의 관습이나 가치를 얕보고, 자기 문화의 척도에 따라 타자의 문화를 판단하는 것은 잘못된 일이었다. 그녀는 문화 사이에 우열이 있다고 믿지 않았다.

이처럼 그녀는 '문화와 개성 학파'의 선도자였다. 그녀에게 인간 문화는 '개성의 확대판'이었다. 그녀는 인간을 보듯 문화를 보려 했기 때문에 과학이라고 여겨지던 인류학에 인문학적 방법론을 도입하길 주저하지 않았다. 그녀의 인류학이 이론적·방법론적으로 역사학·민속학·문화학과 깊은 관련을 맺은 것은 당연한 결과였다.

그녀의 문화상대주의는 인종 문제에서도 마찬가지였다. 유럽과 미국에서 반유대주의와 인종차별이 기승을 부릴 때 그녀는 약자의 편에 섰다. 1940년에 펴낸 『인종: 과학과 정치』에는 이러한 진취적인 생각이 고스란히 담겼다. 그녀는 이 저서에서 인종적 우월성의 개념을 논리적으로 반박했다. 진 웰트피시(Gene Weltfish)와 함께 펴내 베스트셀러가 된 『인류의 인종들』(The Races of Mankind)도 같은 맥락의 책이었다. 그녀에겐 성 평등만큼이나 인종이나 문화의 평등도 중요했다. 그녀는 어떤 일에 앞장서는 사람은 아니었지만, 학자로서 윤리적·정치적 문제에 책임을 느끼고 적극적으로 발언해야 한다고 믿었다.

그녀가 국무부의 요청으로 일본에 관한 연구를 하게 되고, 그 연구의 결과를 『국화와 칼』이라는 책으로 낸 것도 같은 맥락이었다. 전쟁 중이었으므로 일본 현지에 가서 자료 조사를 하거나 연구를 할 수 없었고 현지 일본인들과 접촉할 수도 없었다. 하지만 미국에게 타자인 일본인의 문화를 이해하고자 하는 절박한 필요가 성과로 이어졌다. 그것은 문학 연구에 대한 깊은 이해가 없었다면 불가능한 작업이었다. 학부에서 영문학을 전공한 것이 큰 도움이 되었음은 물론이다. 일본에 가지 않고 일본에 관해서 쓴 『국화와 칼』은 일본에서마저 베스트셀러가 되었다. 번역본이 일본에서만 250만 부 이상 팔렸다는 사실은 이 책에 대한 관심이 일회적인 것이 아님을 보여준다.

1946년, 컬럼비아 대학교로 돌아간 그녀는 이제 명실상부한 유명인사였다. 1947년 해군 연구처가 25만 달러라는 거액의 연구비를 들여 컬럼비아 대학교에 '컬럼비아 현대문화 프로젝트'의 진행을 맡긴 것은 그녀의 유명세 덕분이었다. 그것은 1947년에서 1951년까지 120명의 연구자를 투입하는 대형 프로젝트였다. 베네딕트는 총책임자를 맡았지만 불행하게도 그 역할을 끝까지 수행하지 못했다. 1948년 9월 체코슬로바키아에서 개최된 유네스코 세미나에 초청받아 강연을 하고 귀국한 뒤 열흘 만인 9월 17일에 세상을 떠났기 때문이다.

관상동맥 혈전증으로 인한 심장마비로 세상을 떠났을 때 그녀는 61세였다. 30대 초반에 인류학에 흥미를 느끼면서 시작한 연구가 30년이 채 안 되어 막을 내렸다. 그녀는 역동적으로 연구하고 강의하던 시점에 갑자기 세상을 떠났다. 비록 짧은 삶이었지만, 그녀는 인류학 연구에 지대한 공헌을 했다. 미국인류학회는 '루스 베네딕트 상'을 제정해 그녀가 이룬 학문적 성취를 기념했고, 그녀의 업적을 기리는 우표도 발행되었다. 뉴욕의 스토니브룩 대학교에는 그녀의 이름을 따른 단과대학이 있고, '여성 명예의 전당'에도 그녀의 이름이 올라갔다. 그 정도로 인류학에 대한 그녀의 공헌이 지대했다는 말이다.

4. 『국화와 칼』

『문화의 패턴』과 함께 『국화와 칼』은 베네딕트의 대표적인 명저로 꼽힌다. 그녀가 『국화와 칼』을 집필한 것은 시대의 요청 때문이었다. 미국 국무부는 전시의 사기를 진작시키기 위해 인류학자들의 지식을 필요로 했다. 마거릿 미드, 그레고리 베이트슨(Gregory Bateson), 엘리엇 채플(Eliot Dismore Chapple), 로렌스 프랭크(Lawrence K. Frank) 등과 같은 인류학자가 국가사기위원회에 참여한 것은 그래서였다. 베네딕트는 처음에는 그러한 활동에 그다지 관심이 없었던 것으로 보인다. 그러나 1941년에는 그녀도 전쟁과 관련된 다른 활동에 참여하게 되었다. 국가연구협의회 산하의 음식습관위원회에 참여해달라는 국무부의 제안을 받아들인 것이었다. 그녀가 전쟁 관련 연구에 더욱 깊이 관여하기 시작한 것은 1943년 인류학자 제프리 고러(Geoffrey Gorer)의 후임으로 미국 전시정보국의 해외정보부 문화연구기반 분석 책임자를 맡으면서부터였다. 그때부터 그녀는 유럽과 아시아에 관한 논문을 쓰기 시작했다. 전쟁 중 미국과 관련이 있는 나라들의 문화를 연구하는 것이 그녀의 임무였다. 당시 미국 정부의 기관들에는 많은 인류학자가 배치되어 일하고 있었다. 미국이 상대하는 국가의 문화를 이해하는 것은 전쟁의 승패만이 아니라 전쟁 이후의 대처 방식과도 관련이 있다는 전략적 판단 때문이었다. 그녀는 루마니아·태국·독일·네덜란드·벨기에·폴란드 등에 관한 연구를 계속했고, 전쟁이 막바지로 치달으면서 일본에 대해 본격적으로 연구하기 시작했다.

미국은 일본과 전쟁을 하면서도 일본에 대해 아는 게 거의 없었다. 그들의 기준으로 보면 일본은 이해할 수 없는 국가였다. 예술을 사랑하는 민족이 그토록 잔인하고 폭력적일 수 있다는 사실을 이해할 수 없었다. 포로로 잡히면 가족에게 자신이 어디에 잡혀 있는지 알리고 싶은 것이 정상인데, 일본인 포로들은 가족에게 자신의 생사 여부를 알리는 것을 수치스러워한다는 점도 이해하기 힘들었다. 미국인들로서는 전쟁에서 이긴다고 해도 그들을 어떻게 통치해야 할지 막막했다. 어떻게든 그들을 알아야 효율적으로 통치할 수 있을 터였다. 누군가 일본 문화를 설명해줄 사람이 필요했다. 바로 그것이 국무부가 루스 베네딕트에게 일본 문화에 대한 프로젝트를 의뢰한 이유였다.

문제는 일본이 미국의 적국이라는 데 있었다. 인류학 연구에서 현장 방문이나 답사는 필수인데, 일본의 경우에는 그럴 수가 없었다. 그래서 개발한 것이 원격 문화연구였다. 그것은 마거릿 미드의 말대로 현장에 가지 않는 대신 "기존의 발간 자료와 인터뷰 자료를 통합해 문명사회에 대한 이해를 넓히는 방법론"이었다. 루스는 원격 문화연구를 택할 수밖에 없는 상황이었다. 학부에서 영문학을 전공한 그녀는 텍스트와 자료를 통해 문화의 본질과 핵심에 접근하는 방식을 이미 익힌 터였다. 파편화되어 있는 다양한 요소를 종합해 의미화하는 작업은 그녀에게 낯설지 않은 일이었다. 영문학을 전공했고 오랫동안 시를 썼던 그녀는 인류학 연구에 문학 연구의 방식을 도입했고, 그것은 전쟁 중이라는 한계 상황에서 아주 효과적인 방식이었다.

물론 자료를 취합하고 분석하기만 한 것은 아니었다. 그녀는 국무부로부터 충분한 자금을 지원받아 젊은 인류학자들을 고용해 미국에 거주하는 일본인들은 물론이고 일본과 관련이 있는 사람들을 인터뷰하게 했다. 또, 그녀는 다양한 일본 영화를 보려고 노력했다. 1930년대 후반 일본은 자국만이 아니라 아시아 국가들에서 상영하기 위해 선전 영화를 많이 제작했다. 그러한 영화는 대부분 선전용이었지만 일본인과 그들의 문화에 대해 시사하는 바가 많았다. 그녀는 그러한 영화들을 일본인과 그들의 문화와 인간성을 이해하고 추론하는 원천으로 삼았다. 비록 현장에 가서 현실이 어떠한지 확인할 수는 없었지만, 그녀는 그러한 방식을 통해 일본 문화의 특성과 패턴을 찾아내는 데 성공했다. 그 결과가 1946년에 나온 베스트셀러『국화와 칼』이다.

'국화와 칼'이라는 제목이 말해주듯 이 책은 국화와 칼이 공존하는 문화, 즉 국화를 사랑하고 예술가를 존경하는 심미적 성향과 칼을 숭배하고 사무라이에게 명예를 돌리는 폭력적 성향이 공존하는 문화를 설명하기 위한 시도였다. 그녀는 그러한 모순적인 특성을 씨줄과 날줄로 삼아 일본인의 특성과 본질 속으로 들어가고자 했다. 그녀의 궁극적인 목적은 일본 문화의 패턴을 찾는 데 있었다. 이러한 점에서『국화와 칼』은 다루는 대상에 차이가 있을 뿐 그녀가 1934년에 출간한『문화의 패턴』과 크게 다르지 않다.『국화와 칼』의 부제가 '일본 문화의 양상(패턴)'인 이유다. 그녀에게 중요한 것은 일본 문화가 어떠한 패턴을 이루는가, 주된 패턴은 무엇이고 종속적인 패턴은 무엇인가였다. 그런 점에서『국화와 칼』은『문화의 패턴』의 연장선에 있다.

다른 점이 있다면 현장답사가 발판이 된 이전 저서와 달리, 미국에 거주하는 일본인과의 대담과 각종 자료를 기반으로 하는 원격 인류학(anthropology at a distance)의 방법론을 택했다는 것이다.

『국화와 칼』은 "1944년 6월 미국 국무부의 의뢰를 받아 베네딕트가 작성한 정책 보고서 『No. 25 일본인의 행동 패턴』을 가필·수정해 완성한 책"이었다. 50페이지로 된 보고서는 "승전국 미국이 패전국 일본에 대한 효율적인 점령 정책을 수립하기 위해 일본인의 문화 및 행동 양식을 파악할 목적에서 작성된 것"이었다(박용구의 글에서 인용). 실제로 전쟁 중에 집필되고 전쟁이 끝난 후에 보완 작업을 거쳐 1946년에 출간한 『국화와 칼』은 패전국 일본을 통치하는 방식에 결정적인 역할을 했다. 맥아더 사령부가 일본을 점령하고 통치할 때 그녀의 저서는 일종의 문화적 지침서 역할을 했다. 맥아더 사령부는 그녀가 저서에서 주장하고 암시하고 제안한 바를 받아들여 통치에 적극 활용했다. 일본 문화에서 천황이 지닌 상징적 의미를 설득력 있게 조목조목 설명한 베네딕트의 논의가 없었다면 프랭클린 루스벨트 대통령이 일본의 천황제 존속을 허용한 일은 일어나지 않았을지도 모른다.

마거릿 미드가 지적했듯이, 현대의 독자는 『국화와 칼』이 원자폭탄 투하에 관해서 아무런 언급도 하지 않는 것을 의아하게 생각할지 모른다. 그러나 원자폭탄 투하를 언급하지 않은 것은 베네딕트의 원고가 전쟁 중에 집필되었을 뿐만 아니라 이 책이 출간된 1946년 당시에는 원자폭탄 투하의 심리적·정신적 여파가 아직 미국인의 의식에 침투되지 않았기 때문이다.

루스가 『국화와 칼』에서 일본 문화에 관해 말한 모든 것이 전적으로 옳거나 진실은 아니다. 부분적인 오류나 과장, 미화도 얼마든지 있을 수 있고 석연치 않은 부분도 있다. 그러나 대담과 자료만으로 일본 문화의 패턴을 때로는 거의 정확하게, 때로는 어렴풋이라도 파악한 것은 실로 놀라운 성취였다. 그녀의 미시적이면서도 거시적이고, 거시적이면서도 미시적인 눈이 없었다면 불가능한 일이었다. 그녀는 과학자의 신념을 지녔으면서 동시에 인문학자의 신념을 지닌 학자였다. 이것은 그녀의 다음 말에서 확인할 수 있다. "나는 과학자의 신념을 가지고 있습니다. 어떤 행동이 아무리 우리에게 낯설게 보인다고 할지라도 그 문제를 정확하게 진술한다면, 조사로 대답을 얻을 수 있고 이어 기술적으로 합당한 방법으로 연구할 수 있습니다. 나는 또 인문학자의 신념을 가지고 있습니다. 인간들 사이의 상호 이해를 도모하면 그것이 유익함을 가져온다고 생각합니다." 길지 않은 생애에서 거의 독보적인 학문적 성취를 이룩할 수 있었던 것은 그녀가 과학자이면서 동시에 인문학자이기에 가능한 일이었다.

그렇다고 베네딕트나 『국화와 칼』을 지나치게 이상화할 필요는 없다. 그녀가 문화상대주의의 입장에서 일본 문화와 일본인의 본질에 접근하려 한 것은 사실이지만, 그것은 전쟁과 관련해 자신이 제출한 정책보고서 『No. 25 일본인의 행동 패턴』을 기반으로 한 연구였다. 그래서 한편에는 문화상대주의자로서 베네딕트가 있고, 다른 한편에는 국무부 산하 전시정보국에 근무하며 전쟁에 관여하고 자국의 이익에 봉사한 베네딕트가 있다. 양자가 어느 정도 갈등 관계에 있음은 물론이다. 이런 의미에서 그녀의 저서는 시대의 산물이었다. 그러나 그것은 시대의 산물이면서 동시에 시대를 초월해 일본 문화의 본질을 꿰뚫는 기념비적인 학문 연구의 산물이었다.

『국화와 칼』의 일본어 번역판은 원서가 출간되고 2년이 지난 1948

년에 나왔다. 일본 학자들이 일본 문화의 정체성을 학문적으로 탐색하기 시작한 것은 그 책이 일으킨 반향 때문이었다.

마지막으로 이 책의 제목에 관해서 언급하고 넘어가야 할 것 같다. 책이 세상에 나와 독자의 손에 닿으려면 일차적으로 내용이 알차고 독창적이며 매력적이어야 하지만, 독자를 책 속으로 이끄는 것은 때로 내용보다 제목인 경우가 많다. 저자나 출판사가 제목을 중요하게 생각하는 이유다. 보통 내용과 제목을 별개라고 생각하기 쉽지만, 사실 둘은 하나의 몸이다. 제라르 주네트(Gerard Genette)에 따르면, 제목은 텍스트 앞에 위치해 텍스트 안으로 진입하기 위해 통과해야 하는 일종의 문턱 같은 파라텍스트(paratext)로, "텍스트를 위해 작가의 의도와 일치하는 운명을 보장해주는 역할"을 한다. 이 책 또한 수많은 독자를 책 속으로 유인한 가장 일차적인 요소는 '국화와 칼'이라는 은유적인 제목이었다. 이질적인 단어의 조합이 독자의 호기심을 자극했고, 독자를 책속으로 끌어들이는 강력한 힘이 되었다. 그리고 베네딕트가 이 책에서 말하고자 하는 바를 이보다 더 효과적으로 압축해주는 제목은 없다.

'국화'는 일본인이 각별하게 생각하는 꽃으로 아름다움과 질서, 절제, 인내, 조화로움의 가치를 대변한다. 그러한 상징성으로 인해 국화 문양은 12세기 말부터 천황과 황실을 나타내는 문장(紋章)으로 종종 사용되다가 1869년(메이지 2년) 공식 문장으로 지정되었다. 천황 중심의 이데올로기를 강화하는 메이지 시대였기 때문에 국화가 강화된 제국의 힘을 상징했다고 보는 해석도 있다. 따라서 국화를 예술과 평화의 상징으로만 보는 시선은 당시 서구 사회가 일본에 가졌던 환상 때문일 수 있다. 1850년 일본이 개항한 이후 많은 서양인이 일본풍의 예술에 열광했다. 특히 국화에 대한 이미지는 프랑스 작가 피에르 로티의 소설 『국화 부인』(Madame Chrysanthèm)으로 서구에 더욱 각인되었다. 프랑스 해군 장교가 키쿠(국화)라는 일본인 여성과 계약 결혼한 이야기를 그린 이 소설은 푸치니의 오페라 〈나비 부인〉의 원작이기도 하다.

그런데 사실 루스 베네딕트가 처음에 생각한 책의 제목은 '국화와 칼'이 아니었다. 그녀는 '우리와 일본인'(We and the Japanese)이라는 제목으로 원고를 준비했다. 그런데 출판사가 다른 제목을 제안했고, 베네딕트는 고민 끝에 '국화와 칼'로 제목을 정했다. 그녀는 바뀐 제목에 따라 '국화'와 '칼'에 관한 글을 추가했고, 그것이 이 책의 1장과 12장이다. 따라서 이 책에서 말하는 '국화'와 '칼'의 진정한 의미를 이해하려면 1장과 12장에 주목해야 한다.

1장에서 베네딕트는 아름다움을 숭상하면서도 폭력을 추구하는 등 이중적 면모를 보이는 일본인의 행동 양상을 함축하는 상징으로 '국화'와 '칼'을 제시한다. 하지만 12장에 이르러 일본인에게 '칼'이 단순히 무력과 공격의 상징만이 아님을 밝힌다. 일본인은 자기 몸을 '칼'에 비유하며 '녹이 슬지 않게 관리할 책임'을 강조한다. 즉 칼은 자기책임의 상징이기도 하다. '국화' 또한 일본 특유의 정원 관리와 국화 재배 기술을 언급하며, 1장에서 제시했던 의미를 확장한다. 정원에 놓을 바위 하나까지 세심히 선별해 자연을 위장하는 일본식 정원 관리와 모양을 다듬기 위해 철사를 덧대는 국화 재배 기술은 일본 문화에 퍼져 있는 하지(수치심)의 구속력을 의미한다.

이렇게 두 상징이 일본에서 지니는 의미를 중층적으로 해석한 저자는 국화와 칼이 전쟁 후의 일본이 나아갈 미래에도 계속 유효한 상징이 될 수 있음을 강조한다. 국화는 "철사 고리 없어도 … 아름다울 수 있"고, 칼은 "더 자유롭고 더 평화로운 세계에서도 간직할 수 있는 상징"이라는 것이다. 이처럼 타자의 문화를 존중하면서도 선의를 담아 깊이 있게 해석하는 지적 태도야말로 『국화와 칼』이 오늘날에도 여전히 유효할 수 있는 저력이다.

　『국화와 칼』에서 해석하고 그려내는 일본 문화의 양상이 절대적 진실이라고 할 수는 없을 것이다. 실제로 1946년 출간 이후 여러 한계가 지적된 바 있다. 그럼에도 이 책에 일말의 진실이 있음을 부인할 수는 없다. 78년이라는 세월이 흐른 지금도 이 책이 설득력을 지니며 널리 읽힌다는 것은 정말이지 놀라운 일이다. 이처럼 세월의 시험대를 거치면서 살아남는 것이 고전이다.

　어떤 글도 특정 문화의 본질을 완벽하게 설명해낼 수는 없다. 설령 그것이 자국 문화에 관한 것이라 해도 마찬가지다. 한국인이라도 한국 문화에 대해 최종적인 해석을 내놓을 수 있는 것은 아니다. 세월의 층이 켜켜이 쌓이고 복잡한 경로를 통해 만들어지는 것이 문화의 복잡다단한 속성이기 때문이다. 그래서 선의와 존중심을 가지고 다른 문화에 겸손하게 접근하는 태도가 중요하다. 이 책에서 이질적인 문화에 대한 저자의 선의와 존중심을 발견하는 것은 어려운 일이 아니다. 『국화와 칼』은 다른 문화에 대한 이해가 그 문화에 대한 선의와 존중에서 시작되어야 한다는 사실을 우리에게 가르친다.•

•　루스 베네딕트의 삶에 관해서는 다음을 참조했다. Hilary Lapsley, *Margaret Mead and Ruth Benedict: the Kinship of Women*, University of Massachusetts Press, 1999. 『루스 베네딕트─인류학의 휴머니스트, 마거릿 미드 지음, 이종인 옮김. 연암서가, 2008. 박용구, "전시 정책 보고서로서의 『국화와 칼』", 『일본연구』 61호(2014. 9.30): 83-108. 그리고 anthrosource. onlinelibrary.wiley.com에 PDF 파일 형식으로 있는 마거릿 미드의 글과 encyclopedia.com의 자료도 참조했다. 번역할 때 참조한 『국화와 칼』의 번역자는 다음과 같다. 김승호(책만드는 집, 2019), 정미나(느낌이있는책, 2020), 김윤식·오인석(을유문화사, 2021).

루스 베네딕트 연보

1887년 6월 5일   의사였던 아버지 프레더릭 S. 풀턴과 어머니 비어트리스 섀틱 사이
                    에서 첫딸로 뉴욕주에서 태어남.

1889년   여동생 마저리가 태어난 몇 주 후 아버지 사망. 어렸을 때 열병으로
                    한쪽 귀의 청력을 잃음.

1895-1900년   노리치 공립학교 다님.

1901-1905년   명문인 세인트 마거릿 아카데미 다님.

1905-1909년   배서 대학교에서 영문학 전공.

1909년   배서 대학교 졸업 후 친구들과 유럽 여행.

1911년   뉴욕 버펄로시의 자선단체에서 근무.

1911-1912년   캘리포니아 로스앤젤레스의 웨스트레이크 여학교에서 교사로 근무.

1912-1914년   캘리포니아 패서디나의 오튼 여학교에서 교사로 근무.

1913년   대학교 친구의 오빠인 생화학자 스탠리 베네딕트를 만남.

1914년   스탠리 베네딕트와 결혼. 뉴욕 롱아일랜드로 이주. 스탠리 베네딕
                    트는 뉴욕 코넬 의과대학에서 근무. 제1차 세계대전 중 아이를 가질
                    수 없다는 사실을 알게 됨.

1917년   메리 울스톤크래프트 전기 집필. 호튼 미플린 출판사가 출판을 거부
                    함. 이것은 1959년에야 『연구 중인 인류학자』(An Anthropologist at

Work)에 묶여 출간됨.

1919년   뉴스쿨 대학교 대학원 입학. 알렉산더 골든와이저 교수와 엘시 클루스 파슨스 교수의 강의를 들으며 인류학이 흥미로운 학문임을 깨달음.

1921년   뉴스쿨 대학교 석사.

1921-1923년   엘기 클루스 파슨스 교수의 추천으로 컬럼비아 대학교 대학원에 입학해 인류학과를 창설한 프란츠 보아스 교수 밑에서 박사과정을 밟음.

1922-1924년   바너드 대학교에서 조교로 근무.

1922년   첫 논문 「평원 문화의 비전」(The Vision in Plains Culture) 발표. 이후 25년 동안 가깝게 지낸 마거릿 미드를 만남. 첫 현지 조사로 세라노족을 연구함.

1923년   컬럼비아 대학교 박사 졸업. 박사학위 논문 「북아메리카의 수호신 개념」(The Concept of the Guardian Spirit in North America) 발표.

1923-1931년   컬럼비아 대학교 강사로 근무.

1924년   주니족 현지 조사 진행.

1925년   주니족과 코치티족 현지 조사 진행.

1924-1939년   『미국 민담 저널』 편집자로 근무.

1926-1927년   바너드 대학교에서 근무.

1927년   피마족과 같이 거주하며 현지 조사 진행.

1928년   오타와 대학교 교수였던 에드워드 사피어와 함께 『포에트리』 『메저』 『팜스』 『보이시스』 등의 시 전문지에 실렸던 시를 묶어 공동 시집을 출간하려고 했지만 출판을 거부당함. 이때부터 인류학 연구에 매진하기 시작.

1928-1939년   『미국 민속 저널』 편집자로 근무.

1931년   컬럼비아 대학교 조교수로 임용됨. 인류학 남서부 실험실의 후원하에 학생들의 메스칼레로 아파치족 현지 조사 감독. 스탠리 베네딕트와 별거.

1932년   논문 「북아메리카의 문화적 통합 형태」(Configurations of Culture in North America) 발표. 논문 「주술」(Myth) 발표. 『사이언스』에 의해

미국의 5대 인류학자 중 한 사람으로 선정.

1934년 베스트셀러 『문화의 패턴』(Patterns of Culture) 출간.

1935년 『주니족 신화』(Zuni Mythology) 발표.

1936년 별거 중이었던 코넬 의과대학 정교수인 남편 스탠리 베네딕트 사망. 남편의 모든 재산을 물려받음.

1937년 컬럼비아 대학교 부교수가 됨. 프란츠 보아스 교수 퇴직.

1938년 보아스가 편집한 교과서 『일반 인류학』(General Anthropology)에서 '종교'에 관한 장을 집필.

1939년 몬태나, 캐나다 앨버타에 사는 블랙풋족 사이에서 인류학 현지 워크숍 지휘.

1940년 『인종: 과학과 정치』(Race: Science and Politics) 출간.

1941년 국가연구협의회 산하에 음식습관위원회가 결성되고 위원으로 참여해달라는 요청을 받음. 로렌스 K. 프랭크, 그레고리 베이트슨, 마거릿 미드 등과 함께 '문화간 관계협의회'라는 소조직 결성, 후에 '문화간 연구소'로 바뀜. 이 조직을 통해 다른 학자들과 함께 국민성(national character)의 문제를 연구하기 시작함.

1941-1943년 국립연구평의회(National Research Council) 회원 가입.

1942년 스승이었던 프란츠 보아스 사망.

1942-1946년 전시정보국 근무. 논문 「원시적 자유」(Primitive Freedom) 발표. 1943년 워싱턴 D.C.로 이사. 전시정보국에서 유럽과 아시아 문화에 관한 논문 집필. 루마니아·태국·독일·네덜란드·벨기에·폴란드·일본 등에 관한 문화연구를 하고, 전쟁이 계속되면서 일본에 대해 집중적으로 연구하기 시작함. 진 웰트피시와 공동으로 소책자 『인류의 인종들』(The Races of Mankind) 출간.

1945년 독일로 가서 점령 문제를 연구하라는 요청을 받고 들떴지만, 신체검사에서 탈락함. 의사들은 그녀의 심장이 약하다고 우려를 표시함.

1945-1946년 유럽행이 좌절되자 일본에 관한 책을 쓰기 시작함.

1946년 『국화와 칼』 출간. 논문 「유럽 국가들의 문화 패턴 연구」(The Study of Cultural Patterns in European Nations) 발표. 미국 디자인상 수상.

미국 여자교수협의회에서 주는 성취상 수상. 컬럼비아 대학교 교수
로 복귀. 정신병리학회 부회장을 맡음.

1946-1947년   미국인류학회 회장을 맡음. 해군 연구처 연구위원회 위원으로 위촉.
미국 심리병리학회 활동.

1947년   미국 학술원 펠로로 선출됨. 해군 연구처가 지원하는 컬럼비아 대
학교 현대문화 프로젝트 책임자를 맡음. 1951년까지의 연구 기간과
연구 비용 25만 달러, 참여 연구자 120명의 대형 프로젝트였음.

1948년   논문「인류학과 인문학」(Anthropology and the Humanities) 발표.
컬럼비아 대학교 정교수로 임용. 체코슬로바키아에서 개최되는 유
네스코 세미나에 초청받음. 세미나는 대성공이었으나 유럽 여행으
로 체력 소모가 심해 귀국한 지 이틀 후에 관상동맥 혈전증이 발병
함. 닷새 뒤인 9월 17일에 심장마비로 사망.『국화와 칼』일본어 번
역판 출간.

옮긴이 왕은철

애도와 상처, 타자 윤리의 문제에 각별한 관심을 기울여온 영문학자이자 『현대문학』으로 등단한 문학평론가. 전북대학교 영문과를 졸업하고, 펜실베이니아 클래리언 대학교와 메릴랜드 대학교에서 각각 영문학 석사와 박사 학위를 받았다. H. B. 이어하트재단, 케이프타운대학학술재단, 풀브라이트재단의 펠로 및 한국학술진흥재단의 해외파견 교수를 역임했으며, 케이프타운 대학교와 워싱턴 대학교에서 객원교수를 지냈다. 유영번역상, 전숙희문학상, 한국영어영문학회 학술상, 생명의신비상, 전북대학교 학술상, 전북대동문대상, 부천디아스포라문학상 번역가상 등 다수의 상을 수상했고, 전북대학교 석좌교수를 역임했다.
『폴란드인』『철의 시대』『야만인을 기다리며』『천 개의 찬란한 태양』『연을 쫓는 아이』 등 50여 권의 책을 우리말로 옮겼으며, 『J. M. 쿳시의 대화적 소설』(문화체육관광부 우수도서), 『문학의 거장들』(한국연구재단 우수도서), 『애도예찬』(전숙희문학상), 『타자의 정치학과 문학』(한국영어영문학회 학술상), 『트라우마와 문학, 그 침묵의 소리들』(생명의신비상) 『따뜻함을 찾아서』 등을 썼다.

현대지성 클래식 60

국화와 칼
일본 문화의 양상

1판 1쇄 발행 2025년 1월 6일
1판 2쇄 발행 2025년 1월 24일

지은이 루스 베네딕트
옮긴이 왕은철
발행인 박명곤 **CEO** 박지성 **CFO** 김영은
기획편집1팀 채대광, 이승미, 김윤아, 백환희, 이상지
기획편집2팀 박일귀, 이은빈, 강민형, 이지은, 박고은
디자인팀 구경표, 유채민, 윤신혜, 임지선
마케팅팀 임우열, 김은지, 전상미, 이호, 최고은

펴낸곳 (주)현대지성
출판등록 제406-2014-000124호
전화 070-7791-2136 **팩스** 0303-3444-2136
주소 서울시 강서구 마곡중앙6로 40, 장흥빌딩 10층
홈페이지 www.hdjisung.com **이메일** support@hdjisung.com
제작처 영신사

© 현대지성 2025

"Curious and Creative people make Inspiring Contents"
현대지성은 여러분의 의견 하나하나를 소중히 받고 있습니다.
원고 투고, 오탈자 제보, 제휴 제안은 support@hdjisung.com으로 보내 주세요.

현대지성 홈페이지

이 책을 만든 사람들
편집 김준원·강민형 **표지 디자인** 구경표 **내지 디자인** 박애영

"인류의 지혜에서 내일의 길을 찾다"
현대지성 클래식

현대지성 클래식 살펴보기